D. Landes
Salamanca, May 1992

La fuente de la riqueza.
Educación y desarrollo económico en la España contemporánea.

Alianza Universidad

Clara Eugenia Núñez

La fuente de la riqueza

Educación y desarrollo económico en la España contemporánea

Alianza
Editorial

Calle Milán, 38; Teléf. 200 00 45; 28043 Madrid
I.S.B.N.: 84-206-2707-0
Depósito legal: M. 8.042-1992
Fotocomposición: EFCA, S. A.
Impreso en Lavel. Los Llanos, nave 6. Humanes (Madrid)
Printed in Spain

A Gabriel

Sin duda que son varias las causas o fuentes de que se deriva esta prosperidad; pero todas tienen un origen y están subordinadas a él; todas lo están a la instrucción. ¿No lo está la agricultura, primera fuente de la riqueza pública y que abastece todas las demás? ¿No lo está la industria, que aumenta y avalora esta riqueza, y el comercio, que la recibe de entrambas, para expenderla y ponerla en circulación, y la navegación, que la difunde por todos los ángulos de la tierra? ¡Y qué! ¿No es la instrucción la que ha criado estas preciosas artes, la que las ha mejorado y las hace florecer? ¿No es ella la que ha inventado sus instrumentos, la que ha multiplicado sus máquinas, la que ha descubierto e ilustrado sus métodos?

Jovellanos, *Memoria sobre Educación Pública*

Así debemos alarmarnos todos ante la falta de instrucción elemental, verdadera endemia de los pueblos atrasados, y aplicarnos a combatirla con igual decisión que si de una endemia mortífera se tratara, puesto que el valor efectivo de los grupos humanos depende más de la calidad que del número de los individuos que los compongan.

Federico Olóriz, *El analfabetismo en España*

INDICE

INDICE DE CUADROS

INDICE DE GRAFICOS

INDICE DE MAPAS

INTRODUCCION

Durante los últimos veinte años, el análisis de las causas del atraso económico de la España contemporánea es, quizá, el tema que ha suscitado un debate más vivo entre los historiadores económicos. Es un debate todavía abierto pese a que cada día se perfilan con mayor claridad algunas respuestas. Si acaso, ha aumentado la importancia explicativa que se da a factores endógenos, es decir, propios de la sociedad y la economía del país, frente a factores exógenos o externos. Hay un factor explicativo que ha recibido sorprendentemente escasa atención de los historiadores: el capital humano. Su estudio como factor explicativo de la modernización económica de la España contemporánea es la tarea que se acomete en estas páginas [1]. Es hoy lugar común el admitir que

> una de las características que más claramente distinguen a una economía preindustrial de una economía industrial, a una economía subdesarrollada

[1] En estas páginas se utilizan indistintamente los términos «desarrollo económico» y «modernización económica». Su significado, crecimiento sostenido de la renta por habitante acompañado de cambio estructural, difiere tanto del de «crecimiento económico» (aumento de la renta) como del de «industrialización» (aumento en la participación del sector industrial en la renta nacional y en la población activa).

de una economía desarrollada, es el hecho de que la comunidad más avanzada económicamente lleva a cabo su actividad económica con la ayuda de un stock de capital mayor [2].

Aunque tradicionalmente se ha prestado más atención al capital físico, en gran parte por las dificultades que entraña el análisis del capital humano, son cada vez más frecuentes los autores que reclaman una mayor atención para el estudio de la contribución del capital humano al desarrollo económico. Así, Easterlin afirmaba en 1981 que la razón de las fuertes diferencias entre países desarrollados y subdesarrollados hay que buscarla en la «tremenda aceleración en el ritmo de cambio tecnológico en un número relativamente pequeño de países» y, por consiguiente, en las causas que han impedido una mayor y más amplia difusión de la tecnología moderna. Entre éstas Easterlin destaca y analiza la importancia de una educación generalizada para la importación y asimilación de nuevas técnicas [3]. Cameron, por su parte, afirma que «no hubo un modelo de industrialización en el siglo XIX —el inglés— sino varios» y que fueron «el carbón y el capital humano los dos ingredientes básicos que en combinación y con otros produjeron una diversidad de modelos de industrialización» [4]. Su reinterpretación de las causas del desarrollo económico hace hincapié en dos factores: recursos naturales y capital humano. Es el último, el capital humano, el que nos permite llevar a cabo una mejor y mayor explotación de nuestros recursos naturales, bien mediante la invención de nuevas técnicas y métodos de producción bien mediante la adaptación a las condiciones locales de tecnologías desarrolladas en países más adelantados [5]. Es, en definitiva, el capital humano el que nos permite crear las condiciones necesarias para escapar a la «trampa malthusiana» del subdesarrollo.

Sandberg va incluso más allá a la hora de incorporar el concepto de capital humano en el análisis de las causas del desarrollo económico. En un artículo publicado en 1982, Sandberg descompone el concepto gerschenkroniano de «atraso económico» en lo que él con-

---

[2] DEANE (1973), p. 349.

[3] EASTERLIN (1981), p. 3. Para una contrastación empírica, con resultados algo contradictorios, véase HANSON (1989).

[4] CAMERON (1985), pp. 22-23.

[5] Sobre la importancia de la adaptación de las tecnologías importadas a las condiciones locales, proceso en el que es crucial el capital humano del importador, véase POLLARD (1982).

sidera son dos componentes claramente diferenciados: ignorancia y pobreza. En sus propias palabras: «ignorancia hace referencia a bajos niveles de capital humano por habitante, y pobreza a bajos niveles de producción o renta por habitante» [6]. Sandberg nos presenta el desarrollo económico como función del capital humano y no de la pobreza. En España, ha sido Tortella el primero en plantear el análisis del atraso español en relación a la dotación de recursos y de capital humano del país, en una reunión celebrada en Sevilla entre historiadores italianos, portugueses y españoles en la que se exploraba la posibilidad de que existiera un modelo mediterráneo o latino de modernización económica. De aquella reunión surgió la idea de profundizar en el análisis de la contribución del capital humano a la modernización económica de nuestro país, análisis que queda plasmado en este libro.

Sobre el concepto de capital humano y su posible relación con el desarrollo económico tratan los tres primeros capítulos de este libro. Baste con señalar aquí que de los distintos componentes del capital humano, es decir, de aquellas características que contribuyen a elevar la calidad de una determinada población, este ensayo se refiere a tan solo una: la educación. Es más, dentro de los distintos tipos, niveles y calidades de educación cuya repercusión sobre el desarrollo económico cabe estudiar, en estas páginas se va a tratar la primera y más elemental de todas ellas: la alfabetización. La elección de la alfabetización como indicador del nivel educativo español a finales del siglo XIX y principios del XX parte de la hipótesis de que es necesaria una amplia difusión de la capacidad de acceso al mundo de la comunicación escrita para que se produzca la modernización económica de un país. Para ello ha sido necesario establecer previamente cuál era el alcance de la difusión de la alfabetización en la España contemporánea, lo que se ha hecho en el Capítulo 4 a partir de información censal. En 1860 se realizó el primer censo que incluye información sobre la capacidad de leer y escribir de los individuos censados; 1930 es la fecha correspondiente al último censo anterior a la guerra civil en España. Entre una y otra fecha el país experimentó la transición de la alfabetización, es decir, pasó de una alfabetización muy restringida a una alfabetización casi generalizada de la población. En este proceso de cambio se advierte la existencia

---

[6] SANDBERG (1982), p. 678.

de marcadas peculiaridades regionales cuyo impacto sobre el desarrollo económico del país se analiza en el Capítulo 5.

El análisis de la relación entre capital humano y desarrollo económico no es una tarea exenta de problemas. Educación y desarrollo económico son dos variables estrechamente relacionadas, hasta el punto de que en ocasiones pueda resultar difícil distinguir cuál es dependiente y cuál independiente. El problema radica, fundamentalmente, en el hecho de que la educación es al mismo tiempo un bien de inversión y un bien de consumo. Como inversión, la educación tiene o puede tener unos rendimientos determinados, y se convierte en una variable independiente, o explicativa, en el proceso de modernización económica. No cabría distinguirla, en este caso, de las inversiones en capital físico sino porque lo que se pretende mejorar es la calidad productiva del ser humano y no, por ejemplo, la de una finca agrícola. Como bien de consumo, sin embargo, la educación es función, entre otros, del nivel de desarrollo alcanzado. En términos generales, cuanto mayor sea el nivel de renta de una determinada sociedad, mayor será su consumo de educación. El consumo de educación es, por tanto, elástico a la renta. En este caso, la educación es una variable dependiente que encuentra explicación en el nivel de desarrollo previamente alcanzado. La distinción entre estos dos componentes de la educación, inversión y consumo, se hace más difícil de establecer según aumenta el nivel educativo de la población. Sin embargo, a niveles muy bajos de acumulación de capital humano, por tanto en toda sociedad donde el analfabetismo siga siendo elevado, es menor el componente de consumo que el de inversión. En otras palabras, la educación actúa como variable independiente en mayor medida que como variable dependiente. Y como tal variable explicativa es como se la considera en estas páginas.

El esquema de análisis que se ha seguido prima el largo sobre el corto plazo, como no podía dejar de ser dada la propia naturaleza del capital humano—lento tanto en formarse como en hacer sentir su influencia sobre la economía. Prima también el análisis de carácter agregado sobre el análisis por sectores de actividad económica. No es, por tanto, la relación entre capital humano e industrialización lo que se intenta poner de manifiesto en estas páginas, sino la más compleja relación entre capital humano y desarrollo económico, sea o no la industrialización parte de éste. La fuerte polarización de la revolución industrial en dos regiones españolas, pese a la modernización de sectores industriales tradicionales en otras áreas del país, aconsejaba seguir una vía de análisis de estas características. Los resultados obtenidos confirman el acierto de esta elección, lo cual no implica que no sean necesarios análisis sectoriales en el futuro.

La segunda parte del libro trata de explicar las peculiaridades de la transición de la alfabetización en España. Se plantea, en otras palabras, por qué la alfabetización no mejoró con mayor rapidez y de forma más uniforme en todo el país. Dada la escasa tradición educativa de la familia española, por oposición especialmente a la de algunos países del norte de Europa, donde gran parte de la instrucción elemental se recibía en el hogar, el análisis de los determinantes de la alfabetización en España había de basarse en un estudio del sistema educativo del país, en especial, de la escuela primaria. Sobre este tema sí existían estudios, si bien algunos planteaban hipótesis que no llegaban finalmente contrastar, y otros, la mayoría, eran de carácter excesivamente particularista o local. Faltaba aún una visión de conjunto que abarcara las grandes líneas del cambio educativo durante el siglo XIX y primeras décadas del XX, visión que se intenta dar en los Capítulos 6, 7 y 8. Tradicionalmente se ha achacado a problemas del lado de la oferta de instrucción primaria el atraso educativo de nuestro país. La clave del problema, afirmaban los contemporáneos interesados en el tema, residía en la escasa disponibilidad de puestos escolares así como en la baja calidad de los existentes, y en última instancia, en la falta de recursos destinados a la instrucción primaria. Menos atención se ha prestado, sin embargo, al estudio de la demanda de alfabetización y su posible impacto sobre la escolarización. En estas páginas se plantean ambas hipótesis—la falta de oferta, por una parte, y la falta de demanda, por otra—así como los determinantes de una y otra. Del lado de la oferta se discute si el problema era realmente uno de falta de recursos o si se trataba más bien de un problema de mala asignación, para lo cual se explora la relación entre la instrucción primaria y las enseñanzas superiores. La conclusión a la que se llega es que tanto los factores del lado de la demanda como los del lado de la oferta son decisivos a la hora de explicar las peculiaridades de la transición de la alfabetización en España, siendo si cabe más importante la demanda.

La investigación acerca de la contribución de la educación al desarrollo económico me ha llevado a apreciar, como no era capaz de hacerlo con anterioridad, la contribución que individualmente han hecho numerosos miembros de mi familia quienes, a través de generaciones, hicieron de la docencia una profesión y una forma de entender la vida. A la vista de las conclusiones a las que se llega en estas páginas, es aún mayor motivo de lamentación el que muchos de ellos fueran apartados prematuramente de su tarea, bien por las malas condiciones en las que se desarrollaba la labor del maestro de instrucción primaria, bien por las vicisitudes políticas que marcan nuestro pasado reciente. A todos ellos, castellano-viejos y andaluces orientales, incluyendo a las generaciones más próximas, quisiera manifestar mi más profunda admiración y respeto tanto por la labor que realizaron como por la que, a su pesar, dejaron pendiente cuando el país difícilmente podía permitirse la inactividad de aquellos individuos capaces y deseosos de contribuir a la generación de capital humano.

Como todo proyecto de investigación de larga duración, las deudas en que he incurrido son innumerables, pese a lo cual me voy a atrever a señalar algunas. Entre mis acreedores figura en lugar preeminente Nicolás Sánchez-Albornoz, bajo cuya dirección me inicié en el hacer como historiadora económica, y quien pese a tratarse de un tema nuevo para él se ha mostrado siempre dispuesto a leer numerosas versiones de uno y otro capítulo y ha contribuido a su mejora con sus comentarios y sugerencias. En la Universidad de Alcalá y en el Banco de España encontré un grupo de dedicados amigos y colegas que me han ayudado más de lo que probablemente ellos mismos sospechan. En mis primeros pasos en el análisis de regresión conté con la ayuda de Francisco Comín, quien me brindó además su apoyo y sus conocimientos en la investigación relativa al gasto público en educación. Pablo Martín Aceña y Leandro Prados discutieron distintas versiones de mi trabajo, ayudándome con comentarios y sugerencias en numerosas ocasiones. Algunas de ellas, complejas por su propia audacia, siguen siendo aún hoy un proyecto de investigación para el futuro. Pedro Tedde leyó y discutió conmigo distintas versiones de mi trabajo y advirtió desde un primer momento la relevancia del tema, en cuya investigación siempre me animó a continuar con consejos oportunos y acertados. Pedro Fraile, además de comentarista implacable, se prestó a diseñar en su ordenador un mapa de España sin el cual ciertos aspectos de este trabajo hubieran sido prácticamente imposibles e infinitamente más tediosos.

Theodore W. Schultz, a cuya labor sobre el capital humano esta investigación tanto debe, tuvo la amabilidad de leer y comentar una versión preliminar del Capítulo 5. Lars Sandberg, no sólo inspiró este trabajo con su propia investigación, sino que leyó el manuscrito final y me brindó oportunos y sagaces comentarios.

En la lenta tarea de recopilación y posterior informatización de los datos recogidos conté con la inestimable ayuda de Luis Villanueva y otros miembros del Servicio de Estudios del Banco de España, así como de Carlota Bustelo Ruesta, Nieves García Santos, Esther Núñez, Natalia López Otero y Elisa Sánchez Huidobro. Numerosos colegas hicieron comentarios a mi trabajo en aquellas reuniones en las que presenté ponencias basadas en partes de esta investigación. A todos ellos quisiera agradecer su interés por el tema y los comentarios recibidos, en especial a William Blackwell, Mercedes Cabrera, Albert Carreras, Sebastian Coll, John Coatsworth, Susan T. Freeman, Peter Ljutich, Enrique Llopis, Jordi Maluquer, Carlos Newland, Gregorio Núñez Romero-Balmas, Vicente Pérez-Moreda, Jaime Reis, David Reher, James Simpson, Carles Sudrià, Antonio Tena y Vera Zamagni.

Mi agradecimiento se extiende a todas aquellas instituciones que me han apoyado, tanto financiera como logísticamente, en distintas etapas de mi investigación, en particular el Banco de España, la CAICYT, el Comité Fulbright, el Banco de Bilbao, el Comité Conjunto Hispano-Norteamericano y el Instituto de Estudios Fiscales. Los Capítulos 5 y 8 son versiones modificadas de artículos publicados recientemente.

Pese a la cuantía y dispersión de las ayudas recibidas, ninguna puede equipararse a la que me ha prestado, de principio a final, Gabriel Tortella. De hecho, fue él quien me brindó el tema cuando aún no había conseguido centrar mi investigación. Durante el largo período de gestación, compartió conmigo sus ideas acerca de los problemas de la modernización económica de España y siempre se mostró dispuesto a discutir las nuevas hipótesis que yo le planteaba a expensas, incluso, de su propia investigación. Sin la estrecha colaboración que entre ambos hemos desarrollado en los últimos años este libro no hubiera sido posible, si bien la responsabilidad por lo que en estas páginas se afirma, e incluso por lo que se omite, es exclusivamente mía.

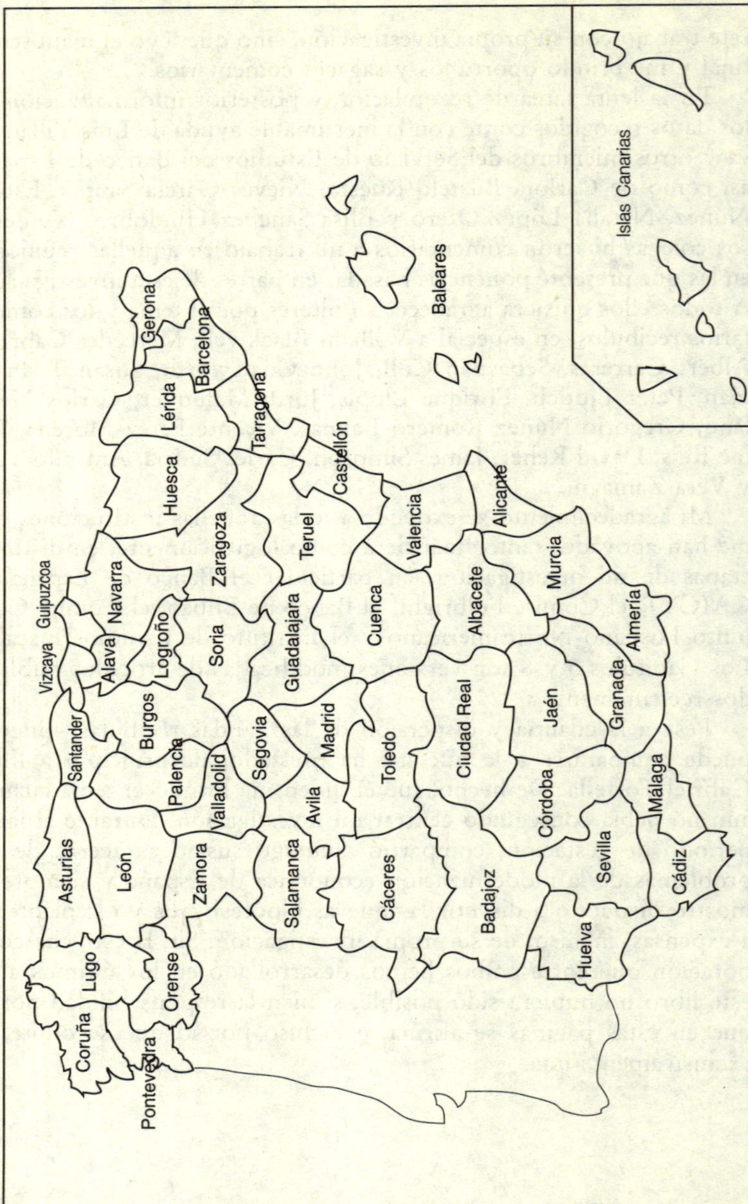

MAPA I. *Las provincias.*

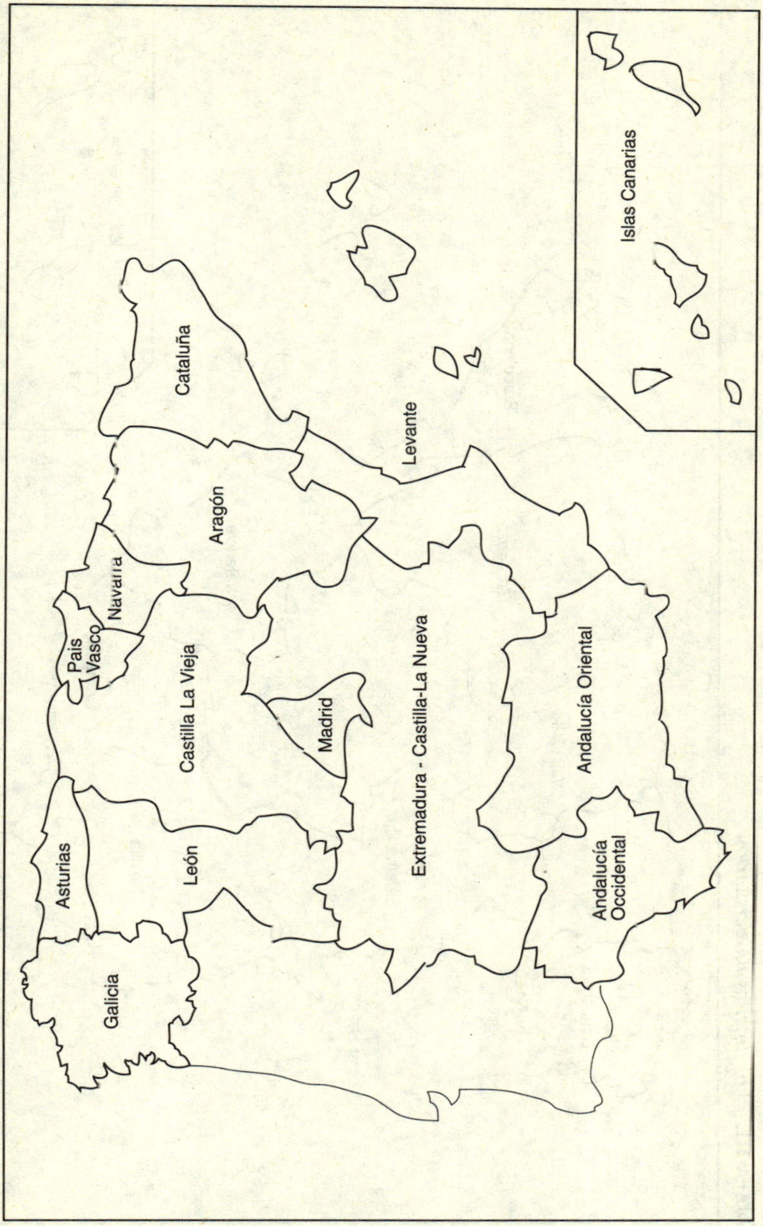

MAPA II. *Las regiones.*

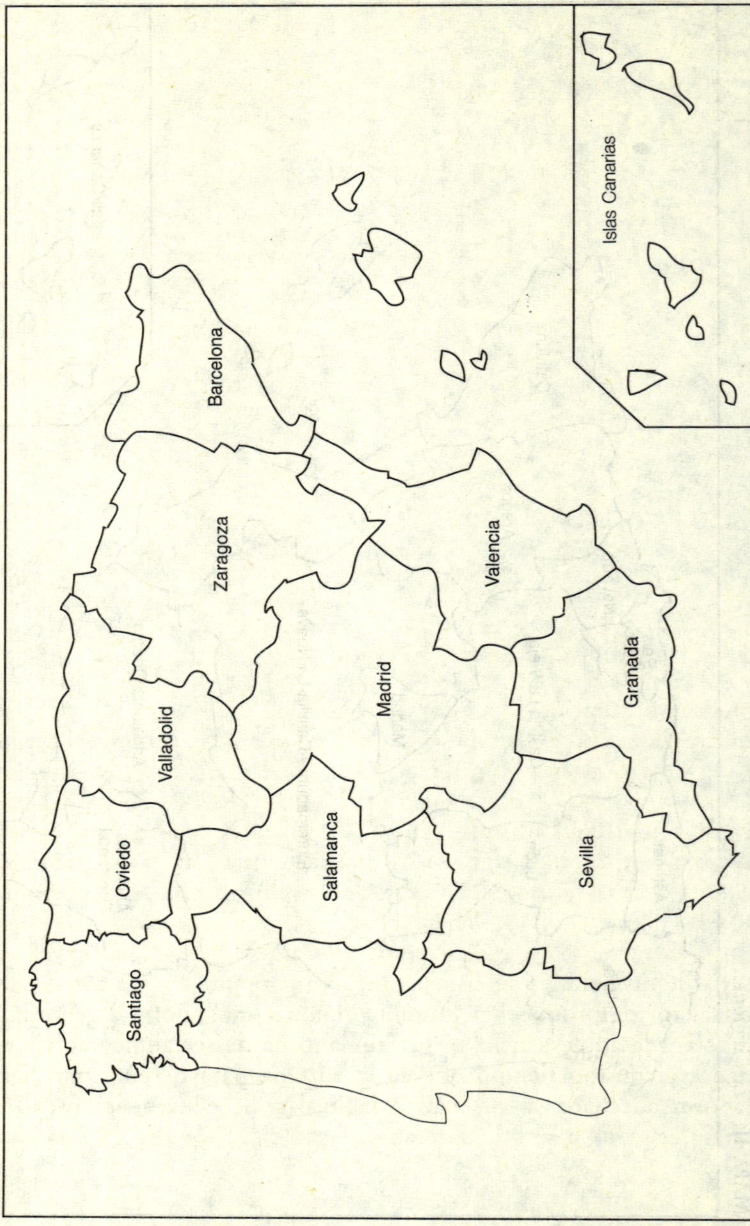

MAPA III. *Los distritos universitarios.*

Capítulo 1
CAPITAL HUMANO Y CRECIMIENTO ECONOMICO

> The evidence for human capital theory [is] such that as would confirm a believer but which would never persuade a sceptic.
>
> [...] Even today the evidence for or against human capital theory is inconclusive [...yet, it] may excuse a «jaundiced» attitude to human capital theory but it does not justify an outright rejection of it [1].

1. El concepto de capital humano

En su acepción más sencilla se dice que es capital el «conjunto de bienes de producción», o también el «conjunto de todos los factores de producción 'producidos'», a un determinado coste y sujetos a un valor variable con el uso o desuso [2]. Según esta definición de capital, los seres humanos pueden y quizá deban ser considerados recursos de capital, algo en lo que la mayoría de los economistas actuales está de acuerdo. Si analizamos el problema con detenimiento observamos que los seres humanos no son productivos en sí mismos, al menos no desde el momento en que nacen. Hacen falta una serie de inversiones en el recién nacido para que éste se convierta en un factor de producción; durante algunos años, normalmente la infancia y la adolescencia, el ser humano ha de ser alimentado y cuidado, al mismo tiempo que se le entrena para desempeñar ciertas labores adecuadas a su edad o incluso se le educa para otras más complejas que habrá de desempeñar en su vida adulta. No todos los

[1] BLAUG (1987) en la Introducción a una recopilación de sus artículos, p. VIII.
[2] Véase TORTELLA (1986), pp. 31 y 90, y WYKSTRA (1971), p. 2.

seres humanos tendrán, pues, el mismo valor como factores de producción. Tampoco será su valor el mismo a lo largo de toda su vida. La cantidad y el tipo de inversiones que se realicen en el período formativo de un individuo determinarán, en gran parte, su valor como factor de producción. También influirá, lógicamente, la materia prima sobre la que se trabaja, es decir, las características propias de cada individuo determinadas en parte genéticamente y en parte por el medio en que se desenvuelve su vida. Todas estas facetas que intervienen en la transformación de un ser humano en un factor de producción, la naturaleza y el coste de las inversiones realizadas en cada individuo, son objeto de estudio por parte de los economistas del capital humano. También lo es, por otra parte, la contribución de esta peculiar forma de capital al crecimiento económico. Sobre este último problema, sin embargo, el grado de acuerdo entre los estudiosos del tema es algo menor y el debate más polémico como veremos más adelante.

Pese a su importancia, el concepto del capital humano es relativamente reciente. En su formulación actual apenas se remonta a los años sesenta de este siglo, en especial a los intentos de algunos economistas, entre los que sobresale Theodore W. Schultz, por explicar la sorprendente recuperación económica experimentada por diversos países europeos tras la Segunda Guerra Mundial. El nivel de destrucción de capital físico durante la guerra había sido muy elevado; las comunicaciones y los transportes, la agricultura y la industria, el comercio y las finanzas, y en general todo el sistema productivo había quedado seriamente dañado por el conflicto bélico. Las pérdidas humanas, tanto entre la población movilizada como entre la población civil, también habían sido cuantiosas. A pesar de todo ello, la recuperación europea, apoyada en una generosa ayuda norteamericana, el denominado Plan Marshall, fue mucho más rápida de lo que nadie hubiera esperado, e incluso de lo que la aportación de nuevo capital para la reconstrucción permitía explicar a los economistas. Según Schultz, esa parte de la recuperación que la utilización de las variables económicas al uso en los años cincuenta no permitía explicar, residía en el capital humano acumulado, y no totalmente destruido, en la población europea del momento. Dados los niveles de destrucción de capital físico, la recuperación hubiera sido mucho más lenta de no haber sido por el elevado grado de educación de los europeos. De hecho, la respuesta al contrafactual que se plantea ante este argumento, cuál hubiera sido la tasa de rendimiento a las inversiones en capital físico de no haber existido tal acumulación previa de capital humano, la proporciona la experiencia del fracaso de ayudas similares al desarrollo en países menos educados, o con un nivel de acumulación de capital humano más bajo [3].

La importancia que el capital humano adquiere a mediados del siglo XX no quiere decir que el concepto fuera de nueva creación. El propio Adam Smith hizo algunas reflexiones sobre el tema y afirmó que:

> Un hombre educado a expensas de un gran esfuerzo y de mucho tiempo para cualquier empleo que requiera una extraordinaria pericia y técnica puede ser comparado a una [...] pieza de maquinaria cara [...] [4].

El principal obstáculo al que se enfrentaba la aparición y el desarrollo de una economía del capital humano no era teórico sino práctico. Si bien «desde un punto de vista abstracto y matemático los seres humanos eran incontestablemente capital», en el análisis práctico resultaba difícil considerarles como tal [5]. Hoy ya se puede hablar, sin embargo, de toda una rama de la teoría económica especializada en el estudio del capital humano, gracias, en gran parte, a la labor de algunos economistas como Schultz, Bowman o Becker, todos ellos de la Universidad de Chicago, que han conseguido dar un mayor rigor teórico al tratamiento de este tipo de capital. La

---

[3] Véanse al respecto las discusiones sobre la conveniencia y posible eficacia de un nuevo «Plan Marshall» a los países del este europeos o a los latinoamericanos que aparecen reflejados en distintos números de *The Economist* a lo largo de 1990.

[4] SMITH (1776), Libro 1, Capítulo 10, p. 1.

[5] Esta era, según SCHULTZ (1971a), pp. 26-27, la opinión de A. MARSHALL, opinión que habría de contribuir a mantener alejados a los economistas del estudio del capital humano. BLAUG (1970), p. 2, apoya esta interpretación de SCHULTZ y subraya que lo que el economista de Cambridge rechazaba era «la idea de incluir el dominio de unas técnicas adquirido por la población en la *estimación* de la 'riqueza' o del 'capital' de una economía». MARSHALL fue claro, sin embargo, acerca de los efectos que sobre la economía tenía el gasto de educación, una forma concreta de capital humano, afirmando que «la sabiduría de gastar fondos públicos y privados en educación no debe medirse exclusivamente por sus frutos directos. Será rentable como una mera inversión que proporcione a las masas oportunidades mucho mayores de las que ellas solas puedan darse». (1890, Libro 4, Capítulo 6, p. 7.) Para una reciente puesta al día sobre la contribución de los primeros economistas al concepto de capital humano véase BLAUG (1986a).

consolidación de los estudios del capital humano como disciplina dentro de los estudios de economía es ya un hecho indiscutible. Persisten todavía, sin embargo, numerosos problemas de carácter práctico relacionados con la definición y estimación de las variables adecuadas y el análisis de su impacto sobre el crecimiento económico, como veremos a continuación.

En la economía del capital humano el sujeto central del análisis es el hombre, o más bien ciertas características identificables en el ser humano que no pueden ser consideradas como parte del factor trabajo y, sin embargo, participan en todo proceso productivo. Según Schultz, «la característica distintiva del capital humano es que es una parte del hombre. Es *humano* porque forma parte del hombre, y es *capital* porque es una fuente de satisfacciones futuras, o de ingresos futuros, o de ambos» [6]. En otra ocasión este mismo autor definió el capital humano como el conjunto de atributos «que son valiosos y pueden ser aumentados mediante las inversiones adecuadas» [7]. La calidad y la capacidad de los seres humanos, conceptos ambos intercambiables en los estudios de capital humano, son pues fruto de dos componentes: un componente genético, que se supone está equilibradamente distribuido entre la población mundial, y un componente adquirido, que varía de un lugar a otro en función de las inversiones realizadas para fomentar la adquisición de nuevas habilidades así como para mejorarlas. De esta interpretación se puede deducir fácilmente que las desigualdades en la calidad de una población determinada son resultado de diferencias en las habilidades adquiridas, no en las innatas y, por tanto, que el stock de capital humano puede ser alterado y mejorado. Identificar cuáles son esas cualidades del ser humano que contribuyen en mayor medida a mejorar el stock de capital humano de una sociedad determinada y que tienen, por tanto, un mayor impacto sobre su economía, es el paso previo que ha de orientar las inversiones destinadas a ese fin. Como sucede con cualquier tipo de inversión, las posibilidades de opción que se abren ante el individuo o la sociedad son múltiples y, siendo escasos los recursos disponibles, no es tarea secundaria decidir cuáles son prioritarias. Inversiones destinadas a mejorar la salud o la educación, a la recuperación de información o a la búsqueda de empleo,

---

[6] SCHULTZ (1971a), p. 48.

[7] SCHULTZ (1981), p. 21.

podrían ser consideradas todas ellas inversiones en la formación de capital humano [8].

¿Es la salud capital humano? Afirmarlo equivale a sostener que mejoras en la salud general de la población contribuyen a elevar su stock de capital humano y, por tanto, contribuyen al crecimiento económico. En términos generales esta afirmación es válida. El efecto más significativo e inmediato de las mejoras en la salud es el aumento de la esperanza de vida media de una determinada población, normalmente acompañado de una mejora general de la salud de cada individuo. Algo tan sencillo como una mejora en las condiciones higiénicas de las viviendas, el fácil acceso al agua potable o la disposición adecuada de los desechos humanos, e incluso medidas preventivas como las campañas de vacunación contra enfermedades infecciosas, puede tener repercusiones considerables sobre el nivel general de salud de la población [9]. La población disfruta, como consecuencia de estas y otras mejoras sanitarias, de una vida más larga y saludable de la que se derivan toda una serie de beneficios económicos. Uno de los más inmediatos es el aumento de la productividad de los trabajadores al reducirse los períodos de inactividad causados por enfermedad, por una parte, y aumentar la vida activa de un individuo por otra [10]. No menos importante es el hecho de que al aumentar la vida activa del individuo aumentan también las tasas de rendimiento a las inversiones en otras formas de capital humano, en

---

[8] Otras variantes son la economía de la familia, del matrimonio o de los hijos. Véase, por ejemplo, SCHULTZ (1974), en especial el artículo de BECKER sobre la economía del matrimonio.

[9] La falta de agua potable que sufren las regiones asoladas por catástrofes naturales —inundaciones, terremotos, etc.— es una de las principales responsables del aumento de la mortalidad que normalmente les sigue. Durante el antiguo régimen la mortalidad era mayor en los meses de verano, en especial en agosto, debido a enfermedades gastrointestinales, relacionadas con la falta de disponibilidad de agua potable. Véase PÉREZ MOREDA (1980).

[10] Uno de los cambios más notables que la revolución industrial lleva consigo es el del ritmo de trabajo. La estacionalidad caracteriza las labores agricolas e implica la alternancia de períodos de escasa actividad durante los cuales la ingestión de calorías puede verse sensiblemente reducida, con períodos de trabajo muy intenso, que requieren una mayor alimentación. El trabajo en el sector industrial o de servicios, por el contrario, no está sujeto, salvo en sectores muy concretos como pueden ser las industrias alimentarias, a una estacionalidad tan marcada. Requiere, por tanto, una fuerza laboral que esté en condiciones de desempeñar su trabajo a lo largo de todo el año, es decir, que goce de una salud más estable.

especial aquellas que se realizan a largo plazo, como es la educación. Obviamente, los beneficios derivados de educar a un individuo durante 10 años variarán según sea su esperanza de vida de 25 o de 75 años. En el primer caso el coste de la inversión realizada apenas será recuperado durante los escasos años de vida activa de que dispondrá el individuo, mientras que en el segundo es muy problable que sea ampliamente compensado. De ahí, en parte, el hecho de que las inversiones en educación se vayan haciendo más complejas y se alarguen durante más años según aumenta la esperanza de vida de la población.

Que la educación contribuye igualmente a la mejora del capital humano es hoy algo poco discutido, aunque aún no se haya podido determinar claramente en *cuánto* se cifra su contribución, en particular en relación con la de otros factores de producción. Este problema aparece estrechamente vinculado al de determinar *cómo* influye la educación, y más aún *qué tipo* de educación, sobre el crecimiento económico. Una respuesta a estas interrogantes tendría implicaciones de política económica, pues permitiría mejorar la asignación de los recursos disponibles. Es decir, sería una gran ayuda a la hora de decidir si es más rentable invertir en educación que en otros sectores, en qué proporción y en qué tipo de educación. En términos generales, se puede afirmar que la educación contribuye no sólo a mejorar el grado de especialización de la mano de obra y, por tanto, su productividad, sino también a hacerla más receptiva a las necesidades de una economía en continua evolución y más proclive a desarrollar y adoptar las ideas, técnicas y productos que contribuyen a la modernización económica [11]. No está claro, sin embargo, si es la contribución al aumento de la productividad o, por el contrario, a la introducción de nuevas formas de organización o técnicas de producción, la contribución más importante de la educación al crecimiento económico. Pero antes de entrar en detalles sobre la contribución de la educación al crecimiento económico, analicemos algunos de los principales problemas relativos a la definición y estimación de la cantidad de educación acumulada por una determinada población.

---

[11] WEISBROD (1971), p. 74.

2. Problemas de definición y estimación del componente educativo del capital humano

La estimación del stock de capital humano plantea una serie de problemas similares, no obstante, a los que se dan en la estimación de la mayor parte de las variables macroeconómicas. El problema deriva, fundamentalmente, de la naturaleza de la información disponible que, en ocasiones, no se adapta completamente al concepto que se intenta medir.

Así, si bien la definición más apropiada de educación sería aquella que hiciera referencia a «todas las acciones de aprendizaje deliberadas», cuantificar estas acciones es una tarea casi imposible. Esta acepción del término educación nos llevaría a considerar como una elección «educativa» la aceptación de un puesto de trabajo «con un amplio componente de aprendizaje [...] en contraste con un empleo sin salida», es decir, sin perspectivas de movilidad o ascenso [12]. La diferencia entre uno y otro caso, en lo que se refiere a la capacidad formativa de distintos tipos de empleo, resulta obvia. La dificultad radica en la identificación y estimación de esas «acciones de aprendizaje deliberadas». Un ejemplo claro se encuentra entre los maestros. Si se les interrogara sobre el tema, la inmensa mayoría afirmaría que los primeros años de dedicación a la enseñanza fueron uno de los períodos de aprendizaje más intensos y productivos de su vida. Y, sin embargo, a la hora de estimar su nivel educativo estos primeros años como maestros, aparentemente cruciales en su formación como tales, no serían debidamente computados. La educación del maestro se estimaría en función del número de años completados en el sistema escolar existente, ponderados por el nivel educativo al que cada uno de ellos corresponda. Otra alternativa frecuentemente utilizada sería estimar el coste de la inversión, tanto pública como privada, necesaria para formar a un maestro. La dificultad de incluir los primeros años de experiencia en un determinado puesto de trabajo radica, primordialmente, en las dificultades de asignarles un valor equivalente al de años de estudios o a su coste, las dos alternativas utilizadas con mayor frecuencia en la estimación de la cantidad de educación adquirida dentro del sistema escolar. ¿Cuánto tiempo en un nuevo puesto de trabajo equivale a n-años de estudios

[12] Bowman (1980), pp. 5-6.

formales? Y si se llegara a un acuerdo sobre la equivalencia entre uno y otro tipo de «educación», cabría luego preguntarse si cada cambio de posición laboral—cada ascenso—o de empleo conlleva un nuevo período de aprendizaje. En caso de que esto fuera así habría que asignar una nueva equivalencia en años escolares a cada una de estas variaciones en la posición laboral del individuo.

Los problemas relativos a la estimación del componente educativo del capital humano se multiplican y se hacen cada vez más complejos según nos alejamos del sector formal de la educación. Entramos, además, en un terreno de rendimientos decrecientes: aumenta el coste de la estimación y disminuyen los beneficios, en otras palabras, cada nueva unidad de educación que logramos estimar tiene menos peso que la anterior. De ahí que las estimaciones utilizadas con mayor frecuencia sean las que se refieren a la educación «formal», es decir, la obtenida dentro del sistema educativo vigente en cada país. La «acción deliberada» de aprender, a la que Bowman hacía referencia, rara vez se tiene en cuenta debido a las dificultades que conlleva su aplicación. El problema es, pues, reconciliar la información disponible y susceptible de ser aplicada a un análisis estadístico y la realidad, en la que tanto la voluntad como la capacidad de aprender del individuo determinan su nivel educativo.

Estimaciones del número de años de escolarización completados o del coste incurrido en ella tampoco se presentan exentas de problemas. En primer lugar, hay que tener en cuenta que ambos tipos de estimaciones miden *inputs* y no *outputs* [13]. Así, no todos los niños que han recibido un mismo tipo de escolarización durante un período similar obtienen resultados semejantes. Aparte de las condiciones genéticas de cada individuo, que como señalabamos con anterioridad podemos suponer que se encuentran distribuidas al azar y no serían, por tanto, estadísticamente significativas, variables tales como la educación y el tipo de ocupación de los padres afectan tanto a la escolarización como al grado de permanencia en la escuela y,

[13] Utilizar los gastos en educación como estimador del capital humano conlleva un problema adicional: distinguir entre los gastos que son una inversión y aquellos que representan un mero consumo de educación. Según SCHULTZ la dificultad de establecer esta distinción se debe a que la mayor parte de los gastos en educación no entran en una de estas dos categorías, a exclusión de la otra, sino que son más bien una combinación de ambas. De ahí la dificultad de distinguir entre inversión y consumo a la hora de estimar el stock de capital humano. SCHULTZ (1971b), p. 33.

por extensión, a los rendimientos escolares [14]. Para paliar esta insuficiencia, en ocasiones se intenta medir el *output*, no en términos de número de años de estudios completados, o en títulos obtenidos, sino por los resultados de una serie de pruebas acerca del nivel de conocimientos de cada individuo. Como ninguna alternativa está libre de problemas, a ésta puede achacársele el sólo tener en cuenta el nivel cognitivo del individuo, pero no otros aspectos formativos tales como su propia capacidad de aprendizaje, desarrollada en mayor o menor grado en la escuela. Los tests cognitivos serían útiles en el caso de que la especialización profesional fuera la principal contribución de la educación al crecimiento económico, hipótesis que exploraron los economistas de la «primera generación» y que, hoy día, ha sido abandonada en favor de otras interpretaciones más complejas.

Discusiones similares sobre la bondad de distintos estimadores abundan en la literatura económica y afectan a variables tan significativas como la propia renta nacional, el indicador más frecuentemente utilizado del nivel de desarrollo de un país. Sin embargo, es bien sabido que un aumento de la renta no siempre indica un mayor desarrollo. De hecho puede haber crecimiento económico—y por tanto aumento de la renta nacional—sin que haya desarrollo económico. Este sería el caso de un aumento de la renta nacional debido a un boom en la exportación de uno o varios productos. La historia nos enseña, y el presente nos lo confirma, que muchas de estas bonanzas exportadoras no han propiciado el desarrollo económico del país exportador, aunque sí dieran lugar a un considerable aumento de su renta. Este sería el caso, por ejemplo, de la exportación de guano del Perú durante el siglo XIX o más recientemente, de algunos países exportadores de petróleo que no han sido capaces de establecer las bases del desarrollo económico a partir de los ingresos derivados de sus exportaciones [15]. Para que este último tenga lugar hace falta no sólo que crezca la economía sino también que se diversifique. El cambio ha de ser también estructural [16].

---

[14] Véase Plank (1986), Psacharopoulos y Arriagada (1989), y Jamison y Lockheed (1987).

[15] Entre otros países exportadores de petróleo que no han sabido aprovechar la bonanza petrolífera destacan México, Venezuela o Ecuador, en el continente americano, o Nigeria en el africano.

[16] Véase Bowman (1980), pp 5-7.

De hecho, la utilización de la renta nacional como indicador del desarrollo económico ha sido frecuentemente criticada tanto por motivos prácticos como metodológicos. El problema es la base misma de la economía: cómo maximizar la satisfacción humana, la felicidad o, en términos económicos, la «utilidad», concepto subjetivo y por tanto casi imposible de medir. ¿Cómo se puede medir algo que no es medible, que es un estado mental, una percepción subjetiva de la realidad que rodea al individuo? La solución dada por los economistas consiste en considerar que la utilidad está estrechamente relacionada con la renta, una variable que sí puede ser estimada. Su estimación, sin embargo, presenta serios problemas de medición, dado que la renta es la suma de diversos *outputs* materiales y no materiales, como son los productos agrícolas e industriales o el producto del sector servicios. Este tipo de dificultades también ha sido ampliamente denunciado, pero, incluso cuando las más serias han sido superadas y los cálculos han sido bien hechos, la renta no es sino un indicador muy burdo del desarrollo económico y del bienestar, precisamente por ser el resultado de agregar toda una miscelánea de productos. Y sin embargo, pese a estas limitaciones, la renta nacional es el indicador más utilizado en comparaciones tanto nacionales como internacionales de desarrollo económico y de bienestar. Esto es así por dos razones fundamentales: primero, porque pese a ser burdo, la renta por habitante ha demostrado ser una estimación sencilla pero significativa del desarrollo y del bienestar; y segundo, porque no se ha encontrado una estimación alternativa que sea más satisfactoria [17].

Razones similares explican la dificultad de llegar a estimar el capital humano, la suma de todas las habilidades y capacidades humanas adquiridas voluntariamente, con una total precisión. La alfabetización, los años de escolarización completados o el coste de la inversión tanto pública como privada en educación, no son sino estimaciones más o menos burdas del capital humano. Unas serán

---

[17] Complejos y ponderados indicadores del consumo y de la producción han recibido tantas críticas, o incluso más, que la renta por habitante como indicadores del desarrollo y bienestar de una población. Los esfuerzos por mejorar las estimaciones disponibles no cesan. En 1990, la ONU publicó un informe en el que presentaba un nuevo indicador del nivel de desarrollo del que forman parte, tanto la renta por habitante como las tasas de alfabetización. Véase *Human Development Report, 1990.*

más apropiadas que otras para responder a los distintos interrogantes que pudieran plantearse; es más, no siempre se dispondrá de información suficiente para su estimación. Sin embargo, no hay que olvidar que este tipo de problemas afecta a cualquier variable económica en mayor o menor medida sin que por ello sea la economía una ciencia de la que se pueda prescindir.

3. Algunas hipótesis sobre la relación entre educación y crecimiento económico

El debate sobre la relación entre educación y crecimiento económico es un tema de actualidad. Hoy día es generalmente aceptado el hecho de que existe una relación entre educación y crecimiento económico, aunque su propia naturaleza, es decir, la importancia relativa de la educación en relación con otros factores de producción, aún no ha sido definitivamente establecida. Uno de los problemas principales es el de establecer cómo influye la educación, y qué tipo de educación, sobre el crecimiento económico.

Una de las interpretaciones más generalizadas considera que la productividad del trabajador es una función de la cantidad de educación adquirida [18]. La especialización profesional, bien a través de la escolarización formal, bien a través del aprendizaje en el trabajo, aumenta la productividad del trabajador. Este aumento de su productividad se ve compensado por salarios más altos. Las diferencias salariales, según esta interpretación, reflejan los distintos niveles de educación y de productividad de los trabajadores [19].

A partir de esta hipótesis se argumentó que si la educación proporcionaba rendimientos individuales sería lógico esperar que tam-

---

[18] Para un resumen y crítica de esta interpretación, véase BLAUG (1985) y COLCLOUGH (1980).

[19] La mayor parte de los estudios sobre las tasas de rendimiento de la inversión en educación se centran en la educación superior. Se basan en el supuesto de que la demanda de educación superior responde a cambios en el coste, público y privado, de la escolarización así como en el diferencial salarial asociado a un determinado número adicional de años de escolarización. El análisis de correlación entre ambas variables, escolarización y salarios, parece indicar que la primera explica la segunda en mayor medida que otras variables como la capacidad individual o el medio familiar. Para un resumen y crítica de este tipo de planteamiento véase BLAUG (1972, 1976 y 1985, reproducidos en 1987).

bién los tuviera sociales. Es decir, si la educación contribuía al aumento de la productividad de los trabajadores, obviamente también estaba contribuyendo al crecimiento económico [20]. Al mismo tiempo se pensó en tratar de identificar qué tipo de educación contribuía a un mayor aumento de la productividad a fin de fomentar el crecimiento económico a través de la planificación educativa. La evidencia empírica de que se dispone a favor de esta línea de investigación ha provocado cierto escepticismo entre los economistas de la educación y les ha llevado a explorar nuevos caminos.

El énfasis de los estudios del capital humano ha pasado de la función de producción a los efectos asignativos de la educación. Según esta nueva interpretación, las calificaciones escolares proporcionan un criterio de selección de personal a los empresarios. De ahí las distintas acepciones con las que se conoce genéricamente a este tipo de estudios: la *screening hypothesis*, o la teoría del «credencialismo». En esta interpretación se hace un mayor hincapié en los efectos no cognitivos de la educación, aquellos que influyen en la actitud y el comportamiento de los trabajadores. Cada trabajo requerirá un tipo de actitud distinta por parte de los trabajadores. Así, en actividades laborales que requieren escasa formación destacarían la «puntualidad, persistencia, concentración, docilidad, sometimiento y la capacidad de trabajar con otros» como rasgos de comportamiento más apreciados, mientras que entre los puestos de responsabilidad se premiaría la «autoestima, la confianza, el polifacetismo y la capacidad de liderazgo». La escuela primaria favorecería el primer tipo de valores mientras que el segundo sería fomentado por la enseñanza superior [21].

A diferencia de otros sistemas como aquéllos basados en el sexo, la raza o la religión, la selección a través de la educación es un método socialmente admitido, con lo que, al existir un acuerdo tácito entre empresarios y trabajadores, se reducen los costes de transacción relacionados con la contratación de nuevo personal. La contribución de la educación al crecimiento económico, según este tipo de análisis, dependería pues de la eficacia con la que contribuyera

---

[20] Entre tales beneficios sociales, difíciles de estimar, se ha hablado de que la educación contribuye a la creación y diseminación de nuevos conocimientos, a una mayor estabilidad política mediante la formación de ciudadanos responsables, a la reducción del crimen, etc., todos ellos conceptos difíciles de estimar cuantitativamente.

[21] BLAUG (1985), pp. 18 y ss.

este sistema de «etiquetado» a la asignación de los recursos humanos [22].

Con el riesgo de simplificar en exceso, podría afirmarse que estas dos grandes corrientes —aquella que estudia los efectos de la educación sobre la productividad y aquella que analiza sus efectos sobre el mercado laboral— forman el cuerpo central del debate sobre la relación entre educación y crecimiento económico. También comparten, pese a las peculiaridades y diferencias existentes entre ellas, una preocupación excesiva, casi podría decirse que exclusiva, por «los fenómenos relacionados con el sector formal del mercado de trabajo», tanto desde el punto de vista de los requisitos del trabajo en este sector como de las prácticas de contratación y remuneración [23]. El énfasis puesto en el análisis del sector salarial implica que se minusvalore la contribución de la educación a amplios sectores de la economía, en especial aquéllos en los que abunda la autonomía laboral, como sucede en la agricultura. Este problema es especialmente serio en estudios sobre países poco desarrollados en los que el sector informal de la economía es aún relativamente importante [24].

Tanto Schultz como Bowman, ambos pioneros en los estudios sobre «capital humano», han señalado en sus escritos más recientes que la capacidad de adaptación al cambio es la contribución más importante y significativa de la educación al crecimiento económico al ser éste un proceso de «generación continua de desequilibrios y ajustes sucesivos» [25]. Sin embargo, dado que estos beneficios derivados de la educación son difíciles de estimar, su contribución real al crecimiento económico «se pierde a menudo en los intentos más formales de identificarla» [26]. De hecho, la economía de la educación ha dedicado un mayor esfuerzo a los estudios de carácter microeco-

---

[22] Un dilema que surge de este tipo de planteamientos es el de determinar si el sistema educativo se limita a *identificar* cualidades que ya posee el individuo o puede llegar a alterarlas y *producir*, por tanto, cualidades inexistentes con anterioridad.

[23] COLCLOUGH (1980), p. 5.

[24] SCHULTZ (1975) ha señalado que la contribución de la educación es mayor en un entorno propenso a la modernización que en un entorno aislado y atrasado. Esta hipótesis se ve plenamente confirmada, para el caso de la agricultura, en estudios sobre países tan distintos como Nepal, Tailandia, India, Colombia o Guatemala. Véase LOCKHEED, JAMISON y LAU (1980), o bien la versión de LOCKHEED (1987), y PHILIPS y MARBLE (1986). También WHARTON (1966).

[25] Véase SCHULTZ (1981) y BOWMAN (1980).

[26] BOWMAN (1980), p. 17.

nómico que a intentar desarrollar una teoría del crecimiento económico de la que el capital humano fuera una parte esencial.

Las limitaciones teóricas, pese a ser considerables como acabamos de ver, no justifican como bien señala Blaug un rechazo general de la economía del capital humano. Si acaso, justifican la necesidad de hacer explícitas las hipótesis sobre las que se va a trabajar. En este caso, ello implica una digresión algo más detallada sobre dos aspectos de este trabajo. Por una parte, hay que demostrar la validez de las variables educativas que se van a utilizar, en especial de la alfabetización como estimador de un mínimo educativo. Por otra, conviene profundizar algo más sobre los estudios que relacionan la alfabetización con el crecimiento económico, algunas de cuyas hipótesis serán contrastadas en el caso de España a finales del siglo XIX y comienzos del XX. A ello se dedican los dos próximos capítulos.

Capítulo 2

LA HISTORIA DE LA ALFABETIZACION

1. Qué se entiende por alfabetización y cómo se estima

Según la UNESCO «una persona es alfabetizada cuando puede leer y escribir, así como entender, una frase breve relacionada con su vida diaria» [1]. Según esta definición, dos o tres años de enseñanza primaria bastarían para alfabetizar a una persona [2].

En el papel, esta definición de alfabetización podría parecer simple e incluso excesivamente esquemática. Sin embargo no lo es tanto cuando de lo que se trata es de estimar el grado de entendimiento real de cada individuo capaz de descifrar o reproducir un mensaje

---

[1] MYRDAL (1968), p. 1670. Quizá por su mayor difusión a través de innumerables publicaciones, la definición que mayor eco ha hallado recientemente es la de Harvey GRAFF. Básicamente su aportación se reduce a dos puntos. En primer lugar, considerar que la «alfabetización es, sobre todo, *una tecnología o un conjunto de técnicas de comunicación, decodificación y reproducción de material escrito o impreso*». En segundo lugar, sugerir que una correcta definición de alfabetización debe hacer referencia a su entorno cultural e histórico. GRAFF (1987a) Introducción y (1987b), pp. 18-19 y 23. El subrayado es del propio autor.

[2] TAIRA (1971), p. 376.

escrito. Una cosa es averiguar si una persona «sabe» o «puede» leer y escribir y otra, ciertamente más complicada, determinar hasta qué punto entiende lo que lee y escribe o incluso, como sugieren algunos autores, la frecuencia con la que lee o escribe, y los temas sobre los que lee. El problema se agudiza cuando la información que se maneja afecta a grandes grupos sociales y no a individuos aislados. Rara vez la información disponible se basa en los resultados de un test que mida el nivel de comprensión o la frecuencia de la lectura, entre otras razones por las dificultades que una prueba de este tipo entraña, entre otras su elevado coste. La mayor parte de las fuentes existentes para estimar la alfabetización de la población en un determinado momento responden tan sólo a los aspectos meramente técnicos de la lectura y escritura, pero son claramente insuficientes a la hora de medir la capacidad de comprensión del mensaje escrito que el dominio de esta técnica lleva consigo. Respuestas afirmativas a la pregunta «¿Sabe usted leer y escribir?» formuladas a la hora de elaborar un censo de población pueden reflejar realidades muy distintas y difíciles de identificar. Podría sostenerse que estos formularios son una estimación fiable del dominio de unas técnicas determinadas —la lectura y la escritura— pero no de los niveles de comprensión. En parte, este problema de estimación de la alfabetización, incluso cuando la definición que se utiliza es tan simple y elemental como la sugerida por la UNESCO, ha llevado a algunos autores a hablar de «analfabetismo» en lugar de «alfabetización»[3].

Como es lógico, los problemas de estimación de la alfabetización serán más difíciles de salvar cuanto más compleja y completa sea la definición que se proponga. Tal es el caso de la «alfabetización funcional», cuyo significado exacto cambia según las necesidades —o funciones— a las que se aplique[4].

---

[3] Entre otros véase CIPOLLA (1969), CRESSY (1974 y 1977), SANDERSON (1983), SCHOFIELD (1968 y 1973), y VANN (1974-1975). GRAFF (1987a) se refiere indistintamente a alfabetización y analfabetismo, según la información de que disponga para cada caso concreto.

[4] MYRDAL recoge la siguiente definición de «alfabetización funcional»: «la capacidad de (a) leer e interpretar satisfactoriamente material impreso como puede presentarse en (i) cartas corrientes, (ii) periódicos, (iii) avisos y señales, (iv) anuncios, y (v) formularios de impuestos; (b) escribir una carta corriente; (c) hacer cálculos con las cuatro reglas fundamentales y resolver problemas de la vida diaria» (1968), p. 1681. Esta definición ha seguido ampliándose hasta incluir otros aspectos tales como el dominio de algunas elementales técnicas de comunicación por ordenador —no es

A la hora de definir lo que se entiende por alfabetización, por tanto, es imprescindible tener en cuenta la naturaleza de las fuentes de que se dispone. Históricamente, éstas se prestan casi exclusivamente a la definición de alfabetización más sencilla —la capacidad de leer y/o escribir— puesto que, en general, no responden a una prueba objetiva en la que se intente medir el nivel de comprensión. Los únicos documentos anteriores al siglo XX que reflejan la capacidad de entendimiento, además de la mera habilidad de leer y escribir, son los registros de los exámenes llevados a cabo por la Iglesia en Suecia y Finlandia desde finales del siglo XVII [5]. En términos generales, las fuentes disponibles son mucho más pobres y limitadas. Se podrían distinguir dos tipos, aquéllas que son el resultado de un cuestionario, como los censos, los registros militares y los de la justicia, y aquéllas que se basan en el registro de firmas en distinto tipo de documentos —registros notariales y matrimoniales, documentos de empresas, etc.— [6]. También se han utilizado como indicadores indirectos de la alfabetización los llamados inventarios *post-mortem* o los registros de préstamos bibliotecarios, que nos permiten estimar *grosso modo* el alcance de la circulación de los libros. La utilidad de todas estas fuentes varía en función del sector de la población a que se refiera. Así, los censos son las fuentes que mayor nivel de generalización permiten, puesto que sus datos engloban a toda la población, mientras que los registros tan sólo proporcionan información con respecto a un sector más o menos limitado de la misma. Los registros militares se circunscriben a la población masculina de un determinado grupo de edad —los llamados a filas—, mientras que los judiciales se centran en un sector de la población aún más restringido, aquél que ha cometido ofensas contra la ley [7]. Los registros notariales, por su parte, tan sólo incluyen información sobre el sector de la población que ha hecho uso de estos servicios en sus transacciones profesionales, por lo general propietarios, em-

---

extraño oír hablar de los *computer-illiterates*, por poner un ejemplo cada día más frecuente.

[5] Véase JOHANSSON (1981) y MYLLYNTAUS (1990).

[6] Véase para España BENNASSAR (1985). Para una crítica general de este tipo de fuentes véase SCHOFIELD (1968), pp. 320-321. Un uso reciente de los registros judiciales ingleses en NICHOLAS (1990).

[7] NICHOLAS (1990), por ejemplo, basa su estudio sobre la alfabetización entre la clase obrera en Inglaterra en los registros sobre los presidiarios deportados a Australia argumentando que era un grupo representativo de esta clase social.

presarios o comerciantes, y en cualquier caso un segmento muy limitado de la población. La representatividad de los datos varía, pues, según el sesgo que éstos tengan. En sentido estricto, tan sólo a partir de aquellas fuentes que recogen información sobre la capacidad de leer y escribir se puede estimar el nivel de alfabetización de la población. En los demás casos sería más apropiado hablar de analfabetismo [8]. En ningún caso, sin embargo, dan estas fuentes indicación alguna sobre el grado actual de entendimiento ni, mucho menos, sobre la frecuencia con que se hacía uso de esta técnica [9].

Los censos y estadísticas generales, además, rara vez son fruto de unas pruebas objetivas. En general, esta información se basa en la respuesta individual, a veces incluso colectiva —del jefe de familia en nombre de todos sus miembros—, a una pregunta concreta: «¿Sabe usted leer y escribir?». Las posibilidades de obtener una respuesta incorrecta varían según las circunstancias y pueden llegar a ser significativas. La falta de una adecuada comprensión de lo que se pregunta, apreciaciones subjetivas y erróneas, excesivamente optimistas a veces, sobre el nivel propio de alfabetización e incluso falseamientos voluntarios a fin de ocultar lo que socialmente puede ser considerado una lacra, son todos ellos factores que contribuyen a que el margen de error de estas fuentes sea muy variable [10]. En principio,

---

[8] Una firma podría ser considerada como una prueba, ciertamente muy limitada, del dominio de la escritura; extrapolar una conclusión general sobre el nivel de lectura a partir de los datos sobre firmas, sin embargo, implica ciertos riesgos. Entre otros habría que hacer una serie de presunciones que podrían no ajustarse a la realidad. En sociedades poco alfabetizadas no es extraño que una persona aprenda a firmar su nombre sin ser realmente capaz de escribir o incluso de leer. Sin embargo, una práctica generalizada en la escuela primaria ha sido que la enseñanza de la lectura precediera a la enseñanza de la escritura, caso en el que la firma podría considerarse un indicador de alfabetización, entendida ésta como la capacidad de «leer» y «escribir». Este problema ha llevado a la mayor parte de los autores que basan sus estudios en las firmas a hablar de «analfabetismo» en lugar de «alfabetización».

[9] La disponibilidad de uno y otro tipo de fuentes varía tremendamente de un lugar a otro y disminuye drásticamente según nos remontamos hacia el pasado. La riqueza de la información adicional que presentan, como edad, sexo, ocupación, religión, lugar de residencia, etc., también varía significativamente. Véase GRAFF (1987a), pp. 6-7, Cuadro I.I, sobre las distintas fuentes para el estudio de la alfabetización, su representatividad y su disponibilidad por países.

[10] Entre los autores que han manifestado abiertamente sus dudas acerca de la validez de todo tipo de fuentes «indirectas» para estimar niveles de alfabetización, destaca SCHOFIELD (1973). Este autor ha señalado la existencia de algunas inconsistencias entre los resultados de una encuesta sobre educación en Newcastle-upon-Tyne,

sin embargo, podría decirse que el margen de error no parece ser tan significativo como para invalidar el uso de este tipo de fuentes. La existencia de evidencia tanto a favor como en contra de la consistencia de la información recogida por los censos no justifica su abandono para el estudio de la alfabetización. Es más, este tipo de objeciones resulta aún menos significativo cuando lo que se pretende destacar son tendencias a largo plazo. Suponiendo que el margen de error sea similar en las distintas encuestas censales, no hay razón para no aceptar como válidas las tendencias a largo plazo que se derivan de ellas.

Se podría afirmar, por tanto, que la mayor parte de las fuentes históricas disponibles para el estudio de la alfabetización tan sólo nos permiten estimar con un cierto margen de error la capacidad de leer y escribir. Obviamente, este tipo de fuentes no revela el nivel de comprensión ni la frecuencia con que se practica la lectura o la escritura. Tampoco nos informa sobre las diferencias, bien en niveles de cognición, bien en tipos de comportamiento que puedan establecerse entre analfabetos y personas alfabetizadas; o, por poner otro ejemplo, los datos sobre alfabetización no nos informan por sí solos sobre la contribución de este tipo de educación al nivel de desarrollo económico alcanzado en un país determinado. Todas estas limitaciones, sin embargo, no quieren decir que nos encontremos ante una información inadecuada para el planteamiento de estos y otros problemas. Manejados con la debida precaución, los datos sobre alfabetización pueden contribuir al esclarecimiento de estas relaciones cuando las haya.

En los últimos años, sin embargo, se ha producido una reacción en contra de los estudios que relacionan la alfabetización con fenómenos tales como el desarrollo de la capacidad de abstracción en el individuo [11], la aparición de la historia como fenómeno distinto de

llevada a cabo en 1830, y los resultados obtenidos del estudio de las firmas de registros. También ha recogido errores similares en los datos censales de 1960 sobre alfabetización en Pakistán (pp. 439-440). Por el contrario, otros autores han destacado la semejanza de los resultados obtenidos utilizando datos censales y firmas de registros. FURET y OZOUF (1982) han destacado el elevado grado de correlación entre estos dos tipos de datos en distintos departamentos de Francia (pp. 10 y ss.).

[11] Los psicólogos han estudiado los efectos de la alfabetización sobre la capacidad «de formular y entender conceptos, de extraer generalizaciones y llegar a conclusiones, y de establecer relaciones lógicas», D'ANGELO (1979), p. 155. En este artículo, el autor discute los trabajos empíricos llevados a cabo por el psicólogo soviético, A.

la tradición mitológica [12], o incluso el crecimiento económico [13]. Bajo la acusación de «imperialismo cultural» o «etnocentrismo» son numerosos los autores que han intentado desacreditar todos aquellos estudios que analizan la contribución de la alfabetización al origen y a la naturaleza de los cambios que se pueden observar tanto en el individuo como en la sociedad en la que vive, sean éstos, como señala Graff, «de carácter cognitivo, afectivo, de comportamiento y [o] de actitudes» [14].

R. LURIA, en los años treinta en los que comparaba las habilidades cognitivas de individuos alfabetizados y analfabetos en zonas relativamente aisladas de la Unión Soviética. LURIA concluyó en su estudio que «a consecuencia de la alfabetización los procesos cognitivos cambian cualitativamente, y que este cambio altera radicalmente nuestra percepción de la realidad» (p. 163). Véase también LURIA (1976). A esta conclusión se han opuesto, entre otros, aquellos que sostienen el mito del «buen salvaje». Así, OLSON, según D'ANGELO, ha sugerido que existen dos tipos de conocimiento, el de «sentido común» que pone un mayor énfasis en lo particular y concreto y el «científico» que acentúa la importancia de las leyes universales; la alfabetización puede contribuir al desarrollo del conocimiento «científico», pero también puede ser una limitación al conocimiento basado en el sentido común. Véase también OLSON (1977).

[12] Véase GOODY y WATT (1968). Según estos autores, la comunicación oral permite ajustar permanentemente la tradición que se transmite de una generación a otra a los cambios que se han sucedido en la realidad, de tal forma que las posibles contradicciones e inconsistencias que pudieran darse entre el pasado y el presente desaparecen. La comunicación escrita, por su parte, dificulta la continua adaptación del pasado al presente y permite, por tanto, la aparición de la historia como algo diferenciado del mito. STREET (1984) ataca el argumento de GOODY y WATT afirmando que la alfabetización no es una «tecnología neutral» sino un instrumento de dominación social (p. 65). Su argumento se basa, casi exclusivamente, en el estudio de CLANCHY (1979) acerca de las consecuencias que sobre los derechos de propiedad existentes tuvo la introducción de la escritura en Inglaterra por los invasores normandos. Obviamente, STREET confunde los cambios derivados de la conquista con el medio a través del cual se les consolida (pp. 81 y ss. y pp. 117 y ss.); su argumento equivale a afirmar que de no haber sido establecida la superioridad del documento escrito sobre la tradición oral este cambio no se hubiera producido, algo verdaderamente difícil de admitir.

[13] Se ponen en duda, en general, los estudios del capital humano, y en particular el trabajo de BOWMAN y ANDERSON (1966) sobre la relación entre alfabetización y renta por habitante que se discutirá más adelante. Véase GRAFF (1987a y 1987b).

[14] GRAFF (1987a y 1987b). Por lo prolífico, quizá sea este autor el más representativo entre los científicos sociales que han adoptado esta posición. Su tono moderado y aparentemente ecuánime ante la evidencia disponible ha hecho que su influencia en los medios académicos sea considerable. Una lectura detenida de sus escritos revela, no obstante, que existe una clara tendencia a favor de sus propios argumentos en su selección de la evidencia disponible. Sus razonamientos, en más de una ocasión, resultan además ininteligibles. Para una crítica de su postura relativa a la contribución

En el origen del rechazo al debate acerca de la relación de causa-efecto entre alfabetización y cambios en el proceso cognitivo del individuo, en su comportamiento social e incluso en la percepción de su propia historia, está la hipótesis de que la alfabetización es un efecto más —como todos estos cambios que a ella se atribuyen— del proceso de escolarización. Según esta hipótesis la alfabetización *per se* no desencadena cambio alguno, cognitivo o de comportamiento, en el individuo. Es la escolarización la que los provoca. Por tanto, una alfabetización obtenida al margen del sistema escolar tendrá resultados muy distintos, en principio más limitados, que la alfabetización obtenida mediante un proceso de escolarización formal. El exponente más claro de esta nueva interpretación es el estudio de Scribner y Cole sobre la alfabetización entre los vais, una tribu africana [15], según el cual no se pueden distinguir diferencias cognitivas atribuibles a la alfabetización, aunque sí se pueden atribuir a la escolarización [16].

Ahora bien, si los estudios que vinculan la Revolución Industrial inglesa al previo aumento en los niveles de alfabetización de la población, por ejemplo, pueden ser discutidos a partir de la existencia de una evidencia poco concluyente o aparentemente contradictoria, la duda que se ciñe sobre estudios como el de Scribner y Cole es aún mayor. Su hipótesis es discutible, al menos, en dos aspectos fundamentales: las premisas mismas en las que se basa su estudio y el tamaño estadístico de su muestra, en concreto su ligereza a la hora de generalizar sus conclusiones.

Según Scribner y Cole, los vai constituyen un caso único para establecer si es la alfabetización o más bien la escolarización la que

---

de la alfabetización al crecimiento económico véase GRUBB (1988), BRIGGS (1989), y NÚÑEZ (1989). STREET (1984) mantiene una postura aún más extremista. Curiosamente, ambos autores presentan evidencia que puede ser interpretada en términos opuestos a los postulados en sus escritos.

[15] SCRIBNER y COLE (1981). Según estos autores, los vai son un pueblo africano que «vive en su mayor parte en una extensión de 35 a 40 millas a lo largo de la frontera entre Sierra Leona y Liberia. [...] Unos 12.000 vai viven de hecho en su territorio aborigen en Liberia. Otros muchos viven en otras regiones del país» trabajando en las concesiones mineras extranjeras o en la capital, Monrovia. Los que permanecen en territorio vai se dedican casi exclusivamente a la agricultura (pp. 23-24).

[16] «Los individuos vai alfabetizados no se distinguían de los analfabetos en ninguna medida cognitiva, incluyendo la capacidad de selección y razonamiento, que se han considerado especialmente sensibles a la experiencia con la lengua escrita», SCRIBNER y COLE (1981), pp. 452-453.

da lugar a los cambios cognitivos, analíticos y de comportamiento que tradicionalmente se han atribuido exclusivamente a la alfabetización. Dado que los vai poseen un alfabeto propio, cuyo conocimiento se transmite informalmente al margen de la escuela, Scribner y Cole decidieron basar su estudio en la comparación entre los vai alfabetizados en su propia lengua y aquéllos alfabetizados en árabe o en inglés, ya que la alfabetización en estas dos lenguas la adquirían los miembros de esta comunidad en la escuela. Una serie de tests psicológicos aplicados a los distintos grupos de alfabetizados permitiría medir si los cambios cognitivos y analíticos se debían a la alfabetización —en vai— o a la escolarización —en inglés o en árabe.

Obviamente, esta comparación se basa en el supuesto de que el dominio de cualquier tipo de escritura es lo que determina la amplia gama de efectos que psicólogos y antropólogos han atribuido a la adquisición de la alfabetización. Se descarta, pues, sin siquiera ser considerado, el papel de la tradición literaria y del entorno cultural en la transmisión de la alfabetización [17]. El hecho de que ambas lenguas, el inglés y el árabe, estén entre los vai fuera de su contexto cultural —ninguna es hablada corrientemente entre los miembros de esta comunidad— tampoco es tenido en cuenta. Scribner y Cole vuelven a caer en el mismo error que Graff: estudiar la alfabetización como un fenómeno aislado, sin relación alguna con su entorno, pese a insistir continuamente sobre la importancia de este entorno [18].

---

[17] Por el contrario LURIA, como psicólogo, y GOODY, como antropólogo, estudiaron la alfabetización dentro de la tradición occidental. De hecho, GOODY señaló cuán diferente era la visión de la historia entre los griegos y sus herederos culturales, y otras civilizaciones que con anterioridad habían desarrollado sus propios sistemas de escritura, como los pueblos de Mesopotamia. No es sólo el desarrollo del alfabeto lo que el mundo occidental heredó de los griegos, sino también el origen de unas lenguas relativamente complejas en las que se obtiene una gran precisión en el significado gracias a la utilización de un sistema de oraciones interrelacionadas y ordenadas lógicamente —las oraciones subordinadas—. Véase también el ensayo de KALMAR (1985) sobre la existencia de «lenguas primitivas», en el que estudia la aparición de la oración subordinada entre algunas comunidades de indios canadienses.

[18] Otros psicólogos y lingüistas han insistido en la importancia del entorno en la adquisición de la alfabetización. Véase, por ejemplo, OLSON (1986) y WILSON (1986). Frente a la interpretación de HAVELOCK (1976) de que el habla, y no la alfabetización, está determinada biológicamente, EGAN (1986), p. 243, sugiere que ambas lo están pero que precisan de un entorno adecuado para desarrollarse. Así, el habla se desarrolla a través de la interacción del individuo con un medio de comunicación oral, mientras que la alfabetización precisa de un medio en el que exista la comunicación escrita.

Sobre estas premisas y a partir de una muestra de tan sólo 650 individuos de los cuales «aproximadamente un tercio [...] se declararon alfabetizados» [19], Scribner y Cole llegan a la conclusión de que «la alfabetización en la escritura vai no cumple las expectativas de los científicos sociales que consideran la alfabetización una fuerza motriz vital para el cambio social». Es más, en este caso la alfabetización «no ha desencadenado un dramático proceso modernizador; no ha ido acompañada de un rápido desarrollo de la tecnología, el arte y la ciencia; no ha dado lugar al crecimiento de nuevas disciplinas intelectuales» [20]. Ante semejante afirmación, los comentarios sobran. Lo realmente sorprendente, en un grupo de unos doscientos individuos, hubiera sido lo contrario, es decir, que su labor «científica» e «intelectual» tuviera parangón alguno con la desarrollada a lo largo de varias centurias en lo que se conoce como el mundo occidental. En un intento, quizá, de evitar ser acusados de «imperialismo cultural» Scribner y Cole han caído en el error de intentar comparar dos magnitudes que apenas guardan relación alguna entre ellas, si exceptuamos la muy simple e incluso superficial de tratarse de dos lenguas que tienen un sistema propio de representación escrita [21].

Si bien las conclusiones de Scribner y Cole sobre las diferencias

---

[19] SCRIBNER y COLE (1981), p. 62. De entre los varones vai alfabetizados (N = 290) un 59 por 100 dominaban el alfabeto vai, un 28 por 100 el inglés, y un 50 por 100 el árabe (los porcentajes se superponen porque algunos de ellos estaban alfabetizados en más de un sistema de escritura). Sólo el 28 por 100 dominaban exclusivamente la escritura vai y el 17 por 100 la inglesa (p. 64, Cuadro 6.2). Estas cifras dan una idea del tamaño de la muestra sobre la que se basan las conclusiones sobre las diferencias entre alfabetización y analfabetismo, escolarización y su ausencia.

[20] SCRIBNER y COLE (1981), p. 239. A modo de ilustración, valga aquí señalar los distintos usos que los vai hacían de cada sistema de escritura, según los propios autores del estudio. La escritura vai era utilizada principalmente para escribir cartas y llevar cuentas de las pequeñas transacciones y ventas que tenían lugar entre los miembros de la comunidad; el inglés escrito era utilizado para los mismos fines y, además, para seguir las normas del gobierno; finalmente, el árabe era utilizado casi exclusivamente por motivos religiosos (p. 72). Dados los limitados usos a los que se aplicaba cualquier tipo de escritura, y en especial la misma vai, no es de extrañar la parquedad de los «logros científicos» obtenidos por este pueblo, o más bien por ese tercio de los menos de 1.000 habitantes que sabían leer y escribir.

[21] La lengua y, muy especialmente, la escritura vai podrían ser consideradas «primitivas» en el sentido de encontrarse aún en una «etapa muy temprana» de su desarrollo (véase KALMÁR, 1985, p. 157), lo que no puede afirmarse ni del inglés ni del árabe, que cuentan ambos con una larga tradición literaria.

entre alfabetización y escolarización no son convincentes, el tema es interesante y la solución al problema necesaria [22]. Desde el punto de vista de la contribución de la educación al crecimiento económico esta distinción es también importante. Es posible que la alfabetización sin escolarización produzca efectos distintos que la alfabetización en la escuela. Estos, sin embargo, tan sólo serían relevantes en contadas ocasiones como, por ejemplo, en caso de que la contribución de la educación al crecimiento económico se basara en la adquisición de determinados *rasgos de comportamiento* —como la disciplina o la puntualidad— y no en el dominio en sí del medio de comunicación escrita. Por tanto, mientras no sea posible distinguir nítidamente entre los efectos atribuíbles a la alfabetización y aquéllos debidos a la escolarización, carece de sentido prescindir de uno de los pocos indicadores disponibles sobre el nivel educativo de la población. Es más, no hay que olvidar que la diferencia fundamental que distingue al individuo alfabetizado del analfabeto es la *posibilidad* de acceder a una nueva fuente de información, la información escrita, cuya disponibilidad e importancia en relación con otros medios de comunicación ha cambiado a lo largo de la historia. La posibilidad de acceder sin la presencia de intermediarios a este medio de comunicación no implica, sin embargo, que el acceso en sí se produzca. Para que este último tenga lugar, han de darse una serie de circunstancias adicionales, tales como la predisposición del individuo hacia este medio de comunicación o la disponibilidad de material impreso —libros, panfletos, periódicos, etc.— en su entorno. Y, sin embargo, cuando hacemos una estimación de la contribución de la alfabetización al crecimiento económico rara vez tenemos en cuenta en qué medida la población alfabetizada hace uso de su capacidad de leer y/o escribir [23].

---

[22] El caso de los vai no parece ser el más apropiado para aislar los cambios atribuibles a la alfabetización de aquéllos realmente debidos a la escolarización. El estudio de SCRIBNER y COLE es un ejemplo bastante claro del principal problema inherente a los estudios de carácter comparativo: el de establecer unos términos de comparación adecuados. Sin esta premisa es difícil mantener unas conclusiones, independientemente de la seriedad con la que la investigación haya sido llevada a cabo. Para unas conclusiones que no concuerdan con las de SCRIBNER y COLE véase el estudio de GREENFIELD (1972) sobre la tribu de los wolof en Senegal (citado por STREET (1984), pp. 21 y ss.).

[23] WHARTON (1966) insiste en que la mera posibilidad de acceder directamente a la información escrita explica un mayor aumento en la productividad de las explotaciones de los campesinos alfabetizados frente a los analfabetos.

Estrictamente hablando, pues, la definición de alfabetización más adecuada es también la más sencilla: la capacidad de leer y escribir un mensaje escrito. Pocos autores discreparán de esta definición. En lo que se refiere a las externalidades o a los efectos derivados de la adquisición de la alfabetización, hay que reconocer que ninguna fuente histórica nos ofrece estimación fiable alguna. Sin embargo, el hecho de que no se puedan estimar de forma directa no indica que estas externalidades no existan y no deban ser planteadas. El gran desafío que se presenta a los investigadores de la alfabetización, sea cual fuere el ángulo desde el que la aborden, es el de llegar a establecer y entender esas conexiones [24]. En el caso del historiador, los efectos que le interesan son aquéllos que más directamente han afectado la vida del individuo en sociedad, su organización política, social o económica.

Un problema adicional que habría que evitar es el del determinismo histórico, que en este caso equivaldría a esperar una repetición mecánica de los mismos efectos independientemente del lugar y del tiempo. Una razón por la cual estos efectos pueden cambiar es que la difusión de la alfabetización entre la población, así como la importancia relativa de la comunicación escrita frente a la comunicación oral, también ha cambiado con el tiempo. Si hoy día se puede hablar en Europa de unos niveles de alfabetización cercanos al 100 por 100, hace apenas dos siglos la realidad era muy otra y los niveles de alfabetización más elevados se situaban en torno al 30 por 100 [25]. Lógicamente, cabría esperar que la interacción entre ambos medios de comunicación fuera muy distinta en uno y otro momento. Sin embargo, al aumentar la supremacía del medio de comunicación escrito la necesidad de mejorar el nivel de alfabetización de la población se hace más apremiante. Obviamente no tiene los mismos efectos una alfabetización relativamente elevada en un entorno mayoritariamente analfabeto —por ejemplo, los países de la Europa del norte frente al resto del mundo a mediados del siglo XIX— que un

[24] Como señala BLAUG (1987a) en la Introducción a una reedición de sus principales artículos, «es un gran error juzgar prematuramente programas de investigación jóvenes; hacerlo equivale a exigir que todas las ideas nuevas, si han de merecer alguna credibilidad han de emerger plenamente desarrolladas», p. VIII.

[25] Nos referimos a tasas de alfabetización sobre la población total. Obviamente había ciertos grupos sociales o profesionales casi totalmente alfabetizados, al mismo tiempo que el analfabetismo dominaba entre otros.

nivel similar de alfabetización en un mundo predominantemente alfabetizado, situación que se da hoy, por ejemplo, en los países más atrasados como los del continente africano o en América Latina [26]. A este tema pasamos a referirnos a continuación.

2. El despegue de la alfabetización: de una alfabetización «restringida» a una alfabetización «universal»

2.1. *Obstáculos que se oponen a la difusión de la alfabetización*

En lo que se conoce como mundo occidental, la existencia de la escritura se remonta a un pasado remoto. Sin embargo, sólo a lo largo de los dos últimos siglos ha llegado la comunicación escrita a convertirse en un fenómeno de masas. Desde una perspectiva histórica podría afirmarse que la transición de una alfabetización «restringida» a una alfabetización «universal» es un fenómeno relativamente reciente que ha tenido lugar a gran velocidad, es decir, en muy poco espacio de tiempo. Uno de los principales interrogantes que este fenómeno abre, por tanto, es el de encontrar las causas de este súbito despegue de los niveles de alfabetización, para lo cual resulta imprescindible indagar sobre aquellas otras que hicieron de la alfabetización un fenómeno restringido a una minoría.

El concepto de alfabetización «restringida» lo introdujo por primera vez Jack Goody al estudiar los numerosos «factores que limitan el completo desarrollo de la alfabetización» una vez superadas las limitaciones tecnológicas más apremiantes. La difusión de la alfabetización dependería, pues, de la conjunción de una serie de obstáculos materiales y de restricciones sociales. Entre las limitaciones

---

[26] POLLARD (1982) ha puesto de manifiesto la importancia que tiene el nivel de desarrollo económico alcanzado por una región relativo al nivel de aquellas que la rodean tanto sobre la forma como sobre la velocidad a la que su paropio poceso de cambio procederá. BAUMOL (1989), por su parte, concluye que la contribución de la educación secundaria a la convergencia de las regiones económicamente atrasadas con las más adelantadas es mayor que la de la educación primaria, al menos a partir de mediados del siglo XX. Este resultado implica que no sólo la educación es importante para el crecimiento económico, sino que la creciente complejidad de la técnica requiere una educación cada vez más completa. Para períodos anteriores es la alfabetización y no la enseñanza secundaria la que parece tener un mayor impacto sobre el crecimiento económico, como veremos en el Capítulo 3.

tecnológicas Goody mencionaba los sistemas de escritura figurativos o no fonéticos por oposición al sistema alfabético, así como las técnicas de reproducción. En el mundo occidental el primer obstáculo fue superado en la antigua Grecia al desarrollarse un sistema fonético de escritura, mientras que el segundo no se resolvió hasta el siglo XV con la invención de la imprenta y la introducción del papel [27]. Hasta entonces, la reproducción de libros era un trabajo puramente manual en el que se empleaba mucho tiempo, lo que los encarecía tremendamente y los situaba fuera del alcance de la mayoría. Los materiales en los que se escribía, el papiro o el pergamino, tampoco abundaban y, en consecuencia, eran caros. Las dificultades de reproducción hacían que el medio de comunicación dominante fuese el oral. Tan sólo algunas actividades muy concretas, como las relacionadas con el gobierno y la administración de asuntos políticos y religiosos, o el comercio, en especial el comercio internacional, hacían un uso relativamente frecuente de la comunicación escrita. En estas circunstancias, no es de extrañar que los niveles de alfabetización de la población fueran mínimos, casi inexistentes en algunos períodos, incluso dentro de aquellos grupos sociales que mayor uso hacían de la comunicación por escrito [28].

La invención de la imprenta y la introducción del uso del papel fueron dos innovaciones que redujeron sustancialmente el coste de reproducción de libros. Sin embargo, la revolución en las técnicas de impresión no dio lugar a una súbita expansión en los niveles de alfabetización de la población europea [29]; mejoraron ligeramente pero permanecieron aún lejos de extenderse a la población total. La introducción de la imprenta, como mucho antes la invención del alfabeto fonético, no inició la transición hacia la universalización de la alfabetización. Aunque la disponibilidad de los libros aumentó en gran medida, su utilización siguió limitada a grupos sociales concretos, y sólo varios siglos más tarde se extendió al grueso de la población. A partir del momento en que los principales obstáculos

---

[27] GOODY (1968), pp. 11 y ss.

[28] Véase GRAFF (1987a), Capítulos 2, 3 y 4, para un resumen actualizado de la evolución de la alfabetización entre la invención del alfabeto y la invención de la imprenta.

[29] Véase EISENSTEIN (1979 y 1985). Un resumen de la evolución de la alfabetización en el período inmediatamente posterior a la invención de la imprenta en GRAFF (1987a), Capítulo 5.

materiales a la difusión de la comunicación escrita fueron levantados, consideraciones de carácter religioso e incluso social pasaron a ser decisivas a la hora de marcar el inicio y la velocidad de la transición a una alfabetización universal [30]. Esto no quiere decir, sin embargo, que restricciones de este tipo no existieran con anterioridad; se acentúa su importancia al desaparecer algunos de los obstáculos de carácter material de mayor peso.

La religión ha sido frecuentemente citada como uno de los obstáculos de carácter social a la difusión de la alfabetización más poderosos. La mayor parte de las creencias religiosas basaron su difusión en la comunicación oral, a veces apoyada por complejas representaciones plásticas entre un sacerdocio alfabetizado y unos seguidores mayoritariamente analfabetos. El sermón y la memorización de textos sagrados basada en su repetición se convirtió en el medio habitual de transmisión del mensaje religioso. Algunas creencias, no obstante, fomentaron en algún momento la lectura directa de los textos sagrados.

En la Europa medieval la religión dominante fue la católica, más arraigada en las tierras del Mediterráneo que en las del norte. El latín era la lengua religiosa por excelencia, como también era la lengua literaria y científica, pese a encontrarse cada vez menos extendido. De hecho el latín coexistía con las lenguas vernáculas, mucho más difundidas pero cuyo uso estaba en general limitado a los quehaceres cotidianos. Durante mucho tiempo se consideró a estas lenguas poco adecuadas para ser escritas, con lo que a las dificultades ya existentes para aprender a leer y escribir se añadía el hecho de que este aprendizaje sólo podía hacerse en una lengua extraña para la mayor parte de la población, el latín. La coexistencia de dos lenguas, por una parte el latín para los asuntos de Iglesia e, incluso a veces, de Estado, así como para la literatura y la ciencia, y por otra las lenguas vernáculas, utilizadas en los asuntos cotidianos, fue una barrera más a la difusión de la alfabetización [31].

---

[30] Según GOODY, a partir de este momento fueron las «restricciones sociales» las que impidieron la rápida difusión de la alfabetización. Entre otras «la tendencia al ocultamiento, a limitar la circulación de los libros [que surge] donde alguien tiene interés en mantener el monopolio sobre las fuentes de poder [o en mantener] unos valores arcaicos». Véase GOODY (1968), Introducción, pp. 11 y ss.

[31] Según BOWEN esa dualidad lingüística entre una lengua culta, casi exclusivamente dedicada al estudio, y una lengua vulgar, utilizada en la vida diaria, ya se dio en torno al año 2500 a. C. al fundirse dos lenguas, el sumerio y el acadio (1972, p. 8).

Por su parte, la actitud de la Iglesia católica hacia la difusión de la alfabetización, en ningún caso muy entusiasta, no se replanteó hasta que ésta se vio enfrentada al cisma protestante y a la amenaza que suponía para su control sobre la sociedad europea de la época la difusión de una nueva creencia. La actitud de los protestantes, abiertamente favorable a la lectura directa de la Biblia por cada individuo, dio lugar a la proliferación de traducciones en las principales lenguas acabando así con la limitación que el uso exclusivo del latín había supuesto hasta entonces [32]. La competencia religiosa forzó a la Iglesia católica a adoptar los métodos de los protestantes, es decir una actitud positiva hacia la alfabetización allí donde su autoridad se veía amenazada. Donde el fenómeno protestante pudo ser contrarrestado, donde triunfó la Contrarreforma, la actitud de la Iglesia contraria a la difusión de la alfabetización permaneció inalterada, e incluso llegó a reforzarse [33]. Como consecuencia, en parte, del

Entonces, sin embargo, los obstáculos materiales a la difusión de la alfabetización eran aún más fuertes que los estrictamente derivados de la dificultad que entrañaba tener que aprender dos lenguas distintas. El obstáculo lingüístico a la alfabetización no ha sido explícitamente analizado por SCHIBNER y COLE en su estudio sobre los vai.

[32] «Desde los primeros años en la historia de la Iglesia existieron versiones de la Biblia en aproximadamente diez de las lenguas de las civilizaciones antiguas, entre ellas griego, sirio, copto, latín y gótico. A finales de la Edad Media se hicieron algunos intentos de traducir la Biblia a las lenguas nacionales de Occidente. [...] El arte de la imprenta y más tarde la Reforma aumentaron la importancia de estas traducciones. En 1466 la Biblia fue editada en su totalidad en alemán, en 1471 en italiano, en 1487 en francés, en 1526 en holandés, en 1535 en inglés, en 1541 en sueco y en 1550 en danés» JOHANSSON (1981), p. 155. En España «pese a [su] contribución a los estudios bíblicos como atestiguan las biblias políglotas de Alcalá (Complutensis, 1514-1517) y Amberes (1567-1573), puede decirse que las versiones vernáculas de la Biblia no fueron ni tan numerosas ni tan importantes como en otros países europeos. La inquisición española ejerció siempre un control, a veces extremadamente severo, sobre la difusión de la Biblia en lengua vernácula [...]. Hasta el siglo XVIII no empezaron a circular versiones católicas». Las versiones en catalán, siendo la editada en Valencia en 1478 «una de las primeras Biblias publicada en lengua vernácula», se enfrentaron a limitaciones similares. (*New Catholic Encyclopedia*, 1967, pp. 483-484.)

[33] STONE (1969) acentúa la importancia de la competencia religiosa, o su ausencia, para explicar la fuerte expansión de la alfabetización que tuvo lugar en algunos países europeos a lo largo del siglo XVI. En su opinión esa competencia fue más importante que la mera actitud positiva de los protestantes. Su interpretación contribuye a explicar las distintas actitudes mantenidas por la Iglesia católica en unos y otros países. El norte de Francia es un buen ejemplo de la actitud positiva, como han señalado FURET Y OZOUF (1982 y 1977, vol. II); España, por el contrario, sería escenario de un recrudecimiento de la tradicional postura de la Iglesia católica, como bien ha señalado KAGAN (1974), Capítulo 2. Aunque su argumento se centra en las escuelas

triunfo de la Contrarreforma en los países de la cuenca mediterránea, el centro cultural europeo fue paulatinamente desplazándose hacia los países del norte [34]. Casi al mismo tiempo la actividad económica se trasladó del Mediterráneo al Atlántico y de los países del sur a los del norte [35]. Ambos fenómenos, el doble desplazamiento de los centros de actividad cultural y económica hacia el norte, son clave a la hora de entender las peculiaridades en la transición de la alfabetización entre unos y otros países europeos.

En algunos países europeos, pues, la Reforma supuso el levantamiento de una de las barreras sociales más eficaces a la difusión de la alfabetizacicón, casi al mismo tiempo en que la difusión de la imprenta hizo desaparecer uno de los mayores obstáculos de carácter material o técnico, el de la reproducción. Sin embargo, pese a que estos países experimentaron un aumento significativo en sus tasas de alfabetización, tanto en relación con sus niveles previos como en relación con la de aquellos países no afectados por la Reforma, su alfabetización siguió siendo muy restringida. El único país donde la alfabetización se universalizó a remolque de la nueva actitud religiosa, directamente apoyada por una serie de medidas gubernamentales, fue Suecia [36]. La necesidad de introducir medidas de compulsión para que la alfabetización se difundiera a todos los sectores de la población sugiere la existencia de otros factores que limitan su difusión.

Una vez superados los obstáculos técnicos más apremiantes a la difusión de los libros y relajado el control religioso sobre su circu-

---

de latinidad, equivalentes a los estudios secundarios, parece que las consecuencias de su cierre afectaron también al nivel de alfabetización de la población.

[34] STONE (1969), pp. 78 y ss.

[35] Véase CIPOLLA (1976a), del que hay una versión en castellano (1976b).

[36] JOHANSSON ha estudiado la temprana alfabetización de la población sueca a raíz de la Ley de 1686 que «estipulaba una completa educación [en el marco de la] Iglesia para las masas», y del Real Decreto de 1723 que obligaba a padres y tutores a «preocuparse con la debida diligencia de que sus hijos [y pupilos] se aplicaran en la lectura de libros y en el estudio de las lecciones del catecismo». El decreto establecía que era necesario saber leer para poder recibir la confirmación e incluso para casarse. En apenas unos años, los suecos aprendieron a «leer», aunque no a «escribir» dado que la ley no lo requería. (JOHANSSON, 1981, pp. 163 y ss.) El caso de Finlandia, menos conocido, parece guardar algunas similitudes con el de Suecia (véase MYLLINTAUS, 1990). En Islandia también parece haberse dado un fenómeno similar (GRAFF, 1987a, pp. 227-228).

lación, el valor económico de la alfabetización se convirtió en un factor clave en la transición a la alfabetización universal. Este valor estaba en función del alcance de los medios de comunicación escrita frente a los medios de comunicación oral en actividades tales como el comercio, la difusión de nuevas técnicas y formas de organizar la producción, la administración del Estado, etc. [37]. Tanto el desarrollo y consolidación de los estados modernos como el auge del comercio internacional a partir del renacimiento supuso una presión positiva a favor de la expansión de la alfabetización [38].

El valor económico de la alfabetización puede estar íntimamente vinculado a su valor social. Tradicionalmente, la educación ha sido una fuente de prestigio e incluso, en ocasiones, una vía de movilidad social. La Iglesia y el Estado han sido dos de los caminos de ascenso político, económico y social disponibles para aquellos que tenían una educación adecuada [39]. En la mayor parte de los casos, sin embargo, estos puestos socialmente codiciados llevaban incluida una recompensa económica. Se trata de un fenómeno que Stone definió como «la búsqueda de la seguridad en el trabajo a través de la educación» [40]. A aquellos que no lograban realizar una carrera al servi-

---

[37] Según LAQUEUR (1976), p. 255, la progresiva difusión de la alfabetización no se debió a una causa particular, sino al hecho de que el medio de comunicación escrito empezó a sustituir al oral en numerosas actividades. La incógnita a despejar, según este planteamiento, es qué factores determinaron la sustitución de un medio de comunicación por otro. Consideraciones de eficacia económica tendrían un elevado poder explicativo.

[38] El hecho de que la alfabetización se encontrara más ampliamente difundida entre la población dedicada a ciertos oficios y ocupaciones cuando aún era un fenómeno muy restringido avala la idea de que el valor económico de la alfabetización era una fuerza decisiva para su difusión. Los elevados niveles de alfabetización alcanzados en las ciudades del norte de Italia durante la revolución comercial de los siglos XI al XIII son un claro ejemplo de esta vinculación [véase GRAFF (1987a), pp. 54-57 y 76-90]. Esta relación también se dio en períodos anteriores, durante los cuales los obstáculos materiales y las restricciones sociales eran mayores. Así, por ejemplo, los primeros restos de escritos que se conservan, tanto de los sumerios como de los acadios, hacen referencia a transacciones comerciales [BOWEN (1972), p. 8].

[39] Los estudios sobre este tema son innumerables. Véase, por ejemplo, O'DAY (1982, p. 16) acerca de la relación entre alfabetización y mobilidad social dentro de la Iglesia. STONE (1969, pp. 75 y ss.) hace referencia a las posibilidades de ascenso social de aquéllos con una educación universitaria. KAGAN (1974, Capítulo II-4, pp. 77-81) estudia la relación entre educación y burocracia en la España de los Habsburgo.

[40] STONE (1969), p. 75.

cio de la Iglesia o del Estado su educación les permitía dedicarse a otras actividades tales como la enseñanza o la contabilidad [41].

Al margen de estas dos avenidas tradicionales de ascenso social en las que la educación, empezando por la más elemental alfabetización, era de gran utilidad, existían otras áreas en las que era igualmente necesaria, concretamente las actividades relacionadas con el mercado. Cuanto más desarrollado se encontraba el comercio y más directa era la relación del individuo con este medio, mayores eran las tasas de beneficio que el individuo podía derivar de su alfabetización. Obviamente, los comerciantes son aquéllos en contacto más íntimo con el mercado, pero no los únicos. Los artesanos e incluso los campesinos pueden estar igualmente vinculados al mercado, tanto como vendedores cuanto como compradores. Esto explicaría el que, en ausencia de medidas compulsivas como las puestas en práctica en Suecia, las tasas de alfabetización sean más altas entre aquellos grupos sociales más directamente vinculados al mercado. Por el contrario, los jornaleros agrícolas e incluso los campesinos que viven en una economía de subsistencia son dos de los grupos que normalmente tienen tasas de alfabetización más bajas [42]. Podría deducirse, pues, que la expansión del comercio a todos los sectores de la economía tuvo un impacto sobre la educación en general y sobre la transición de la alfabetización en particular. En economías de este tipo, los beneficios derivados de la adquisición de la alfabetización habían de ser superiores a los costes relacionados con su aprendizaje. De hecho, parece que los beneficios económicos, reflejados en un aumento del nivel de vida, han sido una de las fuerzas que más poderosamente han contribuido a la transición de una alfabetización restringida a otra plenamente universal en los últimos siglos. Sin embargo los beneficios individuales no siempre equivalen a los sociales, lo cual ha dado lugar a diversos modelos de transición.

En resumen, podríamos decir que los primeros pasos en la «transición» a la alfabetización universal pueden remontarse a la inven-

---

[41] O'DAY (1982), p. 16.

[42] KAHAN (1966a) ha estudiado la influencia de la proximidad al mercado sobre la adquisición de la alfabetización en Rusia a finales del siglo XIX. SCHOFIELD (1973, pp. 449 y ss.) ha contrastado esta hipótesis para Bedforshire, Inglaterra. Véase también SOLTOW y STEVENS (1977, p. 234) acerca de la educación de los granjeros en los Estados Unidos; O'DAY (1982) para algunos países europeos en la Edad Media; CRESSY (1974 y 1977), y LAQUEUR (1976) para la Inglaterra preindustrial; y FURET y OZOUF (1982) para Francia.

ción de un sistema de escritura fonético y, más recientemente, a la introducción de la imprenta [43]. Ambos avances contribuyeron en gran medida a facilitar el aprendizaje de la escritura, por una parte, y su difusión a mayor escala, por otra. Sin embargo, la eliminación de estos obstáculos tecnológicos tuvo un efecto relativamente limitado sobre los niveles de alfabetización. Un entramado de barreras sociales y económicas mantuvo la alfabetización «restringida» pese a ser técnicamente posible su mayor difusión. Las tasas de alfabetización de la población general no superan en sociedades premodernas el 30 por 100, aunque en algunos grupos sociales específicos, como por ejemplo los contables, podían ser de casi un 100 por 100.

La «transición de la alfabetización» es pues un fenómeno relativamente reciente que no parece estar directamente vinculado a ningún cambio tecnológico concreto. Cómo explicarlo y cómo conjugar las diferencias y peculiaridades que se distinguen entre unos países y otros, tanto en cuanto al período en el que inician la transición como a la velocidad a la que la completan, son algunos de los problemas que se van a discutir a continuación. La posible relación entre la transición de la alfabetización y otros fenómenos contemporáneos, como la modernización económica o la formación de estados nacionales, es otro de los aspectos sobre el que se plantean algunas hipótesis. *A priori* la evidencia existente parece indicar que, en ausencia de una fuerza compulsiva que sólo el Estado, y en contadas ocasiones, estaba en condiciones de ejercer de forma eficaz, las fuerzas que mayor peso han tenido en la configuración de la transición de la alfabetización son económicas. A continuación se verá cómo.

---

[43] En general nos estamos refiriendo a la alfabetización en el mundo occidental, basada en la herencia grecolatina o judeocristiana. No estamos considerando los problemas de la alfabetización en Oriente donde, incluso hoy en día, el sistema de representación es ideográfico y no fonético, pese a lo cual algunos países han alcanzado una alfabetización universal. Esto indica que si bien los obstáculos técnicos pueden ser superados tiene que existir bien una fuerte demanda educativa, bien una voluntad y capacidad de alfabetizar a la población para que la transición se lleve a cabo. KIMURA (1990) sostiene que la rápida alfabetización de Corea del Sur fue en gran parte debida a la reacción frente a un intento de colonización cultural por parte de Japón.

2.2. *La transición de la alfabetización*

Al estudiar el grado de difusión de la alfabetización a lo largo de la historia se advierte fácilmente la existencia de un período de rápidos avances o de «transición» que apenas se remonta dos centurias. Durante esta etapa, la alfabetización se universaliza, es decir, deja de ser restringida a un sector de la población rara vez superior al 30 por 100 y, por primera vez se extiende a la práctica totalidad de la población. Una de las características de este período transicional es la rapidez con que se difunde inicialmente la alfabetización y que queda de manifiesto en el Gráfico 2.1. Obviamente no todos los países iniciaron este proceso a la vez, ni lo llevaron a cabo a la misma velocidad. El inicio de la «transición», así como su duración, dependieron de una serie de factores, en especial de la relación existente entre demanda y oferta de alfabetización.

La «transición de la alfabetización» es un fenómeno relativamente reciente. En los países donde se inició, en su mayoría situados en el norte de Europa, apenas se remonta a finales del siglo XVIII. Su generalización al resto del mundo es un fenómeno del siglo XX. Algunos países europeos, en general los del norte, así como Estados Unidos, prácticamente habían alcanzado niveles de alfabetización universal a mediados del siglo XIX [44]. El sur de Europa, Japón y Australia experimentaron la transición en las primeras décadas del siglo XX. En las postrimerías de la Segunda Guerra Mundial la difusión de la alfabetización se aceleró en la mayoría de los países de América Latina y en algunos países asiáticos. En el continente africano, pese a los indudables progresos, la mejora de los niveles de alfabetización ha sido menos significativa (véase Gráfico 2.1). Durante la etapa de transición tanto la demanda de alfabetización como la facilidad de acceso a una educación elemental, basada en las tres reglas —lectura, escritura y aritmética—, se incrementó a un ritmo muy superior al experimentado con anterioridad. En ocasiones la

---

[44] Hacia 1850, los países nórdicos o escandinavos, Alemania, Escocia, Holanda y Suiza ya tenían tasas de alfabetización superiores al 95 por 100 de la población adulta; Inglaterra y Gales tenían niveles superiores al 70 por 100. Los países nórdicos ya habían alcanzado una alfabetización universal, mientras que Inglaterra y Gales, Francia, Bélgica e Irlanda se encontraban en las últimas etapas de la transición. De hecho, tanto Inglaterra como Gales ya habían superado el segundo umbral de la alfabetización en 1850 (véase Gráfico 2.2).

demanda iba por delante de la oferta; en ocasiones esta relación se invertía y el detonante de la transición era el aumento en la oferta educativa.

GRÁFICO 2.1. *La alfabetización en el mundo, 1850-1980.*

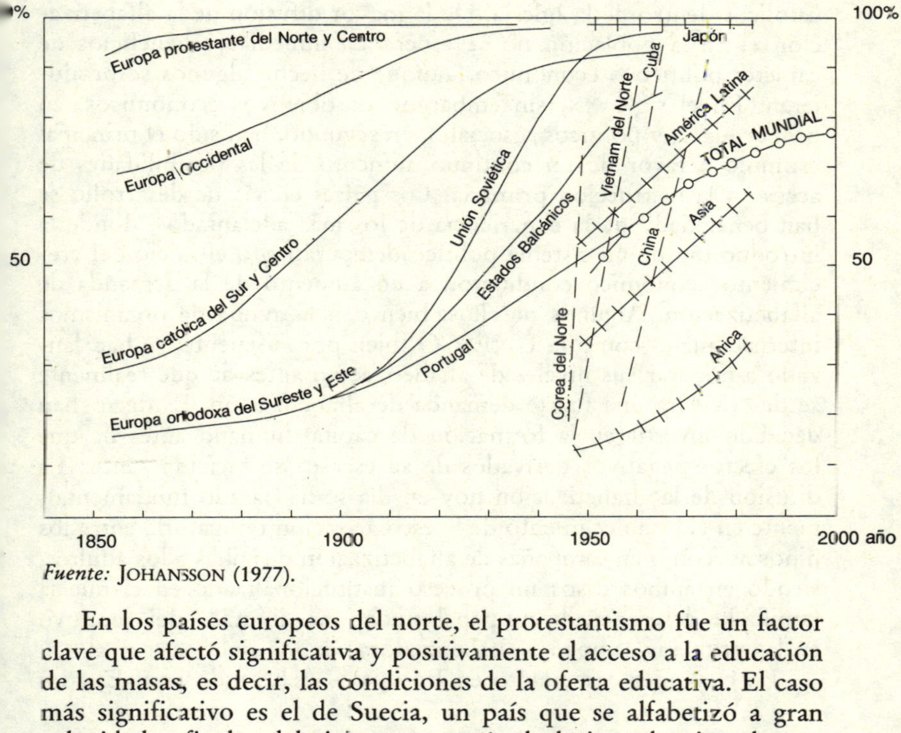

Fuente: JOHANSSON (1977).

En los países europeos del norte, el protestantismo fue un factor clave que afectó significativa y positivamente el acceso a la educación de las masas, es decir, las condiciones de la oferta educativa. El caso más significativo es el de Suecia, un país que se alfabetizó a gran velocidad a finales del siglo XVII a raíz de la introducción de una serie de medidas que obligaban a la población a saber leer. La introducción de estas medidas de control, sin que se estableciera un sistema formal de educación elemental, bastó para que la población sueca se alfabetizara en apenas una generación [45]. En otras regiones,

[45] Véase JOHANSSON (1981) para un estudio detallado de las medidas que se tomaron en Suecia y de sus efectos sobre la alfabetización de la población (un resumen en Nota 36). Una peculiaridad a tener en cuenta es que la alfabetización se limitó a

como en algunos departamentos en Francia, la oferta educativa se adelantó a la demanda como consecuencia del conflicto entre protestantes y católicos [46].

Las campañas de alfabetización del siglo XVII se distinguen de las que se han llevado a cabo en la segunda mitad del siglo XX por la motivación que las desencadenó [47]. Las primeras nacieron de una renovada actividad religiosa, vinculada al cisma entre protestantes y católicos dentro de la Iglesia. De la mayor difusión de la alfabetización entre la población no se esperaban inmediatos beneficios de carácter político o económico, aunque de hecho algunos se produjeran. En el siglo XX, sin embargo, los objetivos económicos, en primer lugar, y políticos o sociales, en segundo, han sido el principal estímulo a favor de un continuo aumento de las posibilidades de acceso a la instrucción primaria. Los países en vía de desarrollo se han beneficiado de la experiencia de los más adelantados, donde la introducción de un sistema político democrático o el inicio del crecimiento económico condujeron a un aumento de la demanda de alfabetización. Algunos de ellos, bien con la ayuda de organismos internacionales como la UNESCO, bien por su cuenta, se han lanzado a mejorar sus niveles de alfabetización antes de que realmente se desarrollara una fuerte demanda de alfabetización. Es decir, han decidido invertir en la formación de capital humano antes de que los efectos negativos derivados de su escasez se hicieran sentir. La difusión de la alfabetización hoy en día se ha basado fundamentalmente en el establecimiento de la escolarización obligatoria entre los niños así como en campañas de alfabetización dirigidas a los adultos, siendo en ambos casos un proceso institucionalizado en el que la familia ha desempeñado un papel mucho más limitado del que tuvo en las primeras campañas alfabetizadoras de los siglos XVI y XVII.

En cualquier caso, tanto en Europa —incluyendo aquí Estados

la lectura, según establecían las ordenanzas gubernamentales. Tan sólo a finales del siglo XIX, cuando se generalizó la escuela elemental, se difundió el conocimiento de la escritura. El hecho de que el dominio de la escritura no fuera generalmente paralelo a la capacidad de lectura indica claramente que la demanda de alfabetización tenía un peso mucho menor que la mera compulsión establecida por el Estado.

[46] Véase FURET y OZOUF (1977, vol. 2), en concreto los artículos de BUTEL y MANDON, y POUSSOU sobre Aquitania en el siglo XVIII (pp. 15 y ss., y 319), y el de COMPÈRE sobre Languedoc durante los siglos XVII y XVIII (p. 52).

[47] La denominación «campaña de alfabetización» aplicada al siglo XVII se debe a GRAFF (1987a, p. 10).

GRÁFICO 2.2. *La alfabetización en Europa, 1850-1980.*

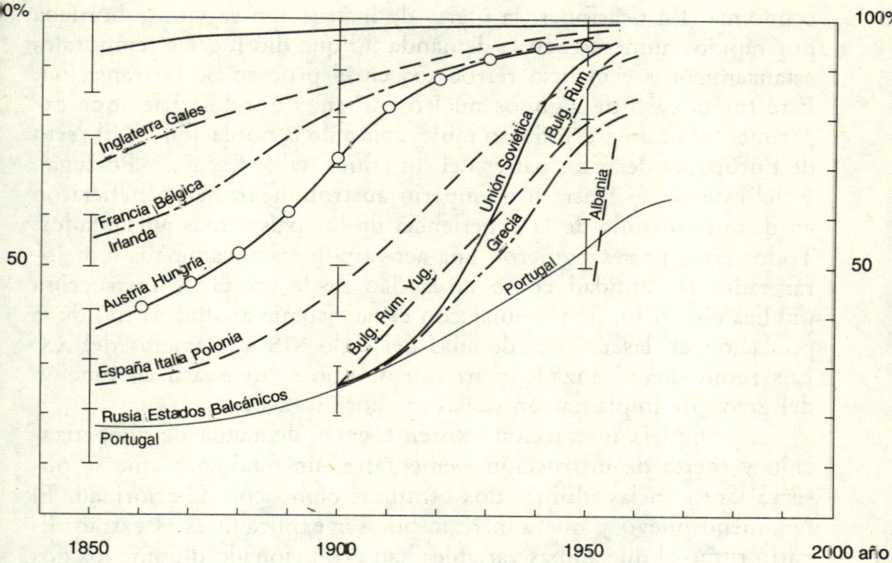

Fuente: JOHANSSON (1977).

Unidos— como en el mundo en general la «transición de la alfabetización» es el resultado de la interacción entre demanda de alfabetización y oferta de instrucción primaria. Algunos países del centro y norte de Europa, como los países escandinavos, Alemania, Escocia, Holanda o Suiza, se alfabetizaron por delante de la demanda gracias a la expansión de la oferta de instrucción, tanto formal como informal, motivada por cuestiones religiosas [48]. La transición de la alfabetización en otros países europeos, como Inglaterra y Gales,

[48] Hasta bien entrado el siglo XVIII la alfabetización del individuo era un proceso que tenía lugar a lo largo de gran parte de su vida; no estaba limitado, por lo general, a unos pocos años durante la infancia, como actualmente. Era, por otra parte, un proceso informal en el que intervenían padres, familiares y vecinos, según el nivel educativo de cada uno de ellos, y que no dependía, por tanto, de la existencia de instituciones formales como la propia escuela elemental. Véase LAQUEUR (1976), p. 259, sobre este tema.

Francia, Bélgica e Irlanda, siguió más de cerca los dictados de la demanda, que procedía, fundamentalmente, de las necesidades de la economía. En ocasiones, la oferta de instrucción se vio desbordada por rápidos aumentos en la demanda, lo que dio lugar a temporales estancamientos e incluso retrocesos en el proceso de la transición. Este fue el caso de algunos núcleos urbanos e industriales que experimentaron un crecimiento muy rápido de la población [49]. El resto de Europa, es decir los países del sur como Italia, España y Portugal, y del este como Rusia o el imperio austrohúngaro, se beneficiaron en distinta medida de la experiencia de los países más adelantados. Todos estos países siguieron una activa política encaminada a mejorar tanto la cantidad como la calidad de la oferta de instrucción pública con el fin de terminar con el persistente analfabetismo de la población en las últimas décadas del siglo XIX y primeras del XX. Los resultados alcanzados variaron de uno a otro caso en función del grado de implantación de las medidas tomadas.

La compleja interacción existente entre demanda de alfabetización y oferta de instrucción elemental es un fenómeno que se observa tanto en las últimas dos centurias como con anterioridad. El fenómeno nuevo y que aún resta por ser explicado es el extraordinario ritmo al que ambas variables han evolucionado durante los dos últimos siglos. Este ritmo se ha ido acelerando constantemente, como la comparación entre los países de la Europa del norte y del sur, entre ellos y en relación con el resto del mundo, sugiere (véanse gráficos 2.1 y 2.2).

En mi opinión, la universalización de la alfabetización en las dos últimas centurias, tras un período mucho más largo de predominio de una alfabetización fuertemente restringida, no puede entenderse si no es en el contexto del proceso más amplio de modernización económica. Si la religión llegó a ser con anterioridad una potente fuerza restrictiva y, más tarde y en algunos casos, un motor del cambio, su capacidad de influir sobre el alcance de la difusión de la

---

[49] Véase el debate sobre este tema en el Capítulo 3. Según FLORA (1973), la mayor parte de las «naciones antiguas», incluyendo Europa, América del Norte y Japón se caracterizarían por un desarrollo a largo plazo de la alfabetización previo al aumento de la urbanización, mientras que en los «países nuevos», como los de América Latina, Asia y Africa esta tendencia se ha invertido: el proceso de urbanización ha sido más rápido que el de alfabetización. Así, mientras «la tasa media de urbanización de los países islámicos es 5 veces la de los países protestantes en torno a 1850, [...] su tasa media de alfabetización es todavía menos de un tercio», p. 227.

alfabetización fue finalmente superada por factores de mayor peso en la definitiva transición a una alfabetización universal. Estos factores son los que se derivan de las necesidades de capital humano en economías dinámicas en vías de modernización. La relación entre estas dos variables, alfabetización y cambio económico, es compleja dado que actúa en ambas direcciones, como se verá al analizar el caso de España. Su análisis, sin embargo, es clave para entender tanto la transición de la alfabetización como la modernización económica en un determinado país.

Capítulo 3
LA ALFABETIZACION EN LA HISTORIA ECONOMICA

La difusión de la alfabetización, y en especial su universalización, se ha debido en parte a factores de carácter económico, por lo que resulta lógico plantearse el estudio de la relación existente entre estas dos variables. La contribución de la alfabetización al crecimiento económico, aunque a menudo considerada un hecho indiscutible, es difícil de demostrar y más aún de explicar. Los estudios de carácter histórico se han centrado primordialmente en el análisis de la relación entre alfabetización y revolución industrial, siendo el caso de Inglaterra el que ha dado lugar a un mayor debate. Los estudios que se plantean la relación entre desarrollo económico en general —del que la industrialización es tan sólo un aspecto, si bien uno de los que mejor lo caracteriza— y alfabetización son mucho más escasos. En las páginas que siguen se discutirán las ventajas e inconvenientes de cada uno de estos métodos, empezando por el más específico.

1. Alfabetización y Revolución Industrial

La historiografía británica se ha centrado en torno a la cuestión de determinar si la alfabetización es un requisito indispensable para la industrialización, es decir, si el aumento en los niveles de alfabetización «precedió a (o coincidió con) la Revolución Industrial» [1]. En el caso de que lo hubiera sido, el nivel de alfabetización debería haber aumentado *constantemente* durante todo el proceso de industrialización, por una parte, al mismo tiempo que debería haber sido superior en los centros industriales, por otra. El aumento de la alfabetización en los núcleos industriales, según esta interpretación, demostraría que la alfabetización era un requisito previo al desarrollo económico.

La evidencia empírica existente hasta el momento para la Inglaterra de finales del siglo XVIII y comienzos del XIX sugiere, sin embargo, que quizá no fuera éste el caso. Los primeros datos sobre la alfabetización en este período, elaborados por Stone, sugerían que había habido un aumento significativo de las tasas de alfabetización a partir de mediados del siglo XVIII y que estos avances prosiguieron durante el siglo XIX [2]. Estos descubrimientos llevaron a algunos autores, como Hartwell, a concluir que la alfabetización había sido un factor clave en la primera revolución industrial en Inglaterra [3]. En otras palabras, la Revolución Industrial había sido posible gracias tanto al aumento de la mano de obra liberada del campo y disponible en las nuevas empresas industriales como a la mejora de su calidad —de su nivel educativo.

Con posterioridad, a partir de datos desagregados por regiones, algunos autores detectaron un estancamiento general, en ocasiones incluso un descenso, en las tasas de alfabetización en Inglaterra entre 1750 y 1815, fenómeno que parecía especialmente notable en algunas áreas industriales [4]. A medida que los estudios sobre alfabetización

---

[1] NICHOLAS (1990), pp. 47-48.

[2] STONE (1969). Esta opinión es también compartida por CIPOLLA (1969), pp. 68-78. STONE reconocía, no obstante, la existencia de diferencias entre el campo y la ciudad, así como entre las distintas clases sociales (p. 109).

[3] HARTWELL (1971).

[4] Entre éstos SANDERSON (1972), SCHOFIELD (1973) y LAQUEUR (1974). Para una breve discusión de las distintas interpretaciones sobre la evolución de la alfabetización en Inglaterra durante este período, véase SANDERSON (1983, pp. 9-16), GRAFF (1987b, pp. 31 y ss., 60 y ss., y 134 y ss.) y más recientemente NICHOLAS (1990, pp. 48-49). Los dos primeros se inclinan por la versión «pesimista», iniciada por SCHOFIELD (1973), mientras que el último hace una completa revisión del tema, aportando nueva información estadística, y concluye que no hubo tal estancamiento. Los datos elaborados por SCHOFIELD han sido reinterpretados por WEST (1975 y 1978), quien concluye que no hay evidencia de estancamiento, al menos a comienzos del siglo XIX, y

en Inglaterra se hacen más detallados y desagregados se hace más difícil mantener la idea de que hubo una tendencia al aumento de la alfabetización en todo el país durante las últimas décadas del siglo XVIII y primeras del XIX. La alfabetización aumentó en algunas regiones y entre ciertos grupos sociales, mientras que declinó o se estancó en otros.

El hecho de que el declive, según Schofield, fuera particularmente notable en los núcleos industriales, sin embargo, no indica necesariamente que la alfabetización sea un factor irrelevante en el proceso de industrialización. Se pueden emplear dos argumentos en favor de esta hipótesis. Por una parte, algunos autores han sugerido que el crecimiento de la industria durante las últimas décadas del siglo XVIII y las tres primeras del siglo XIX fue sorprendentemente bajo [5]. El argumento podría pues invertirse, y afirmarse que de no haber declinado la alfabetización en estas regiones, la industrialización podría haber proseguido a una mayor velocidad. Es decir, el descenso en la calidad de la mano de obra pudo haber tenido efectos negativos sobre el crecimiento de la industria [6]. Un posible retroceso de la alfabetización en las principales áreas industriales del país no implica necesariamente una falta de relación entre alfabetización e industrialización; podría igualmente explicar tasas de industrialización inferiores a las que hubiera cabido esperar de haber sido mayor la calidad de la mano de obra disponible [7]. Según otros autores, los

---

TRANTER (1981) para quien hubo poco cambio ente 1750 y 1850. El resumen más completo de la información existente hasta mediados de los ochenta se puede encontrar en GRAFF (1987a, Capítulo 7).

[5] WILLIAMSON (1984).

[6] Hasta el momento se ha insistido particularmente en el hecho de que el tipo de trabajo generado por la primera revolución industrial podía ser realizado fácilmente por trabajadores analfabetos, SCHOFIELD (1973), p. 452; SANDERSON (1983) y, más recientemente, MITCH (1990). Este es el argumento que mantiene FIELD (1976) para Estados Unidos antes de la Guerra de Secesión. NICHOLAS (1990) sugiere, sin embargo, que la temprana especialización en una industria intensiva en mano de obra poco cualificada pudo haber afectado negativamente el futuro crecimiento de la economía inglesa.

[7] GRAFF es el autor que con mayor firmeza e insistencia ha argumentado que el estancamiento de la alfabetización en algunos de los principales núcleos industriales ingleses a finales del siglo XVIII y comienzos del XIX prueba que la alfabetización es un factor irrelevante en el proceso de modernización económica. Según su propio estudio sobre alfabetización e industrialización en Ontario (1979) la alfabetización se correlaciona con la ocupación, aunque apenas con el salario, lo que le ha llevado a concluir que la alfabetización no influye sobre la productividad del trabajador. Re-

cambios técnicos más importantes, los que requerían una mano de obra de mayor calidad, no tuvieron lugar hasta la segunda mitad del siglo XIX, lo que reduciría los posibles efectos negativos derivados del descenso del nivel de alfabetización durante las primeras décadas de la industrialización en Inglaterra [8]. El posible descenso de la calidad de los obreros industriales no habría tenido, según esta interpretación, efectos negativos sobre la industrialización inglesa dado que ésta no requería calidad sino cantidad de mano de obra.

El debate se ha polarizado, pues, en torno a la magnitud del estancamiento o descenso de la alfabetización en los núcleos industriales del país y a las consecuencias que de este hecho podían extraerse relativas a la relación entre alfabetización e industrialización. No se ha insistido lo suficiente, sin embargo, en el hecho de que este estancamiento, si lo hubo, fue claramente episódico y tiene, además, una fácil explicación. El rápido crecimiento de las ciudades debido a la inmigración de trabajadores atraídos por la expansión de la industria probablemente contribuyó a romper el equilibrio entre la oferta y la demanda de instrucción elemental, al aumentar esta última a un ritmo muy superior a aquél al que las instituciones escolares podían responder [9]. De hecho, el desbordamiento del sistema escolar en las ciudades industriales es un fenómeno que ha sido repetidamente señalado [10]. Es más, a la incapacidad de las escuelas de hacer frente al creciente número de posibles estudiantes hay que añadir un aumento en el coste de oportunidad de los niños al aumentar la demanda de mano de obra infantil en las fábricas, por una parte, y ser el salario infantil indispensable para el mantenimiento de la familia, por otra [11]. La combinación de estos dos factores,

conoce, sin embargo, que el elevado nivel educativo de la población, en torno al 90 por 100 entre 1860 y 1870, hizo que «en América del Norte la transición al capitalismo industrial [fuera] más suave» que en Inglaterra.

[8] HARLEY (1982) y CRAFTS (1986, Capítulo 2).

[9] Según NICHOLAS (1990) la alfabetización fue una variable clave en el proceso de reasignación de la mano de obra durante la Revolución Industrial en Inglaterra; es decir, había una mayor movilidad entre los trabajadores alfabetizados, pp. 54-55. El problema en las ciudades en expansión no era, por tanto, el de educar a unos inmigrantes analfabetos, sino el de escolarizar a las nuevas generaciones, es decir, a los nacidos en la ciudad.

[10] Véase, por ejemplo, WEST (1975) y STEPHENS (1978), pp. 32 y ss.

[11] El coste de oportunidad de escolarizar a los niños variaba a lo largo del año en función de la estacionalidad de las tareas agrícolas mientras que era constante en las tareas industriales. Además, este coste era mayor en la industria que en el campo,

descenso en la disponibilidad de oportunidades educativas y aumento del coste de oportunidad de la escolarización infantil, contribuyen a explicar el estancamiento e incluso el descenso de la alfabetización que algunos autores han detectado en los principales centros industriales del país. En semejantes circunstancias, lo sorprendente hubiera sido un continuado ascenso de las tasas de alfabetización.

Así, es posible que la alfabetización se mantuviera estancada o incluso llegara a declinar, *especialmente en las zonas industrializadas*, pese a que la demanda hubiera seguido aumentando. El hecho de que la Revolución Industrial hubiera podido tener lugar con una mano de obra de baja calidad no implica que su mejora no hubiera tenido resultados positivos. La explicación del estancamiento de la alfabetización no estaría, pues, en una contracción de la demanda por parte de los centros industriales, sino más bien en un severo desajuste del lado de la oferta de instrucción elemental acompañado de un aumento de los costes tanto públicos como privados de la educación. Una vez realizados los ajustes necesarios del lado de la oferta —reflejados en el aumento del número de puestos escolares, unidos a la introducción de una serie de medidas legales que hicieron disminuir el coste de oportunidad de la asistencia a la escuela entre la población infantil al regular y limitar el trabajo infantil—, se reanudó la «transición» de la alfabetización en Inglaterra [12]. A mediados del siglo XIX prácticamente ya se había completado.

Tampoco se ha insistido lo suficiente en la magnitud relativa del estancamiento o retroceso, ni en los niveles de alfabetización a los que este fenómeno se produjo. Me parece significativo destacar, sin embargo, que ese estancamiento de la alfabetización se produjo en torno a unos niveles próximos al 30 por 100 de la población total, tasa que se alcanzaba y superaba por primera vez a fines del siglo XVIII. Esto en sí mismo supone un fenómeno tan importante, o más, que el propio estancamiento que pudo haberse registrado en ciertos núcleos industriales. La cuestión debe plantearse en términos relativos, es decir, habría que determinar si se había alcanzado una cierta masa crítica de difusión de la alfabetización entre la población activa sin la cual no hubiera sido posible la Revolución Industrial.

---

al depender la renta familiar de los ingresos por salario en mayor medida que en el campo. Véase SANDERSON (1967).

[12] Para un breve resumen de las disposiciones legales encaminadas a regular la escolarización y limitar el trabajo infantil, véase ELLIS (1973).

Habría que distinguir, pues, dos problemas distintos. En primer lugar, hay que determinar si hubo un nivel de alfabetización mínimo necesario para que diera comienzo la Revolución Industrial. La respuesta a este interrogante nos permitiría dilucidar la naturaleza de la contribución de la alfabetización a la Revolución Industrial. En segundo lugar, hay que establecer cómo afectó el propio proceso de industrialización a la demanda de alfabetización y, por tanto, cómo evolucionó ésta última durante este período. Las consecuencias que sobre el crecimiento de la economía inglesa pudo tener un descenso de la alfabetización no pueden entenderse si no es ligadas al fenómeno que las determinó. Ambos problemas son abordados por Nicholas en una de las más recientes aportaciones al debate.

Según Nicholas, «la alfabetización mejoró durante las primeras etapas de la Revolución Industrial, con el analfabetismo urbano descendiendo más rápidamente que el analfabetismo rural, pero en torno a 1820 el analfabetismo estaba aumentando» [13]. La alfabetización contribuyó a una eficaz redistribución, tanto geográfica como ocupacional, de la mano de obra. Al dilema de si la industrialización se nutrió de la inmigración de individuos alfabetizados para puestos especializados, o de analfabetos para trabajos no especializados, Nicholas responde que fue mayor la contribución de los primeros. Es decir, en la emigración del campo a la ciudad predominaron los individuos alfabetizados, patrón de comportamiento que incluye también a los inmigrantes irlandeses [14]. La alfabetización contribuyó, pues, a aumentar la eficacia con la que el mercado laboral procedió a la reasignación geográfica de los trabajadores alfabetizados y especializados. Esta mejora en la reasignación de los recursos humanos disponibles fue una de las bases sobre las que se asentó la Revolu-

---

[13] NICHOLAS (1990), p. 53. Su estudio se basa en una muestra de más de 10.000 presos deportados a la colonia presidiaria de Nuevo Gales del Sur, en Australia, entre 1788 y 1840. El argumento resta en la suposición de que estos presos son representativos de la clase obrera en Inglaterra.

[14] WEST (1978) había intentado explicar el descenso de la alfabetización en el Lancashire por la masiva afluencia de inmigrantes irlandeses analfabetos, ocupados en trabajos no especializados. NICHOLAS, por el contrario, argumenta que los irlandeses tenían tasas de alfabetización superiores a las de los trabajadores locales, no inmigrados, pese a dedicarse a tareas menos cualificadas. El problema, en este caso, es el de determinar las razones por las que los empresarios no asignaron los recursos humanos de que disponían en función de su calidad y las consecuencias que sobre la industrialización en Inglaterra pudo haber tenido esta mala asignación de recursos. NICHOLAS (1990), pp. 56-58.

ción Industrial en Inglaterra, y en ella fue decisiva la contribución de la educación. Sin embargo, la mayor eficacia del mercado laboral fue parcialmente anulada por «la falta de inversión en educación de capitalistas y trabajadores» [15]. Nicholas reconoce que el analfabetismo aumentó entre los obreros industriales, especializados o no. Así, si bien la Revolución industrial en Inglaterra contó con una base *suficiente* de capital humano, el uso de mano de obra no especializada, sobre todo mujeres y niños, contribuyó a que la industrialización no demandara niveles crecientes de alfabetización hasta aproximadamente 1840 y permitió que tanto a nivel individual como a nivel colectivo descendieran las inversiones en educación. Así, si bien la acumulación de capital humano existente pudo ser adecuada con anterioridad a 1850, el legado de este período, consistente en la costumbre de invertir poco en educación, pertinente quizá en aquel momento, fue uno de los más duraderos de la primera revolución industrial y sus efectos están aún por ser analizados [16]. Entre otras habría que determinar las consecuencias que una industrialización basada en la producción de bienes intensivos en trabajo no especializado pudo tener sobre el posterior desarrollo de la economía inglesa.

La falta de demanda es, precisamente, uno de los argumentos que manejan algunos de los historiadores que más escépticos se muestran ante la existencia de una íntima relación entre alfabetización y revolución industrial. La idea central de estos autores consiste en deducir, a partir de la naturaleza de los nuevos trabajos típicamente industriales, si éstos requerían una mano de obra alfabetizada o no. En caso de que para desempeñar una determinada tarea laboral fuese necesario saber leer y escribir, se podría afirmar que la alfabetización contribuye positivamente a esa determinada actividad económica. En caso contrario, es decir, cuando en el trabajo no se hiciera uso de esta capacidad del individuo, habría de concluirse que la alfabetización es irrelevante y no afecta, por tanto, la productividad del trabajador. Un estudio detallado de la frecuencia con que se hacía uso de la lectura y de la escritura por oficios, como el llevado a cabo por Mitch para la Inglaterra victoriana, permite concluir fácilmente que la alfabetización, en especial durante los primeros años de la

[15] Nicholas (1990), p. 60.

[16] Véase un argumento similar en Tranter (1981), p. 224. Nicholas (1990), pp. 58-60.

Revolución Industrial, no era realmente indispensable, aunque contribuyó a ampliar las posibilidades de movilidad social entre los trabajadores menos cualificados [17]. El argumento, sin embargo, peca de simplista. De hecho, parte de la suposición de que la alfabetización es meramente una habilidad técnica que puede o no ser útil en el desempeño de una determinada labor. Así, su contribución a la modernización económica, o a la industrialización, tan sólo tendría lugar a través de la aplicación de esa técnica en el trabajo, es decir, a través de la especialización profesional. La alfabetización, y la educación extrapolando el argumento, tan sólo sería útil en un determinado número de tareas y sería, por tanto, irrelevante a la hora de desempeñar otras. La relación entre alfabetización y movimientos migratorios, es decir su influencia en la reasignación de la mano de obra, tanto geográfica como ocupacional, por poner tan sólo un ejemplo, no sería relevante cuando, según señalábamos con anterioridad, en la realidad lo es, y mucho [18].

Este tipo de enfoque, centrado casi exclusivamente en el análisis de la relación entre alfabetización y determinadas labores, con especial hincapié en aquéllas más directamente relacionadas con la incipiente industria, no tiene en cuenta otros cambios que no guardan relación directa con el grado de especialización profesional pero que son igualmente claves en todo proceso de modernización económica. Entre ellos cabría destacar el ya mencionado papel de la alfabetiza-

---

[17] MITCH (manuscrito sobre la demanda de alfabetización en la Inglaterra victoriana, capítulo de un libro cuya publicación prepara el autor). Sin entrar en el análisis exhaustivo que MITCH lleva a cabo, esta hipótesis es la que mantiene GRAFF en todos sus escritos sobre el tema: si no se hace un uso específico y regular de la alfabetización ésta es irrelevante.

[18] Véase SANDBERG, en TORTELLA y SANDBERG (1990), comentando a MITCH (1990), p. 17, y (1982), pp. 681-682, así como NICHOLAS (1990), pp. 54 y ss. CLARK (1987a y 1987b) sugiere, por su parte, que el aumento de la productividad, tanto en la agricultura como en la industria, hasta mediados del siglo XIX se debió fundamentalmente a la eficacia de la mano de obra, estimada en función del tiempo empleado en desempeñar una determinada labor. La educación sería una de las variables, aunque no la única, que contribuye a explicar diferencias en la eficacia de la mano de obra. NORTH (1971) sostiene que en Estados Unidos la industrialización incrementó la demanda de innovaciones que permitieran reducir el factor trabajo y, al mismo tiempo, la de trabajadores capaces de adaptar y modificar las técnicas inglesas. POLLARD (1982), por su parte, insiste en que la transmisión de nuevas tecnologías sólo tenía éxito tras numerosos intentos y adaptaciones a las condiciones locales, por ejemplo, a las peculiares características de la materia prima, proceso en el que era imprescindible el capital humano.

ción en la reasignación de los recursos humanos entre distintos sectores de la actividad económica. Tanto Theodore W. Schultz como Mary Jean Bowman, pioneros en los estudios sobre capital humano, han señalado en sus escritos más recientes que la capacidad de adaptación al cambio es la contribución más importante y significativa de la educación al crecimiento económico dado que éste es un proceso de «generación continua de desequilibrios y ajustes sucesivos». Así, para Bowman una contribución fundamental al crecimiento económico es la «*capacidad de adaptación*: el desarrollo de velocidad y eficacia en la adquisición de nuevas técnicas o en la adopción de nuevas prácticas [...], *ingenio en la creación de nuevas oportunidades o de nuevas formas de hacer las cosas en respuesta a las nuevas oportunidades* [...], y *eficacia en la adquisición de información y en su interpretación para decisiones relacionadas con la asignación de recursos*» [19]. Veamos otras vías de análisis que nos permiten una mayor flexibilidad a la hora de estudiar la relación existente entre alfabetización y crecimiento económico.

2. Alfabetización y desarrollo económico

Existe otro tipo de planteamiento, utilizado quizá con menos frecuencia, para estudiar el papel del capital humano en el desarrollo económico desde una perspectiva histórica. Se trata de un planteamiento que adopta el largo plazo, el transcurso de una o varias generaciones, para analizar esta relación. Este enfoque se caracteriza, además, por la utilización de magnitudes macroeconómicas, como la renta nacional para estimar el cambio económico y la alfabetización como indicador del mínimo nivel educativo alcanzado por la población.

Las ventajas de este enfoque, no exento de problemas como veremos más adelante, son varias. En primer lugar, nos permite tener en consideración los distintos sectores económicos y no exclusivamente el industrial o el asalariado, como sucede con aproximaciones de carácter particular y en especial con la ya discutida sobre la Revolución industrial. La exclusiva o excesiva concentración en el análisis del sector asalariado de la población activa es especialmente

---

[19] BOWMAN (1980), pp. 7-8. El subrayado es suyo. En la misma línea de argumentación véase SCHULTZ (1981) y BLAUG (1985).

grave en economías en vías de desarrollo, puesto que este sector es aún minoritario y se corre con ello el grave riesgo de atribuirle unos efectos mayores de los que le corresponderían por su propio peso dentro de la economía. Es, sin embargo, en esta fase inicial de la modernización económica cuando la alfabetización es un mejor estimador de la acumulación de capital humano. En fases posteriores otros tipos de capital humano irán ganando importancia y será, por tanto, necesario tenerlos en cuenta a la hora de analizar la contribución del capital humano al crecimiento económico. Indirectamente, este enfoque puede contribuir a la polémica alfabetización-Revolución Industrial, ayudando a establecer si es necesaria o no la presencia de unos mínimos niveles de alfabetización para que la industrialización tenga lugar [20].

El estudio de Bowman y Anderson, basado en una serie de países en las primeras etapas de desarrollo a mediados del siglo XX, es típico del análisis a largo plazo de la contribución de la educación al crecimiento [21]. Sandberg ha seguido un planteamiento similar, aunque estadísticamente más sencillo, en su estudio sobre la Europa de los siglos XIX y XX [22]. En ambos casos los autores optaron por la

---

20 Un estudio a largo plazo de estas características ayudaría a soslayar, también, los efectos depresivos sobre la alfabetización que la misma industrialización puede llevar consigo, como acabamos de ver para el caso británico.

21 Al ojear dos manuales sobre la economía de la educación, el de BLAUG (1970) y el de COHN (1979) publicados con casi diez años de diferencia, sorprende el tratamiento que en cada uno reciben los estudios que establecen comparaciones internacionales de la relación entre educación y renta. Mientras BLAUG dedica una amplia sección del Capítulo 3 a la discusión del trabajo de BOWMAN y ANDERSON, COHN ni tan siquiera lo menciona y se centra casi exclusivamente en discutir los estudios que han seguido a DENISON (1962). Entre otras cosas, esta diferencia de énfasis refleja la importancia alcanzada en la década de los setenta por la elaboración de modelos matemáticos cada vez más complejos, que prestan escasa atención al largo plazo, como única vía para explicar la contribución de la educación al crecimiento económico. Los ochenta, sin embargo, nos han permitido asistir a un nuevo auge de los estudios de carácter agregado y comparativo por países, de los que son una buena muestra los trabajos llevados a cabo por PSACHAROPOULOS y más recientemente por BAUMOL (véase bibliografía).

22 Ambos estudios, el de BOWMAN y ANDERSON (1963) y el de SANDBERG (1982), relacionan niveles de alfabetización y renta por habitante en varios países cuyo denominador común es el de encontrarse en períodos de crecimiento similares. BOWMAN y ANDERSON centran su análisis en algunos países en desarrollo a finales de la Segunda Guerra Mundial, mientras que SANDBERG estudia el cambio en una serie de países europeos entre 1850 y 1970, aproximadamente.

utilización de datos de corte transversal, es decir de distintos países en un mismo momento, en lugar de series temporales para un mismo país. Esta decisión, dictada en parte por la dificultad de obtener series temporales suficientemente largas y fiables sobre alfabetización y renta, contribuye, sin embargo, a disminuir el riesgo que supone analizar dos variables íntimamente relacionadas entre sí —lo que para los econometras es la multicolinearidad— y oscurecer, por tanto, las conclusiones [23].

Bowman y Anderson comienzan por preguntarse «¿hasta qué punto y difundida a través de qué proporción o segmento de la población, es la alfabetización un ingrediente esencial del avance económico?» en otras palabras, «¿hasta qué punto [...] puede ser superflua o inoperante la alfabetización en las primeras etapas del desarrollo?» [24] De ahí que el principal objetivo de su estudio sea determinar si la alfabetización es o no necesaria para el crecimiento económico y no el por qué de su contribución. Sandberg, por su parte, desdobla el concepto de atraso relativo de Gerschenkron en dos componentes, ignorancia y pobreza, y avanza la hipótesis de que a niveles de renta bajos es la primera la que determina la tasa de crecimiento económico. En su opinión, el nivel de acumulación de capital humano, de alfabetización durante las primeras etapas del crecimiento, afecta a las posibilidades del país de beneficiarse de las ventajas del atraso: la difusión de nuevas tecnologías e instituciones, la disponibilidad de fuentes externas de capital y el acceso a los mercados de países de renta elevada [25]. Veamos en detalle los resultados de estos trabajos.

Su estudio lleva a Bowman y Anderson a sugerir que el paso de un primer «umbral de la alfabetización», situado entre el 30 y el 40 por 100, es necesario para que tenga lugar un proceso de crecimiento económico sostenido aunque, añaden con cautela, la alfabetización de la población a estos niveles no es una condición suficiente [26]. Su conclusión parece ser aplicable a otros países, como el mis-

---

[23] BOWMAN y ANDERSON (1963), p. 250.

[24] BOWMAN y ANDERSON (1963), p. 250.

[25] SANDBERG (1982), pp. 678-680. Curiosamente un organismo internacional, la ONU, elaboró en 1989 un nuevo indicador de crecimiento económico en el que una de las variables, junto con la renta por habitante, es la alfabetización. Sobre el concepto de atraso relativo, véase GERSCHENKRON (1962).

[26] BOWMAN y ANDERSON (1963), pp. 252 y ss.

mo Anderson y más tarde Sandberg han mostrado [27]. Niveles de alfabetización superiores al primer «umbral» existían en casi todos los países examinados por estos autores con anterioridad al inicio del despegue económico, entre otros en Inglaterra a finales del siglo XVIII. El caso español también parece ajustarse bastante bien a la teoría: el primer período de crecimiento económico sostenido tuvo lugar durante las primeras décadas del siglo XX, ya traspasado el primer «umbral» de la alfabetización. Suecia, sin embargo, es un ejemplo claro de que la alfabetización no es el único requisito necesario para el crecimiento económico [28].

La contribución del estudio de Bowman y Anderson al análisis de la relación entre alfabetización y crecimiento económico tiene varias facetas. En primer lugar, demuestra la utilidad de la alfabetización como indicador de la acumulación de capital humano cuando sus niveles son aún bajos [29]. En segundo lugar, el concepto de «umbral» es un instrumento de análisis muy útil para estudiar el paso de una alfabetización restringida a una de masas desde una perspectiva comparada. Esto no quiere decir, sin embargo, que estos autores no dejen de señalar que la relación entre alfabetización y crecimiento económico es compleja y que la experiencia de unos países no se repite mecánicamente para otros.

Cabría preguntarse, sin embargo, hasta qué punto la alfabetización es un estimador adecuado del capital humano, y no meramente un estimador parcial cuya validez dependerá de su utilización conjunta con otras estimaciones sobre distintos niveles educativos. Ob-

---

[27] ANDERSON (1966) y SANDBERG (1982).

[28] El ejemplo de Suecia, por lo llamativo de su temprana alfabetización a finales del siglo XVII y su relativamente tardía modernización económica bien a finales del XIX, ha servido a algunos autores para insistir sobre la falta de coherencia de una teoría que permite excepciones semejantes (véase GRAFF, 1981, Introducción, y 1987). La crítica más reciente a las conclusiones de SANDBERG es la de NILSSON y PETERSSON (1990). La respuesta de SANDBERG es también de 1990. Conviene insistir, no obstante, que ni BOWMAN o ANDERSON, ni SANDBERG mantienen que la alfabetización, por sí sola, cause el crecimiento económico. Sugieren que la educación es un elemento necesario para el crecimiento, y que los niveles educativos elevados aumentan las posibilidades de modernización económica. Igualmente señalan que su ausencia o escasez puede ser un obstáculo o freno al crecimiento.

[29] Obtienen resultados similares cuando utilizan como variable la escolarización primaria en lugar de la alfabetización. Los resultados son mucho mejores que cuando la variable que se utiliza es la educación superior. BOWMAN y ANDERSON (1963), pp. 261 y ss.

viamente la alfabetización no tiene en cuenta cierta *cantidad* de educación y, más importante aún, ciertos *tipos* de educación; la alfabetización tan sólo refleja «el mínimo educacional alcanzado por una población» [30]. La importancia de otros tipos de educación, sin embargo, es relativa al nivel de alfabetización, es decir, al «mínimo educacional». La alfabetización será un estimador tanto más representativo cuanto menor sea el nivel educativo general, o lo que es lo mismo, sólo cuando la alfabetización ha dejado de ser «restringida» deja ésta de ser un estimador fiable —quizá mejor decir completo— del capital humano [31]. La explicación a este fenómeno es sencilla: a niveles bajos de desarrollo económico hay poca sustituibilidad de factores, y la alfabetización parece ser uno de los componentes más difícilmente sustituibles de los que se incorporan al factor trabajo. En otras palabras, para que el proceso de comunicación y difusión de las nuevas técnicas o formas de organización de la producción no se interrumpa hace falta un nivel determinado de educación mínima de la población en general.

Una vez aceptada la validez de la alfabetización como indicador del capital humano, al menos para un período caracterizado por bajos niveles educativos, se plantea el problema de determinar qué cantidad de alfabetización es necesaria para el crecimiento económico. El concepto del «umbral» de Bowman y Anderson nos proporciona una primera respuesta a este interrogante. Niveles de alfabetización inferiores al primer «umbral» pueden ser un obstáculo al crecimiento económico, pese a que la contribución positiva de niveles superiores sea más difícil de detectar. Cabría plantearse, no obstante, si ese «umbral» es el mismo para países que se alfabetizan y se desarrollan en distintos momentos históricos. Según Blaug, ese «umbral» podría ser hoy día «inferior al 40 por 100 en países pobres debido a la mejora de los medios de comunicación oral disponibles en la actualidad», aunque también «podría ser mayor debido a las demandas de una tecnología más compleja en el siglo XX» [32]. En

---

[30] BLAUG (1970), p. 65.

[31] Numerosos estudios coinciden en señalar que las tasas de rendimiento de la instrucción primaria son muy superiores a las de la educación superior en países en vías de desarrollo, y similares en países desarrollados. En ambos casos la tasa de rendimiento de la inversión en educación sería superior a la observable para otro tipo de inversiones. Véase PSACHAROPOULOS (1973, 1981 y 1989) y PEASLEE (1972) entre otros.

[32] BLAUG (1970), pp. 64-65.

otras palabras, el «umbral de alfabetización», tal como lo definieron Bowman y Anderson, podría tener valores diferentes aplicado a distintos lugares y, en especial, a distintos períodos históricos, dada la naturaleza cambiante de las necesidades de capital humano incluso a niveles tan bajos como los que supone la alfabetización [33]. El que esos cambios tengan realmente lugar tan sólo puede comprobarse mediante la aplicación a situaciones *distintas* de un mismo instrumento de análisis. Sólo así se podría podría descartar su utilidad o, por el contrario, mejorar su definición estableciendo en qué circunstancias es operativo el concepto [34].

Un ejemplo claro de la necesidad de aplicar el concepto del «umbral» a la situación adecuada, entendida por aquélla en la que los niveles de acumulación de capital humano son lo suficientemente bajos como para que la alfabetización sea un estimador adecuado, lo proporciona la experiencia europea. En su estudio, Bowman y Anderson encontraron que las tasas de alfabetización europeas en 1930 no guardaban apenas relación alguna, es decir no se correlacionaban, con la renta de estos mismos países en 1955. Sin embargo, esa correlación se da entre la alfabetización a mediados del siglo XIX y la renta a mediados del XX, según ha mostrado Sandberg. ¿Son contradictorios estos resultados? Si algo llama la atención es la diferencia en el desfase temporal sobre el que la relación entre alfabetización y renta se muestra operativo. Estadísticamente, uno de los estudios más recientes sobre el tema señala que realmente lo que se produce es un efecto eco aproximadamente cada 20 ó 30 años, es decir, cada generación [35]. También podría suceder que al acelerarse el ritmo de cambio tecnológico y de crecimiento económico y al aumentar el grado de integración en la economía internacional se incrementase también a mayor velocidad la necesidad de acrecentar y mejorar, a través de una mayor especialización, el stock de capital humano. Esto implicaría que los efectos, negativos o positivos, que pudieran derivarse de un determinado nivel de alfabetización se hicieran sentir sobre un período temporal cada vez más breve. En otras palabras,

---

[33] GRAFF sería un exponente claro de este tipo de crítica a la utilidad del concepto de «umbral», como se advierte en cualquiera de sus escritos en los que hace referencia al tema.

[34] De hecho, es mayor el número de estudios en los que se demuestra la operatividad del concepto «umbral», con todas sus limitaciones, que el de aquéllos en los que no funciona. Véase ANDERSON (1965), SANDBERG (1982).

[35] MIRONOV (1990).

sería la segunda alternativa propuesta por Blaug al esquema del «umbral» la que estaría teniendo lugar, al aumentar la presión para que los países en vías de desarrollo se alfabeticen a más velocidad de lo que lo hicieron los países europeos durante el siglo XIX [36].

¿Qué podría decirse de aquellos países que, en determinados momentos de su historia, tienen un nivel de desarrollo económico inferior al que correspondería a su stock de capital humano? Suecia a mediados del siglo XIX y Japón a comienzos del XX son dos ejemplos típicos. En ambos casos, hubo una considerable inversión en educación por delante de la demanda, lo que hizo que los efectos positivos derivados de una elevada alfabetización se hicieran sentir con un cierto retraso respecto a otros países. Esto no implica, como algunos autores han dado a entender, que la relación entre alfabetización y crecimiento económico no se diera en estos países. Si acaso, refuerza el argumento de Bowman y Anderson, no recordado con la suficiente frecuencia, de que la alfabetización es un factor más, pero no el único, en el crecimiento económico. En ambos casos, además, tuvo lugar un fenómeno al que tampoco se ha prestado la debida atención. Si bien los efectos derivados del relativamente elevado nivel educativo fueron tardíos, no por ello fueron menos espectaculares. Así, aunque retrasados en el proceso de modernización económica, tanto Suecia como Japón se encuentran desde mediados del siglo XX entre los países de mayor renta por habitante del mundo. No hay duda de que ese espectacular crecimiento se debió, en gran parte, a su elevado nivel educativo. La contribución de este alto nivel al desarrollo económico en ambos países pudo haber tenido dos vertientes. Por una parte, al contar tanto Suecia como Japón con

[36] A esta conclusión llega BAUMOL (1989), Capítulo 9, en su estudio sobre la contribución de la educación al proceso de convergencia económica de los países más atrasados en relación con los más adelantados entre 1950 y 1980, aproximadamente. Sus datos le llevan a concluir que, si bien la instrucción primaria —y por tanto la alfabetización— son importantes, la educación secundaria lo es más. ZAMAGNI (1990), sin embargo, en un estudio preliminar en el que aplica el mismo método para explicar la convergencia entre distintas regiones en Italia en el siglo XX, no distingue una primacía tan clara de la enseñanza secundaria sobre la primaria, al menos durante las primeras décadas del siglo. Los resultados *aparentemente* contradictorios entre ambos estudios se explicarían por los cambios habidos entre uno y otro período tanto en la tecnología disponible como en su velocidad de cambio y evolución. Los resultados de BAUMOL, por otra parte, confirman la hipótesis de SANDBERG (1982) de que a niveles de renta bajos, cuanto más educado sea el país, mayor será su tasa de crecimiento económico.

un elevado stock de capital humano durante las primeras etapas de su modernización económica, la inversión en educación no compitió con la inversión en capital físico. Por otra parte, los elevados niveles de capital humano contribuyeron a aumentar las tasas de rendimiento de las inversiones en capital físico [37]. Aumentó, pues, tanto el monto de la inversiones en capital físico como su rendimiento gracias al elevado nivel de acumulación de capital humano existente. Tanto el caso de Japón como el de Suecia destacan la importancia de otros factores en el proceso de modernización económica, al mismo tiempo que sugieren cómo este proceso, una vez iniciado, puede beneficiarse de una acumulación previa de capital humano. Se podría, pues, afirmar que si bien la falta de alfabetización es un obstáculo al crecimiento económico, su «exceso» puede tener ventajas claras, si bien éstas se manifiestan a largo plazo.

Las conclusiones de estos trabajos podrían resumirse diciendo que (1) la alfabetización es un buen estimador de la cantidad de educación cuando esta forma de capital es aún relativamente escasa, pero insuficiente cuando se alcanza una alfabetización prácticamente universal, y cuando otros tipos y niveles educativos adquieren mayor importancia; (2) los niveles de alfabetización relativamente bajos, inferiores al 30 o 40 por 100 de la población total, son un obstáculo a la modernización económica; y (3) el capital humano por sí sólo no basta para producir crecimiento económico, aunque, una vez cumplidas otras condiciones, puede contribuir a elevar la tasa de crecimiento.

En otras palabras, lo que estos estudios sugieren es que existe una relación entre educación —estimada a través de las tasas de alfabetización— y crecimiento económico durante las primeras etapas del proceso de modernización. De qué forma influye la alfabetización sobre el crecimiento es un tema más complejo aún sobre el que apenas se avanzan algunas hipótesis. En general los estudios basados en el largo plazo, como los de Bowman y Anderson o Sandberg, tienden a poner un mayor énfasis en lo que podríamos llamar los efectos «indirectos» tales como las ventajas derivadas de un mayor y mejor acceso a la información —un descenso en los costes de su

---

[37] Véase SCHULTZ (1981) para un análisis de cómo las inversiones en capital humano pueden tener un efecto de desplazamiento *(crowding-out)* sobre otros mercados de capitales y cómo afecta el nivel de capital humano a la tasa de rendimiento de las inversiones en capital físico (pp. 82-84). También SANDBERG (1982).

difusión— [38], de una mayor flexibilidad del sistema financiero —lo cual permite la transferencia del capital acumulado en un sector hacia aquéllos otros donde sea más necesario—, de un aumento de la movilidad de los trabajadores seguida de una ampliación del ámbito de acción de los mercados laborales —aumento del grado de elasticidad de la oferta de mano de obra industrial—, o una mejora de la capacidad empresarial de los individuos.

Cabría preguntarse, sin embargo, hasta qué punto es el capital humano —la alfabetización en este caso— un factor sustituible o no en la actividad económica. En principio, como señala Sandberg, son escasos los bienes o factores de producción que carecen de sustitutos [39]. Partiendo de esta hipótesis, Mitch ha llevado a cabo un estudio en el que, tras presentar evidencia a favor y en contra de la contribución de la alfabetización a distintos sectores de la actividad económica, concluye que ésta es sustituible [40]. El problema, no obstante, es el de determinar cuáles son los sustitutos posibles y cuál es su grado de eficacia en relación con el factor al que sustituyen, tema en el que Mitch apenas avanza [41]. El modelo de análisis que sigue este autor es el clásico estudio de Fogel sobre la contribución del ferrocarril al desarrollo económico de Estados Unidos a mediados del siglo XIX. Convendría, no obstante, tener presente una dis-

---

[38] Los estudios centrados sobre la relación entre educación y modernización en la agricultura tienden a apoyar esta hipótesis: según DHAKAL, GRABOWSKI y BELBASE (1987), la alfabetización mejora la capacidad de selección de los *inputs* agrícolas y contribuye, por tanto, a aumentar la productividad del agricultor. Véase también LOCKHEED (1987), PHILIPS y MARBLE (1986). Según estos autores, son necesarios cuatro años de instrucción primaria para que los efectos de la educación sobre la productividad del agricultor se hagan notar.

[39] SANDBERG (1990), p. 16. Según él, una vez que se ha encontrado el sustituto adecuado se puede prescindir prácticamente de todos los «prerrequisitos» del crecimiento económico. Lo mismo sucede con las innovaciones, de las que exceptúa, con interrogante, el fuego o la rueda.

[40] MITCH carga las tintas en su selección de evidencia contraria a la posible relación entre alfabetización y crecimiento económico, como señala el mismo SANDBERG (1990), p. 17. En algunos casos, su interpretación no se ajusta completamente al texto citado, como sucede con LAMPE (1972).

[41] SANDBERG (1982), pp. 696-697, avanza la hipótesis de que la alfabetización puede ser sustituida, entre otros, por la intervención del gobierno —intervención que GERSCHENKRON consideraba de gran importancia en el proceso industrializador en los países relativamente atrasados—. Como toda sustitución, sin embargo, la intervención del gobierno para suplir las carencias de capital humano conlleva unos costes que se reflejarían en una peor asignación de recursos.

tinción, clave en el estudio de Fogel, a la que Mitch no hace referencia. Cuando Fogel discute la contribución del ferrocarril al crecimiento económico de Estados Unidos examina la posibilidad de que una innovación pueda ser sustituida por otra, alegando que las innovaciones no se producen de forma aislada sino que son múltiples y están en función «del conocimiento acumulado durante los siglos precedentes», en especial la revolución científica de los siglos XVII al XIX [42]. La cuestión, por tanto, es determinar si la alfabetización —entendida como el dominio de las tres reglas básicas de lectura, escritura y cálculo— es prescindible o sustituible en el acceso a esa tradición científica en la que se basa el cambio económico. Obviamente podrían ponerse ejemplos de individuos aislados o de grupos sociales que han conseguido acceder a ese cuerpo de conocimientos *sin* tener una educación formal. Entre otros, llama la atención el caso de Thomas A. Edison quien, con apenas tres semanas de escolarización formal, contribuyó decisivamente al desarrollo de la electricidad, el teléfono, el tocadiscos o el cine —fonógrafo y «kinetoscopio» respectivamente según su propia versión— a finales del siglo XIX y comienzos del XX. Sin embargo, como bien señala Hughes en su biografía de este notable inventor, no es su falta de educación formal, incluso de la más elemental, la que hizo posible sus invenciones, sino su determinación a superarla a través del *estudio* y la experimentación [43].

Los sustitutos a la educación formal existen, obviamente, pero dependen de la voluntad, tanto privada como colectiva, de desarro-

---

[42] FOGEL (1972), pp. 202-203. En un estudio reciente, ADAMS (1990) contrasta empíricamente esta hipótesis y concluye que el conocimiento contribuye decisivamente al crecimiento económico con un desfase de entre 10 y 30 años según el campo científico en el que se produzcan los avances. ADAMS llega a sugerir que la desaceleración experimentada por la investigación científica durante los años de la Segunda Guerra Mundial pudo haber influido en «la debilidad de la productividad de finales de los años sesenta a finales de los setenta», p. 683. El número 5 del volumen 98 del *Journal of Political Economy* recoge una serie de artículos, teóricos en su mayor parte, sobre el problema del desarrollo económico, la mayor parte de los cuales «considera que el catalizador [del crecimiento] es el conocimiento en su forma corpórea [capital humano] o en la incorpórea [innovación tecnológica], siendo esta última función, a su vez, del nivel de capital humano alcanzado (EHRLICH, p. 7). Véase en especial los artículos de BECKER, MURPHY y TAMURA, de ROSENZWEIG y de ROMER. En este trabajo no vamos a discutir el complejo tema de la contribución de la educación a la difusión y adaptación de las innovaciones.

[43] HUGHES (1973), p. 156.

llarlos, lo que nos lleva a un terreno de difícil estimación como es el de las actitudes y valores sociales, o incluso la cultura dominante [44]. En tanto que no se encuentren los métodos adecuados para estimar la contribución de estos y otros posibles sustitutos a la educación formal es necesario que mejore y aumente nuestro nivel de conocimientos sobre la relación entre educación y crecimiento económico. Y por el momento parece mucho más claramente establecida la contribución de la educación al crecimiento que la de los posibles y más bien hipotéticos «sustitutos».

[44] En la década de los sesenta, McClelland (1966) planteó la hipótesis de que el «afán de logro», y no la educación o el capital humano, es lo que distingue la capacidad de crecimiento económico de unos países a otros. Pese a lo que el intento de cuantificar el «afán de logro» pudiera tener de interesante, la falta de conocimientos económicos del autor, que afectó a su elección de variables, contribuyó a desacreditar su estudio entre los economistas. Véase al respecto Blaug (1970), pp. 85 y ss.

Capítulo 4

LA TRANSICION DE LA ALFABETIZACION EN ESPAÑA, 1860-1930 [1]

Con el fin de analizar cuál fue el papel de la alfabetización en la modernización económica de la España contemporánea es necesario estudiar previamente los principales rasgos que la caracterizan. Este tipo de estudio podría enfocarse de diversa forma, bien prestando atención a las diferencias regionales o provinciales en los niveles de alfabetización entre 1860 y 1930, por ejemplo, bien concentrándose en el estudio de las tasas de alfabetización por profesiones. Uno y otro tipo de enfoque nos permitiría plantear interrogantes distintos a la hora de intentar establecer una relación entre alfabetización y crecimiento económico. Así, el enfoque regional nos permitiría asociar distintos indicadores de crecimiento económico con los niveles de alfabetización alcanzados por la población. Este sería el equivalente de un enfoque macro al problema de la relación entre alfabetización y desarrollo económico. El otro tipo de estudio, el de las

[1] Sobre la alfabetización en períodos anteriores véase BENASSAR (1985) para una reconstrucción de los niveles de alfabetización en la España moderna a través de las firmas; VIÑAO FRAGO (1984) para la España de la Ilustración; GUEREÑA (1989) para el período isabelino, y para períodos más recientes, VIÑAO FRAGO (1990a y 1990b) y BOTREL (1987).

tasas de alfabetización por grupos profesionales, nos llevaría a un enfoque microeconómico de esta cuestión. Es decir, nos permitiría analizar única y exclusivamente la «utilidad» de la alfabetización en distintos sectores productivos.

Como ya se ha señalado con anterioridad, en estas páginas se sigue una aproximación de carácter macroeconómico. De ahí la naturaleza de los datos que se han utilizado y las variables que se han decidido analizar. Los datos sobre alfabetización proceden de los censos de población que, a partir de 1860, incluyen información sobre la capacidad de leer y escribir de los individuos censados [2]. Esta información aparece desagregada por sexos y por edades, así como por provincias e incluso por partidos judiciales. Sin embargo no toda esta riqueza informativa va a ser utilizada. En un período de rápida difusión de la alfabetización los más jóvenes estaban lógicamente más alfabetizados que sus mayores, en parte porque la falta de uso había hecho olvidar a muchos de éstos los escasos rudimentos de lectura y escritura que pudieran haber aprendido en su infancia. De mayor importancia es sin duda el hecho de que los más jóvenes tenían mayores posibilidades de aprender a leer y a escribir al asistir en mayor número y quizá con mayor asiduidad a la escuela primaria. Las diferencias en el nivel de alfabetización entre población urbana y rural son también en principio fáciles de explicar. La mayor concentración en los núcleos urbanos de actividades directamente afectadas por el medio de comunicación escrita, tales como el comercio o la administración, contribuiría a explicar su mayor nivel de alfabetización [3]. No resulta igualmente fácil de explicar, en términos

[2] La información de los censos relativa a la alfabetización se agrupa en tres categorías: aquellos que «saben leer y escribir», los que sólo «saben leer» y finalmente los que «carecen de instrucción». Dados los objetivos de este estudio, analizar la relación entre un mínimo educativo, del que la alfabetización es el indicador elegido, y el desarrollo o atraso económico de la península, se han tomado tan sólo los datos correspondientes a los individuos que sabían «leer y escribir». Puesto que la escolarización fue muy importante en la difusión de la alfabetización en España, y dado que el aprendizaje de la escritura seguía al de la lectura, se ha considerado que la alfabetización de aquellos que tan sólo reconocían «saber leer» debía ser excesivamente superficial y, por tanto, escasamente funcional, según las definiciones de alfabetización que se discutieron en el Capítulo 2. Es más, el porcentaje de estos últimos es escasamente representativo y disminuye claramente durante el período estudiado. Se trata, pues, de un «modelo de alfabetización antiguo [en la década de 1830] que privilegia la lectura», GUEREÑA (1989) p. 191, que va siendo rápidamente reemplazado por una mayor vinculación del aprendizaje de la lectura al de la escritura.

[3] Véase FLORA (1973) y STEPHENS (1978).

generales, la existencia de marcadas diferencias regionales en los niveles de alfabetización, ni tan siquiera el hecho de que la población masculina esté más alfabetizada que la femenina en proporciones que pueden variar significativamente. Estas diferencias y sus posibles consecuencias sobre el proceso de modernización económica de la España contemporánea son las que se estudian a continuación.

El manejo de tan amplia base estadística se apoya en el concepto del «umbral de la alfabetización» ya mencionado en el capítulo anterior, al que se han incorporado algunas innovaciones. Estas se refieren, casi exclusivamente, a los cambios observados de unas regiones a otras en el diferencial sexual, es decir, en las diferencias entre la alfabetización masculina y femenina. La «transición de la alfabetización» es el nuevo concepto que surge al tener en cuenta este diferencial. Es, por tanto, el período durante el cual los niveles de alfabetización pasan de ser inferiores al 30-40 por 100 de la población adulta a superar el 70 por 100 y acercarse, incluso, al 100 por 100. El diferencial sexual durante este período transicional puede ser casi insignificante o, por el contrario, muy marcado. La velocidad a la que se experimenta esta transición, así como el momento en que se lleva a cabo, también puede variar. Todo ello nos lleva a replantearnos, ahora dentro de un marco teórico, a qué se debían estas variaciones y, más importante aún si cabe, qué consecuencias tuvieron sobre la modernización económica de España. La comparación de la transición de la alfabetización entre España y otros países de su entorno contribuye, sin duda, a solucionar algunos de estos interrogantes, como se verá a continuación. Se podría, no obstante, adelantar que, a partir de la información disponible, los niveles de alfabetización en España en 1860 eran los que cabría esperar de un país de sus características—predominantemente católico y agrícola del sur de Europa.

1. La alfabetización en España: Una visión de conjunto

1.1. Pautas regionales y provinciales

Según Lorenzo Luzuriaga, intelectual y pedagogo afín a la Institución Libre de Enseñanza, la densidad del analfabetismo:

aumenta en España—como en toda Europa—, de norte a sur, y, con menos regularidad—también como en el resto de Europa—de oeste a este; siendo de notar que la zona mínima del analfabetismo en España—como en el continente europeo—se halla localizada en la parte central septentrional, y la máxima, en la región meridional oriental [4].

El trabajo de Luzuriaga es el primer intento serio de explorar la distribución regional del analfabetismo en España y compararla con su distribución en Europa [5]. Sus conclusiones se ven confirmadas con una simple ojeada a los mapas 4.1 a 4.3 [6].

Dentro del marco europeo, España experimentó una transición de la alfabetización relativamente tardía, que en las regiones más adelantadas tuvo lugar en las últimas décadas del siglo XIX y ya bien entrado el siglo XX en el resto del país. En Italia, la transición de la alfabetización se inicia aproximadamente en las mismas fechas aunque con una ligera desventaja inicial con respecto a España. Sin embargo, en tan sólo unas décadas Italia se adelantó a España y experimentó, por tanto, una transición más rápida. Comparada con la transición de la alfabetización en Francia, sin embargo, tanto la de España como la de Italia fueron excepcionalmente veloces, ya que ambos países culminaron en menos de una centuria un proceso que en Francia llevó más de dos siglos.

Como en todos estos países, la transición de la alfabetización no fue uniforme en toda la península. Fuertes diferencias regionales existían en 1860 y otras harían su aparición en las décadas siguientes. Como es lógico, sin embargo, el grado de uniformidad dentro del conjunto nacional tendería a aumentar al acercarse las distintas regiones a una alfabetización casi universal, algo que no sucedería hasta la segunda mitad del siglo XX. En 1860, la población más alfabe-

---

[4] LUZURIAGA (1919), p. 17.

[5] El trabajo de LUZURIAGA fue publicado por primera vez en 1919, y el año siguiente apareció en los números 718, 719 y 720 del *BILE*. En 1926 el autor publicó una segunda edición.

[6] Las tasas de alfabetización que se manejan en este trabajo hacen referencia a la población adulta, o mayor de 10 años, considerando que la instrucción primaria tenía lugar, por lo general, antes de esa edad. La elección del límite de los 10 años nos permite, además, elaborar series comparables internacionalmente. En caso de que el tamaño de la población infantil variase de una región a otra, la alfabetización adulta podría ser un indicador poco adecuado. La comparación de una y otra serie, alfabetización adulta y alfabetización total, demuestra sin embargo que estas variaciones son poco significativas y no afectan los resultados de este estudio (ver Capítulo 5).

GRÁFICO 4.1. *Evolución de la alfabetización en algunos países europeos, 1850-1910.*

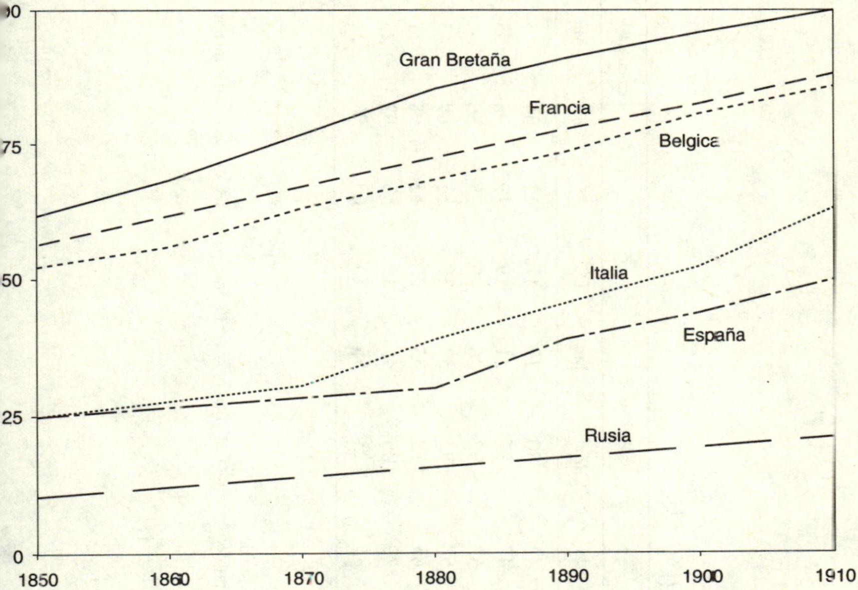

tizada vivía en la submeseta norte, con la excepción de Galicia, y la más analfabeta se concentraba en el sureste mediterráneo. Así, el País Vasco y Navarra, Castilla la Vieja, Asturias y León tenían tasas de alfabetización total superiores a la media nacional, mientras que Valencia, Murcia, Andalucía Oriental, y los dos archipiélagos, balear y canario, las tenían muy inferiores.

Menos de la mitad de las provincias españolas habían alcanzado en estas fechas el primer «umbral de la alfabetización», es decir, tenían tasas superiores al 30-40 por 100 de la población adulta [7]. A excepción de Barcelona y Cádiz, todas ellas estaban situadas en la submeseta norte [8]. En Castilla la Vieja se encontraban los niveles de alfabetización más elevados.

[7] Para mayor información sobre el concepto «umbral», véase Capítulo 3.

[8] Estas provincias eran las de Alava y Vizcaya, Navarra, todas las de Castilla la Vieja y León, así como Madrid y Guadalajara.

CUADRO 4.1. *Tasas de alfabetización en España, 1860-1930.*

	Total				Masculina				Femenina			
	M	Mx	Mn	DT	M	Mx	Mn	DT	M	Mx	Mn	DT
1860	27	53	14	11	42	80	19	17	12	34	3	7
1877	33	63	16	13	47	87	21	19	19	48	5	10
1887	38	72	17	15	52	92	26	20	25	56	8	12
1900	45	81	25	16	57	93	32	19	33	69	13	15
1910	52	103[a]	27	19	63	110[a]	33	20	42	98	21	18
1920	61	98	33	19	70	105[a]	40	19	53	92	26	19
1930	73	100	49	15	81	103[a]	55	13	65	96	39	16

M: Media nacional ponderada.
Mx: Tasa provincial máxima.
Mn: Tasa provincial mínima.
DT: Desviación típica de las 49 provincias respecto a la media nacional.
[a] Las tasas de alfabetización superiores a 100 por 100 —sobre la población adulta, de mayores de 10 años— sugiere que hay niños menores de 10 años ya alfabetizados.
Fuente: Censos españoles para los años indicados.

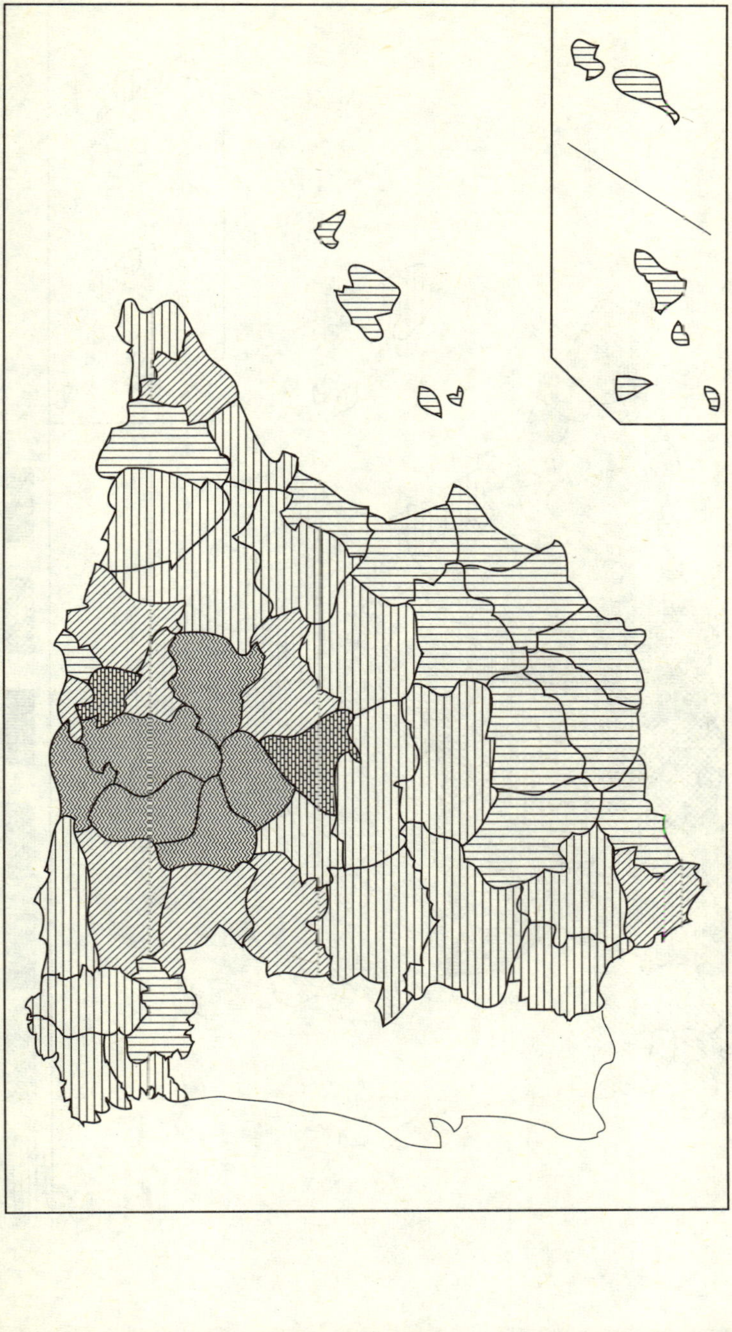

MAPA 4.1. *Tasa de alfabetización general en 1860.*

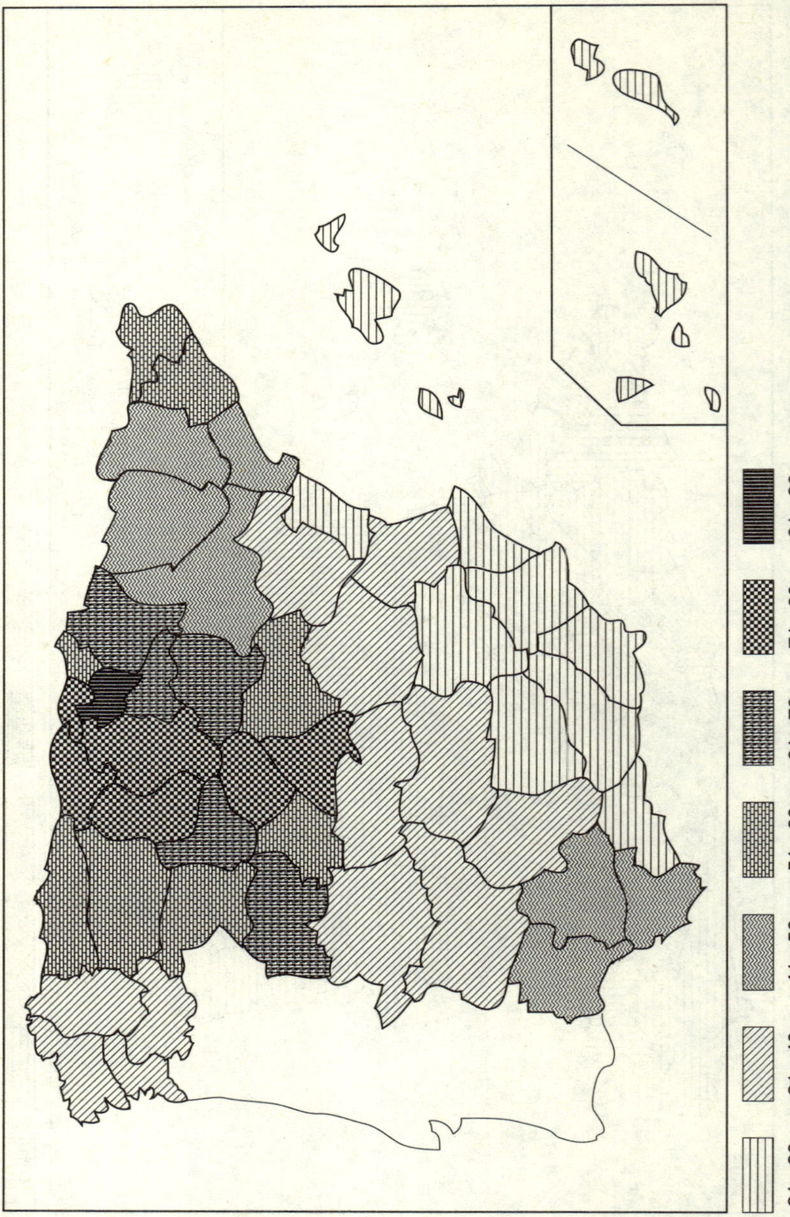

MAPA 4.2. *Tasa de alfabetización general en 1900.*

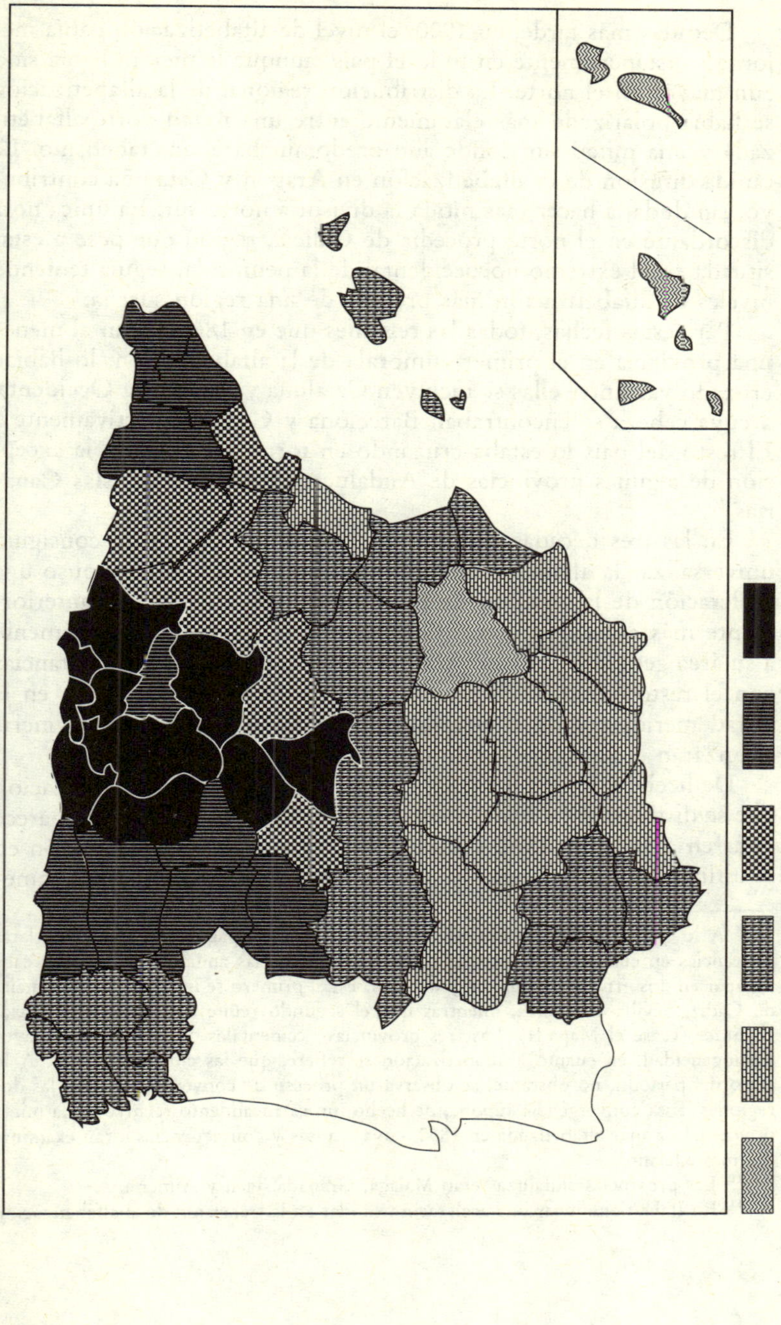

MAPA 4.3. *Tasa de alfabetización general en 1930.*

Décadas más tarde, en 1900, el nivel de alfabetización había mejorado sustancialmente en todo el país, aunque la mejora había sido aún mayor en el norte. La distribución regional de la alfabetización se había polarizado más claramente entre una mitad norte alfabetizada y una mitad sur donde aún predominaba el analfabetismo. La rápida difusión de la alfabetización en Aragón y Cataluña contribuyó, sin duda, a hacer más nítida la divisoria norte-sur. La única nota discordante en el norte procedía de Galicia, región que pese a estar situada en el extremo noroccidental de la península, seguía teniendo niveles de alfabetización más propios de una región sureña.

Para estas fechas, todas las regiones que en 1860 tenían al menos una provincia en el primer «umbral» de la alfabetización, lo habían cruzado ya. Entre ellas se incluyen Cataluña y Andalucía Occidental a cuya cabeza se encontraban Barcelona y Cádiz respectivamente [9]. El resto del país lo estaba cruzando en torno a 1900, con la excepción de algunas provincias de Andalucía Oriental y las islas Canarias [10].

En las tres décadas que van de 1900 a 1930, el norte consiguió universalizar la alfabetización casi sin excepciones. Esto supuso una aceleración de la difusión de la alfabetización en regiones anteriormente más atrasadas, como Galicia, que se vincula definitivamente a su área geográfica. El sur, por su parte empezó a acortar distancias con el resto del país. El rápido aumento de la alfabetización en la mitad meridional de la península permitió que algunas provincias alcanzaran el segundo «umbral».

De hecho son dos los períodos de expansión de la alfabetización que se distinguen en España entre 1860 y 1930. El primero ya parece estar en marcha en 1860 y experimenta una cierta desaceleración en la última década del siglo [11]. Afecta fundamentalmente a la subme-

---

[9] A lo largo de todo el período de que tratan estas páginas se observan claras diferencias en cuanto a alfabetización entre las provincias andaluzas, a las que cabe agrupar en dos grupos, occidental y oriental. En el primero se incluyen las provincias de Cádiz, Sevilla y Huelva, mientras que el segundo reúne a las cinco provincias restantes (véase el Mapa II). Las tres provincias occidentales comparten una mayor homogeneidad, en cuanto a alfabetización se refiere, que las cinco orientales. A lo largo del período, no obstante, se observa un proceso de convergencia entre las dos regiones. Esta convergencia supone, de hecho, un estancamiento relativo de la mitad occidental, la más alfabetizada en 1860, cuyas causas y consecuencias serán examinadas más adelante.

[10] Las provincias andaluzas eran Málaga, Granada, Jaén y Almería.

[11] En Italia tiene lugar una aceleración similar en la transición de la alfabetización

CUADRO 4.2. *Tasas de crecimiento anual de la alfabetización.*

	Total				Masculina				Femenina			
	M	Mx	Mn	DT	M	Mx	Mn	DT	M	Mx	Mn	DT
1860/1930	1.5	2.1	.9	.3	1.0	1.7	.4	.4	2.5	3.8	1.2	.6
1860/1900	1.3	2.1	.7	.3	.8	1.6	.3	.3	2.6	3.8	1.0	.7
1900/1930	1.7	2.9	.6	.6	1.2	2.5	.3	.6	2.3	4.6	.9	.8
1860/1877	1.2	2.2	–.4	.4	.7	1.6	–.1	.4	2.9	5.3	.8	.9
1877/1887	1.6	3.0	–.4	.6	1.1	3.0	–.7	.7	2.6	4.8	–.2	1
1887/1900	1.2	3.3	0	.7	.7	2.7	–.2	.6	2.2	5.4	.3	1
1900/1910	1.5	3.7	0	.8	.9	3.0	–.2	.7	2.4	8.2	0	1
1910/1920	1.6	3.4	–.5	.8	1.0	2.7	–.5	.7	2.2	5.0	–.5	1
1920/1930	1.9	5.0	–.1	1	1.6	4.7	–.1	1	2.2	6.1	–.1	1

M: Media nacional ponderada.
Mx: Tasa provincial máxima.
Mn: Tasa provincial mínima.
DT: Desviación típica de las 49 provincias respecto a la media nacional.

CUADRO 4.3. *Tasas de crecimiento anual de la alfabetización masculina.*

Regiones	1860/77	1877/87	1887/1900	1900/10	1910/20	1920/30
Castilla la Vieja	.6	.8	.3	.8	.3	.3
(8 provincias)	(.2)	(.2)	(.2)	(.5)	(.4)	(.2)
León	.7	1.0	.6	.5	.7	.5
(3)	(.2)	(.4)	(.2)	(.3)	(.1)	(.2)
Asturias[a]	.8	1.0	.6	1.5	– .5	1.4
Galicia	.4	1.2	.6	1.0	1.2	1.5
(4)	(.3)	(.7)	(.1)	(.8)	(.7)	(.4)
País Vasco	1.0	1.3	.9	1.1	.8	.7
(3)	(.5)	(.6)	(.6)	(.5)	(.6)	(.5)
Navarra[a]	.6	1.2	1.0	.5	.9	.8
Aragón	1.0	1.4	.9	1.0	1.3	1.6
(3)	(.4)	(.2)	(.4)	(.2)	(.1)	(.4)
Cataluña	.9	1.7	.9	1.4	1.6	.9
(4)	(.1)	(.2)	(.7)	(.2)	(.5)	(.7)
Levante	.9	1.5	1.2	1.7	2.0	2.3
(5)	(.6)	(1.0)	(.5)	(.8)	(.5)	(.4)
Andalucía Oriental	.3	1.6	.8	1.1	1.7	4.2
(5)	(.7)	(.9)	(1.0)	(.8)	(.8)	(.6)
Andalucía Occidental	.8	.4	1.5	.5	1.3	2.2
(3)	(.3)	(1.0)	(1.1)	(.7)	(1.0)	(.7)
Castilla la Nueva	.6	1.0	.4	1.0	1.0	2.0
(7)	(.1)	(.4)	(.4)	(.7)	(.4)	(.6)
Madrid[b]	.9	.4	.7	.1	.3	.8
Canarias[a]	.9	1.3	2.3	.2	1.2	3.4

Medias regionales. Desviaciones típicas entre paréntesis.
[a] Regiones de una sola provincia.
[b] Madrid ha sido considerada como región independiente pues, como capital del país, resultaba escasamente representativa de la región a la que geográficamente se consideraba que pertenecía.

CUADRO 4.4. *Tasas de crecimiento anual de la alfabetización femenina.*

Regiones	1860/77	1877/87	1887/1900	1900/10	1910/20	1920/30
Castilla la Vieja	4.6	3.3	2.1	2.5	1.6	.8
(8 provincias)	(.7)	(.8)	(.4)	(.9)	(1.1)	(.5)
León	3.3	3.1	2.8	2.6	2.8	1.4
(3)	(.5)	(.4)	(.7)	(1.1)	(.7)	(.2)
Asturias[a]	3.0	4.0	3.0	5.3	1.1	1.9
Galicia	3.2	3.7	3.6	5.0	3.5	3.4
(4)	(1.1)	(1.0)	(1.0)	(2.2)	(1.2)	(.8)
País Vasco	2.7	2.8	2.1	1.8	1.6	1.0
(3)	(.5)	(.1)	(.4)	(.5)	(.2)	(.4)
Navarra[a]	2.7	2.6	2.4	1.4	1.6	1.2
Aragón	3.9	3.9	3.0	2.4	3.4	2.5
(3)	(.5)	(.6)	(1.0)	(.4)	(.8)	(.7)
Cataluña	4.0	3.3	2.6	2.9	3.0	1.6
(4)	(.9)	(.3)	(1.3)	(.4)	(.9)	(.5)
Levante	3.1	1.8	3.0	2.7	3.1	3.0
(5)	(.7)	(.9)	(1.3)	(1.5)	(.8)	(.5)
Andalucía Oriental	1.9	1.6	2.1	1.9	2.1	4.9
(5)	(.8)	(1.2)	(2.0)	(1.2)	(1.2)	(1.0)
Andalucía Occidental	2.0	.7	2.0	.9	2.0	2.2
(3)	(.8)	(.7)	(1.5)	(.8)	(1.1)	(.3)
Castilla la Nueva	2.8	2.7	1.6	2.2	2.0	2.9
(7)	(.5)	(.5)	(.7)	(.7)	(.9)	(.7)
Madrid[a]	2.0	.9	1.7	.3	1.3	1.0
Canarias[a]	2.3	3.0	2.6	1.4	1.6	2.3

Medias regionales. Desviaciones típicas entre paréntesis.
[a] Regiones de una sola provincia.

seta norte y regiones adyacentes, aunque a Galicia en menor medida. Algunas regiones, como Aragón y Cataluña, se unieron pronto a esa primera aceleración y consiguieron así distanciarse de las regiones menos alfabetizadas del levante y sur de la península. Otras, como Extremadura, Andalucía Occidental y Castilla la Nueva, perdieron la primera onda expansiva, pese a que en 1860 se hallaban muy próximas a las provincias que la encabezaron, y entraron así a formar parte de la España del sur. El segundo período de aceleración se inicia en la primera década del siglo XX y gana fuerza paulatinamente con el paso de los años. Esta segunda onda expansiva tuvo un mayor impacto en las provincias del sur, que aún se encontraban menos alfabetizadas que las del norte.

Aparentemente existe una relación entre niveles de alfabetización y actividad económica. Entre las provincias más alfabetizadas o en vía de alfabetización acelerada se encuentran algunas áreas industriales, como Vizcaya y Barcelona; otras eran, o habían sido en un pasado no muy lejano, prósperos centros comerciales como Cádiz, la propia Barcelona, Madrid e incluso Santander. La relación entre atraso económico y analfabetismo parece aún más evidente, como pone de manifiesto la escasísima alfabetización del sureste peninsular. Esta relación también parece confirmarse en otros países europeos. En Italia el norte era la región más alfabetizada y más adelantada económicamente, con una agricultura e industria igualmente prósperas, mientras que el sur, mucho más atrasado económicamente, lo era también por su baja alfabetización. En Francia, los estudiosos de la alfabetización trazaron una línea imaginaria, la *Línea Maggiolo,* entre Saint-Malo y Ginebra, que separaba a la población alfabetizada del norte de la analfabeta del sur. Hay indicios de que las regiones más desarrolladas económicamente se encontraban también al norte de esta divisoria [12]. La aparente relación existente entre alfabetización y actividad económica no indica, sin embargo, si hay o no una relación de causalidad entre ambas ni, en caso de que la hubiera, en qué sentido se da esa causalidad. En el fondo subsiste el

---

con posterioridad a la unificación del país que se mantiene ininterrumpida durante las últimas décadas del siglo XIX, a diferencia de lo que sucede en España. Véase ZAMAGNI (1978).

[12] Sobre la distribución regional de la alfabetización en Italia, véase ZAMAGNI (1978), en especial Cuadro 13, p. 164. Para un estudio exhaustivo de la alfabetización en Francia por departamentos durante los siglos XVIII y XIX, véase FURET y OZOUF (1982), Capítulo I.

viejo problema de determinar si la alfabetización es un bien de consumo, del que hay una mayor demanda cuando aumenta la renta, o un bien de inversión que va a producir niveles más altos de renta y de riqueza. Sobre este tema volveremos más adelante.

1.2. *El diferencial sexual*

La existencia de un cierto diferencial sexual durante el período de transición hacia la alfabetización universal parece ser un rasgo muy difundido en todo el mundo. Su presencia ha sido constatada desde Lancashire en el siglo XVIII, y Francia durante los siglos XVIII y XIX, hasta la India o América Latina en años recientes. En general, la alfabetización masculina precede a la femenina, aunque las diferencias entre una y otra tienden a disminuir según se aproximan ambos sexos a una alfabetización total. El rasgo más característico del diferencial sexual es, sin embargo, su amplio margen de variación de unas regiones a otras, así como de un período a otro. Obviamente estos cambios afectan en distinta medida el grado de representatividad de las tasas de alfabetización de la población total. Así, por ejemplo, nos encontramos que en la Francia de finales del siglo XVIII el diferencial sexual podía ser superior a los 50 puntos porcentuales en algunos departamentos, como el de los Bajos Pirineos o el de los Altos Alpes. Sin embargo, en ningún momento durante los siglos XVIII y XIX superó los 10 puntos porcentuales en departamentos como los de Maine-et-Loire u Haute-Vienne, por mencionar tan sólo algunos de los más representativos [13]. En América Latina a mediados del siglo XX, el diferencial sexual parece ser insignificante comparado con el que se detecta en algunos países europeos siglo y medio antes. Independientemente del nivel de alfabetización alcanzado por cada país, el diferencial sexual es, por lo general, inferior a los 10 puntos porcentuales tanto en medios rurales como en medios urbanos (véase Gráfico 4.2) [14]. No en todos los países en vías

[13] FURET y OZOUF (1982), pp. 28-29.

[14] El Gráfico 4.2 representa una reconstrucción «ideal» de la transición de la alfabetización en América Latina a partir de datos para distintos países en una misma fecha. Esta reconstrucción nos permite comparar el tamaño del diferencial sexual para distintos niveles de alfabetización a mediados del siglo XX en un área geográfica determinada con el observado para otras regiones con anterioridad o posterioridad. Los datos proceden de PADUA (1979), Cuadro 12, p. 42.

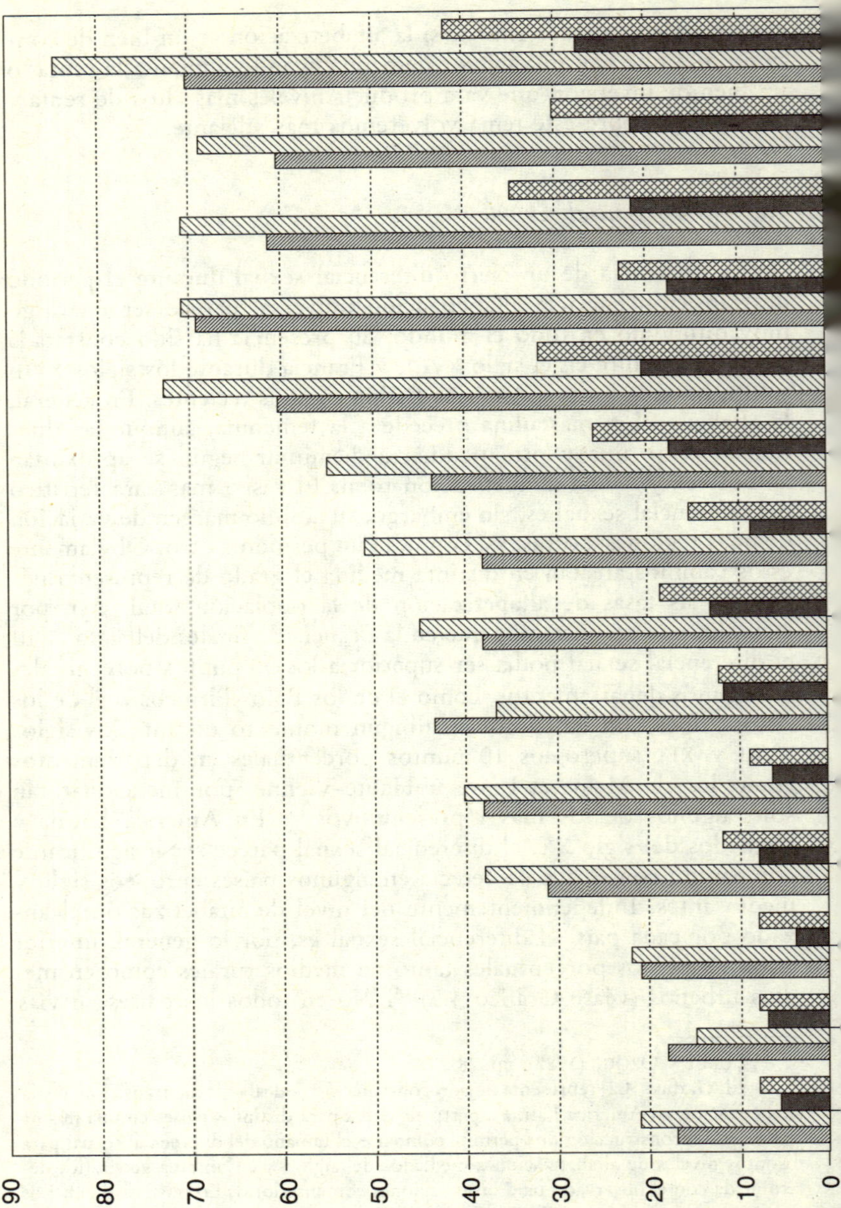

GRÁFICO 4.2. *El diferencial sexual (urbano y rural) en distintos países de América Latina en torno a 1960.*

de desarrollo hoy es el diferencial tan pequeño como el que se observa en América Latina. En 1971, el diferencial sexual medio en el Estado de Gujarat, en la India, oscilaba en torno a los 20 puntos porcentuales (véase Gráfico 4.3), mayor al que se observa en América Latina 10 años antes, pero aún muy inferior al que parece haber existido en Francia a comienzos del siglo XIX. En principio parece que cuanto antes se inicia la transición mayor es la probabilidad de que se abra un marcado diferencial sexual [15]. Siendo España un país que experimentó la transición de la alfabetización a finales del siglo XIX cabría esperar que el diferencial sexual fuera marcado, cercano a los 50 puntos porcentuales, en aquellas provincias que experimentaron una transición más temprana, y escaso en aquellas cuya transición fue más tardía.

Dado que la teoría del «umbral de la alfabetización» se basa en la utilización de tasas de alfabetización generales, es necesario hacer un estudio pormenorizado del diferencial sexual, con el fin de establecer su grado de representatividad. Una vez constatada la existencia de este diferencial sexual cabría preguntarse por sus posibles efectos sobre la actividad económica, así como por sus posibles causas, temas ambos que serán abordados más adelante. De momento analizaremos la distribución regional de las tasas de alfabetización en España según el sexo con el fin de determinar en qué zonas sería menor la representatividad de las tasas de alfabetización general y, por tanto, más problemática su utilización.

En 1860, en el mapa de la distribución regional de la alfabetización masculina se distinguen tres grandes áreas que cruzan el país en diagonal de noreste a suroeste (véase Mapa 4.4 y Cuadro 4.5). En torno a Castilla la Vieja, con una tasa media de alfabetización masculina del 69 por 100, se agrupan las provincias de mayor alfabetización del país. Son las de Asturias, León, el País Vasco y Navarra, así como Madrid. Dentro de esta amplia región hay una disminución gradual en el porcentaje de los hombres que saben leer y escribir a partir de un núcleo formado por las provincias de Santander y Burgos, con el porcentaje más elevado. Este descenso de la alfabetización masculina se extiende hacia Galicia en el oeste, Extremadura y Castilla la Nueva en el sur, y Aragón en el este. Sorprendentemente Guipúzcoa, en el corazón del País Vasco, tiene tasas de

[15] Esta generalización excluye aquellos casos en los que la transición se efectuó de forma imperativa, como es el ya mencionado de algunos países escandinavos.

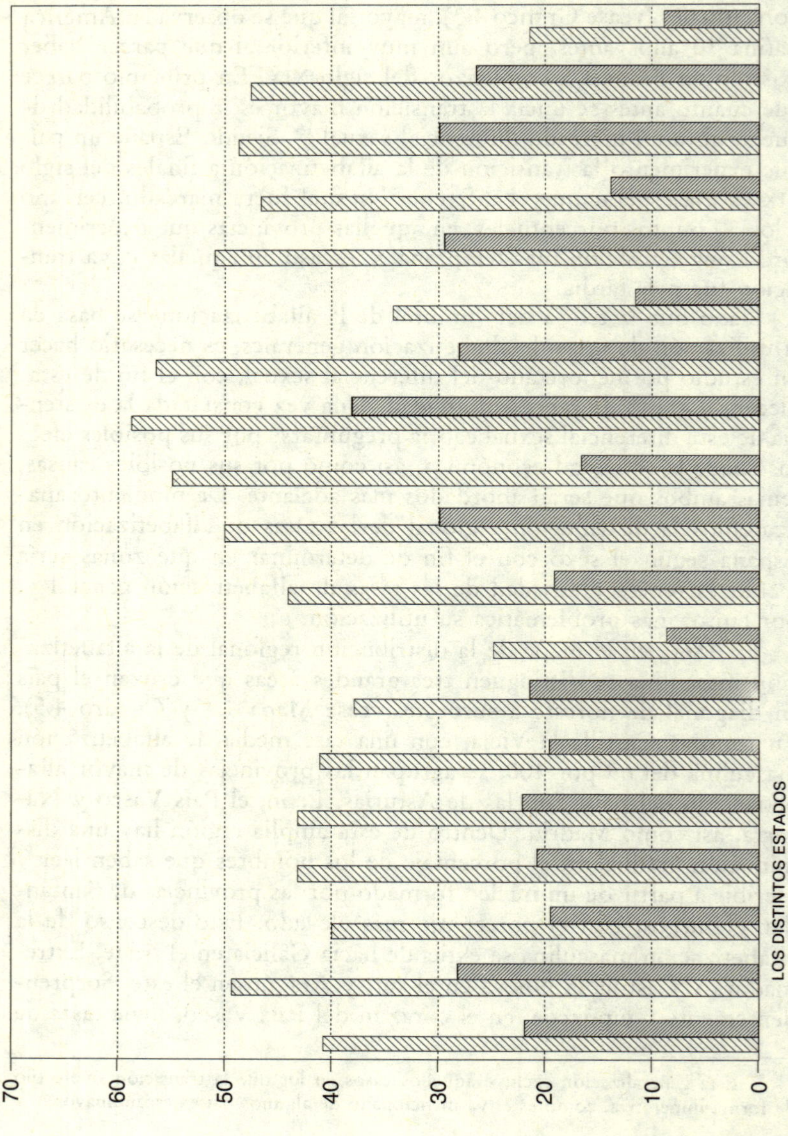

GRÁFICO 4.3. *El diferencial sexual en 19 distritos del estado indio de Gujarat en 1971.*

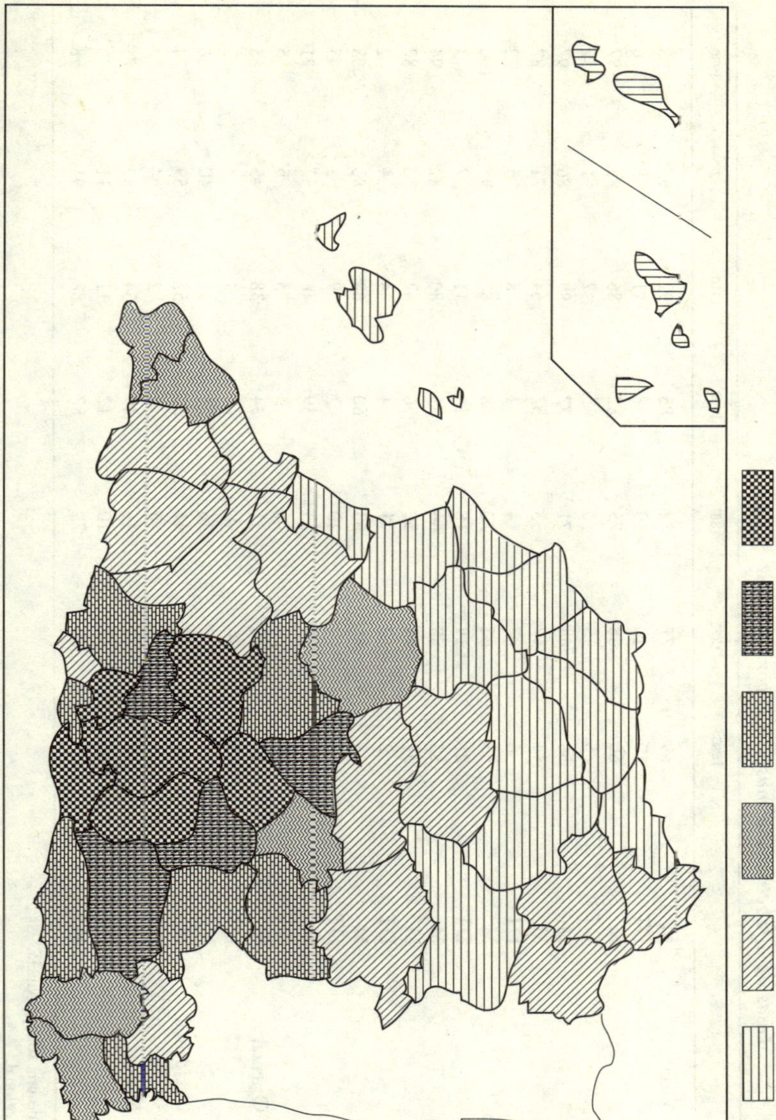

MAPA 4.4. *Tasa de alfabetización masculina en 1860.*

CUADRO 4.5. *Tasas de alfabetización masculina, por regiones.*

		1860	1877	1887	1900	1910	1920	1930
Castilla la Vieja	M	69	77	82	85	92	95	98
	DT	10	10	10	8	11	8	6
León	M	60	68	75	82	86	93	97
	DT	5	5	3	3	2	1	2
Asturias[a]	M	56	64	71	77	89	86	97
Galicia	M	44	47	53	57	64	71	82
	DT	6	7	4	4	8	5	2
País Vasco	M	53	62	70	78	86	93	100
	DT	21	19	18	14	11	7	3
Navarra[a]	M	52	58	66	75	80	87	94
Aragón	M	37	44	50	56	62	70	82
	DT	2	.2	1	4	4	4	2
Cataluña	M	38	45	53	60	68	80	88
	DT	7	9	10	7	9	8	3
Levante	M	25	29	33	39	46	57	71
	DT	3	2	3	3	3	5	5
Andalucía Oriental	M	25	26	31	34	38	45	68
	DT	2	4	4	3	4	4	3
Canarias[a]	M	19	23	26	35	36	40	56
Andalucía Occidental	M	35	39	41	50	52	59	74
	DT	3	1	5	2	2	4	2
Castilla la Nueva	M	38	42	46	49	54	59	71
	DT	10	11	10	12	11	11	9
Madrid[a]	M	65	76	79	87	88	91	98

[a] Regiones de una sola provincia.
M: Media regional.
DV: Desviación típica de las distintas provincias respecto a la media regional.

alfabetización masculina muy bajas para la media regional —tan sólo un 34 por 100 de los guipuzcoanos sabían leer y escribir en 1860.

Las provincias levantinas, de Valencia a Andalucía Oriental, junto con los dos archipiélagos, forman la segunda región claramente identificable por la similitud de sus tasas de alfabetización masculina. Las tasas más bajas de todo el país, 19 por 100 en las islas Canarias y 22 por 100 en Almería, se encuentran en esta vasta región. Finalmente, la región situada entre ambas, caracterizada por su elevada o baja alfabetización masculina, exhibe niveles intermedios, de hecho próximos a la media nacional, y agrupa a provincias que responden más vagamente a una unidad geográfica. En este grupo estarían, por ejemplo, Cataluña, Andalucía Occidental y Galicia.

Comparada con la masculina, la distribución regional de la alfabetización femenina era muy irregular a mediados del siglo XIX (véase Mapa 4.5 y Cuadro 4.6). La tasa de alfabetización femenina más alta, de un 35 por 100, se registraba en Madrid. El País Vasco, incluida Navarra, con una tasa media de tan sólo un 22 por 100, y Andalucía Occidental con un 19 por 100 eran las regiones que contaban con mayores niveles de alfabetización femenina. Le seguían prácticamente todas las provincias castellano viejas, así como la provincia de Barcelona, cuyas tasas provinciales oscilaban entre un 14 y un 22 por 100. Por regiones, los niveles más bajos no se encontraban, como hubiera cabido esperar de estar la alfabetización femenina directamente determinada por la masculina, en el sureste peninsular, sino en Galicia, con tan sólo un 5 por 100. Tasas igualmente bajas también podían encontrarse en algunas provincias de Aragón, Levante y Andalucía Oriental. En el resto del país, entre 8 y 13 de cada 100 mujeres sabían leer y escribir, oscilando el porcentaje más común entre un 10 y un 11. Así, pese a que la alfabetización femenina se hallaba en general más difundida allí donde la masculina era más elevada, como por ejemplo en casi todas las provincias de Castilla la Vieja, y viceversa, las excepciones a esta regla son demasiado frecuentes y significativas como para permitirnos concluir que existía una identidad en la distribución regional de ambas variables.

En 1900, la división entre norte y sur relativa a la alfabetización masculina era más patente que nunca (véase Mapa 4.6). En el norte, Castilla la Vieja y las regiones adyacentes mantenían su liderazgo con respecto al resto del país, con tasas de alfabetización masculina en torno al 85 por 100. Sin embargo, tanto Aragón y Cataluña, con tasas medias de 56 y 60 por 100 respectivamente, como Galicia, con

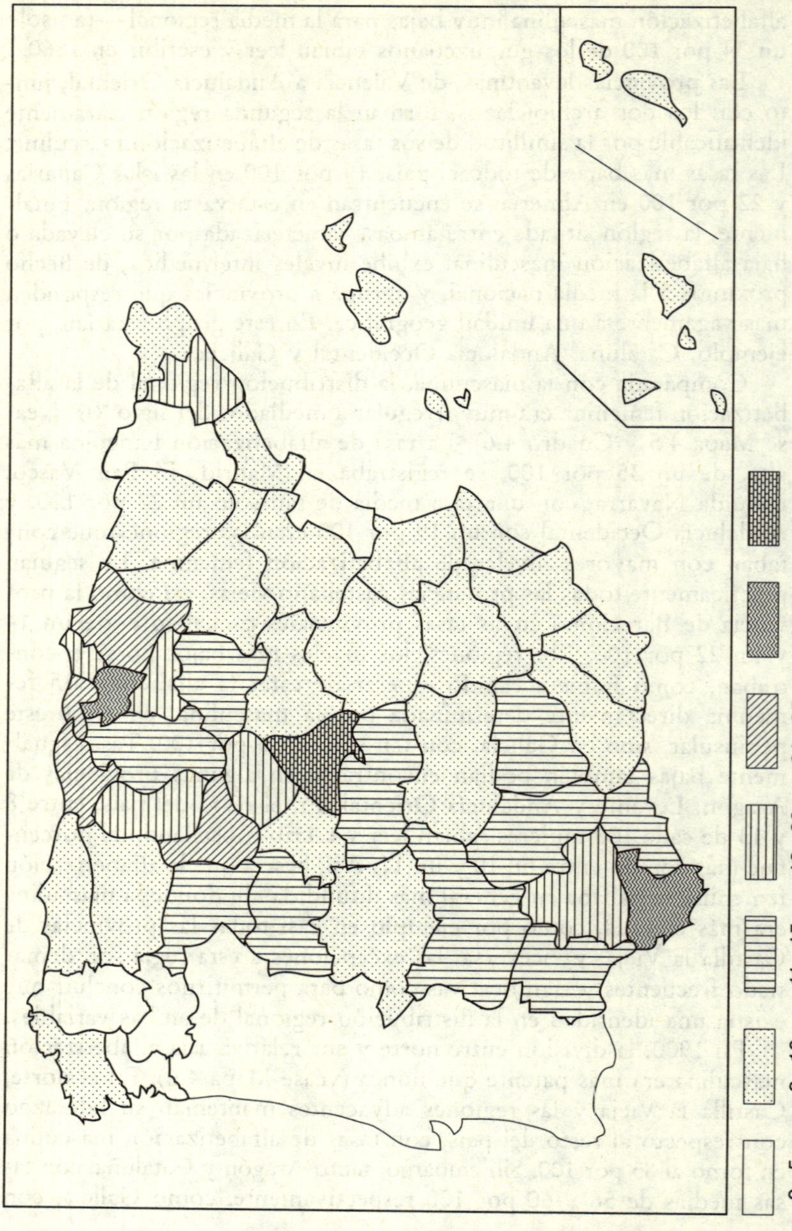

MAPA 4.5. *Tasa de alfabetización femenina en 1860.*

CUADRO 4.6. *Tasas de alfabetización femenina, por regiones.*

		1860	1877	1887	1900	1910	1920	1930
Castilla la Vieja	M	16	29	39	52	67	78	83
	DT	4	6	5	7	15	9	7
León	M	12	20	27	39	50	66	76
	DT	2	4	7	9	6	6	7
Asturias[a]	M	10	17	25	36	61	68	81
Galicia	M	5	8	11	17	28	40	55
	DT	2	3	3	3	4	4	3
País Vasco	M	23	35	46	60	72	84	93
	DT	6	6	8	8	6	5	4
Navarra[a]	M	21	33	43	59	67	79	88
Aragón	M	7	14	20	29	37	51	65
	DT	2	4	5	5	7	7	5
Cataluña	M	10	19	27	36	48	65	76
	DT	5	7	9	7	9	7	5
Levante	M	8	13	16	22	29	40	53
	DT	2	2	4	2	4	7	7
Andalucía Oriental	M	10	14	16	20	25	30	49
	.DT	2	3	4	2	3	3	4
Canarias[a]	M	9	14	19	27	31	36	46
Andalucía Occidental	M	19	26	29	36	40	48	60
	DT	6	4	7	2	3	2	2
Castilla la Nueva	M	10	16	21	25	32	39	51
	DT	2	3	4	5	7	9	9
Madrid[a]	M	35	48	53	66	68	78	86

[a] Regiones de una sola provincia.
M: Media regional.
DV: Desviación típica de las distintas provincias respecto a la media regional.

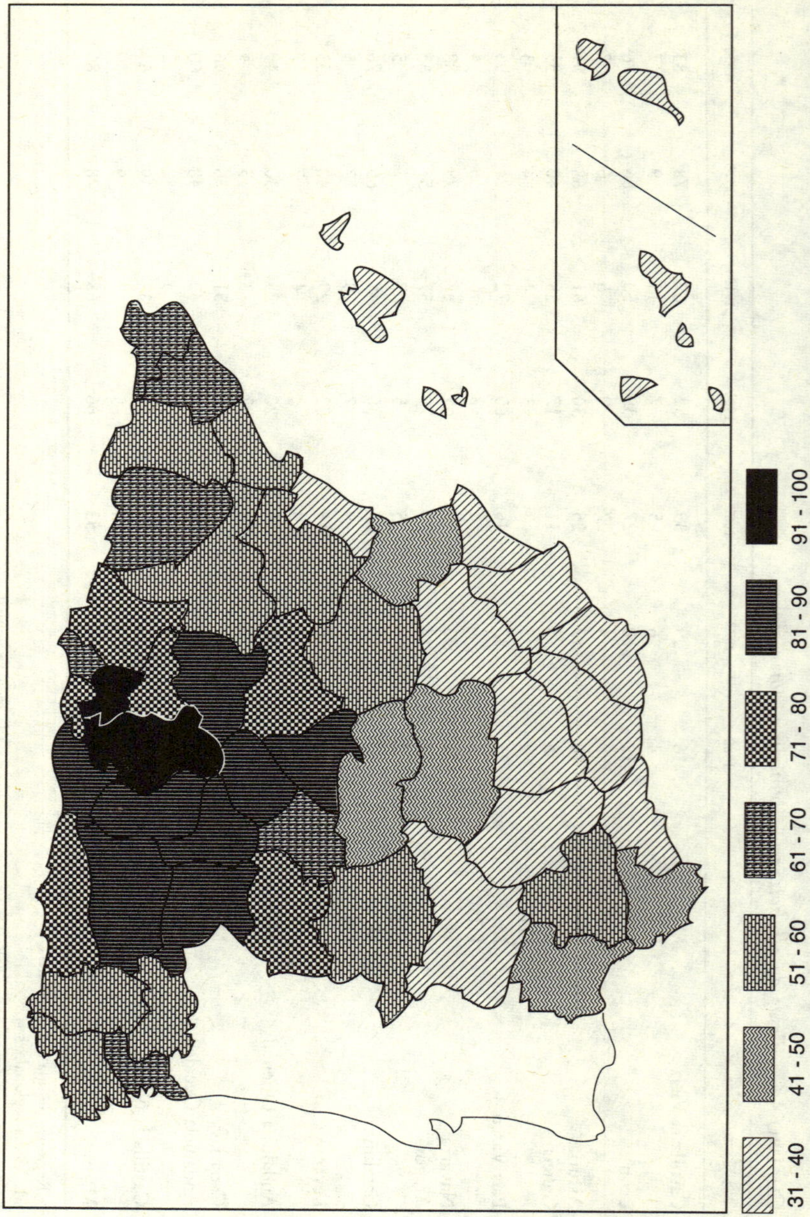

MAPA 4.6. *Tasa de alfabetización masculina en 1900.*

un 57 por 100, acortaban su distancia con respecto a la submeseta norte al mismo tiempo que se distanciaban del sur. Este, por su parte, experimentó menos dinamismo en su proceso de alfabetización entre 1860 y 1900, lo que supuso un aumento de su atraso en relación con el norte. El fenómeno más significativo que cabe destacar en esta vasta región es, sorprendentemente, uno de estancamiento y no de dinamismo como observábamos en el norte. Este estancamiento tuvo lugar en Andalucía Occidental, cuyos niveles medios de alfabetización masculina se encontraban en 1900 más próximos, siendo aún superiores, a los de la Andalucía Oriental. El acortamiento de las diferencias entre una y otra región no se debió al dinamismo de la difusión de la alfabetización en la zona oriental, aún muy por debajo de la media nacional. Esta tendencia unificadora se explica más bien por la falta de dinamismo en la región occidental. Obviamente, toda Andalucía perdió la primera onda de expansión de la alfabetización que tuvo lugar en el último tercio del siglo XIX, pero el fenómeno resulta más extraño en Andalucía Occidental, que, en fechas anteriores, había disfrutado de períodos de expansión similares a los de las regiones más alfabetizadas del país. En el sur, el mayor dinamismo durante este período se observa en la provincia de Valencia.

La alfabetización femenina también había mejorado entre 1860 y 1900. El salto más significativo había tenido lugar en las provincias del norte que partían de niveles iniciales más altos. El sureste y Galicia seguían siendo en 1900 las áreas de menor alfabetización femenina. Caso curioso es el de la provincia de Cádiz, cuyas tasas de alfabetización femenina, relativamente altas para la región en 1860, apenas cambiaron entre esta fecha y finales de siglo.

En 1930, al aproximarse la población masculina a una alfabetización universal, con una tasa media nacional de un 81 por 100, las diferencias entre norte y sur, este y oeste tienden a desaparecer. Tan sólo Albacete y las islas Canarias tenían tasas de alfabetización masculina inferiores al 60 por 100. Entre la población femenina también hubo entre 1900 y 1930 una tremenda difusión de la alfabetización. En la mitad norte peninsular eran comunes tasas de alfabetización superiores al 80 por 100 y la casi totalidad de sus provincias tenían tasas muy superiores al 50 por 100. En la mitad sur, sin embargo, predominaban aún tasas inferiores al 50 por 100, con la excepción de algunas provincias aisladas en Andalucía.

Podríamos concluir afirmando que, entre 1860 y 1930, la distri-

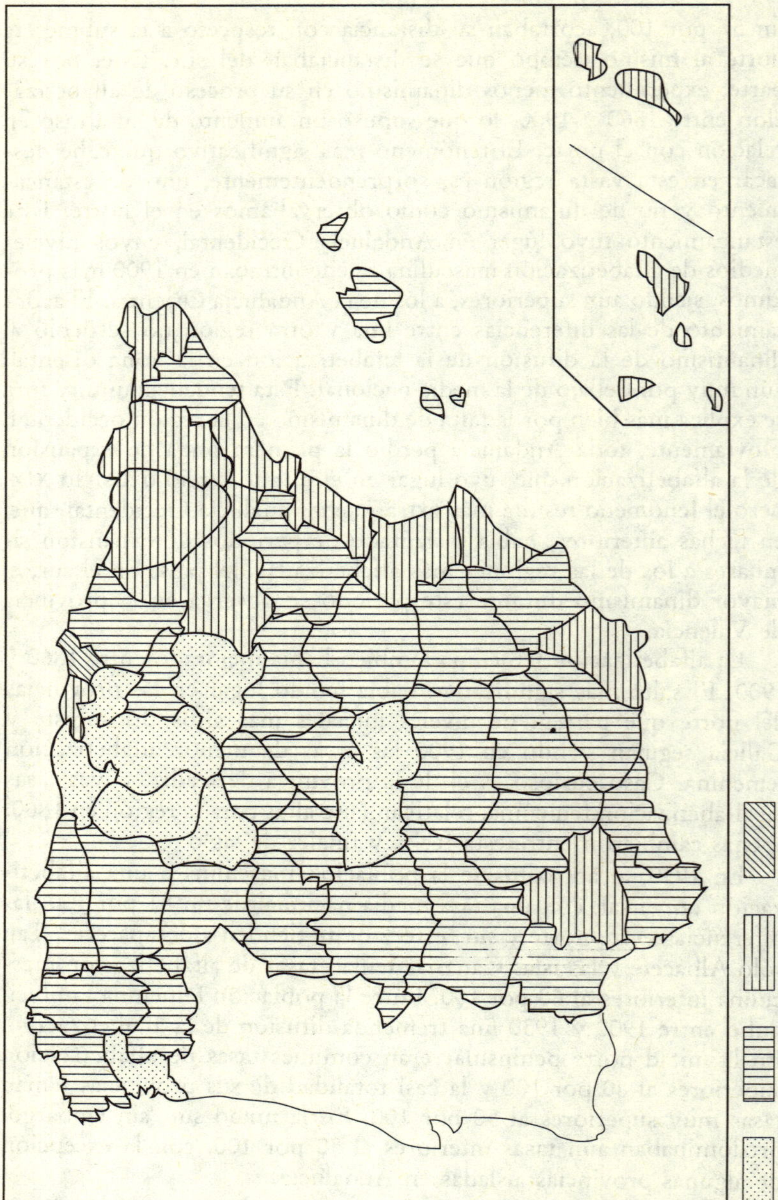

MAPA 4.7. *Tasa de difusión de la alfabetización masculina 1860-1900.*

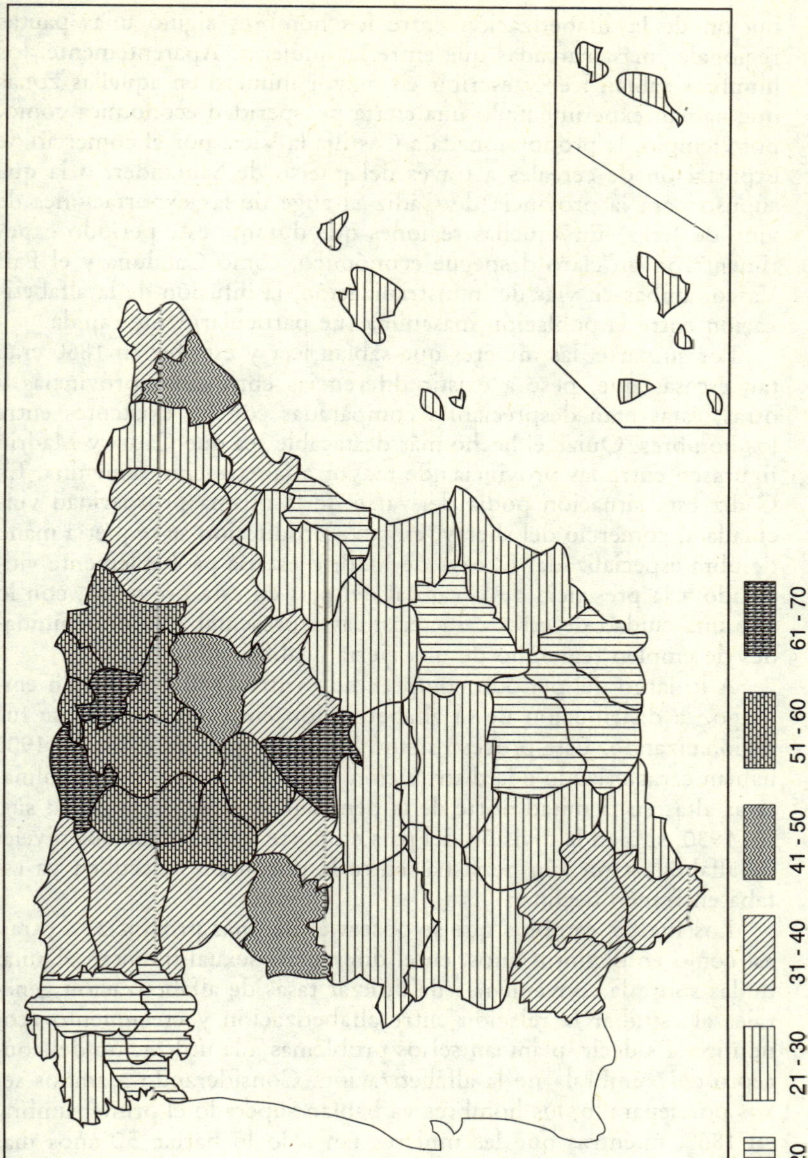

MAPA 4.8. *Tasa de alfabetización femenina en 1900.*

bución de la alfabetización entre los hombres siguió unas pautas regionales más marcadas que entre las mujeres. Aparentemente, los hombres sabían leer y escribir en mayor número en aquellas zonas que habían experimentado una cierta prosperidad económica como, por ejemplo, la proporcionada a Castilla la Vieja por el comercio de exportación de cereales a través del puerto de Santander, o la que supuso para la provincia de Cádiz el auge de las exportaciones de vino de Jerez. En aquellas regiones que durante este período experimentaron un claro despegue económico, como Cataluña y el País Vasco, ambas en vías de industrialización, la difusión de la alfabetización entre la población masculina fue particularmente rápida.

Por su parte, las mujeres que sabían leer y escribir en 1860 eran tan escasas que, pese a existir diferencias entre unas provincias y otras, éstas eran despreciables comparadas con las existentes entre los hombres. Quizá el hecho más destacable sea que Cádiz y Madrid figurasen entre las provincias de mayor alfabetización femenina. En Cádiz esta situación podía derivarse de la misma prosperidad vinculada al comercio del sherry, en cuya producción se requería mano de obra especializada. El caso de Madrid estaría probablemente vinculado a la presencia de la capital del país en esta provincia, con lo que una ciudad de estas características representaba en oportunidades de empleo femenino de una cierta cualificación.

A lo largo del período comprendido entre 1860 y 1930, sin embargo, la distribución de la alfabetización entre las mujeres se fue regionalizando. Este proceso siguió las líneas que entre 1860 y 1900 habían caracterizado a la distribución de la alfabetización masculina: tasas altas en la mitad norte de la península y bajas en la mitad sur. En 1930, si bien la división del país en norte y sur, según sus niveles de alfabetización aún persistía, entre la población masculina ya estaba en franco declinar.

Los fuertes cambios que se observan de unas provincias a otras, así como en distintos años, en el diferencial sexual levantan algunas dudas sobre la conveniencia de utilizar tasas de alfabetización generales al estudiar la relación entre alfabetización y crecimiento económico. Es decir, plantean serios problemas a la utilización del concepto del «umbral» de la alfabetización. Considerando a ambos sexos por separado, los hombres ya habían superado el primer umbral en 1860, mientras que las mujeres tan sólo lo harían 50 años más tarde, en torno a 1910. Es más, mientras en algunas provincias como las de la submeseta norte las mujeres tardaron varias décadas en

MAPA 4.9. *Tasa de difusión de la alfabetización femenina 1860-1900.*

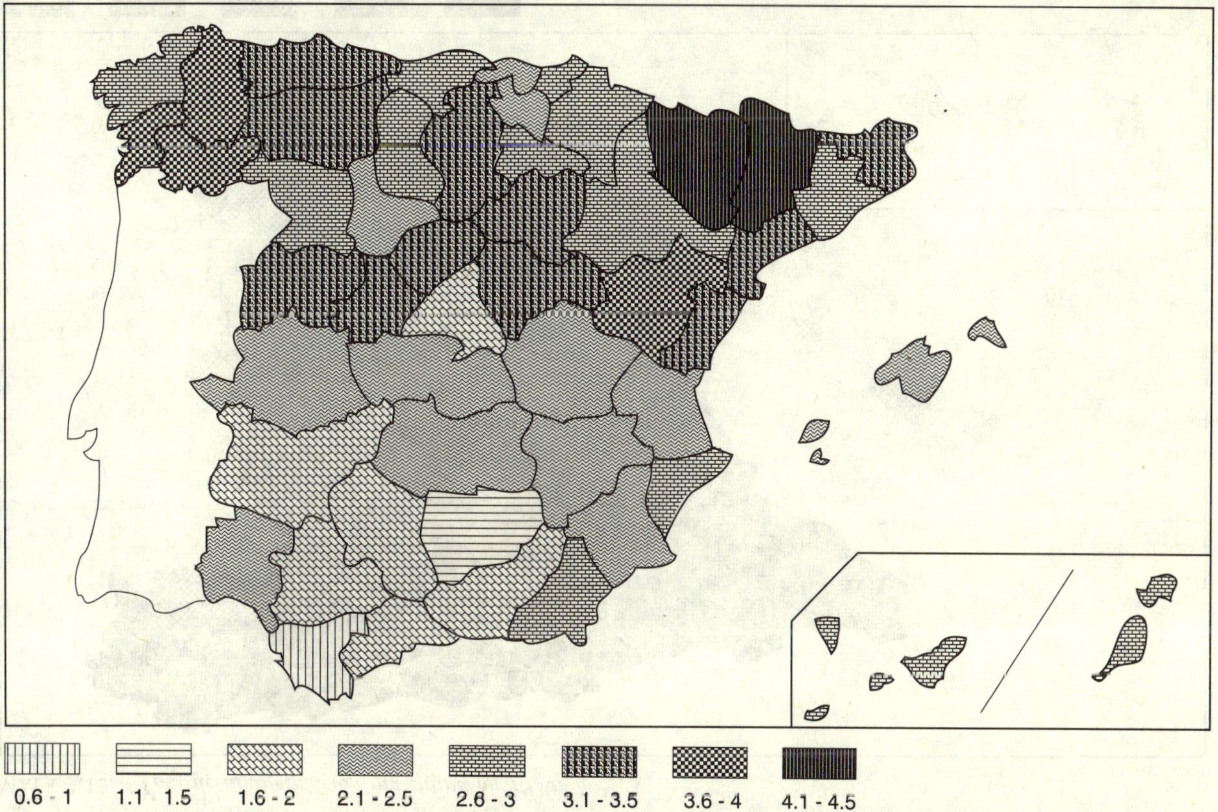

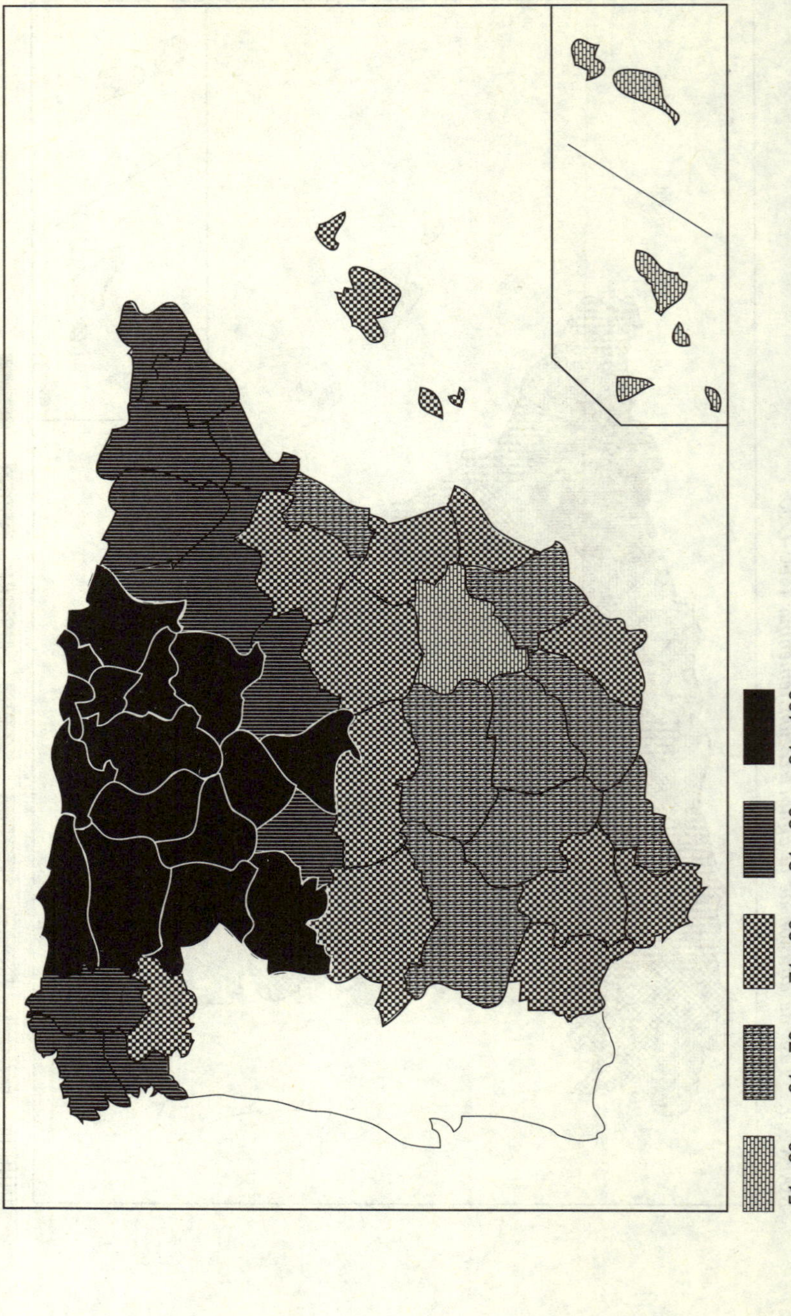

MAPA 4.10. *Tasa de alfabetización masculina en 1930.*

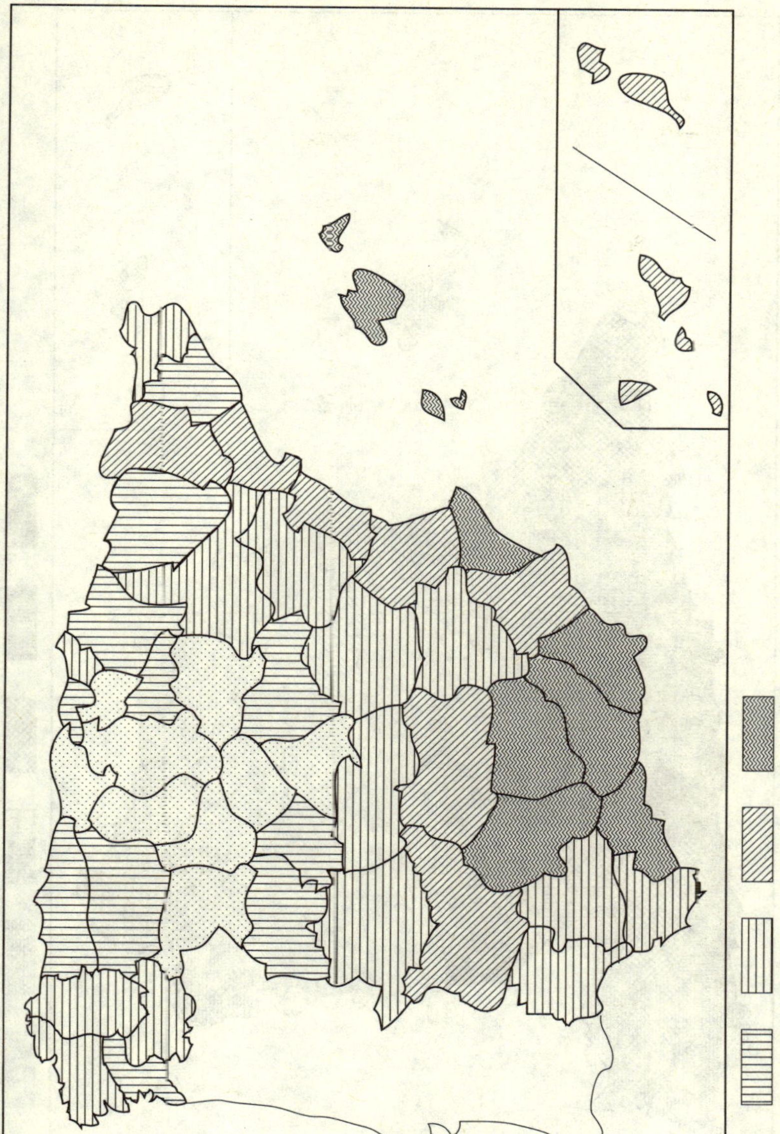

MAPA 4.11. *Tasa de difusión de la alfabetización masculina 1900-1930.*

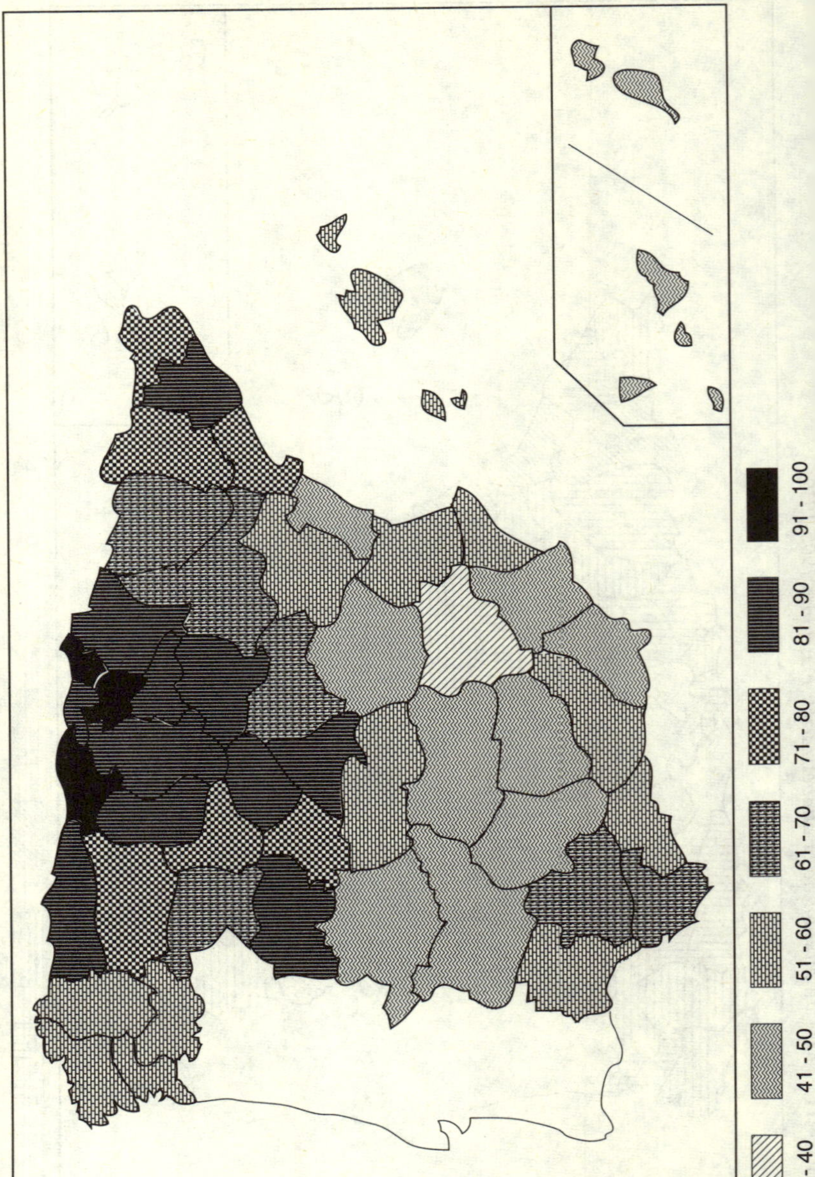

MAPA 4.12. *Tasa de alfabetización femenina en 1930.*

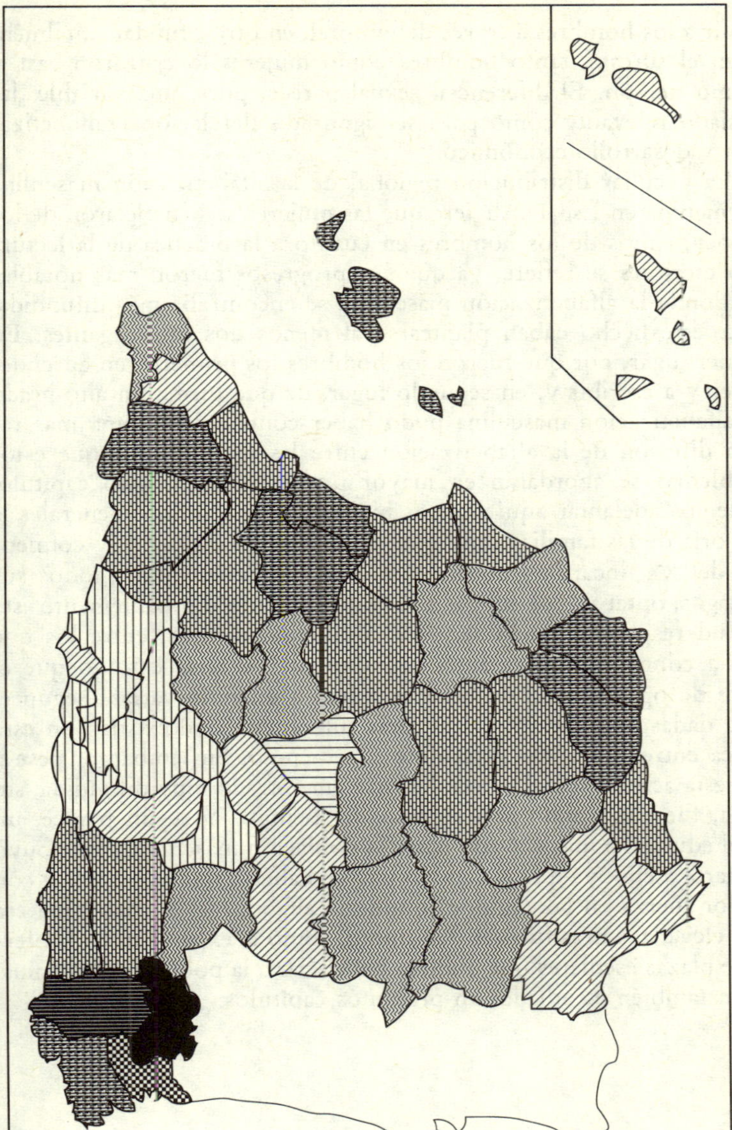

MAPA 4.13. *Tasa de difusión de la alfabetización femenina 1900-1930.*

seguir a los hombres a través del umbral, en otras, fundamentalmente en el sureste, tanto hombres como mujeres lo cruzaron casi al mismo tiempo. El diferencial sexual parece, pues, una variable demasiado relevante como para ser ignorada al relacionar alfabetización y desarrollo económico.

La peculiar distribución regional de la alfabetización masculina y femenina en España sugiere que las mujeres se beneficiaron de los conocimientos de los hombres en cuanto a la práctica de la lectura y la escritura se refiere, ya que sus progresos fueron más notables allí donde la alfabetización masculina se encontraba más difundida. Ante este hecho caben plantearse al menos dos interrogantes. En primer lugar, por qué fueron los hombres los primeros en aprender a leer y a escribir y, en segundo lugar, de qué forma un alto grado de alfabetización masculina pudo haber contribuido a una más rápida difusión de la alfabetización entre las mujeres. Aunque estos problemas se abordarán en mayor profundidad en otro capítulo, podemos adelantar aquí algunas hipótesis. En términos generales la mayoría de las familias españolas de finales del siglo XIX y comienzos del XX, incapaces de dar una educación elemental a todos sus vástagos, optaron por educar a los hijos varones. Probablemente esta actitud respondía a una serie de condicionamientos, entre los que cabría contar los de carácter económico. No sería extraño que el coste de oportunidad de enseñar a leer a un niño variase según el sexo dadas, por ejemplo, las claras diferencias que existían en esta época entre el trabajo masculino y femenino. Sin embargo, pese a que esta actitud social parece haberse encontrado muy difundida, sin duda, fue cambiando con el paso del tiempo. Y según parece, un nivel educativo más elevado entre la población masculina contribuyó en parte a ello, ya que el cambio parece haberse iniciado antes y con mayor fuerza en las regiones donde la alfabetización masculina era más elevada. Otras fuentes de cambio, como la expansión en la oferta de plazas escolares que pudiera beneficiar a la población femenina, serán también estudiadas en próximos capítulos.

2. La transición a una alfabetización universal en España

2.1. El concepto de la transición de la alfabetización

La historia de la difusión de la alfabetizacicón en el mundo occidental puede verse como la de una transición desde una «alfabetización restringida», en sociedades en las que predomina la comunicación verbal, a una alfabetización de masas o universal, en un mundo en el que apenas existen restricciones en los medios de reproducción y difusión de la información escrita ni en el acceso a ella. La idea del «umbral» de la alfabetización es el primer intento, basado en datos empíricos, de establecer en qué momento, o a qué niveles, la alfabetización deja de ser restringida. Sin un concepto de estas características que permita establecer comparaciones a lo largo del tiempo relativas a un mismo punto de referencia la alfabetización se vuelve un concepto relativo y difícil de manejar. En el siglo XV, por ejemplo, una tasa de alfabetización del 60 por 100 sería probablemente considerada como muy elevada; es más, hoy día mantendríamos esa opinión. Sin embargo, una tasa similar a finales del siglo XX sería considerada preocupante por lo baja e insuficiente.

El concepto del «umbral» nos permite localizar ese momento clave a partir del cual la difusión de la alfabetización se acelera y adquiere una velocidad nunca alcanzada con anterioridad, al mismo tiempo que los adelantos se consolidan. Es decir, nos permite identificar el techo bajo el cual la alfabetización se había mantenido restringida con anterioridad —un techo que se sitúa entre el 30 y el 40 por 100 de la población adulta—. Desde una perspectiva histórica, el paso del primer umbral es un fenómeno relativamente reciente. En los países de Europa occidental donde este proceso se inició, apenas se remonta a algo más de dos centurias, y aún quedan numerosas regiones en el globo donde el umbral no ha sido claramente traspasado.

Ahora bien, la idea del «umbral» nos sirve para identificar un momento clave en la historia de la alfabetización, pero no nos proporciona información sobre el período que sigue, es decir, sobre el período de rápida difusión de la alfabetización que culminó en su universalización. Es un concepto estático que, como tal, tiene sus limitaciones cuando es aplicado a cuestiones históricas. Así, aspectos tales como la longitud de la transición y sus determinantes más inmediatos, así como sus consecuencias, quedan sin responder. Si acaso, es sobre este último aspecto sobre el que el concepto de «umbral» presenta una serie de hipótesis más desarrolladas. Según Bowman y Anderson, por debajo del primer umbral, situado entre el 30 y el 40 por 100 de la población adulta, la falta de alfabetización es un obstáculo al crecimiento económico. El paso del segundo umbral, situado en torno al 70 por 100, va acompañado de un mayor impacto positivo de la alfabetización sobre la economía [16]. Analicemos en detalle algunas de estas limitaciones, sin olvidar por ello sus principales aportaciones al estudio de la difusión de la alfabetización.

Quizá la más importante aportación del concepto de «umbral» es el énfasis puesto en el cambio que supone la alfabetización de toda la población, en oposición a la alfabetización de ciertos grupos sociales o profesionales exclusivamente. Este cambio, de carácter eminentemente cuantitativo, lleva también aparejados cambios cualitativos importantes. La universalización de la alfabetización hace posible la consolidación del medio de comunicación escrito sobre el oral en todas las esferas de la vida humana, tanto en aquéllas a las que con anterioridad había estado vinculado —el comercio y el gobierno del país entre otras— como en aquéllas a las que la falta de un público preparado había mantenido alejadas. De ahí que el «umbral» no preste atención a la existencia de distintos niveles de alfabetización en función de la ocupación profesional del individuo. Su existencia en períodos de alfabetización restringida es de sobra conocida, así como su progresiva eliminación según se generaliza la difusión de la alfabetización. Es más, en la actualidad estas diferencias en niveles de alfabetización por profesiones se perpetúan a través de la progresiva especialización, vinculada a estudios superiores, de ciertas ocupaciones profesionales y no de otras. El mismo razonamiento podría aplicarse a la falta de atención prestada por la teoría del «umbral» a las diferencias existentes entre el campo y la ciudad, en parte relacionadas con la mayor concentración de profesiones que precisan de personal alfabetizado en esta última. Así, la mayor o menor difusión de la alfabetización previa al paso del primer umbral estará relacionada, en gran medida, con el grado de desarrollo alcanzado

---

[16] Sobre la base de un estudio empírico acerca de la relación entre alfabetización y crecimiento económico en diversos países en vías de desarrollo en la década de 1950 BOWMAN y ANDERSON llegaron a afirmar que «una tasa de alfabetización del 30 al 40 por 100 es un prerrequisito para [alcanzar] rentas superiores a los $200 [por habitante] en la mayoría de los casos y a los $300 en todos» (1963), p. 252.

por ciertas profesiones así como por el grado de urbanización de la sociedad. El paso del umbral, sin embargo, y en especial del segundo o más elevado, no depende única y exclusivamente del proceso de especialización del trabajo ni de la urbanización, sino que, en parte se independiza de ellos.

Hay otro tipo de diferencias, sin embargo, que cobran mayor importancia y significación con el paso del umbral, como son las que se presentan entre los dos sexos. Su evolución durante el período que va del primer al segundo umbral es clave para entender este proceso así como su impacto sobre otras esferas como la actividad económica. Por una parte, el tamaño del diferencial sexual nos permite distinguir entre dos fuerzas motrices en el paso del umbral, bien el aumento de la demanda de alfabetización, bien el incremento de la oferta educativa. El diferencial sexual sería mayor en el primer supuesto que en el segundo, al provenir la mayor demanda de alfabetización de puestos de trabajo mayoritariamente, aunque no exlusivamente, ocupados por varones. Y viceversa, sería menor cuando la expansión de la oferta educativa precediera al aumento de la demanda como fuerza motriz en la generalización de la alfabetización, porque la oferta de escolarización hace poca distinción entre alumnos y alumnas.

Desde un punto de vista meramente técnico también tiene importancia el diferencial sexual. A diferencia de la distribución ocupacional de la población, e incluso del tipo de asentamiento —urbano o rural— predominante, factores ambos que pueden variar y de hecho varían sustancialmente tanto en el tiempo como en el espacio, la distribución de la población entre hombres y mujeres, salvo períodos excepcionales como los conflictos bélicos o los de intensas migraciones, es bastante homogénea y constante. Tanto uno como otro sexo viene a representar aproximadamente la mitad de la población, no importa dónde ni cuándo. De ahí la importancia del diferencial sexual. El hecho de que existan fuertes diferencias en la distribución de la alfabetización entre uno y otro sexo puede contribuir, sin duda, a una comprensión errónea de una variable basada en datos agregados. En otras palabras, la representatividad de las tasas de alfabetización globales puede ser buena si el diferencial sexual se sitúa, por ejemplo, entre un 5 y un 10 por 100; obviamente no lo sería en igual medida si el valor del diferencial se situara entre un 40 y un 50 por 100. En sociedades en las que la difusión de la alfabetización precedió a la introducción de medidas compulsivas, es decir a la expansión de la oferta educativa, el diferencial sexual adquiere proporciones tales que hacen ineludible su consideración a la hora de analizar el proceso. En cualquier caso, se hace imprescindible su estimación con el fin de poder evaluar correctamente la representatividad de las tasas de alfabetización generales.

El estudio de la difusión de la alfabetización en España nos ha permitido identificar la importancia del diferencial sexual en el paso de un umbral a otro. El siguiente paso es integrar conceptualmente el diferencial sexual en la teoría del umbral de la alfabetización y contrastar la utilidad del nuevo concepto así formulado, al que hemos llamado «la transición de la alfabetización».

Con el fin de preservar la contribución fundamental de la teoría del «umbral» al estudio de la alfabetización, la posibilidad de localizar el momento a partir del cual se inicia el cambio desde una sociedad caracterizada por una alfabetización restringida a otra en la que la nota característica es su universalización, la «transición» de la alfabetización se ha articulado en torno al paso de los dos umbrales identificados por Bowman y Anderson. Así, al estudiar la transición de la alfabetización se intenta analizar el comportamiento del diferencial sexual en cada una de las tres etapas a que da lugar la teoría del umbral. La primera, en la que las tasas de alfabetización son aún inferiores al 30 ó 40 por 100 de la población adulta total; la segunda, cuando se sitúan entre el 40 y el 70 por 100, y la tercera cuando superan este último valor. Las fuertes diferencias interprovinciales existentes en España nos han permitido ilustrar distintos tipos o modelos de «transición», según fuera la demanda o la oferta la fuerza motriz en cada uno de ellos [17].

Para facilitar la comprensión del modelo de la «transición de la alfabetización» vamos a recurrir a su exposición comparada con otro modelo de transición, la transición demográfica. Dos son las varia-

[17] La información existente sobre otros países, en particular Francia, tiende a confirmar las hipótesis que aquí se han formulado basadas en los datos existentes para España con tan sólo una excepción significativa: la duración de la transición. Esta duró en Francia casi dos siglos iniciándose a comienzos del siglo XVIII, mientras que en España se completó en algo menos de un siglo, a partir de mediados del XIX. Para una representación gráfica de la «transición» en Francia, véase FURET y OZOUF (1982), p. 36. Sorprendentemente, pese a contar con información sobre algo más de 70 departamentos franceses de los que poder extraer conclusiones de carácter general como las que aquí se persiguen, estos autores se contentan con buscar explicaciones particulares a cada caso.

bles clave en la transición de la alfabetización, alfabetización masculina y femenina, como dos lo son también en la transición demográfica, fecundidad y mortalidad. A fin de que se efectúe la transición de la alfabetización ambas variables han de pasar de niveles bajos a niveles altos, de igual forma que las dos variables demográficas se mueven en dirección opuesta, es decir, en descenso para que tenga lugar la transición demográfica.

En ambos casos la duración de la transición varía de un lugar a otro; en términos generales, el proceso ha sido más largo entre los países en los que se inició que entre los que la han llevado a efecto con posterioridad, beneficiándose estos últimos en cierta medida de la experiencia de los primeros. En el caso de la transición demográfica, los beneficios más inmediatos que los países de la vanguardia han transmitido a los que se sumaron más tarde al cambio se refieren, en su mayoría, a una mayor difusión del conocimiento e incluso a la aportación de los medios de control de la mortalidad. Esta contribución es particularmente notable en el control de enfermedades epidémicas, a las que se ha llegado a dominar por medio de la vacunación masiva de la población, como es el caso del sarampión o la viruela. En el caso de la transición de la alfabetización los beneficios que los últimos en acceder a ella han recibido de los precursores son más limitados o, al menos, más difíciles de estimar cuantitativamente. En general podríamos considerar como tales la convicción en la eficacia de la difusión de la alfabetización a través de la introducción de medidas coercitivas, como la escolarización primaria obligatoria tanto para niños como para niñas. En ocasiones, tan sólo en algunas, la comunidad internacional ha proporcionado los medios económicos necesarios para la financiación de campañas de alfabetización en países subdesarrollados a través de organismos internacionales como la UNESCO [18].

El perfil de ambas transiciones también está sujeto a cambios, dependiendo del lugar y del momento en que éstos tuvieran lugar. En la transición demográfica hay normalmente un descenso de la mortalidad previo al de la natalidad, aunque son una serie de circunstancias locales y específicas las que determinan por cuánto tiempo y

---

[18] Para un análisis de distintas campañas de alfabetización desde una perspectiva histórica véase ARNOVE y GRAFF (1987); sobre campañas recientes en algunos países concretos, BHOLA (1986), y WAGNER (1989, 1990), así como las propias publicaciones de la UNESCO relativas al tema.

en qué medida se produce ese desfase entre uno y otro descenso. En la transición de la alfabetización el aumento en las tasas de alfabetización masculina precede a un aumento similar en las tasas femeninas aunque, una vez más, son las circunstancias particulares de cada caso las que determinan la amplitud y duración del diferencial sexual. Una más estrecha vinculación entre las variables de la transición de la alfabetización influye, sin duda, en que la variedad de modelos transicionales sea más limitada que en el caso de la transición demográfica. La alfabetización femenina sigue normalmente a la masculina, bien al mismo ritmo y a poca distancia, bien después de haberse abierto un diferencial sustancial, pero en ambos casos las dos variables están íntimamente conectadas y se influyen mutuamente. En el caso de la transición demográfica, por el contrario, los cambios que afectan a ambas variables, fertilidad y mortalidad, aunque obviamente conectados como determinantes clave del crecimiento de la población, tienen una mayor independencia entre sí. Así, cambios en la fertilidad no siempre siguen automáticamente a cambios en la mortalidad. Cada variable tiene unos determinantes propios y sigue, por tanto, un comportamiento distinto aunque, en última instancia, ligado.

Con los datos disponibles se pueden distinguir dos modelos básicos de «transición de la alfabetización», a los que podríamos denominar pre- y post-coercitivo. En el modelo precoercitivo, a su vez, se pueden distinguir claramente tres períodos que se corresponderían respectivamente con la fase anterior al primer umbral de la alfabetización, el interludio entre el primero y el segundo umbral y, finalmente, la etapa posterior a este último. El primer período se caracterizaría por la existencia de tasas de alfabetización globales inferiores al 30-40 por 100 de la población adulta y por un diferencial sexual moderado aunque significativo. De hecho, durante este período se iniciaría el distanciamiento de las tasas de alfabetización masculinas y femeninas, al permanecer éstas muy por debajo del 10 por 100, mientras que aquéllas ya se acercaban al 50 por 100. En la segunda etapa, que abarcaría el tramo situado entre uno y otro umbral, las tasas de alfabetización generales se situarían entre el 40 y el 70 por 100, y el diferencial sexual alcanzaría su máximo valor, en ocasiones superior incluso a 60 puntos porcentuales. Los cambios que tienen lugar durante esta etapa afectan fundamentalmente a la alfabetización masculina, ya que la femenina permanece estancada a niveles bajos, inferiores incluso al 30-40 por 100. Finalmente, durante la última etapa, la alfabetización general se situaría por encima del 70 por 100. Ello implicaría la paulatina desaparición del diferencial sexual al mismo tiempo que, tanto entre la población masculina como entre la femenina, se universalizaba la alfabetización. El cambio más significativo que se produce durante esta etapa es la difusión de la alfabetización entre la población femenina, fenómeno que, por lo general, tiene lugar a mayor velocidad que anteriormente entre la población masculina [19].

En términos generales, éste es el modelo de transición que se observa en aquellas zonas en las que la universalización de la alfabetización precedió a la introducción de medidas coercitivas, como la implantación de la escolarización obligatoria. Es el comportamiento que se observa en algunos departamentos franceses, en concreto en los situados al norte de la línea Saint-Malo-Ginebra, durante el siglo XVIII, y en las provincias del norte y centro de la península ibérica durante la segunda mitad del siglo XIX. El rasgo fundamental que lo caracteriza es el desarrollo de un fuerte diferencial sexual durante el período transicional, en especial durante la segunda etapa, aquélla que transcurre de un umbral a otro. De hecho, se observa que el nivel de alfabetización de las mujeres apenas mejora hasta después de haber traspasado los varones el segundo umbral aunque, a partir de este momento, éstas se alfabetizan a una velocidad muy superior a la que lo habían hecho los hombres. Obviamente, en ausencia de unas directrices comunes, la difusión de la alfabetización responde a una serie de circunstancias que favorecen a los hombres en medida muy superior que a las mujeres. Posiblemente, entre las distintas condiciones que pudiéramos imaginar, el aumento de la demanda de alfabetización proveniente de ciertos sectores laborales sería la más importante. Dada la mayor vinculación de la mujer a sectores productivos tradicionales en los que la alfabetización tenía una utilidad muy limitada, una mayor y más rápida difusión de la alfabetización entre los hombres reflejaría una eficaz asignación de recursos. Pudiera darse el caso, sin embargo, de que un elevado analfabetismo relativo entre la población femenina tuviera efectos negativos sobre el proceso de modernización económica a medio y largo plazo.

El segundo modelo de transición de la alfabetización, o modelo

[19] En la difusión de la alfabetización, como en la del crecimiento económico, la mayor velocidad a la que se experimenta el cambio es una de las «ventajas» del atraso a que hizo referencia GERSCHENKRON (1962).

postcoercitivo, surgiría en aquellas áreas donde el primer umbral aún no había sido traspasado cuando se introdujeron medidas coercitivas encaminadas a acelerar la difusión de la alfabetización. Una vez establecidas medidas coercitivas eficaces el diferencial sexual sería insignificante y constante, o bien con tendencia a disminuir, durante prácticamente todo el proceso de transición de la alfabetización. En general, el diferencial sería tanto más pequeño cuanto antes se introdujeran las medidas coercitivas. Así, aunque la alfabetización femenina seguía manteniéndose por detrás de la masculina, el margen entre una y otra era considerablemente reducido comparado con el que se observaba en el primer modelo transicional, superando apenas los 10 puntos porcentuales. Las directivas establecidas por la autoridad competente, que normalmente venían a ser la Iglesia o el Estado, reemplazaban así a los dictados del mercado como fuerza motriz en la transición de la alfabetización. En ocasiones, más que de una verdadera sustitución se podría hablar de un claro reforzamiento de éstas; en otras, sin embargo, la coerción se adelantaba notablemente a las necesidades más inmediatas del mercado, con el resultado de que la transición de la alfabetización se hacía por delante de la demanda. Este último caso, menos frecuente que el anterior, es el que tuvo lugar en Suecia durante el siglo XVII. Del primero son ejemplos la transición de la alfabetización en el sur de Francia durante el siglo XIX y, más tarde, ya en las primeras décadas del siglo XX, en la España del sur [20].

La primera conclusión que podría extraerse de la existencia de estos dos modelos de transición de la alfabetización es la falta de representatividad que tienen las tasas globales de alfabetización. La utilización de éstas, sin tener en cuenta el diferencial sexual, puede conducir a error, en especial si las tasas que se manejan corresponden al segundo período de la transición precoercitiva. Ahora bien, dado que la estimación del diferencial sexual es un dato clave para determinar el modelo de transición, y que éste puede variar considerablemente de un lugar a otro, parece conveniente tenerlo en cuenta en cualquiera de las tres etapas objeto de estudio. Quizá el mismo estudio de Bowman y Anderson en el que estos autores formularon

---

[20] Véase JOHANSSON (1981), en especial Gráfico 8.8, p. 180, para una ilustración de la transición de la alfabetización en Suecia; FURET y OZOUF (1982), Gráfico C, pp. 28-29, para el caso francés; y los datos recogidos en el próximo apartado sobre España, en concreto los Gráficos 4.31 a 4.52.

la hipótesis del umbral sea un ejemplo de los posibles errores a los que puede dar lugar una mala especificación de las variables utilizadas, en este caso las tasas de alfabetización globales. Cabría preguntarse, a este respecto, hasta qué punto la falta de correlación que estos autores encontraban entre alfabetización y renta cuando la primera se encontraba entre ambos umbrales podría deberse a la existencia de un marcado diferencial sexual durante este período en los países estudiados. Y viceversa, la obtención de mejores resultados con anterioridad al primer umbral y posterioridad al segundo podría reflejar una mayor representatividad de las tasas de alfabetización general utilizadas debida al menor valor del diferencial sexual [21].

2.2. *La «transición de la alfabetización» en España: peculiaridades regionales y provinciales*

Nada más lógico, quizá, que intentar aplicar este nuevo concepto, el de la transición de la alfabetización, al país que más nos atañe y sobre el que versa este escrito, España. Siguiendo las pautas establecidas en otras secciones de este mismo capítulo, comenzaré mi exposición por Castilla la Vieja, sin duda la región precursora en la transición de la alfabetización.

En 1860 Castilla la Vieja, con la excepción de tan sólo dos provincias, Avila y Logroño, había superado claramente la primera etapa de la «transición». La tasa de alfabetización general era superior al 40 por 100, y el diferencial sexual equivalía a 57 puntos porcentuales para toda la región. Avila y Logroño, las dos provincias más atrasadas, se encontraban en esta fecha cruzando el primer umbral, con una alfabetización total de 30 y 38 por 100, y un diferencial de 39 y 47 puntos respectivamente. En 1877, las ocho provincias castellano-viejas se encontraban de lleno en la segunda fase de la transición; en algunas de ellas el diferencial sexual había incluso empezado a disminuir. Sin embargo, habría que esperar hasta 1900 para que las primeras provincias cruzaran el segundo umbral y entraran, por tanto, en la tercera y última fase de la transición. Diez años más

[21] En el Capítulo 5 se aplica a España el ejercicio de correlación entre alfabetización y renta llevado a cabo por BOWMAN y ANDERSON, incluyendo, a diferencia de estos autores, el diferencial sexual. Se comprobará entonces que, al menos en el caso español, la influencia del diferencial es considerable.

CUADRO 4.7. *La transición de la alfabetización en España (por regiones).*

		1860	1877	1887	1900	1910	1920	1930
Castilla la Vieja	A	42	52	60	68	79	86	90
	D	53	48	43	33	25	18	14
León	A	35	43	51	59	67	78	86
	D	49	48	48	36	36	27	21
Asturias[a]	A	30	37	45	55	73	75	89
	D	46	47	46	40	28	17	15
Galicia	A	22	25	29	35	43	53	67
	D	39	39	42	40	36	31	27
País Vasco	A	38	49	58	69	79	88	96
	D	31	27	24	18	15	9	7
Navarra[a]	A	37	46	54	67	73	83	91
	D	31	25	23	17	12	8	6
Aragón	A	22	28	35	42	49	61	74
	D	30	30	30	27	25	19	17
Cataluña	A	24	32	40	48	58	72	82
	D	28	26	26	23	20	15	12
Levante	A	16	24	24	30	37	48	62
	D	17	16	18	17	17	17	18
Andalucía Oriental	A	17	20	23	27	31	37	58
	D	15	13	15	14	13	15	19
Canarias[a]	A	14	19	22	30	33	38	50
	D	10	9	7	8	5	4	10
Andalucía Occidental	A	27	33	35	43	46	54	67
	D	15	13	13	13	12	11	13
Castilla la Nueva	A	24	29	33	37	43	49	61
	D	28	26	25	23	22	20	20
Madrid[a]	A	51	62	66	76	77	84	92
	D	30	28	26	21	19	13	12

[a] Regiones de una sola provincia.
A: Tasas de alfabetización total sobre la población adulta.
D: Diferencial sexual en puntos porcentuales.

GRÁFICO 4.4. *La transición de la alfabetización en Santander.*

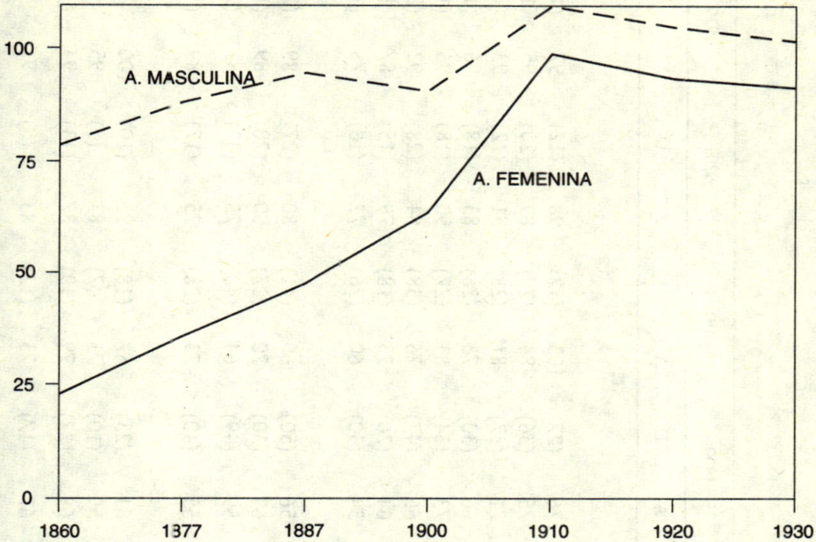

GRÁFICO 4.5. *La transición de la alfabetización en Burgos.*

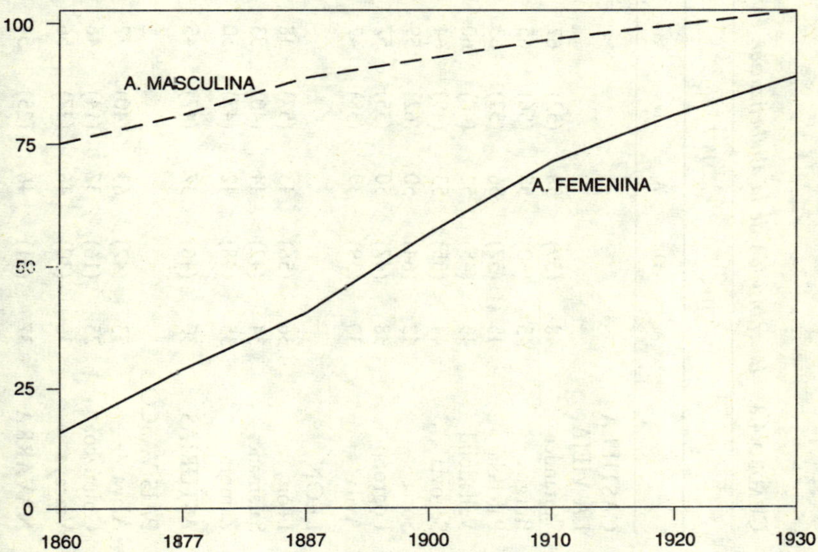

CUADRO 4.8. *La transición de la alfabetización en el norte.*

	1860		1877		1887		1900		1910		1920		1930	
	A	D	A	D	A	D	A	D	A	D	A	D	A	D
CASTILLA LA VIEJA														
Santander	48	(59)	58	(52)	67	(44)	76	(27)	103	(12)	98	(12)	97	(11)
Burgos	45	(60)	55	(56)	65	(51)	75	(36)	84	(27)	89	(20)	95	(12)
Palencia	45	(57)	56	(52)	63	(48)	71	(37)	81	(28)	91	(12)	93	(14)
Valladolid	43	(45)	52	(40)	60	(37)	66	(30)	73	(26)	83	(18)	86	(17)
Segovia	44	(55)	53	(49)	64	(43)	73	(34)	83	(27)	90	(18)	96	(13)
Soria	42	(64)	50	(62)	59	(57)	66	(47)	76	(38)	84	(28)	92	(20)
Logroño	38	(47)	50	(35)	57	(32)	64	(26)	73	(18)	79	(15)	87	(12)
Avila	30	(39)	39	(38)	47	(33)	54	(30)	60	(26)	72	(18)	78	(16)
LEON														
León	36	(56)	43	(57)	48	(57)	56	(50)	66	(41)	80	(27)	89	(21)
Salamanca	34	(42)	44	(40)	53	(37)	63	(30)	70	(27)	80	(20)	89	(16)
Zamora	35	(48)	42	(47)	50	(49)	59	(49)	64	(40)	75	(33)	81	(26)
ASTURIAS	30	(46)	37	(47)	45	(46)	55	(40)	73	(28)	75	(17)	89	(15)
PAIS VASCO														
Alava	53	(47)	63	(40)	72	(32)	81	(23)	87	(18)	95	(10)	100	(7)
Guipúzcoa	25	(16)	37	(14)	46	(13)	59	(10)	71	(7)	83	(5)	95	(4)
Vizcaya	36	(30)	46	(27)	56	(26)	68	(22)	79	(19)	87	(13)	94	(10)
NAVARRA	37	(31)	46	(25)	54	(23)	67	(17)	73	(12)	83	(8)	91	(6)

ARAGON														
Huesca	22	(31)	28	(31)	36	(33)	46	(31)	53	(26)	66	(18)	75	(16)
Zaragoza	23	(25)	31	(26)	38	(25)	43	(22)	51	(19)	62	(16)	76	(15)
Teruel	22	(34)	26	(33)	32	(33)	38	(30)	44	(31)	55	(24)	70	(21)
CATALUÑA														
Lérida	19	(26)	25	(24)	31	(27)	43	(25)	52	(22)	70	(17)	82	(12)
Gerona	26	(30)	33	(30)	41	(30)	51	(27)	62	(21)	73	(17)	82	(15)
Barcelona	32	(32)	43	(27)	52	(27)	56	(21)	69	(20)	82	(14)	86	(8)
Tarragona	21	(25)	28	(22)	35	(22)	42	(20)	50	(17)	64	(12)	76	(12)
GALICIA														
La Coruña	21	(34)	25	(35)	30	(37)	35	(36)	44	(36)	53	(31)	65	(28)
Lugo	22	(40)	23	(39)	29	(43)	36	(40)	42	(43)	53	(36)	69	(27)
Orense	20	(35)	22	(35)	27	(41)	31	(40)	40	(23)	48	(28)	64	(27)
Pontevedra	24	(47)	29	(47)	31	(45)	36	(42)	47	(40)	58	(31)	70	(26)

A: Tasas de alfabetización total sobre la población adulta.
D: Diferencial sexual en puntos porcentuales.

GRÁFICO 4.6. *La transición de la alfabetización en Palencia.*

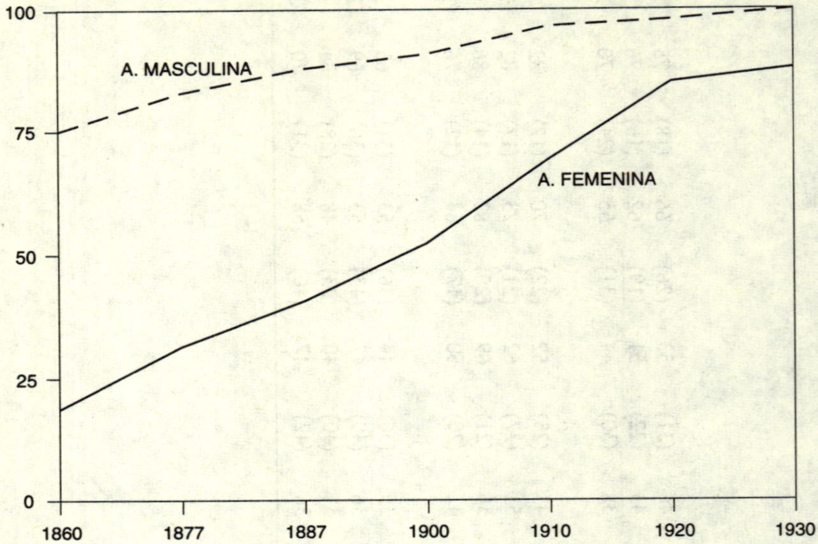

GRÁFICO 4.7. *La transición de la alfabetización en Valladolid.*

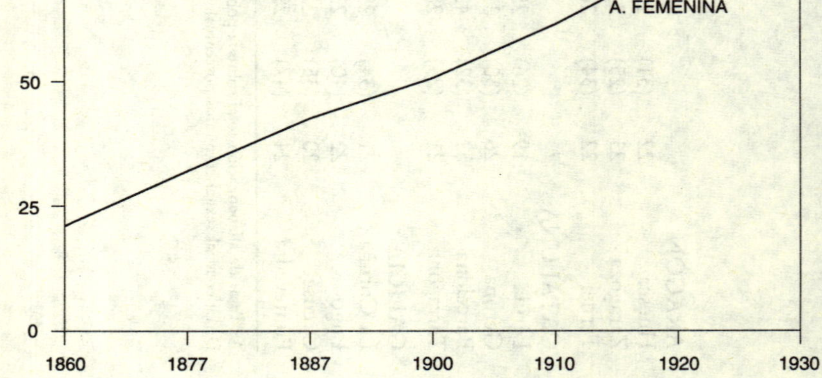

GRÁFICO 4.8. *La transición de la alfabetización en Segovia.*

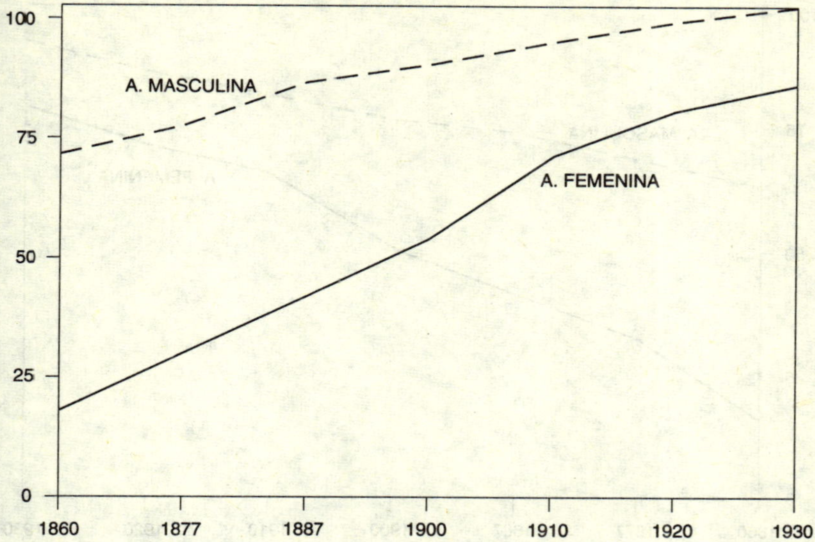

GRÁFICO 4.9. *La transición de la alfabetización en Soria.*

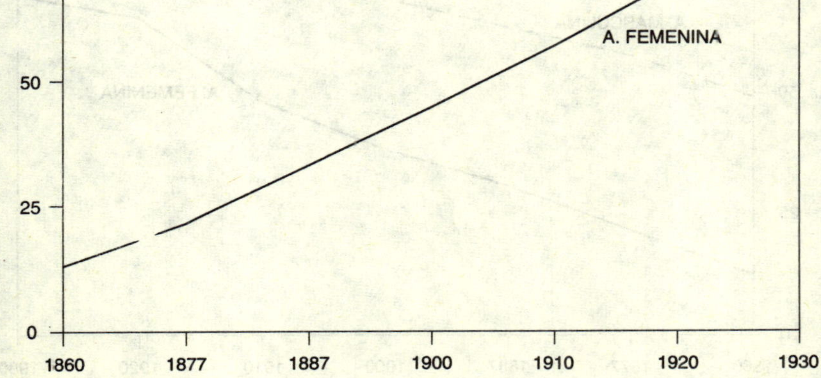

GRÁFICO 4.10. *La transición de la alfabetización en Logroño.*

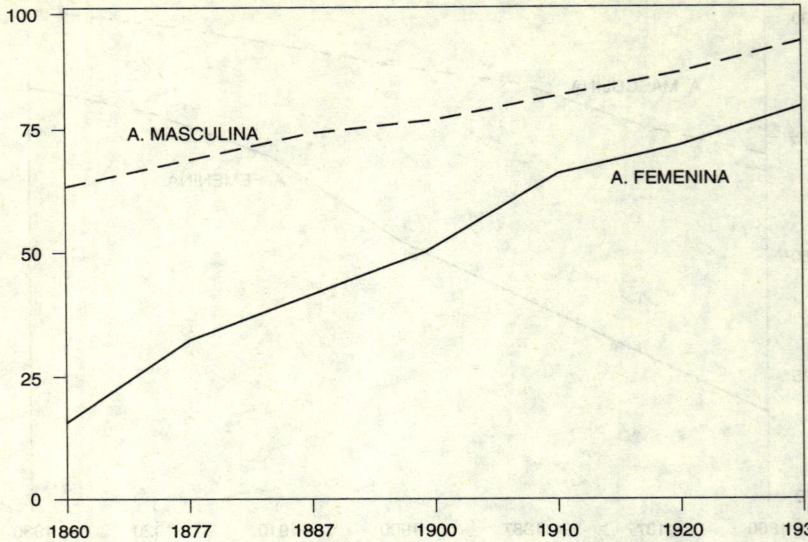

GRÁFICO 4.11. *La transición de la alfabetización en Avila.*

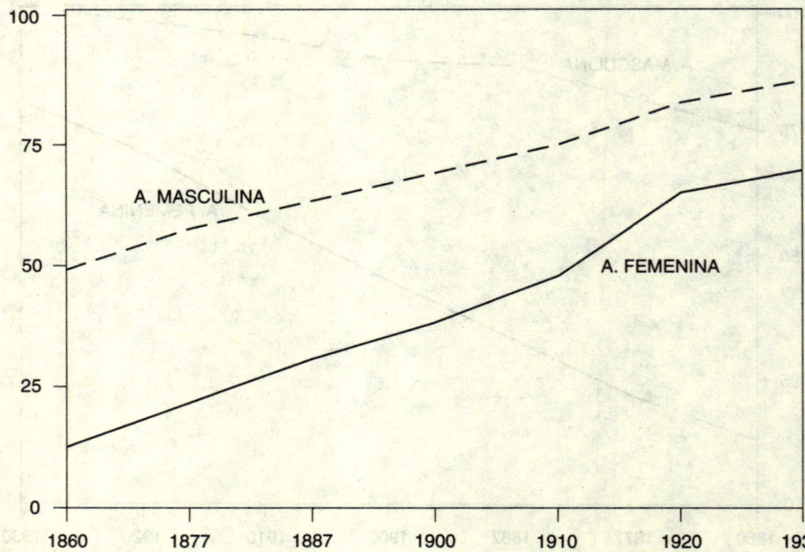

tarde puede afirmarse que la mayor parte de la región se encontraba en esta última etapa. Como era de esperar, el diferencial sexual, el más alto alcanzado por ninguna región española, disminuyó al mismo tiempo que se alcanzaba una casi total universalización de la alfabetización. La transición desde una alfabetización restringida a una de masas, proceso que ya se encontraba en marcha a mediados del siglo XIX, prácticamente se vio completada en 1930. Pese a la existencia de ciertas diferencias interprovinciales, Castilla la Vieja como unidad regional experimentó un mismo tipo de transición de la alfabetización, lo que sugiere la existencia de una fuerza motriz común a todas ellas. En ausencia de un sistema escolar plenamente arraigado es muy probable que esta fuerza común estuviera relacionada con la existencia de una cierta demanda de alfabetización en la región.

Hacia el oeste, León siguió de cerca el modelo transicional experimentado por Castilla la Vieja con aproximadamente una década de retraso y a la misma velocidad. El diferencial sexual era tan marcado en las provincias leonesas como en las de su vecina Castilla, aunque con tasas de alfabetización ligeramente inferiores. Asturias, al norte, también siguió de cerca a Castilla la Vieja a la que alcanzó plenamente en 1910 gracias a haber experimentado una segunda fase de la transición más rápida y con un diferencial sexual menos marcado.

A diferencia de lo que sucedía en la Meseta Norte y en la periferia cantábrica colindante, en el País Vasco no se observa un patrón regional común en 1860. Alava, la provincia más castellanizada, se encontraba, como el resto Castilla, en la segunda etapa de la transición, mientras que Vizcaya cruzaba en esos momentos el primer umbral y Guipúzcoa se encontraba aún en la primera fase de la transición. En 1877, Guipúzcoa todavía permanecía en esta primera fase. En el paso a la tercera etapa, Alava también habría de adelantarse en algunas décadas a sus dos vecinas. El paso del segundo umbral lo llevó a cabo esta provincia con anterioridad a 1887, mientras que las otras dos no lo cruzarían hasta bien entrada la primera década del siglo XX. De hecho, pues, Alava se comportó durante todo el período transicional como cualquier provincia adelantada de Castilla la Vieja, mientras que tanto Vizcaya como Guipúzcoa, en especial esta última, así como Navarra siguieron un comportamiento más parecido al de las provincias más atrasadas de la Meseta Norte. Sin embargo, las fuertes diferencias interprovinciales existentes en el

GRÁFICO 4.12. *La transición de la alfabetización en León.*

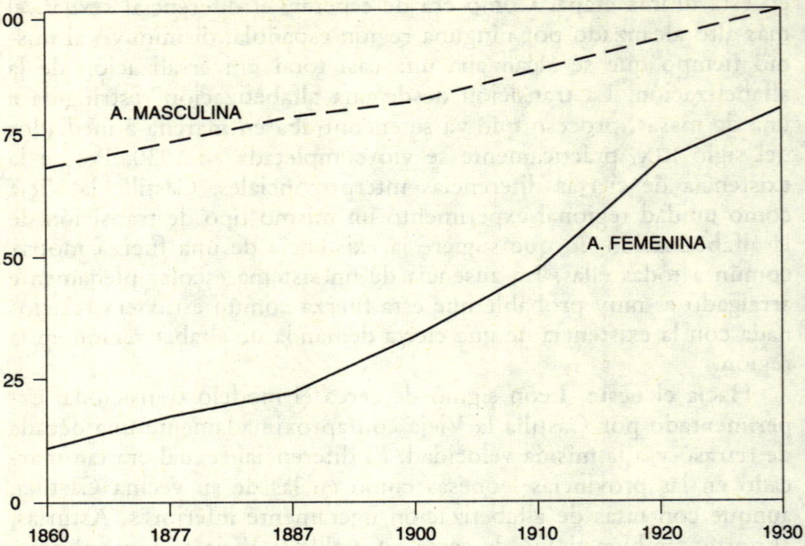

GRÁFICO 4.13. *La transición de la alfabetización en Salamanca.*

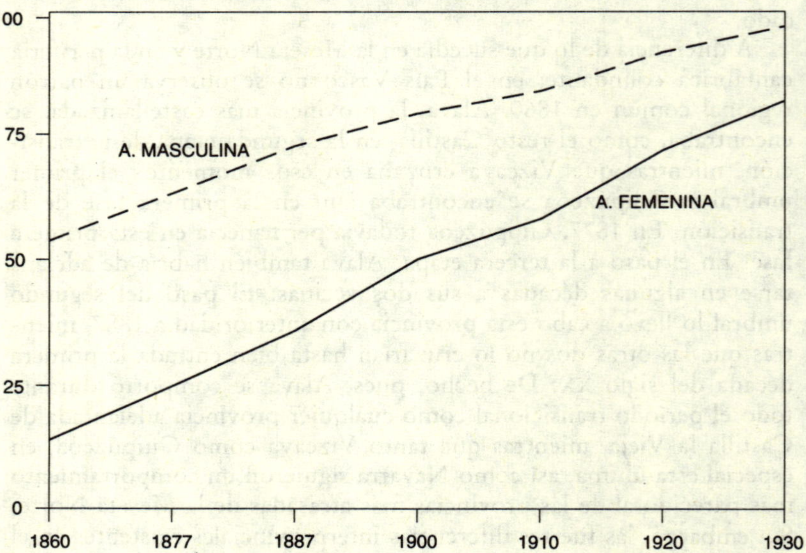

GRÁFICO 4.14. *La transición de la alfabetización en Zamora.*

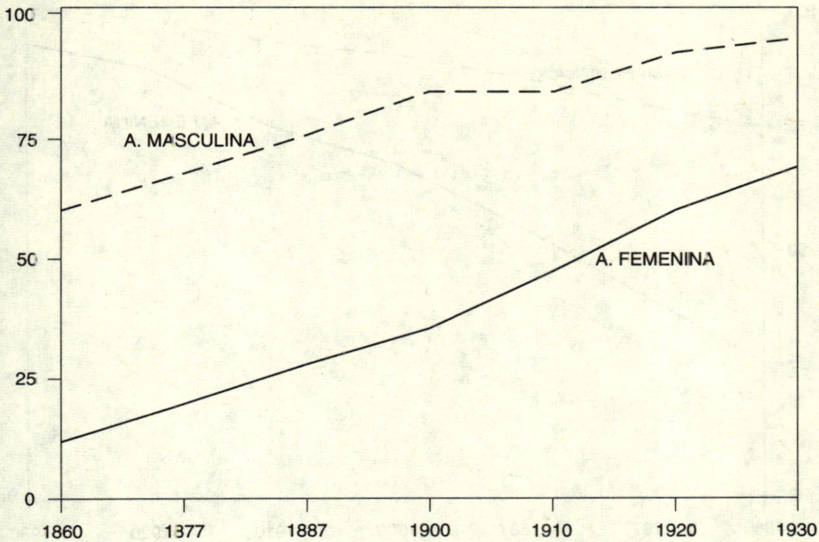

GRÁFICO 4.15. *La transición de la alfabetización en Asturias.*

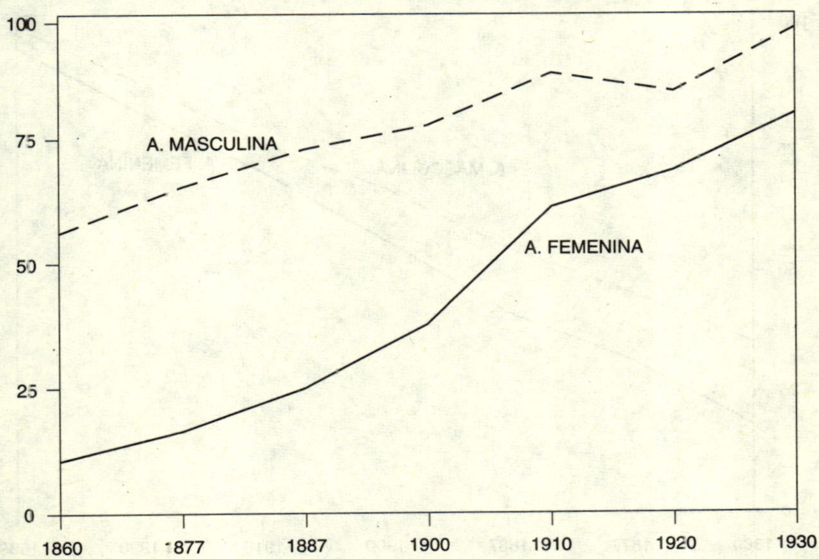

GRÁFICO 4.16. *La transición de la alfabetización en Alava.*

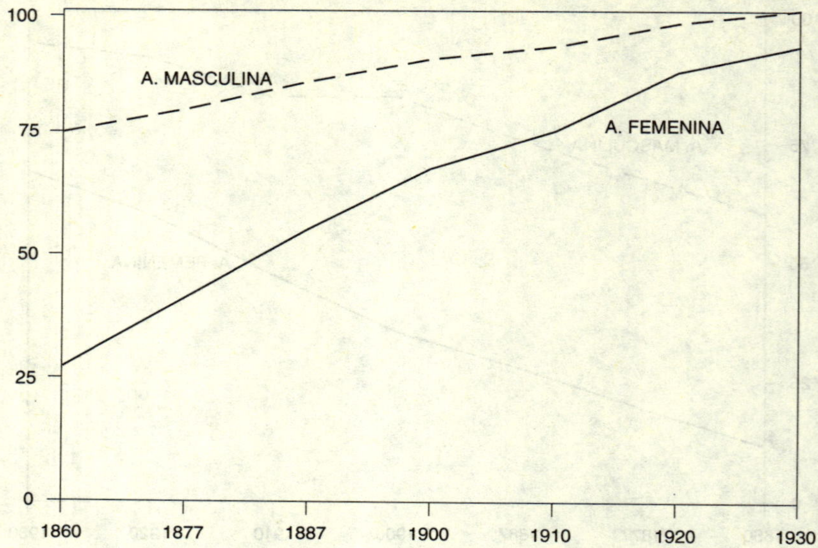

GRÁFICO 4.17. *La transición de la alfabetización en Guipúzcoa.*

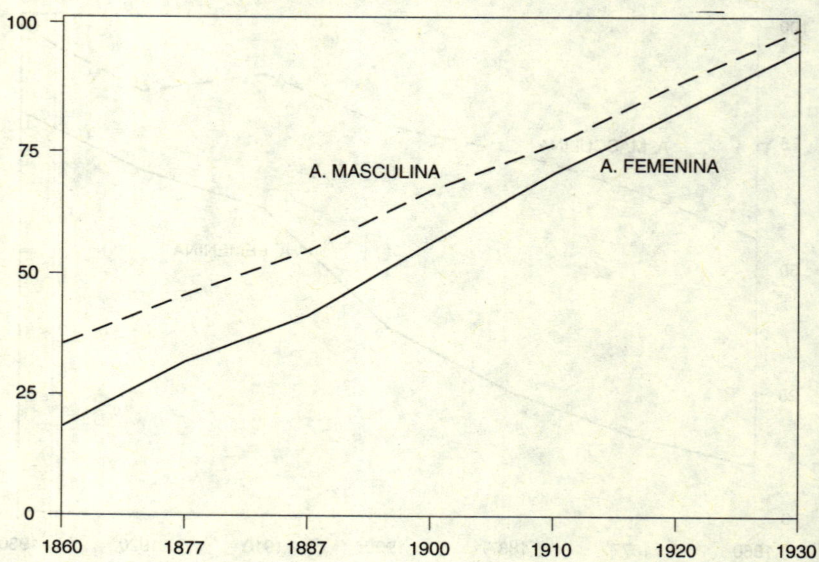

GRÁFICO 4.18. *La transición de la alfabetización en Vizcaya.*

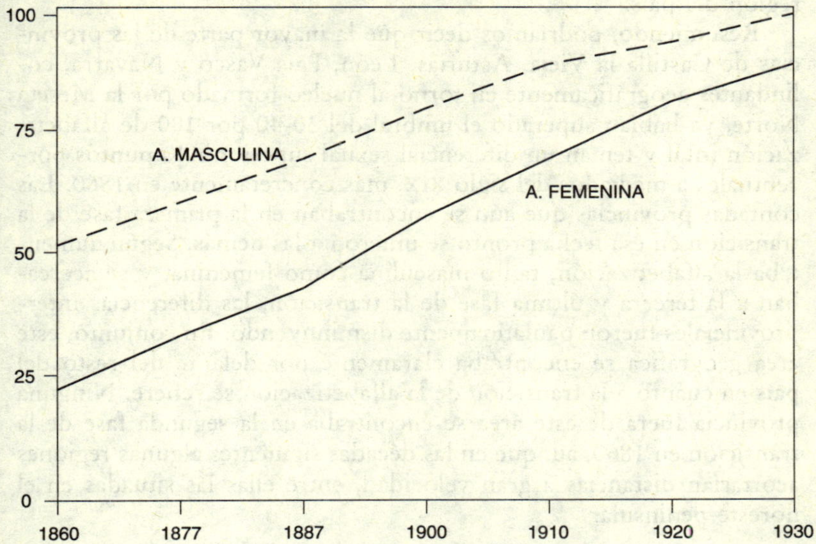

GRÁFICO 4.19. *La transición de la alfabetización en Navarra.*

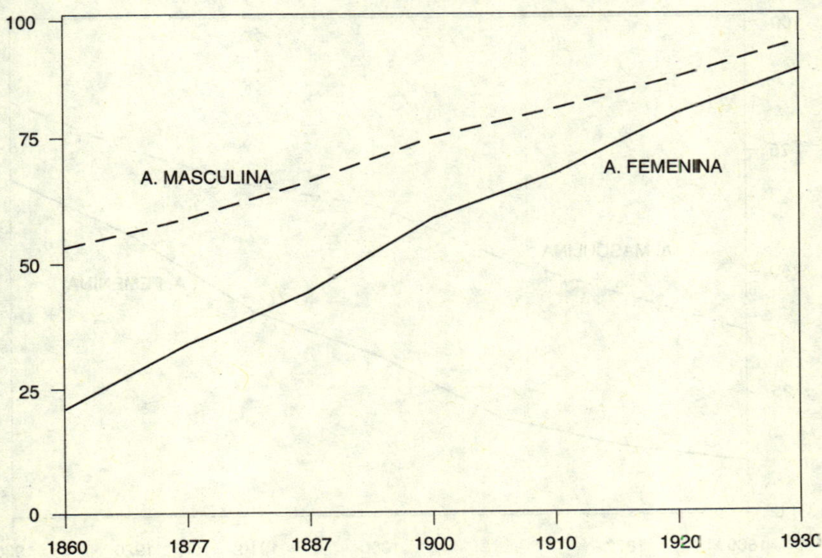

País Vasco perdieron fuerza más rápidamente que en ninguna otra región del país.

Resumiendo, podríamos decir que la mayor parte de las provincias de Castilla la Vieja, Asturias, León, País Vasco y Navarra, colindantes geográficamente en torno al núcleo formado por la Meseta Norte, ya habían superado el umbral del 30-40 por 100 de alfabetización total y tenían un diferencial sexual superior a 40 puntos porcentuales a mediados del siglo XIX, más concretamente en 1860. Las contadas provincias que aún se encontraban en la primera fase de la transición en esa fecha pronto se unieron a las demás. Según aumentaba la alfabetización, tanto masculina como femenina, y se acercaban a la tercera y última fase de la transición, las diferencias interprovinciales fueron paulatinamente disminuyendo. En conjunto, este área geográfica se encontraba claramente por delante del resto del país en cuanto a la transición de la alfabetización se refiere. Ninguna provincia fuera de este área se encontraba en la segunda fase de la transición en 1860, aunque en las décadas siguientes algunas regiones acortarían distancias a gran velocidad, entre ellas las situadas en el noreste peninsular.

GRÁFICO 4.20. *La transición de la alfabetización en Huesca.*

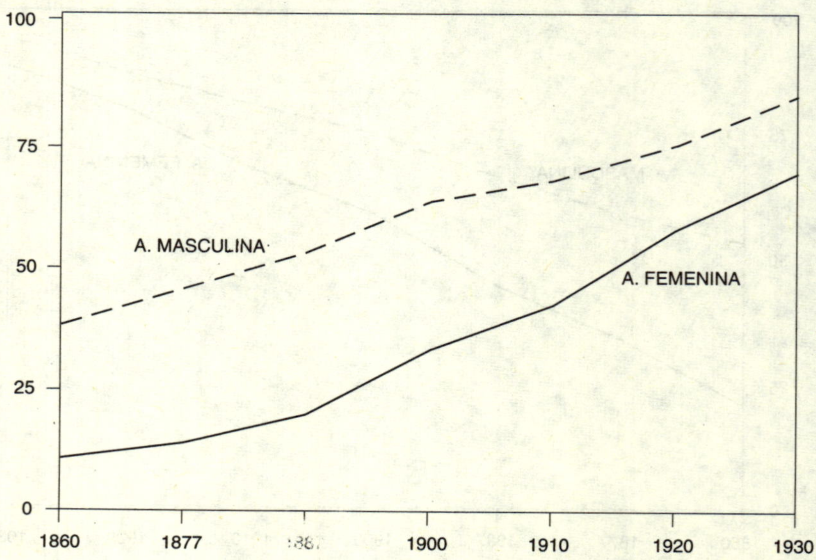

GRÁFICO 4.21. *La transición de la alfabetización en Zaragoza.*

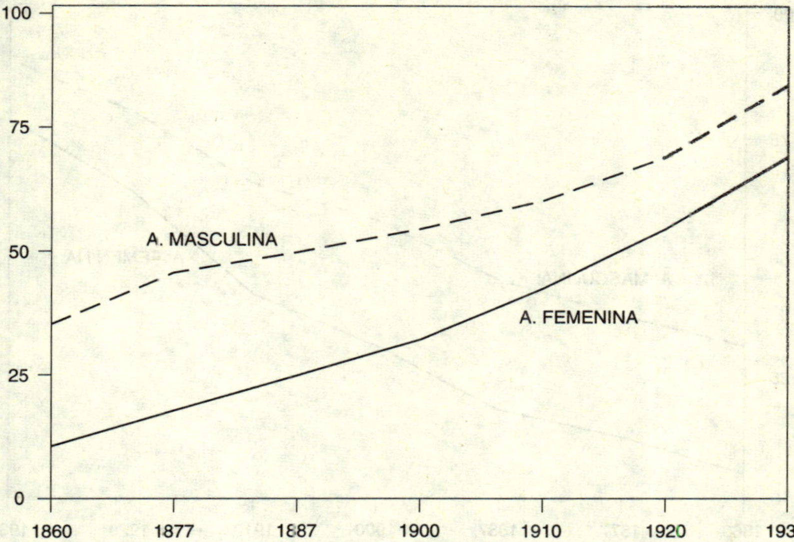

GRÁFICO 4.22. *La transición de la alfabetización en Teruel.*

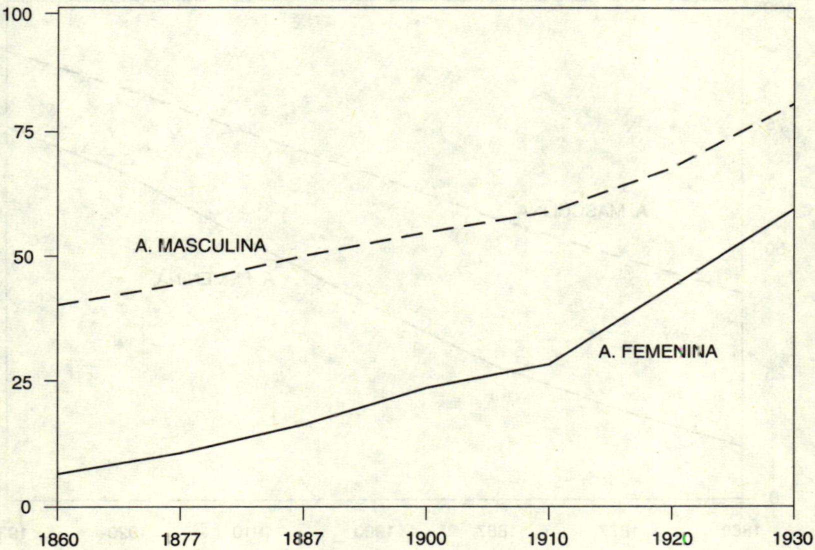

GRÁFICO 4.23. *La transición de la alfabetización en Lérida.*

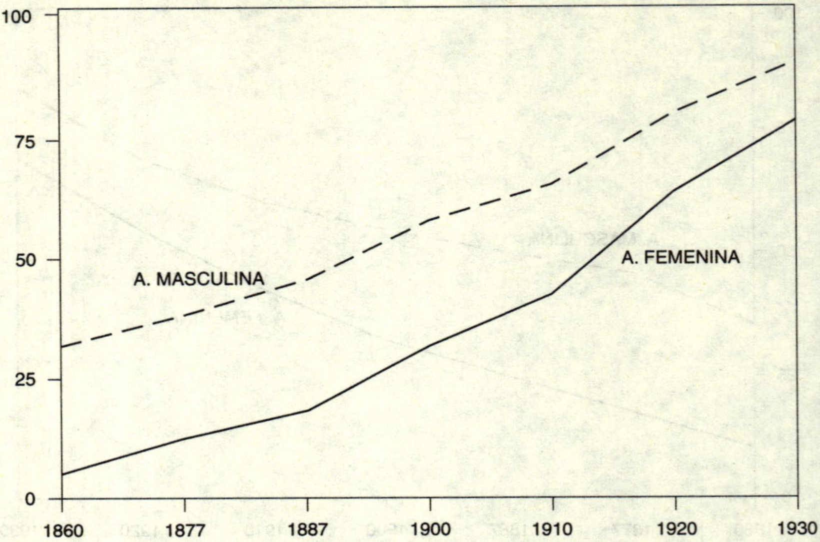

GRÁFICO 4.24. *La transición de la alfabetización en Gerona.*

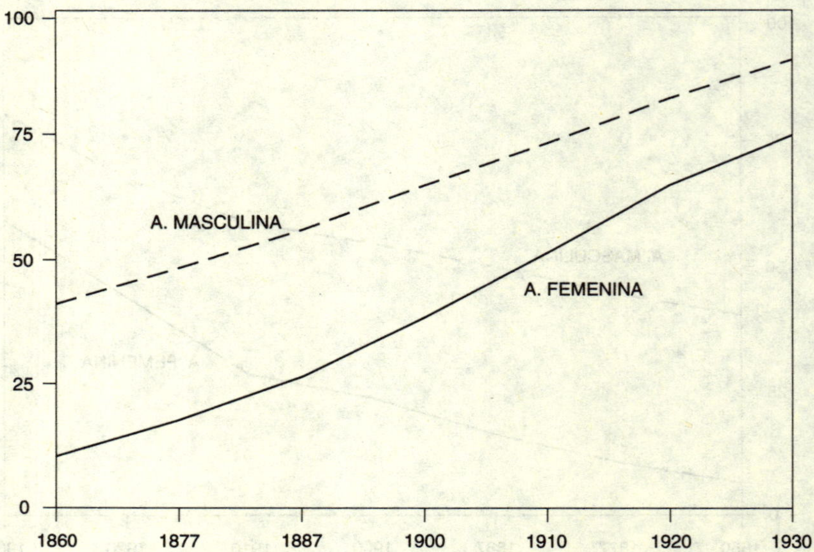

GRÁFICO 4.25. *La transición de la alfabetización en Barcelona.*

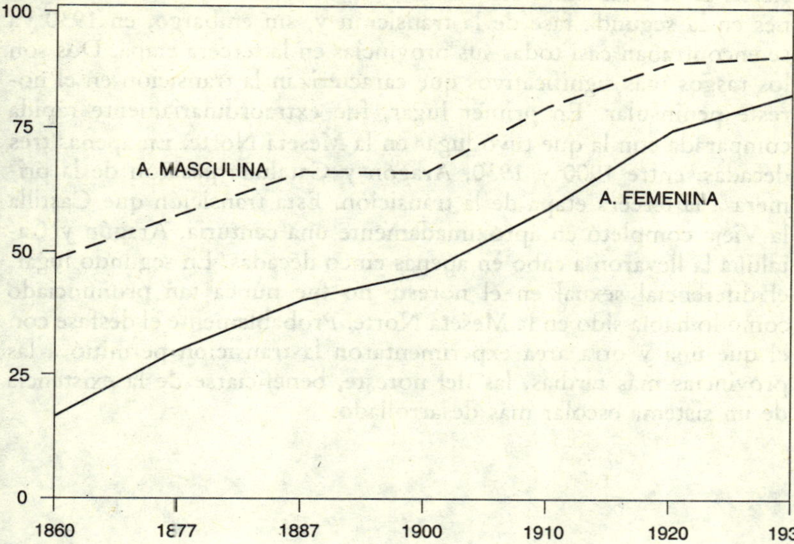

GRÁFICO 4.26. *La transición de la alfabetización en Tarragona.*

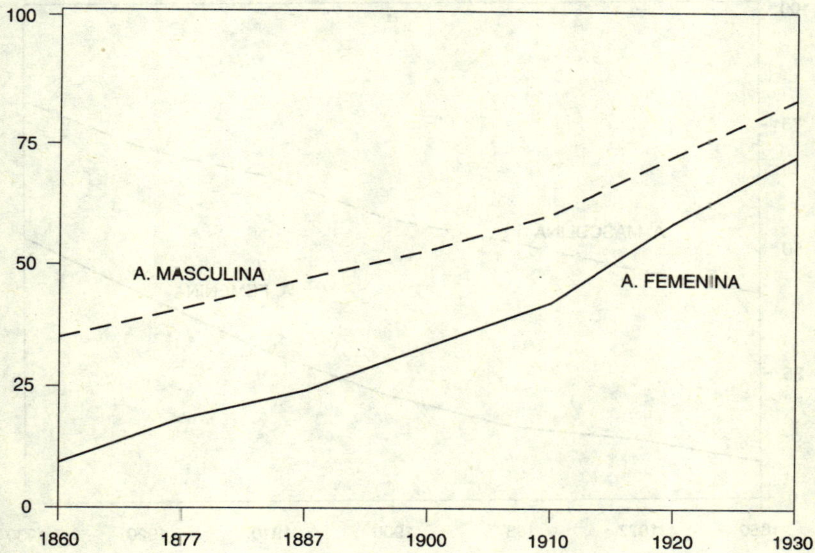

Aragón y Cataluña comparten algunos rasgos similares en la transición de la alfabetización. Hasta 1900 no entrarían estas dos regiones en la segunda fase de la transición y, sin embargo, en 1930 ya se encontraban casi todas sus provincias en la tercera etapa. Dos son los rasgos más significativos que caracterizan la transición en el noreste peninsular. En primer lugar, fue extraordinariamente rápida comparada con la que tuvo lugar en la Meseta Norte. En apenas tres décadas, entre 1900 y 1930, Aragón y Cataluña pasaron de la primera a la tercera etapa de la transición. Esta transición que Castilla la Vieja completó en aproximadamente una centuria, Aragón y Cataluña la llevaron a cabo en apenas cinco décadas. En segundo lugar, el diferencial sexual en el noreste no fue nunca tan pronunciado como lo había sido en la Meseta Norte. Probablemente el desfase con el que una y otra área experimentaron la transición permitió a las provincias más tardías, las del noreste, beneficiarse de la existencia de un sistema escolar más desarrollado.

GRÁFICO 4.27. *La transición de la alfabetización en La Coruña.*

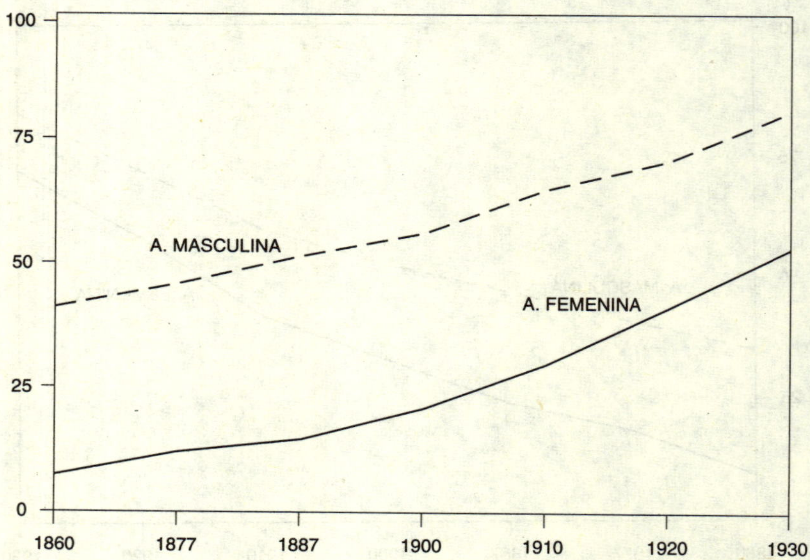

GRÁFICO 4.28. *La transición de la alfabetización en Lugo.*

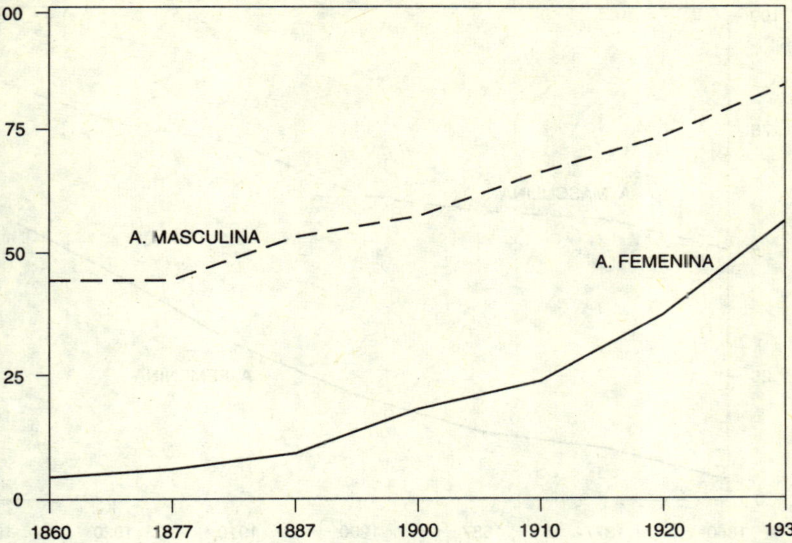

GRÁFICO 4.29. *La transición de la alfabetización en Orense.*

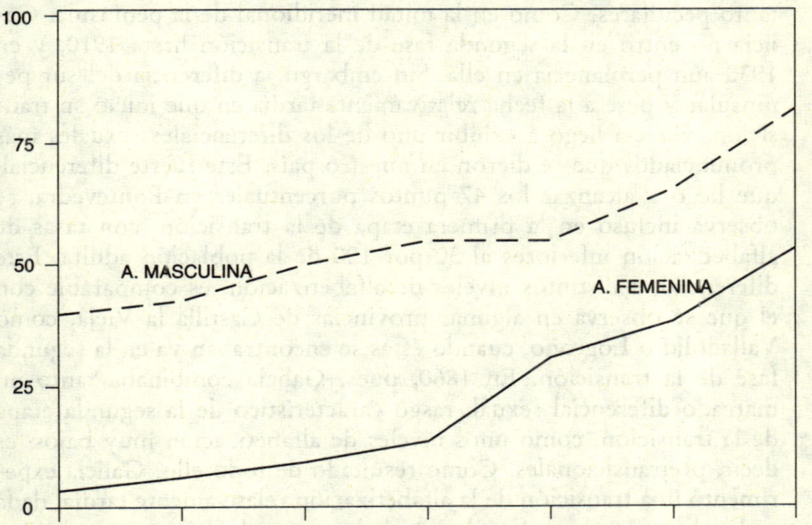

GRÁFICO 4.30. *La transición de la alfabetización en Pontevedra.*

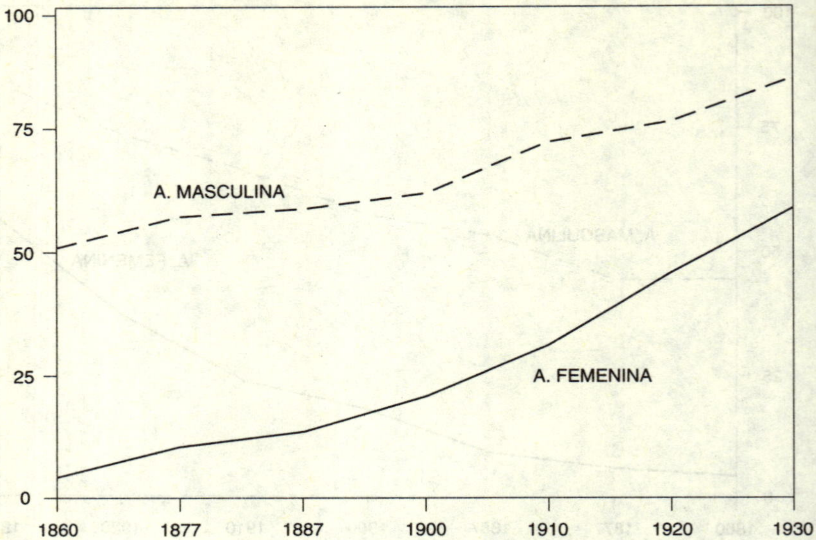

En el noroeste, sin embargo, la transición siguió unas pautas un tanto peculiares. Como en la mitad meridional de la península, Galicia no entró en la segunda fase de la transición hasta 1910, y en 1930 aún permanecía en ella. Sin embargo, a diferencia del sur peninsular y pese a la fecha relativamente tardía en que inició su transición, Galicia llegó a exhibir uno de los diferenciales sexuales más pronunciados que se dieron en nuestro país. Este fuerte diferencial, que llegó a alcanzar los 47 puntos porcentuales en Pontevedra, se observa incluso en la primera etapa de la transición, con tasas de alfabetización inferiores al 30 por 100 de la población adulta. Este diferencial, a distintos niveles de alfabetización, es comparable con el que se observa en algunas provincias de Castilla la Vieja, como Valladolid o Logroño, cuando éstas se encontraban ya en la segunda fase de la transición. En 1860, pues, Galicia combinaba tanto un marcado diferencial sexual, rasgo característico de la segunda etapa de la transición, como unos niveles de alfabetización muy bajos, es decir, pretransicionales. Como resultado de todo ello, Galicia experimentó una transición de la alfabetización relativamente tardía, dada su localización geográfica dentro de la península ibérica, con algunos

GRÁFICO 4.31. *La transición de la alfabetización en Valencia.*

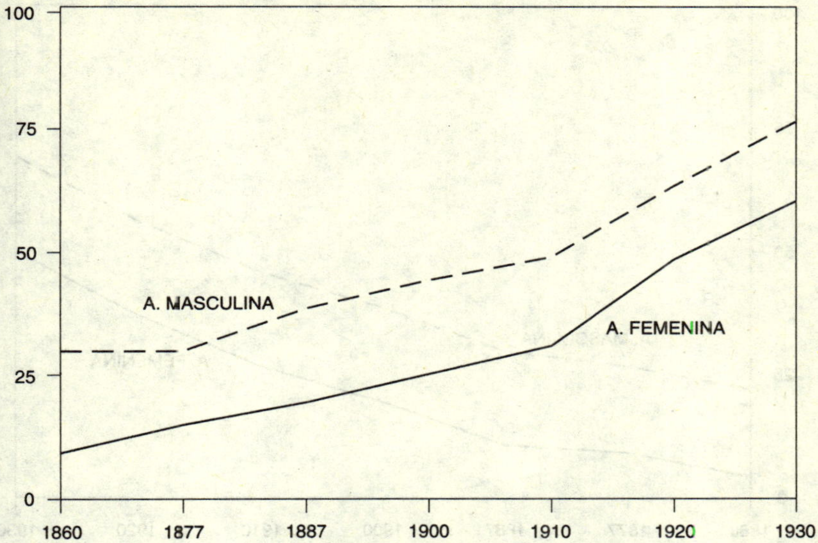

GRÁFICO 4.32. *La transición de la alfabetización en las Baleares.*

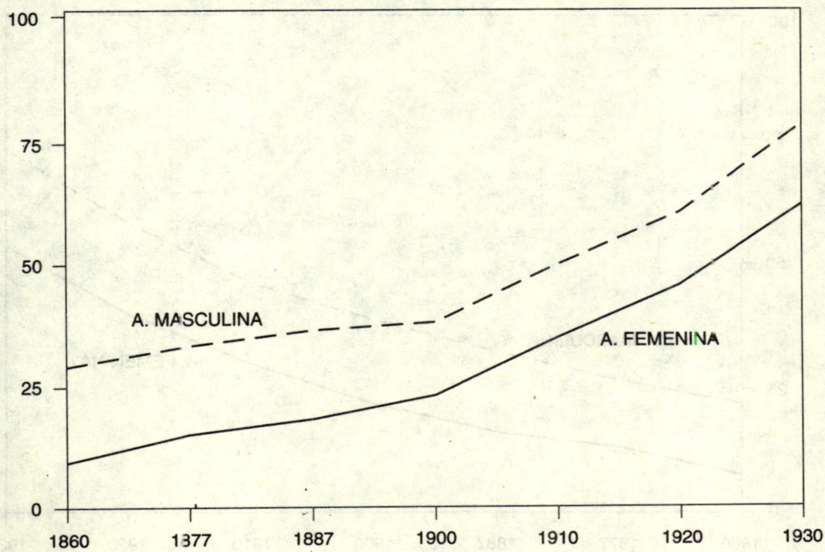

GRÁFICO 4.33. *La transición de la alfabetización en Castellón.*

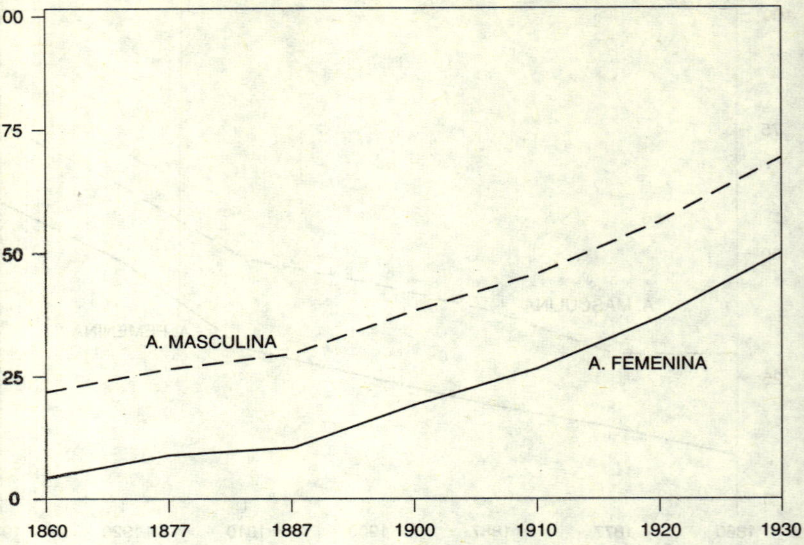

GRÁFICO 4.34. *La transición de la alfabetización en Alicante.*

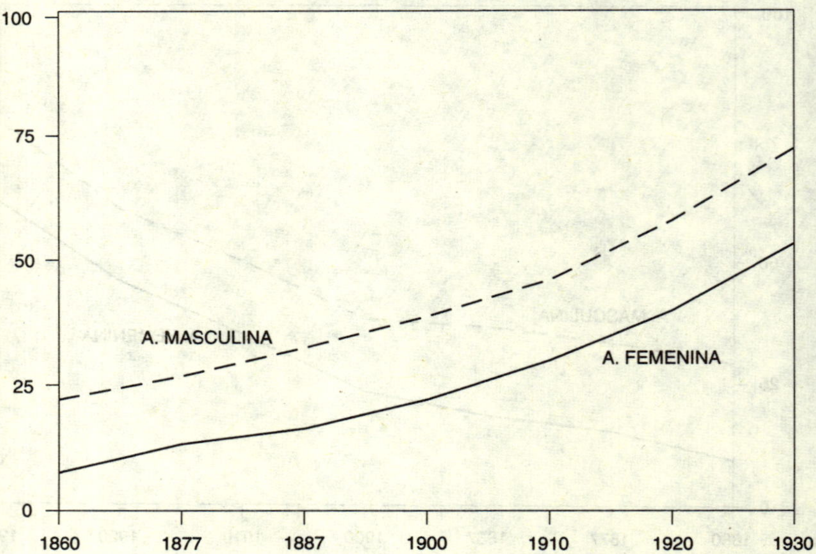

GRÁFICO 4.35. *La transición de la alfabetización en Murcia.*

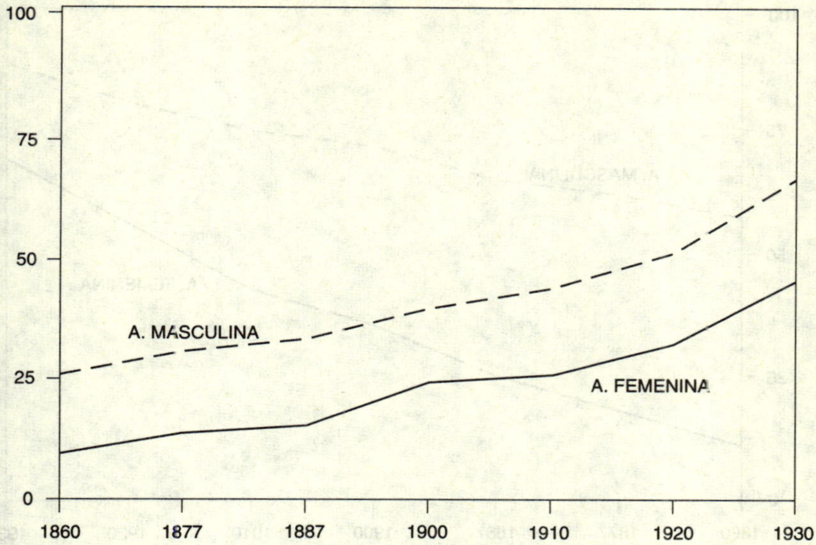

GRÁFICO 4.36. *La transición de la alfabetización en Madrid.*

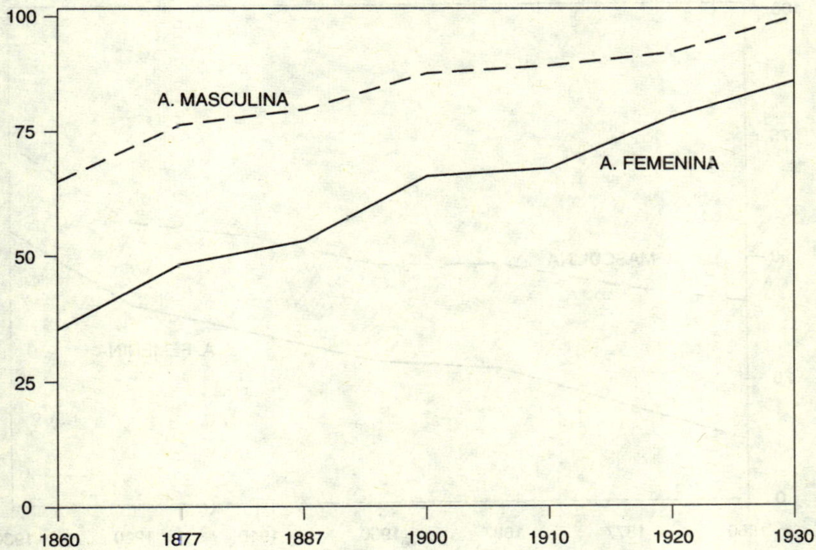

GRÁFICO 4.37. *La transición de la alfabetización en Guadalajara.*

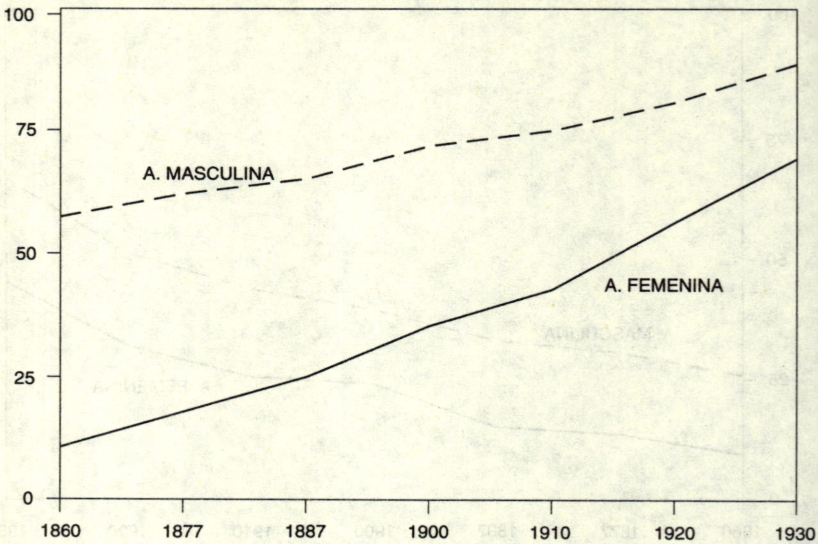

GRÁFICO 4.38. *La transición de la alfabetización en Toledo.*

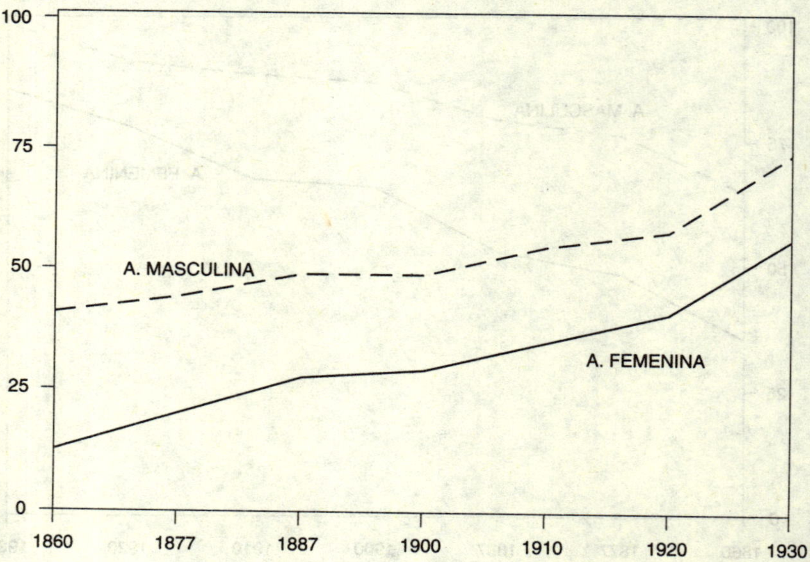

GRÁFICO 4.39. *La transición de la alfabetización en Cuenca.*

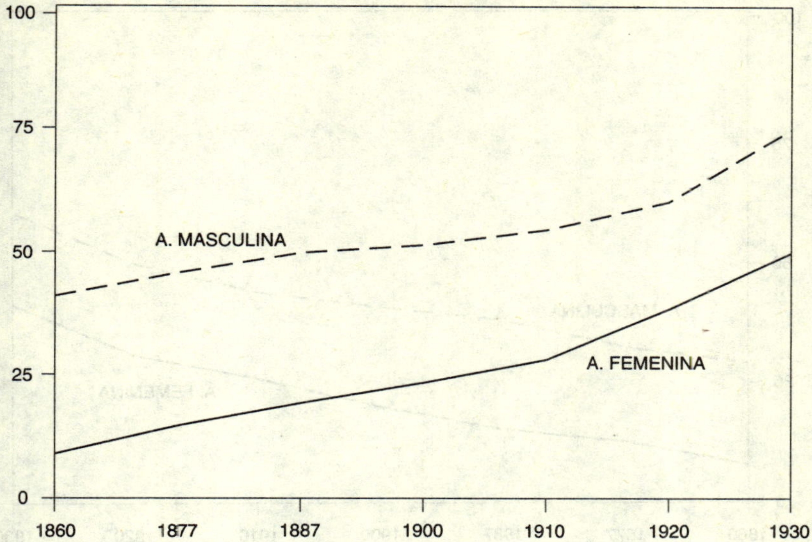

GRÁFICO 4.40. *La transición de la alfabetización en Ciudad Real.*

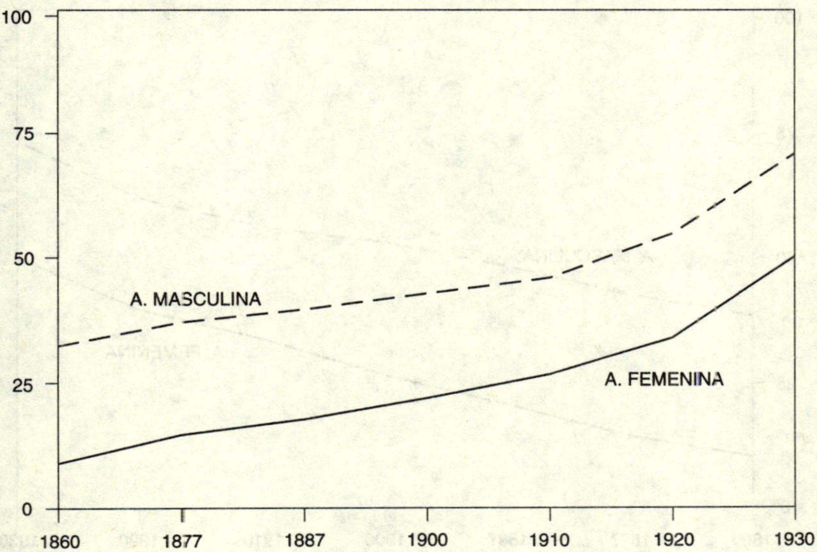

GRÁFICO 4.41. *La transición de la alfabetización en Albacete.*

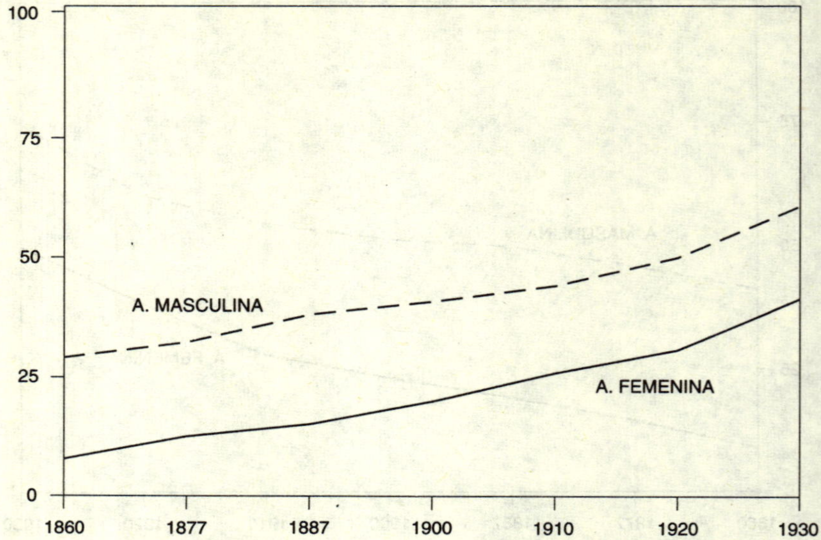

GRÁFICO 4.42. *La transición de la alfabetización en Cáceres.*

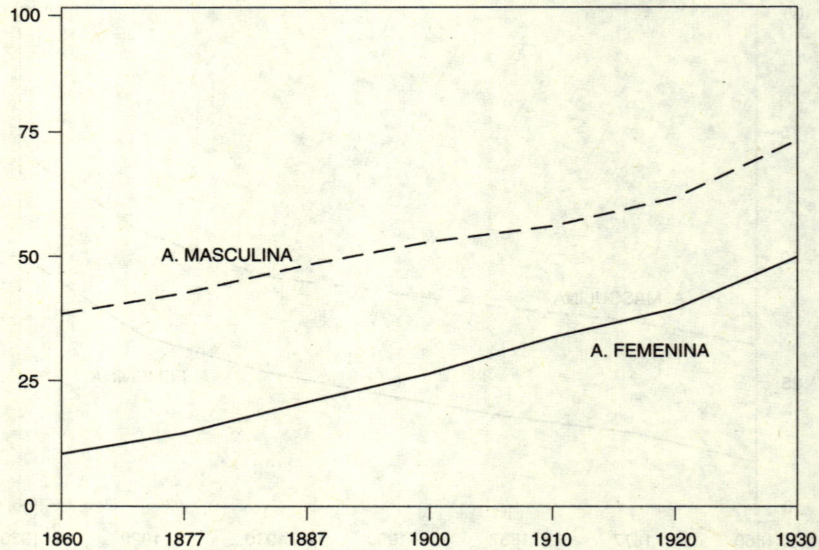

GRÁFICO 4.43. *La transición de la alfabetización en Badajoz.*

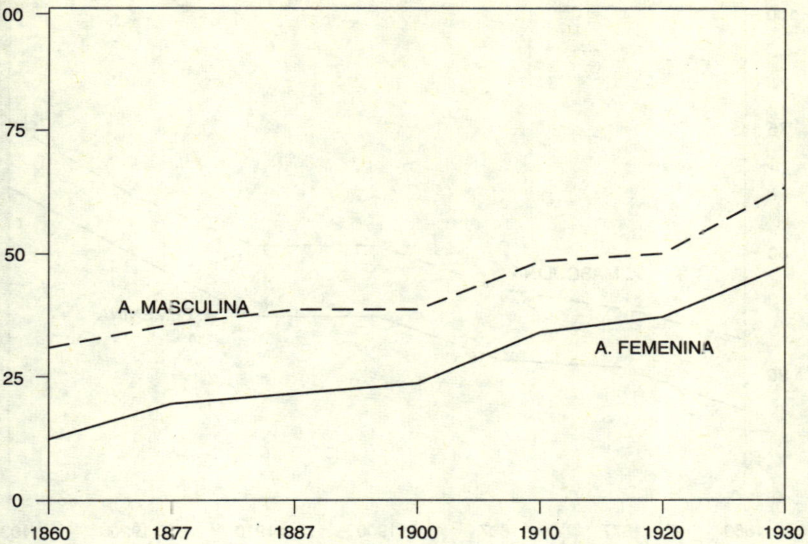

GRÁFICO 4.44. *La transición de la alfabetización en Cádiz.*

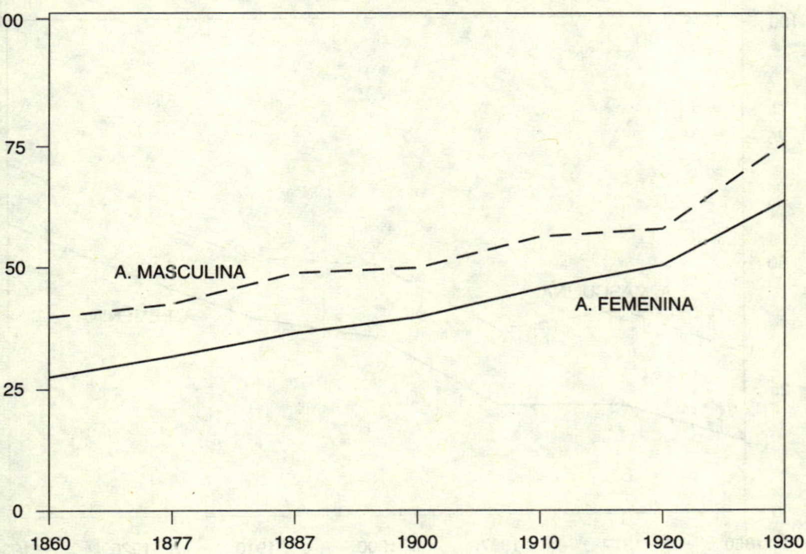

GRÁFICO 4.45. *La transición de la alfabetización en Sevilla.*

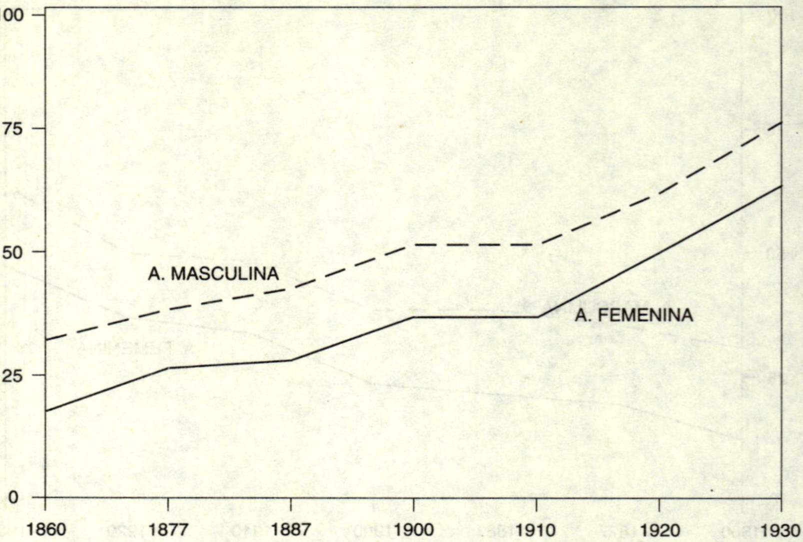

GRÁFICO 4.46. *La transición de la alfabetización en Huelva.*

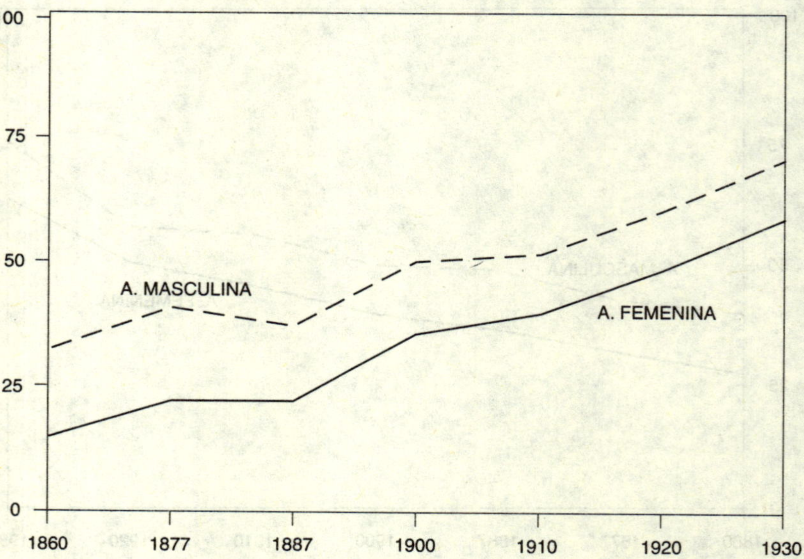

GRÁFICO 4.47. *La transición de la alfabetización en Córdoba.*

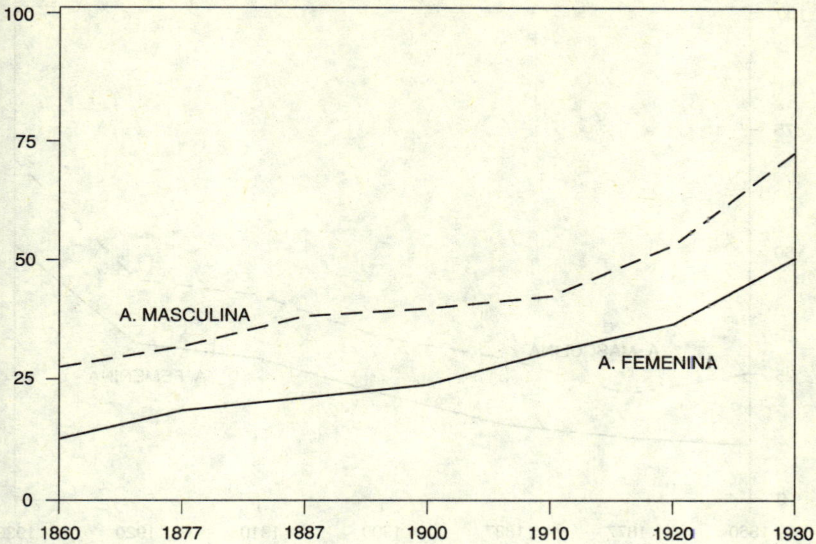

GRÁFICO 4.48. *La transición de la alfabetización en Jaén.*

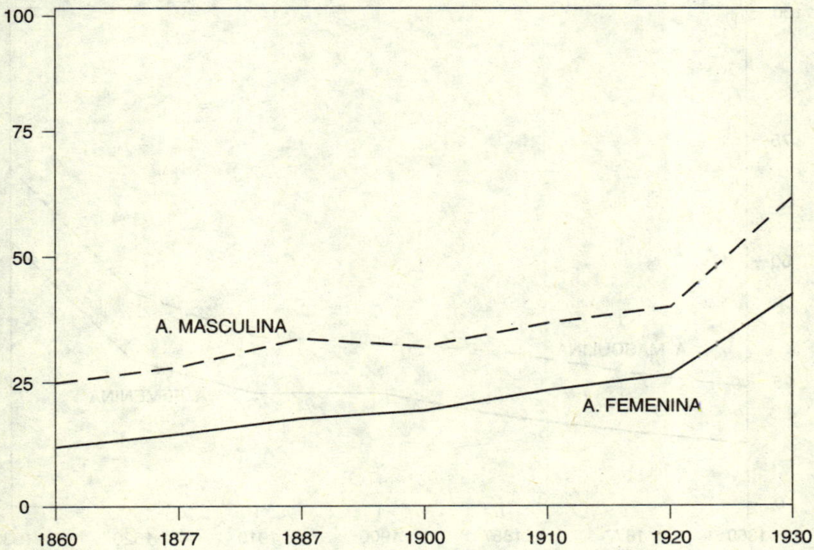

GRÁFICO 4.49. *La transición de la alfabetización en Granada.*

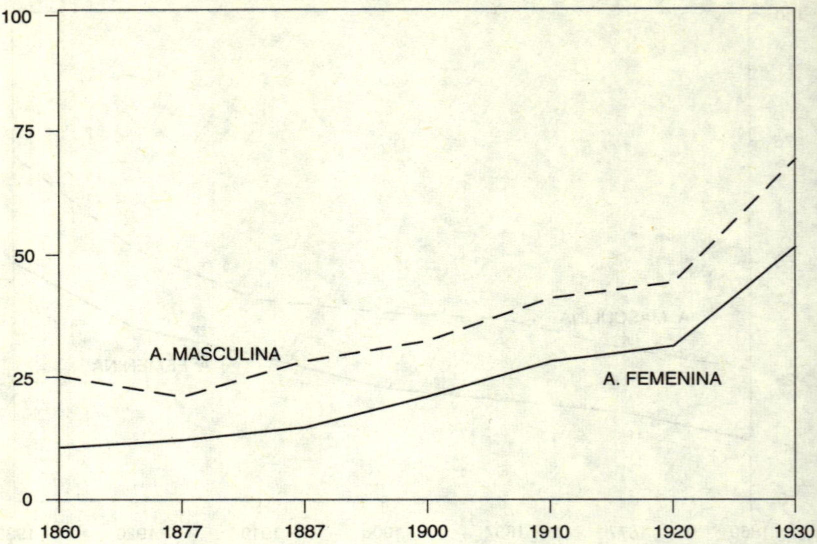

GRÁFICO 4.50. *La transición de la alfabetización en Málaga.*

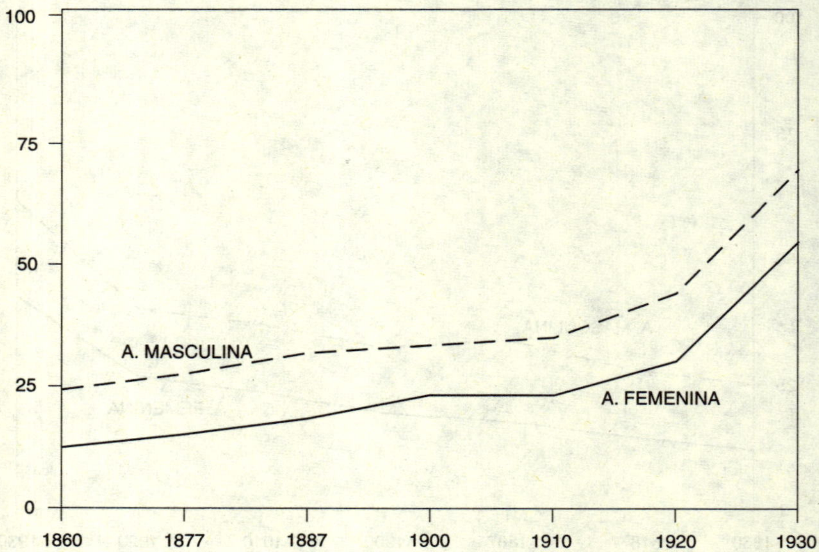

GRÁFICO 4.51. *La transición de la alfabetización en Almería.*

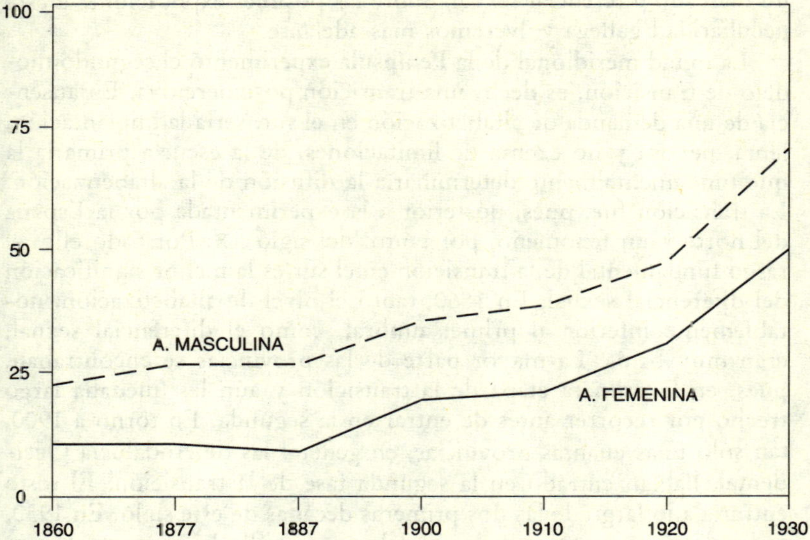

GRÁFICO 4.52. *La transición de la alfabetización en Canarias.*

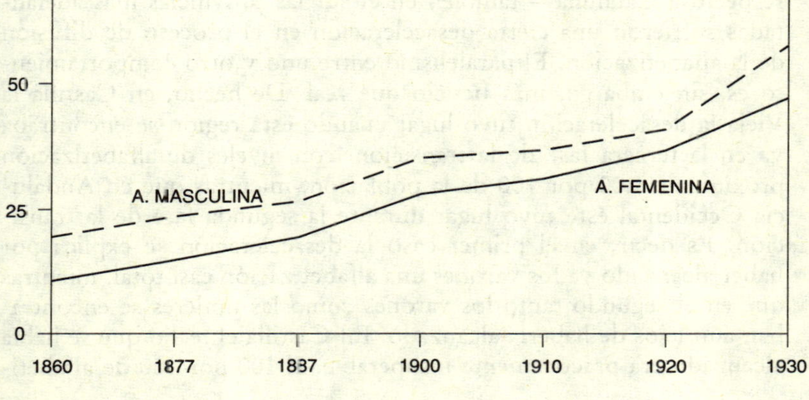

rasgos propios de una transición temprana, o precoercitiva, como es un marcado diferencial sexual. Sobre las posibles explicaciones a esta peculiaridad gallega volveremos más adelante.

La mitad meridional de la Península experimentó el segundo modelo de transición, es decir, una transición postcoercitiva. En ausencia de una demanda de alfabetización en el sur, sería la implantación, lenta, penosa y no exenta de limitaciones, de la escuela primaria la que fundamentalmente determinaría la difusión de la alfabetización. La transición fue, pues, posterior a la experimentada por la España del norte y un fenómeno, por tanto, del siglo XX. Por todo ello, el rasgo fundamental de la transición en el sur es la menor significación del diferencial sexual. En 1860, tanto el nivel de alfabetización, notablemente inferior al primer umbral, como el diferencial sexual, eran muy bajos. La mayor parte de las provincias se encontraban, pues, en la primera etapa de la transición y aún les quedaba largo trecho por recorrer antes de entrar en la segunda. En torno a 1900, tan sólo unas cuantas provincias, en general las de Andalucía Occidental, habían entrado en la segunda fase de la transición. El resto entraría a lo largo de las dos primeras décadas de este siglo. En 1930, todo el sur, comprendiendo Andalucía, Castilla la Nueva y Extremadura, todavía permanecía en la segunda fase.

Uno de los rasgos más notables de la transición en el sur es el estancamiento en la difusión de la alfabetización que tuvo lugar en Andalucía Occidental a lo largo de estos 70 años. Como en la Meseta Norte, donde las provincias más alfabetizadas experimentaron un aumento de la alfabetización más lento que permitió a las provincias más atrasadas alcanzarlas —por ejemplo, Castilla la Vieja con respecto a Cataluña— también en el sur las provincias más adelantadas sufrieron una cierta desaceleración en el proceso de difusión de la alfabetización. El paralelismo entre uno y otro comportamiento es, sin embargo, más ficticio que real. De hecho, en Castilla la Vieja la desaceleración tuvo lugar cuando esta región se encontraba ya en la tercera fase de la transición, con niveles de alfabetización próximos al 100 por 100 de la población, mientras que en Andalucía Occidental éste tuvo lugar durante la segunda fase de la transición. Es decir, en el primer caso la desaceleración se explica por haber alcanzado ya los varones una alfabetización casi total, mientras que en el segundo tanto los varones como las mujeres se encontraban aún lejos de haberla alcanzado. En Castilla el techo que se había alcanzado era prácticamente insuperable, el 100 por 100 de alfabeti-

CUADRO 4.9. *La transición de la alfabetización en el sur.*

	1860		1877		1887		1900		1910		1920		1930	
	A	D	A	D	A	D	A	D	A	D	A	D	A	D
LEVANTE														
Valencia	19	(19)	21	(13)	28	(18)	35	(19)	40	(17)	55	(15)	67	(16)
Baleares	17	(19)	23	(18)	25	(17)	29	(15)	41	(15)	51	(15)	67	(16)
Castellón	14	(18)	18	(18)	20	(20)	28	(19)	36	(20)	45	(18)	60	(19)
Alicante	14	(14)	20	(14)	24	(16)	30	(16)	37	(16)	48	(17)	61	(19)
Murcia	17	(17)	21	(16)	24	(16)	30	(15)	33	(18)	40	(18)	54	(22)
MADRID	51	(30)	62	(28)	66	(26)	76	(21)	77	(19)	84	(13)	92	(12)
CASTILLA LA NUEVA														
Guadalajara	34	(47)	40	(44)	45	(40)	53	(37)	59	(32)	69	(25)	79	(19)
Toledo	26	(27)	30	(23)	36	(21)	38	(19)	43	(18)	48	(17)	64	(17)
Cuenca	24	(32)	29	(31)	34	(30)	37	(28)	41	(27)	49	(23)	62	(25)
Ciudad Real	21	(23)	25	(21)	29	(21)	32	(20)	35	(20)	43	(21)	59	(21)
Albacete	18	(19)	21	(19)	25	(20)	29	(20)	34	(20)	39	(19)	49	(20)
EXTREMADURA														
Cáceres	25	(29)	29	(28)	34	(28)	40	(27)	45	(22)	50	(22)	61	(23)
Badajoz	21	(18)	26	(17)	30	(17)	31	(14)	41	(14)	43	(13)	55	(16)
ANDALUCIA OCCIDENTAL														
Cádiz	32	(12)	36	(10)	41	(11)	43	(10)	49	(10)	51	(7)	67	(12)
Sevilla	26	(15)	32	(13)	35	(14)	44	(14)	44	(13)	56	(12)	69	(13)
Huelva	24	(19)	30	(16)	29	(14)	42	(16)	46	(13)	54	(14)	64	(14)
ANDALUCIA ORIENTAL														
Córdoba	19	(15)	24	(14)	29	(17)	31	(14)	35	(12)	43	(16)	59	(22)
Jaén	18	(15)	21	(14)	25	(15)	25	(14)	30	(13)	33	(13)	52	(20)
Granada	17	(15)	16	(10)	22	(13)	26	(13)	34	(14)	37	(14)	60	(17)
Málaga	18	(13)	20	(10)	23	(12)	27	(10)	27	(10)	35	(13)	59	(14)
Almería	14	(16)	17	(16)	17	(17)	26	(16)	29	(17)	38	(16)	59	(21)
CANARIAS	14	(10)	19	(9)	22	(7)	30	(8)	33	(5)	38	(4)	50	(10)

A: Tasas de alfabetización total sobre la población adulta.
D: Diferencial sexual en puntos porcentuales.

zación de la población adulta, mientras que en Andalucía Occidental apareció un techo, inferior al 70 por 100, que sí podía y debía ser rebasado pero que, debido a circunstancias particulares que más adelante analizaremos, prolongó innecesariamente la transición de la alfabetización.

Podría, pues, hablarse de la existencia de dos Españas, la España dual de Sánchez-Albornoz en lo que se refiere al comportamiento de las distintas regiones en cuanto a la formación de capital humano [22]. Una España septentrional en la que los niveles de alfabetización eran relativamente elevados a mediados y finales del siglo XIX, y una España meridional en la que, pese a las mejoras acaecidas, el analfabetismo seguía siendo elevado a comienzos de la guerra civil en 1936. El problema para la España del sur era, y en cierta medida lo sigue siendo hoy en día, salir de la 'trampa malthusiana' según la cual es más rentable la cantidad que la calidad de los hijos [23]. Para que tenga lugar el paso de un estado de equilibrio dentro del atraso a otro de crecimiento era necesario, sin embargo, que se dieran una serie de circunstacias que favorecieran la inversión en capital humano, algunas de las cuales se estudian en los capítulos siguientes. Pero antes vamos a analizar qué efectos tuvo sobre la modernización económica del país la existencia de tan fuertes variaciones regionales relativas a la acumulación de capital humano.

---

[22] SÁNCHEZ-ALBORNOZ (1977).

[23] De manera generalizada, estos son los términos del modelo teórico que desarrollan BECKER, MURPHY y TAMURA (1990) para analizar la relación entre educación y desarrollo económico.

Capítulo 5

ALFABETIZACION Y DESARROLLO ECONOMICO EN ESPAÑA

—Nuestro español bosteza.
¿Es hambre? ¿Sueño? ¿Hastío?
Doctor, ¿tendrá el estómago vacío?
—El vacío es más bien en la cabeza.

ANTONIO MACHADO

1. Alfabetización y renta por habitante

El estudio de la contribución de la alfabetización al crecimiento económico en España se basa en un análisis de correlación entre tasas de alfabetización y renta por habitante [1]. Dado que los datos sobre alfabetización son todos anteriores a la guerra civil, y que los datos sobre renta pertenecen al período de la posguerra, en todas las correlaciones hay un lapso temporal de al menos una generación —25 años— entre las dos variables. Este desfase temporal nos per-

[1] Las tasas de alfabetización, comentadas en el Capítulo 3, corresponden a los distintos años censales entre 1860 y 1930, ambos incluidos. Para la renta por habitante se han seleccionado sólo cuatro años —1955, 1960, 1971 y 1977— a partir de los datos proporcionados por los informes del Banco de Bilbao. No existen estimaciones fiables de renta por provincias anteriores a 1955. CARRERAS (1990), sin embargo, a partir de las estimaciones de ALVAREZ LLANO (1986), ha estimado la participación relativa en la distribución de la renta por comunidades autónomas para 1901, 1921, 1930 y 1940, series que también han sido utilizadas aquí. Una y otra variable, alfabetización y renta, son de corte transversal con 49 datos correspondientes a las distintas provincias españolas, y no temporal, por lo que el riesgo de obtener correlaciones espurias o de tener problemas de multicolinearidad es muy limitado.

mite distinguir entre una variable independiente —alfabetización— y otra dependiente —renta— con lo cual, de hecho, se está postulado una relación causa-efecto entre ambas. Puesto que España experimentó la transición de la alfabetización, el paso de los dos «umbrales» entre 1860 y 1930 quizá sea posible contrastar la validez de las hipótesis de Bowman y Anderson relativas a este tema, en otras palabras, determinar si hubo niveles de alfabetización mínimos, e incluso óptimos, en el proceso de crecimiento económico español. El impacto del diferencial sexual en las tasas de alfabetización, tan significativo en algunas regiones españolas, sobre el crecimiento económico es una nueva variable que será explorada en este trabajo y que no ha sido tenida en cuenta por la literatura relativa al tema [2].

Los resultados del análisis de correlación aparecen recogidos en los cuadros 5.1 a 5.3, y 5.5 a 5.7 y en los gráficos 5.1 a 5.8. Los tres primeros cuadros recogen los resultados de una serie de correlaciones simples en las que se utiliza como única variable independiente la tasa de alfabetización general, masculina y femenina. Los tres últimos cuadros recogen los resultados obtenidos al introducir junto a cada una de estas tasas una segunda variable independiente, el diferencial sexual.

Los resultados obtenidos sugieren que hay una correlación significativa entre capital humano, medido en tasas de alfabetización, y desarrollo económico, estimado en renta por habitante. Los coeficientes de determinación varían entre un 0,10 y un 0,50 cuando se utilizan tasas de alfabetización general, sin distinción de sexo, y entre un 0,06 y un 0,58 cuando se utilizan las tasas de alfabetización masculina y femenina por separado [3]. Es curioso advertir que los

---

[2] Si bien FURET y OZOUF (1982) constatan la existencia de un fuerte y variable diferencial sexual en los distintos departamentos franceses a lo largo de los siglos XVIII y XIX, en ningún momento se plantean las consecuencias que este fenómeno pudo haber tenido sobre el crecimiento económico en Francia. Otros autores recogen la existencia de diferencias entre las tasas de alfabetización masculina y femenina en Inglaterra, por ejemplo, sin prestarles especial atención (SCHOFIELD, 1973).

[3] La fórmula utilizada es la siguiente:

$$\text{(1)}\quad \begin{array}{l} \text{lnRPC55} = 4.1849526 + 1.2259884\ \text{lnLAL3} \\ \qquad\qquad\qquad (5.420) \qquad\qquad (6.813) \\ R^2 = 0.496883 \quad \bar{R}^2 = 0.486178 \quad DW = 2.145885 \end{array}$$

siendo RPC55 = renta por habitante en 1955

LAL30 = tasa de alfabetización general adulta en 1930.

coeficientes son menores cuando se utilizan tasas de alfabetización masculina, cuando de hecho estas tasas eran siempre superiores a las femeninas. En principio podría parecer que el nivel de alfabetización no guarda estrecha relación con la renta, problema sobre el que volveremos más adelante.

CUADRO 5.1. *Regresión entre tasas de alfabetización general y renta por habitante* *.

	(A) 1955		(B) 1960		(C) 1971		(D) 1977	
	Renta por habitante							
Alfabetización								
1860	.22	(3.60)	.10	(2.32)	.14	(2.74)	.16	(3.00)
1877	.32	(4.70)	.18	(3.21)	.23	(3.71)	.25	(3.93)
1887	.33	(4.84)	.20	(3.46)	.23	(3.78)	.25	(3.96)
1900	.41	(5.73)	.26	(4.06)	.31	(4.55)	.33	(4.77)
1910	.45	(6.17)	.31	(4.57)	.35	(4.99)	.35	(5.03)
1920	.51	(6.96)	.36	(5.16)	.40	(5.64)	.43	(5.90)
1930	.50	(6.81)	.35	(4.99)	.40	(5.59)	.43	(5.92)

* R^2; las cifras entre paréntesis son los estadísticos T.

CUADRO 5.2. *Regresión entre tasas de alfabetización masculina y renta por habitante* *.

	(A) 1955		(B) 1960		(C) 1971		(D) 1977	
	Renta por habitante							
Alfabetización								
1860	.14	(2.78)	.06	(1.69)	.06	(2.14)	.12	(2.50)
1877	.20	(3.45)	.10	(2.26)	.14	(2.75)	.17	(3.10)
1887	.22	(3.65)	.12	(2.54)	.14	(2.82)	.17	(3.15)
1900	.28	(4.27)	.16	(2.95)	.19	(3.33)	.23	(3.72)
1910	.33	(4.79)	.21	(3.51)	.24	(3.88)	.27	(4.19)
1920	.39	(5.46)	.26	(4.07)	.29	(4.41)	.33	(4.82)
1930	.39	(5.42)	.25	(3.97)	.29	(4.38)	.34	(4.88)

* R^2; las cifras entre paréntesis son los estadísticos T.

El coeficiente más alto corresponde a la siguiente fórmula:

(2)
$$\ln RPC55 = 4.9708493 + 1.0735187 \ln LALH3$$
$$(8.860) \qquad (7.979)$$
$$R^2 = 0.575290 \quad \bar{R}^2 = 0.566254 \quad DW = 2.090150$$

siendo RPC55 = renta por habitante en 1955
LALH3 = tasa de alfabetización general femenina adulta en 1930.

CUADRO 5.3. *Regresión entre tasas de alfabetización femenina y renta por habitante *.*

	(A)	(B) Renta por habitante	(C)	(D)
	1955	1960	1971	1977
Alfabetización				
1860	.25 (3.97)	.15 (2.92)	.16 (3.04)	.15 (2.92)
1877	.39 (5.53)	.26 (4.08)	.30 (4.45)	.29 (4.36)
1887	.41 (5.75)	.28 (4.29)	.32 (4.67)	.30 (4.53)
1900	.50 (6.89)	.35 (5.00)	.41 (5.72)	.40 (5.65)
1910	.53 (7.22)	.38 (5.35)	.42 (5.87)	.40 (5.54)
1920	.59 (8.22)	.38 (5.35)	.48 (6.60)	.49 (6.69)
1930	.58 (7.98)	.42 (5.78)	.48 (6.57)	.49 (6.71)

* R^2; las cifras entre paréntesis son los estadísticos T.

Sea cual fuere la tasa de alfabetización que se utilice, el coeficiente de determinación mejora notablemente para aquéllas correspondientes a 1920 y 1930. El coeficiente más alto corresponde a las tasas

GRÁFICO 5.1. *Evolución de la correlación entre alfabetización en distintos años y renta por habitante en 1955.*

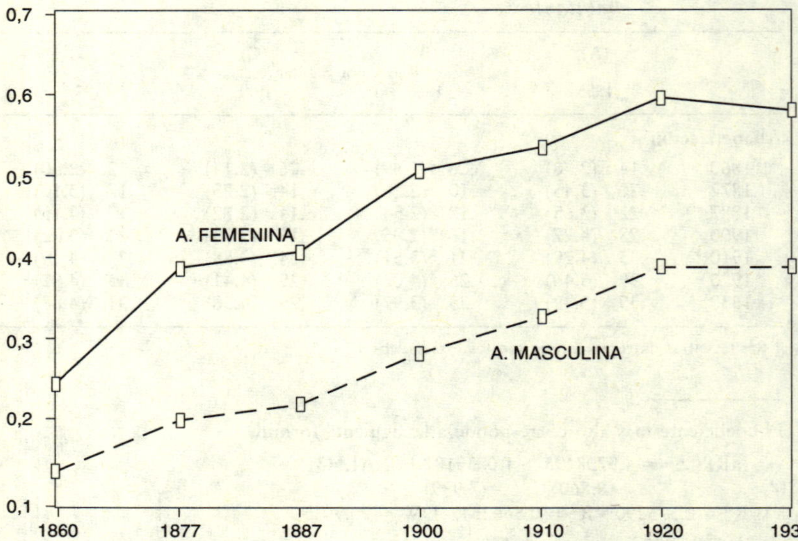

Fuente: Cuadros 5.2 y 5.3. Columnas A.

GRÁFICO 5.2. *Evolución de la correlación en la alfabetización en distintos años y renta por habitante en 1960.*

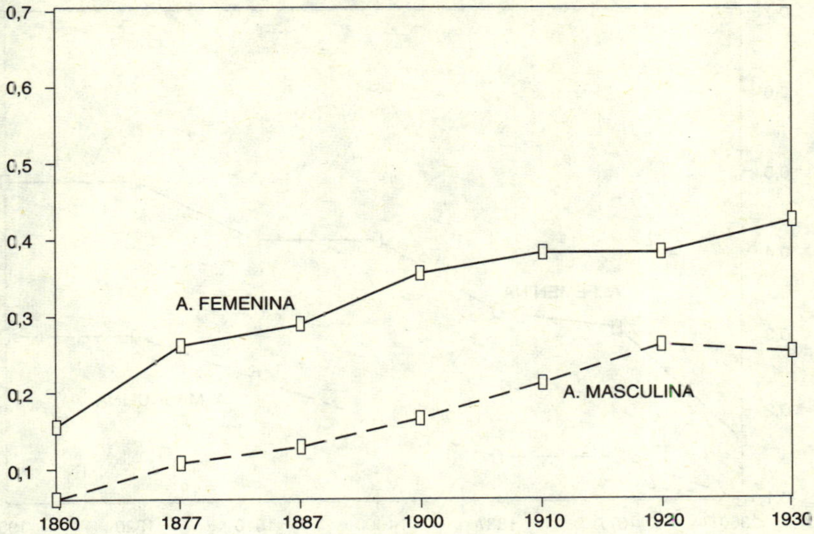

Fuente: Cuadros 5.2 y 5.3. Columnas B.

de alfabetización de 1930 —ocasionalmente a las de 1920— y el más bajo a las tasas de 1860. Por lo que se refiere a las estimaciones sobre la renta, los mejores coeficientes se obtienen para el año 1955 y los peores para 1960, siendo los de 1971 y 1977 de un valor intermedio y muy similar entre sí[4].

Aparentemente, el desfase temporal de aproximadamente una generación —entre 25 y 35 años— es el que refleja una relación más estrecha entre alfabetización y renta. Con desfases temporales más

---

[4] Entre las cuatro fechas seleccionadas para estimar la renta por habitante, la de 1960 es la menos fiable, dado que recoge los efectos del Plan de Estabilización de 1959 que tienden a distorsionar la distribución regional de la renta. (La peculiaridad de los datos de renta de 1960 se pone de manifiesto al correlacionar la renta de este año con la de cualquier otro.) Esto explicaría el peculiar comportamiento obtenido al correlacionar alfabetización con renta en 1960. Pese a conocer los problemas inherentes a los datos de renta de 1960, se han incluido en este estudio con el fin de contrastar unos y otros resultados y determinar, de esta forma, la consistencia del análisis.

GRÁFICO 5.3. *Evolución de la correlación entre alfabetización en distintos años y renta por habitante en 1971.*

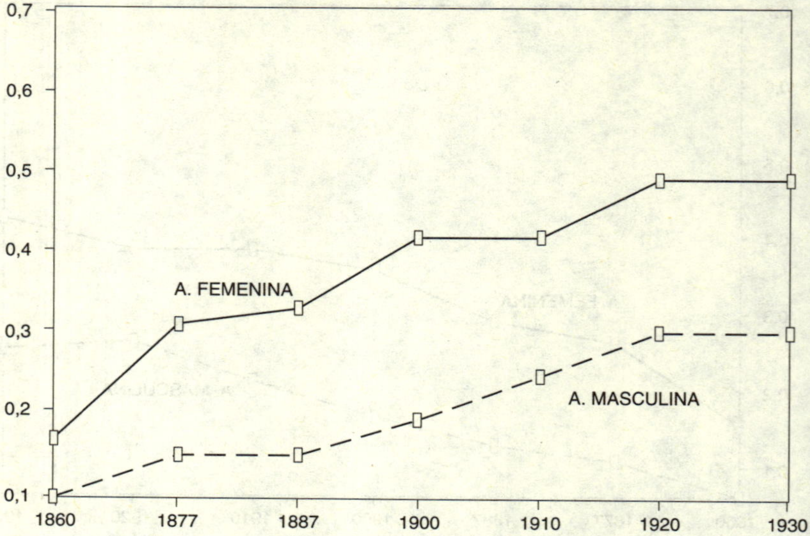

Fuente: Cuadros 5.2 y 5.3. Columnas C.

amplios la relación se hace más tenue, menos significativa. La dificultad radica en establecer si la mejora en los coeficientes de determinación es debida al incremento en las tasas de alfabetización que viene observándose en España desde 1860 o bien si esta mejora es atribuíble a la utilización de un desfase temporal más ajustado a los objetivos propuestos. El dilema se resolvería fácilmente si existieran datos sobre renta desagregados por provincias con anterioridad a 1955, tema al que se hará referencia más adelante. De momento vamos a intentar aislar indirectamente el impacto del desfase temporal del de los niveles de alfabetización alcanzados por la población, como se aprecia en el Cuadro 5.4.

En principio, se advierte la aparición de tres categorías cuando se seleccionan similares coeficientes de determinación y se les compara con las tasas de alfabetización y con los desfases temporales que les corresponden. En la primera categoría se recogen coeficientes de determinación poco significativos, inferiores a 0,25, todos ellos obtenidos con tasas de alfabetización bajas —menores del 40 por

GRÁFICO 5.4. *Evolución de la correlación entre alfabetización en distintos años y renta por habitante en 1977.*

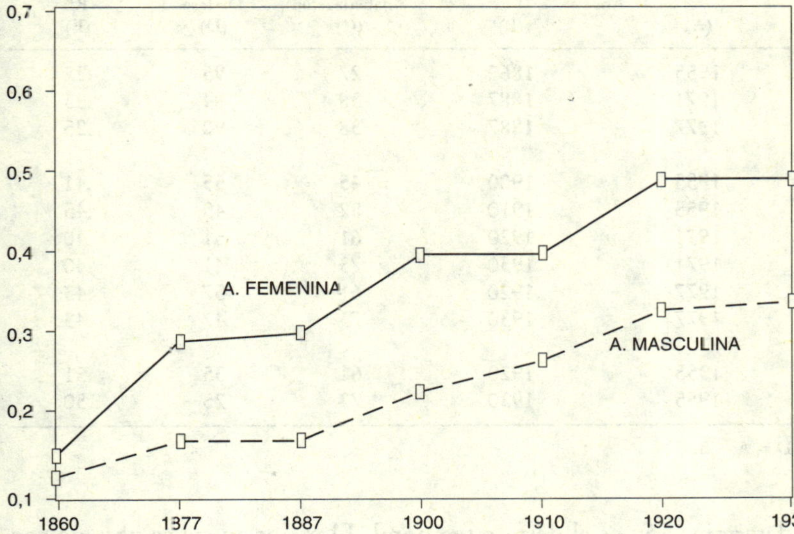

Fuente: Cuadros 5.2 y 5.3. Columnas D.

100— y un desfase temporal muy largo —de entre 85 y 95 años—. En el segundo grupo se recogen coeficientes de determinación más elevados, en torno al 0,45, resultado de correlacionar unas tasas de alfabetización situadas entre el 45 y el 73 por 100, con un desfase temporal de entre 45 y 57 años. Finalmente, los coeficientes de determinación más altos aparecen recogidos en la tercera categoría, siendo las tasas de alfabetización correspondientes superiores al 60 por 100 y el desfase temporal de entre 25 y 35 años. De esta comparación parece deducirse que ambos factores —el nivel de alfabetización y el desfase temporal— influyen en el resultado de las regresiones. Los coeficientes de determinación mejoran según aumentan los niveles de alfabetización y disminuye el desfase temporal, lo cual, aparentemente, deja sin resolver el dilema inicial que se planteaba entre estos dos factores. Sin embargo, se advierte que con tasas de alfabetización superiores al 60 por 100 de la población el factor que realmente determina la obtención de uno u otro coeficiente de

CUADRO 5.4. *Niveles de alfabetización y desfase temporal.*

Años				
Renta (A)	Alfabetización (B)	Alfabetización (C)	Desfase (D)	R^2 (E)
1955	1860	27	95	.22
1971	1887	38	84	.23
1977	1887	38	90	.25
1955	1900	45	55	.41
1955	1910	52	45	.45
1971	1920	61	51	.40
1971	1930	73	41	.40
1977	1920	61	57	.43
1977	1930	73	47	.43
1955	1920	61	35	.51
1955	1930	73	25	.50

D = A − B.

determinación es el desfase temporal. El mejor ajuste se obtiene con un desfase de 35 años. Podría concluirse, pues, que dados unos niveles de alfabetización mínimos —próximos al segundo «umbral» señalado por Bowman y Anderson— el impacto de la alfabetización sobre la renta se pone de manifiesto con un desfase de unos 35 años, el equivalente, aproximadamente, a la vida activa de un trabajador adulto.

Los resultados obtenidos indican que según aumentan las tasas de alfabetización se aprecia una relación más estrecha entre ésta y la renta. La primera mejora significativa en los coeficientes de determinación tiene lugar después de haber traspasado la alfabetización el límite superior del primer «umbral», el 40 por 100. La segunda mejora apreciable, sin embargo, parece encontrarse vinculada más estrechamente al desfase temporal que a cambios en las tasas de alfabetización propiamente dichas. En otras palabras, el paso del primer «umbral» parece ser más importante que el del segundo. Esta hipótesis no puede comprobarse definitivamente con series de renta posteriores a 1955, dado que imponen un desfase temporal quizá excesivamente largo para que su correlación con la alfabetización durante la segunda mitad del siglo XIX sea significativa. Este obstáculo puede ser, sin embargo, parcialmente subsanado como se verá a continuación.

La carencia de estimaciones sobre la renta por habitante por provincias con anterioridad a las publicadas por el Banco de Bilbao para 1955 puede ser suplida, según recomienda Carreras, por las estimaciones realizadas por Alvarez Llano. En nuestro caso, estas estimaciones nos permitirían disponer de datos desagregados por comunidades autónomas —las existentes en la actualidad, que no las regiones históricas propiamente dichas— para distintas fechas entre 1900 y 1940. El propio Carreras ha llevado a cabo una reelaboración de las cifras de Alvarez Llano utilizando una distribución regional ligeramente distinta, en la que calcula la participación relativa de cada región dentro del total de la renta nacional [5]. La diferencia quizá más significativa derivada de utilizar los datos de renta de Carreras-Alvarez Llano estriba en que el tamaño de la serie se reduce drásticamente, pasando de 49 provincias a tan sólo 12 regiones. Aun así, dada la naturaleza del interrogante planteado pero no resuelto con los datos desagregados por provincias, nos ha parecido conveniente utilizar los datos sobre renta anteriores a 1955.

Antes, sin embargo, había que resolver otro problema pendiente: la posible falta de definición de la variable educativa, es decir, las tasas generales o por sexos de alfabetización. El análisis de correlación entre alfabetización y renta utilizando únicamente estas dos variables no soluciona todos los problemas que se plantearon inicialmente. Por el contrario, parece abrir nuevas incógnitas e interrogantes a las que en principio no se había prestado excesiva atención. Aunque los coeficientes son todos positivos y, en su mayor parte, significativos los R^2 no nos permiten grandes optimismos. Las diferencias que resultan de utilizar tasas de alfabetización para una u otra fecha, así como para uno u otro sexo, son relativamente insignificantes. No son suficientes para demostrar o no la existencia de una determinada relación entre alfabetización y renta ni, menos aún, para permitir establecer cómo funciona esa relación.

Como ya se señalaba anteriormente, existe la posibilidad de que los datos de alfabetización, tal como han sido utilizados en estas regresiones, puedan conducir a error. Es decir, cabría pensar que nos encontramos ante un problema de falta de definición de una variable,

---

[5] Véase ALVAREZ LLANO (1986), pp. 38-43, y CARRERAS (1990), Introducción, en especial Cuadro 2, pp. 12-13.

la alfabetización. Como se señaló en el Capítulo 4, el grado de representatividad de las tasas de alfabetización general variaba de una región a otra según el tamaño del diferencial sexual. Aparentemente, el uso de las tasas de alfabetización masculina y femenina independientemente una de otra, como se ha hecho en estas regresiones, no resuelve el problema, lo cual es lógico si tenemos en cuenta que, al proceder de esta forma, deja de contabilizarse la contribución a la economía de aproximadamente la mitad de la población —hombres o mujeres—. De ahí que, como alternativa, se introdujera una segunda variable que estimara única y exclusivamente el factor distorsionante que se advertía en las tasas de alfabetización general, el diferencial sexual, con los resultados que a continuación se comentan.

2. El diferencial sexual

Los resultados obtenidos al introducir una segunda variable independiente, el diferencial sexual, en el análisis de correlación entre alfabetización y renta confirman la existencia de una relación positiva entre ambas (véase cuadros 5.5 a 5.7, y gráficos 5.5 a 5.8). El mejor ajuste, al igual que sucedía en las correlaciones simples, se obtiene con el menor desfase temporal, de 25 a 35 años, y con tasas de alfabetización superiores al 60 por 100 de la población adulta [6].

Otra posible falta de especificación de la variable educativa vendría determinada por la utilización de tasas de alfabetización adulta y no totales, cuyas diferencias estarían en función del tamaño relativo de la población de menos de 10 años. Las diferencias entre unas

---

[6] Por ejemplo:

(1)
$$\mathrm{lnRPC55} = \underset{(16.351)}{6.5489343} + \underset{(8.341)}{0.7950858}\,\mathrm{lnLAL2} - \underset{(-\,4.865)}{0.0206670}\,\mathrm{lnAL2}$$
$$R^2 = 0.674947 \quad \bar{R}^2 = 0.660814 \quad DW = 1.898392$$

(2)
$$\mathrm{lnRPC55} = \underset{(8.204)}{6.3584715} + \underset{(4.939)}{0.8317891}\,\mathrm{lnLAL3} - \underset{(-\,4.873)}{0.0290269}\,\mathrm{lnAL3}$$
$$R^2 = 0.668158 \quad \bar{R}^2 = 0.653730 \quad DW = 2.022281$$

siendo RPC55 = renta por habitante en 1955
LAL2 = tasa de alfabetización general adulta en 1920
AL2 = diferencial sexual en 1920
LAL3 = tasa de alfabetización general adulta en 1930
AL3 = diferencial sexual en 1930.

CUADRO 5.5. *Regresión entre tasas de alfabetización general, diferencial sexual y renta por habitante **.

	(A)	(B)	(C)	(D)
	Renta por habitante			
	1955	1960	1971	1977
1860	.28	.17	.18	.19
A	(3.97)	(3.04)	(2.89)	(2.87)
D	(–2.07)	(–1.97)	(–1.46)	(–1.23)
1877	.43	.31	.31	.31
A	(5.80)	(4.51)	(4.45)	(4.34)
D	(–3.05)	(–2.91)	(–2.37)	(–2.03)
1887	.45	.33	.34	.32
A	(6.05)	(4.80)	(4.81)	(4.64)
D	(–3.07)	(–3.01)	(–2.66)	(–2.24)
1900	.54	.42	.45	.43
A	(7.35)	(5.60)	(6.03)	(5.84)
D	(–3.60)	(–3.49)	(–3.42)	(–2.84)
1910	.57	.46	.47	.42
A	(7.65)	(5.93)	(6.20)	(5.71)
D	(–3.62)	(–3.62)	(–3.32)	(–2.36)
1920	.67	.55	.58	.55
A	(8.34)	(5.95)	(6.52)	(6.49)
D	(–4.86)	(–4.36)	(–4.38)	(–3.59)
1930	.67	.54	.60	.55
A	(4.94)	(3.04)	(3.63)	(4.08)
D	(–4.87)	(–4.46)	(–4.86)	(–3.62)

A: Tasas de alfabetización general (masculina y femenina).
D: Diferencial sexual.
* R^2; las cifras entre paréntesis son los estadísticos T para cada una de las variables independientes.

y otras tasas ya han sido señaladas en el Capítulo 4, en el que se advertía que no parecían ser significativas. En el análisis de regresión se comprueba esta afirmación. Los coeficientes de determinación obtenidos al utilizar tasas de alfabetización total en lugar de tasas de alfabetización adulta, recogidos en el Cuadro 5.8, son similares a y

CUADRO 5.6. *Regresión entre tasas de alfabetización masculina, diferencial sexual y renta por habitante* *.

	(A)	(B)	(C)	(D)
		Renta por habitante		
	1955	1960	1971	1977
1860	.29	.18	.17	.19
A	(3.99)	(3.15)	(2.80)	(2.94)
D	(–3.04)	(–2.66)	(–2.09)	(–2.09)
1877	.44	.32	.31	.32
A	(5.92)	(4.69)	(4.42)	(4.47)
D	(–4.47)	(–3.93)	(–3.35)	(–3.22)
1887	.48	.37	.35	.35
A	(6.43)	(5.19)	(4.98)	(4.97)
D	(–4.73)	(–4.27)	(–3.83)	(–3.57)
1900	.56	.44	.46	.45
A	(7.65)	(5.87)	(6.21)	(6.16)
D	(–5.43)	(–4.79)	(–4.80)	(–4.35)
1910	.58	.47	.48	.43
A	(7.76)	(6.09)	(6.26)	(5.86)
D	(–5.20)	(–4.32)	(–4.55)	(–3.61)
1920	.68	.56	.58	.56
A	(8.50)	(6.07)	(6.53)	(6.58)
D	(–6.52)	(–5.53)	(–5.60)	(–4.82)
1930	.68	.55	.61	.56
A	(5.10)	(3.16)	(3.71)	(4.19)
D	(–6.43)	(–5.52)	(–6.09)	(–4.85)

A: Tasas de alfabetización general (masculina y femenina).
D: Diferencial sexual.
* R^2; las cifras entre paréntesis son los estadísticos T para cada una de las variables independientes.

consistentes con los obtenidos al utilizar tasas de alfabetización adulta. Si acaso, los resultados mejoran muy ligeramente en las correlaciones simples.

La relación entre alfabetización y renta, en las regresiones múltiples al igual que en las simples, es más intensa, con un desfase

CUADRO 5.7. *Regresión entre tasas de alfabetización femenina, diferencial sexual y renta por habitante *.*

	(A)	(B)	(C)	(D)
		Renta por habitante		
	1955	1960	1971	1977
1860	.27	.15	.18	.18
A	(3.79)	(2.84)	(2.89)	(2.74)
D	(1.01)	(.19)	(.80)	(1.14)
1877	.39	.27	.30	.29
A	(5.33)	(4.08)	(4.30)	(4.15)
D	(.18)	(–0.55)	(.08)	(.46)
1887	.42	.30	.32	.30
A	(5.68)	(4.41)	(4.68)	(4.44)
D	(.45)	(–1.02)	(.64)	(–0.64)
1900	.51	.39	.44	.42
A	(7.01)	(5.26)	(5.93)	(5.71)
D	(–1.19)	(–1.71)	(–1.52)	(–0.94)
1910	.56	.44	.47	.41
A	(7.48)	(5.67)	(6.11)	(5.59)
D	(–1.87)	(–2.27)	(–1.93)	(–1.05)
1920	.67	.54	.58	.55
A	(8.32)	(5.84)	(6.51)	(6.46)
D	(–3.45)	(–3.32)	(–3.26)	(–2.45)
1930	.67	.54	.61	.56
A	(5.01)	(3.04)	(3.69)	(4.14)
D	(–3.67)	(–3.60)	(–3.86)	(–2.66)

A: Tasas de alfabetización general (masculina y femenina).
D: Diferencial sexual.
* R^2; las cifras entre paréntesis son los estadísticos T para cada una de las variables independientes.

temporal de 25 a 35 años. Los R^2 más elevados se obtienen al relacionar la renta de 1955 con la alfabetización de 1920 y 1930. Este desfase resulta más próximo al observado por Bowman y Anderson para países en desarrollo a mediados del siglo XX que el sugerido por Sandberg para la Europa de mediados del siglo XIX. Quizá la

CUADRO 5.8. *Regresión entre tasas de alfabetización total, diferencial sexual y renta por habitante.*

	1955	1960	1971	1977
1860	0.26	0.14	0.15	0.17
A	(3.69)	(2.55)	(2.60)	(2.47)
D	(–1.79)	(–1.43)	(–1.18)	(–0.79)
1877	0.40	0.25	0.28	0.28
A	(5.30)	(3.86)	(3.97)	(3.79)
D	(–2.55)	(–2.13)	(–1.86)	(–1.41)
1887	0.44	0.30	0.32	0.31
A	(5.96)	(4.40)	(4.60)	(4.34)
D	(–2.78)	(–2.32)	(–2.27)	(–1.66)
1900	0.54	0.38	0.42	0.40
A	(7.34)	(5.32)	(5.82)	(5.57)
D	(–3.47)	(–2.97)	(–3.00)	(–2.29)
1910	0.59	0.45	0.48	0.42
A	(7.92)	(5.89)	(6.27)	(5.82)
D	(–3.44)	(–3.05)	(–2.96)	(–1.92)
1920	0.68	0.53	0.56	0.54
A	(8.92)	(6.26)	(6.81)	(6.86)
D	(–4.40)	(–3.49)	(–3.56)	(–2.74)
1930	0.71	0.57	0.59	0.58
A	(6.33)	(4.26)	(4.86)	(5.32)
D	(–4.37)	(–3.61)	(–3.36)	(–2.46)

explicación a estas diferencias en el tamaño del desfase se encuentre en un posible efecto de eco o arrastre según el cual los ajustes obtenidos con un desfase de 35 años se repiten a los 60-70 años y a los 120-140, efecto que Mironov ha observado al utilizar series temporales en su estudio de correlación entre alfabetización y renta en Rusia a lo largo de más de un siglo [7]. Este desfase temporal sería el

[7] MIRONOV (1990), p. 116.

GRÁFICO 5.5. *Evolución de la correlación entre alfabetización en distintos años y renta por habitante en 1955 (incluyendo el diferencial sexual).*

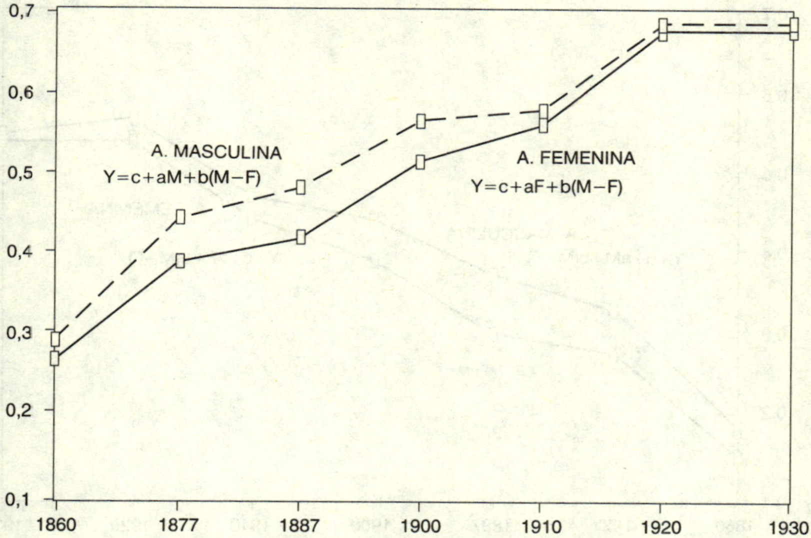

Y = 1955. Renta por habitante
M = A. Masculina
F = A. Femenina - a, b, c: Parámetros

Fuente: Cuadros 5.6 y 5.7. Columnas A.

equivalente, aproximadamente, de una vida activa adulta, cuando los efectos de la alfabetización sobre el crecimiento económico debían dejarse sentir.

También podría pensarse, sin embargo, que el desfase temporal entre educación y crecimiento económico está en función de las tasas de crecimiento económico. Así, el desfase parece reducirse al acelerarse el proceso de crecimiento económico, de forma que los países subdesarrollados hoy se ven presionados a mejorar sus niveles educativos, empezando por la erradicación del analfabetismo, a mayor velocidad de lo que lo hicieron los países pioneros en la Revolución Industrial. De hecho, España, generalmente considerada como un país retrasado, experimentó la «transición de la alfabetización» en

GRÁFICO 5.6. *Evolución de la correlación entre alfabetización en distintos años y renta por habitante en 1960 (incluyendo el diferencial sexual).*

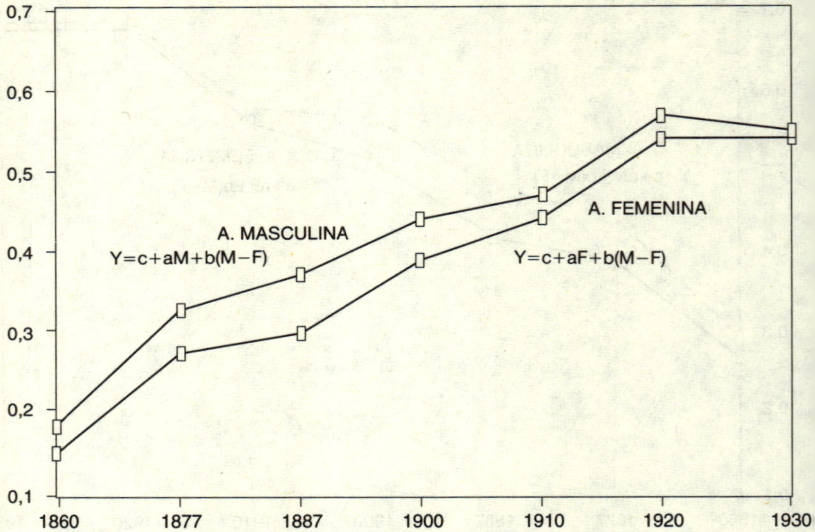

Y = 1960. Renta por habitante
M = A. Masculina
F = A. Femenina - a, b, c: Parámetros

Fuente: Cuadros 5.6 y 5.7. Columnas B.

un plazo menor que otros países europeos, como Gran Bretaña y Francia, posiblemente influida por la presión de una mayor demanda educativa derivada de las necesidades de las nuevas tecnologías a las que paulatinamente tenía acceso.

Al igual que sucedía con las regresiones simples, los coeficientes de determinación obtenidos en las regresiones múltiples mejoran según aumentan las tasas de alfabetización, hasta que éstas cruzan el segundo «umbral» en 1920. Los mejores ajustes corresponden a 1920 y 1930, con tasas de alfabetización superiores al 60 por 100, y los peores a 1860, con tasas inferiores al 30 por 100. Entre estas dos fechas, sin embargo, no sólo aumentó la tasa de alfabetización sino que también disminuyó el diferencial sexual, disminución que las

GRÁFICO 5.7. *Evolución de la correlación entre alfabetización en distintos años y renta por habitante en 1971 (incluyendo el diferencial sexual).*

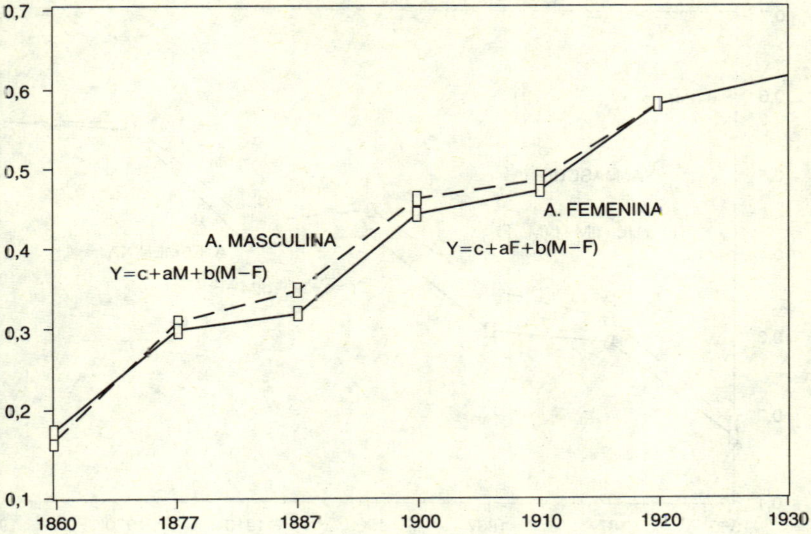

Y = 1971. Renta por habitante
M = A. Masculina
F = A. Femenina - a, b, c: Parámetros

Fuente: Cuadros 5.6 y 5.7. Columnas C.

regresiones simples no habían tenido en cuenta. En 1860 la tasa media de alfabetización en España era de un 27 por 100 y el diferencial sexual era de 30 puntos. En 1930 la tasa de alfabetización era de un 73 por 100 y el diferencial sexual de 16. El mayor diferencial sexual en 1860 era de 64 puntos, mientras que en 1930 era sólo de 28. Aparentemente, pues, el aumento de la alfabetización en España, equilibradamente distribuido entre ambos sexos, fue un factor positivo en el crecimiento y la modernización económica del país.

Cabría preguntarse, una vez más, si el desfase temporal existente entre alfabetización en 1860, por ejemplo, y renta en 1955 no es excesivamente amplio para que la relación entre una y otra variable se ponga de manifiesto. Se impone, pues, contrastar esta posibilidad

GRÁFICO 5.8. *Evolución de la correlación entre alfabetización en distintos años y renta por habitante en 1977 (incluyendo el diferencial sexual).*

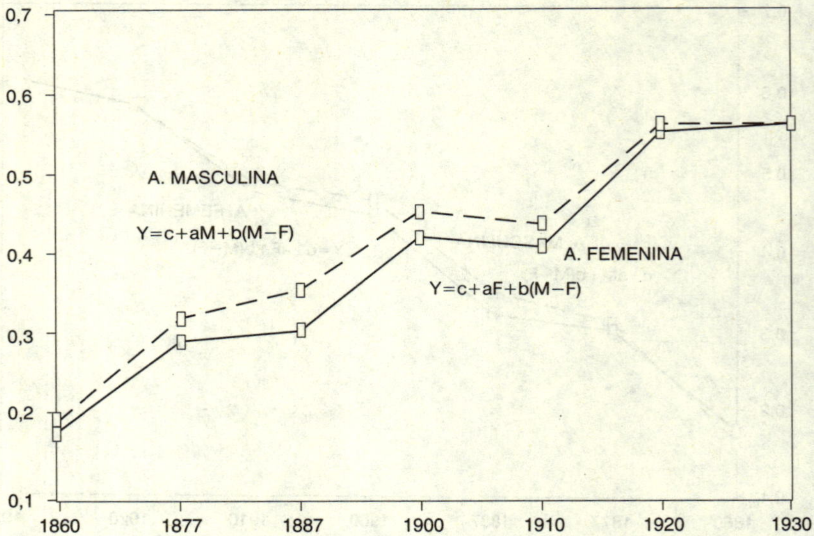

Y = 1977. Renta por habitante
M = A. Masculina
F = A. Femenina - a, b, c: Parámetros

Fuente: Cuadros 5.6 y 5.7. Columnas D.

recurriendo a las estimaciones de la renta de Carreras-Alvarez Llano para 1900, 1920, 1930 y 1940. Con el fin de dar una mayor consistencia al análisis, y poder comparar los resultados obtenidos con las series por provincias con aquellos obtenidos a partir de las series regionales, el ejercicio se ha repetido para los años 1950, 1960 y 1973 utilizando los datos sobre la renta de Carreras-Alvarez Llano. Los resultados se recogen en el Cuadro 5.9, y en el Gráfico 5.9. Como era de esperar, al ser correlacionadas con las tasas de alfabetización, las series de renta por comunidades autónomas para 1950, 1960 y 1973 muestran un comportamiento similar al de las series provinciales del Banco de Bilbao en aproximadamente las mismas fechas. En cierta medida, esta similitud de comportamiento avala la validez de las series regionales pese a que, al estar más agregadas las cifras regionales, el tamaño de la muestra —el número de observaciones— es menor [8]. No hay que olvidar, sin embargo, que las cifras de Carreras-Alvarez Llano para estos años se basan en los propios datos provinciales del Banco de Bilbao. Su reconstrucción para fechas anteriores se basa en indicadores muy dispares y, por lo que se desprende de este análisis, no es igualmente fiable para todos los años. Mientras que la renta de 1900 se correlaciona significativamente con la alfabetización en años anteriores, no ocurre lo mismo con la renta de 1920 ni de 1930; en 1940, por su parte, se dan tanto correlaciones significativas como no significativas. De ahí que nuestra atención se centre en el análisis de los resultados obtenidos al correlacionar la renta de 1900 con la alfabetización en las décadas anteriores. Con ello se pretende constatar la validez de las hipótesis formuladas con anterioridad relativas a la amplitud del desfase temporal.

En primer lugar cabe destacar que los coeficientes de determinación mejoran sustancialmente al reducirse el desfase temporal entre las variables utilizadas, renta y educación (alfabetización y diferencial sexual), con lo que los resultados obtenidos se aproximan a los que se obtienen con desfases similares para fechas posteriores. Es decir, independientemente del nivel de alfabetización alcanzado y del tamaño del diferencial sexual, un desfase temporal de entre 15 y 35 años parece ser el más adecuado para que la alfabetización tenga algún impacto sobre el crecimiento económico. De ahí la progresión, a partir de coeficientes bajos, que se observaba al utilizar series provinciales de alfabetización y renta en las que el desfase temporal era muy elevado, como sucedía para todas las series sobre alfabetización correspondientes al siglo XIX. Como se comprueba al correlacionarlos con la renta en 1900, pese a que en este caso las series sean regionales y no provinciales, los coeficientes de determinación son altamente significativos: R^2 de 0,73 en 1860, 0,82 en 1877 y 0,82 también en 1887 [9]. Los R^2 ajustados, más pertinentes en este caso

---

[8] En uno y otro caso, los mejores resultados se obtienen cuando el lapso temporal es menor, en torno a los 20-30 años, es decir con la renta de 1955, y los peores con la renta de 1960, sin duda distorsionada por el Plan de Estabilización de 1959.

[9] Por ejemplo

$$\text{lnPIBH90} = -1.8673352 + 1.1755815\ \text{lnCPLT6} - 0.5993012\ \text{lnCALVH6} \quad (1)$$
$$(-3.453) \qquad (4.852) \qquad (-2.913)$$
$$R^2 = 0.731825 \quad \bar{R}^2 = 0.672232 \quad DW = 1.337943$$

CUADRO 5.9. *Regresión entre tasas de alfabetización general, diferencial sexual y renta por habitante (por regiones)* *.

	Renta por habitante						
	1900	1920	1930	1940	1950	1960	1973
1860	0.73	0.50	0.27	0.27	0.38	0.25	0.26
A	(4.85)	(2.80)	(1.8)	(1.8)	(2.16)	(1.65)	(1.73)
D	(–2.91)	(–1.40)	(–1.23)	(–1.15)	(–0.96)	(–0.85)	(–1.06)
1877	0.82	0.61	0.42	0.43	0.52	0.38	0.40
A	(6.41)	(3.63)	2.57)	(2.59)	(3.00)	(2.28)	(2.43)
D	(–3.74)	(–1.84)	(–1.82)	(–1.66)	(–1.41)	(–1.24)	(–1.49)
1887	0.82	0.65	0.50	0.52	0.62	0.46	0.50
A	(6.40)	(3.97)	(2.98)	(3.15)	(3.76)	(2.73)	(2.99)
D	(–3.73)	(–1.92)	(–2.05)	(–2.07)	(–1.89)	(–1.50)	(–1.97)
1900	0.79	0.62	0.48	0.60	0.69	0.54	0.58
A	(5.78)	(3.84)	(2.85)	(3.62)	(4.44)	(3.23)	(3.45)
D	(–3.14)	(–1.62)	(–1.86)	(–2.32)	(–2.10)	(–1.67)	(–2.24)
1910		0.52	0.43	0.68	0.76	0.60	0.70
A		(3.11)	(2.5)	(4.06)	(5.30)	(3.62)	(4.27)
D		(–1.18)	(–1.67)	(–2.92)	(–2.88)	(–2.11)	(–3.18)
1920		0.61	0.53	0.78	0.86	0.71	0.78
A		(3.29)	(2.37)	(3.81)	(5.68)	(3.55)	(3.59)
D		(–1.31)	(–1.84)	(–3.71)	(–3.93)	(–2.60)	(–3.91)
1930			0.69	0.84	0.89	0.75	0.79
A			(.45)	(1.01)	(2.54)	(1.37)	(0.65)
D			(–3.19)	(–4.65)	(–4.64)	(–3.07)	(–4.12)

* R^2; las cifras entre paréntesis son los estadísticos T correspondientes a cada una de las variables independientes.
A: Tasas de alfabetización general (masculina y femenina).
D: Diferencial sexual.

por tratarse de una muestra menor, son obviamente inferiores pero igualmente significativos: 0,73 en 1860, 0,78 en 1877 y 0,78 en 1887. De hecho, estos coeficientes de determinación son superiores a los que se obtenían al correlacionar la alfabetización en 1920 y 1930 con la renta en 1955 por provincias (R^2 = 0,67 para ambas fechas), aunque inferiores si la correlación para estas fechas se hace también con datos regionales (R^2 = 0,86 y 0,88 respectivamente). Resultados igualmente elevados se obtienen entre la alfabetización en 1920 y la renta en 1940, con un desfase temporal de veinte años (R^2 = 0,78) [10].

En definitiva, se aprecia una fuerte consistencia en los resultados obtenidos al correlacionar alfabetización y renta, teniendo en cuenta el diferencial sexual que afecta a la primera variable, tanto si las series que se utilizan son provinciales como si son regionales. Estas últimas nos permiten, además, constatar la existencia de un desfase temporal variable, pero en ningún caso superior a los 35 años ni inferior a los 15, para que una determinada acumulación de capital humano tenga efectos sobre la economía del país en cuestión. Una vez más, el desfase temporal parece aproximarse a lo que podríamos considerar la vida activa de un individuo adulto.

---

(2)
$$\ln PIBH90 = -2.2770916 + 1.1525383 \ln CPLT7 - 0.5406639 \ln CALVH7$$
$$(-5.011) \qquad (6.408) \qquad (-3.735)$$
$$R^2 = 0.823438 \quad \bar{R}^2 = 0.784202 \quad DW = 1.640255$$

(3)
$$\ln PIBH90 = -2.3084559 + 1.1226136 \ln CPLT8 - 0.5537344 \ln CALVH8$$
$$(-4.649) \qquad (6.404) \qquad (-3.726)$$
$$R^2 = 0.820800 \quad \bar{R}^2 = 0.780977 \quad DW = 2.032807$$

siendo PIBH90 = renta por habitante en 1900
CPLT6 = tasa de alfabetización general adulta en 1860
CALVH6 = diferencial sexual en 1860
CPLT7 = tasa de alfabetización general adulta en 1877
CALVH7 = diferencial sexual en 1887
CPLT8 = tasa de alfabetización general adulta en 1887
CALVH8 = diferencial sexual en 1887

10

(1)
$$\ln PIBH40 = -1.0717044 + 0.6430880 \ln CPLT2 - 0.5618831 \ln CALVH2$$
$$(-1.257) \qquad (3.806) \qquad (-3.708)$$
$$R^2 = 0.780930 \quad \bar{R}^2 = 0.732248 \quad DW = 0.935103$$

siendo PIBH40 = renta por habitante en 1940
CPLT2 = tasa de alfabetización general adulta en 1920
CALVH2 = diferencial sexual en 1920.

GRÁFICO 5.9. *Evolución de la correlación entre alfabetización y renta por habitante en distintos años.*

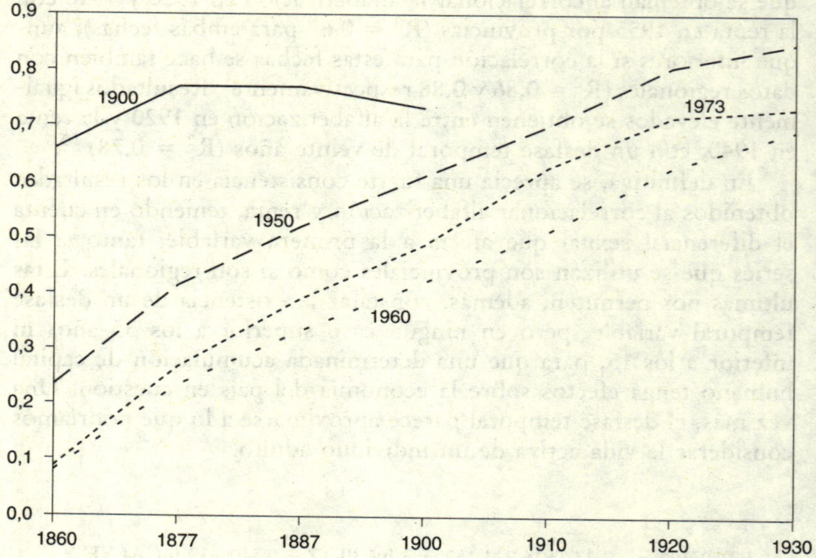

Los datos sobre renta para 1900 nos permiten constatar, además, hasta qué punto es la renta función de la alfabetización o, por el contrario, la alfabetización función de la renta. Para dilucidar este interrogante se ha correlacionado la alfabetización en 1910, 1920 y 1930 con la renta de 1900. Los resultados son los que cabría esperar: si bien se pone de manifiesto que indudablemente la renta influye positivamente sobre la educación, no queda duda alguna de que su influencia es menor que la ejercida por la alfabetización sobre la renta [11]. Es decir, la renta parece ser función de

[11] Así, tenemos:

$$\text{(1)} \quad \ln CPLT1 = 3.9621524 + 0.6595204 \ln PIBH90$$
$$(51.675) \qquad (2.913)$$
$$R^2 = 0.458978 \quad \bar{R}^2 = 0.404875 \quad DW = 2.029960$$

la alfabetización en mayor medida que esta última lo es de la renta [12].

Hay que insistir, no obstante, en la importancia de una distribución equilibrada de la alfabetización entre ambos sexos para el crecimiento económico, ya que el diferencial sexual ejerce una influencia negativa en la relación entre alfabetización y renta. Las dos variables independientes, tasas de alfabetización y diferencial sexual, siempre tienen signos invariablemente opuestos, positivo la primera y negativo la segunda. Esta diferencia indica que la renta está relacionada positivamente con los niveles de alfabetización, pero negativamente con el diferencial sexual. Es decir, la alfabetización tendrá un mayor impacto sobre el crecimiento económico cuanto menor sea el diferencial sexual. O dicho de otro modo, unas tasas de alfabetización femenina relativamente bajas son un claro obstáculo al crecimiento económico.

Los coeficientes de determinación obtenidos en estas regresiones múltiples son consistentemente más elevados de los que se obtenían en las regresiones simples. La mejora, sin embargo, no cabe atribuirla exclusivamente al hecho de que las probabilidades de obtener un mejor ajuste aumentan con el número de variables independientes utilizadas. De hecho, la utilización de otras variables independientes, como la velocidad de erradicación del analfabetismo, afectó a los coeficientes obtenidos en menor medida que el diferencial sexual [13].

---

(2)
$$\ln CPLT2 = \underset{(62.824)}{4.1144993} + \underset{(3.041)}{0.5881569} \ln PIBH90$$
$$R^2 = 0.480456 \quad \bar{R}^2 = 0.428501 \quad DW = 2.280834$$

(3)
$$\ln CPLT3 = \underset{(95.560)}{4.2968270} + \underset{(3.095)}{0.4110183} \ln PIBH90$$
$$R^2 = 0.489290 \quad \bar{R}^2 = 0.438219 \quad R^2 = 2.097036$$

siendo CPLT1 = tasa de alfabetización general adulta en 1910
CPLT2 = tasa de alfabetización general adulta en 1920
CPLT3 = tasa de alfabetización general adulta en 1930
PIBH90 = renta por habitante en 1900.

[12] MIRONOV (1990) llega a conclusiones similares para Rusia, p. 116.

[13] Así, por ejemplo,

(1)
$$\ln RPC55 = \underset{(5.420)}{4.1849526} + \underset{(6.813)}{1.2259884} \ln LAL3$$
$$R^2 = 0.496883 \quad \bar{R}^2 = 0.486178 \quad DW = 2.145885$$

(2)
$$\ln RPC55 = \underset{(8.204)}{6.3584715} + \underset{(4.939)}{0.8317891} \ln LAL3 - \underset{(-4.873)}{0.0290269} \ln AL3$$
$$R^2 = 0.668158 \quad \bar{R}^2 = 0.653730 \quad DW = 2.022281$$

Pero no sólo se observa una mejora notable de los coeficientes de determinación, sino también una mayor similitud entre aquellos que utilizaban la alfabetización masculina y aquellos que usaban la femenina. Esta semejanza en los coeficientes de determinación para uno y otro sexo, prácticamente inexistente en las regresiones simples, es un argumento más que confirma la hipótesis de que el problema de especificación que parecía existir al relacionar tasas de alfabetización generales —o por sexo— y renta, se resuelve al tener en cuenta las diferencias en el grado de alfabetización entre hombres y mujeres. Es más, al introducir el diferencial sexual los coeficientes más altos son aquéllos obtenidos al relacionar alfabetización masculina y renta, lo cual, si se tiene en cuenta que la población activa era en su mayor parte masculina, resulta más lógico que el fenómeno contrario que se observaba en las correlaciones simples, en los que los coeficientes más altos correspondían a la alfabetización femenina. El hecho de que el mayor nivel de alfabetización masculina correspondiera a las provincias donde había un mayor diferencial sexual explicaría que los coeficientes de determinación fueran más bajos con las tasas masculinas que con las femeninas. Podría concluirse, pues, que la utilización exclusivamente de tasas de alfabetización general, sin distinción de sexo, tan sólo es adecuada cuando el diferencial sexual es relativamente pequeño. En caso contrario es necesario incluirlo en el análisis puesto que su efecto es significativo.

---

(3) lnRPC55 = 2.5476012 + 1.4972283 lnLAL3 − 0.3181422 lnDLALTO
(0.940) (0.196) (0.117)
$R^2 = 0.567042$ $\bar{R}^2 = 0.548217$ DW = 2.010448

(4) lnRPC55 = 4.8584919 + 1.0822965 lnLAL3 − 0.0273058 lnAL3 + 0.2664097 lnDLALTO
(5.380) (5.969) (− 4.879) (2.779)
$R^2 = 0.716753$ $\bar{R}^2 = 0.697869$ DW = 1.914033

siendo RPC55 = renta por habitante en 1955
LAL3 = tasa de alfabetización general adulta en 1930
AL3 = diferencial sexual en 1930
DLALTO = tasa de crecimiento de la alfabetización general adulta entre 1860 y 1930.

3. La contribución de la alfabetización al desarrollo económico en la España contemporánea

La influencia que el diferencial sexual ejerce sobre la relación entre alfabetización y renta nos abre una nueva vía para explicar la naturaleza de la contribución de la alfabetización al crecimiento económico. La alfabetización no puede ser considerada exclusivamente como una mera técnica que, como tal, contribuye a mejorar la productividad de los trabajadores. En caso de que ésta fuera su principal contribución al crecimiento económico, las tasas masculinas, independientemente de su desfase con las femeninas, habrían obtenido los coeficientes de determinación más elevados, lo cual, según se acaba de comprobar, no sucede [14]. La relativamente escasa participación de la mujer en el mundo laboral unida al extraordinario peso que el analfabetismo femenino relativo parece haber tenido en la modernización económica en España parece sugerir que la contribu-

---

[14] La relación habría de ser más estrecha con la alfabetización masculina porque a finales del siglo XIX y principios del XX, la mujer en España aún participaba en escasa medida en la población activa convencional —aproximadamente un 20 por 100 del total en 1860 y 1887—. Además, las mujeres se dedicaban a tareas poco especializadas en proporción muy superior a los hombres, según se recoge en el Cuadro 5.A. Los datos censales no permiten una mejor comparación de la distribución de la población activa por sexo.

Cuadro 5.A. Posición relativa de la mano de obra masculina y femenina.

	(A) Población Industrial	Varones: (B) Jornaleros	Varones: (C) Artesanos	
1860	17	65	83	
	(D) Agricultura	(E) Industria	(F) Servicio Doméstico	(G) Comercio
	Varones en			
1887	83	81	22	86

(A): Porcentaje sobre el total de la población activa. (B) y (C): Porcentajes sobre el total de la población industrial. (D), (E), (F) y (G): Porcentaje de varones empleados en cada sector, sobre el total de varones y hembras.

Fuente: Censos de población de 1860 y 1877.

ción de la alfabetización al crecimiento económico no se limita en modo alguno a un aumento de la productividad laboral. Si bien esta vinculación entre alfabetización y mejora de la productividad puede haber existido, la evidencia no la confirma pero tampoco la excluye, es decir, no parece haber sido la principal contribución.

Invirtiendo los términos de la discusión cabría preguntarse cuáles fueron las consecuencias negativas que se derivaron de la escasez de capital humano en nuestro país. Siguiendo a Sandberg vamos a explorar brevemente su posible relación con el escaso grado de movilidad, tanto geográfica como ocupacional, de la mano de obra, la baja tasa de crecimiento de actividades tradicionales como la agricultura, la debilidad del sistema financiero, la falta de mentalidad empresarial o la debilidad de la educación científica y técnica.

Según Roser Nicolau, antes de 1930 son las regiones de la mitad norte peninsular las que experimentan los movimientos migratorios más fuertes con tan sólo tres núcleos de atracción: Madrid, Cataluña y el País Vasco. El sur tan sólo se convertiría en un foco de emigración a partir de 1950 [15]. En principio estas corrientes migratorias parecen confirmar la hipótesis de Sandberg de que el analfabetismo obstaculiza la movilidad geográfica de la población. Así, durante las últimas décadas del siglo XIX y primeras del XX fueron los habitantes de las provincias septentrionales, los más alfabetizados, los que en mayor medida emigraron hacia aquellas regiones donde había una mayor demanda de mano de obra vinculada, por lo general, a los sectores en los que se estaba produciendo un mayor cambio, la industria y los servicios. La inmigración de individuos alfabetizados en mayor medida que analfabetos a regiones tales como el País Vasco o Cataluña contribuiría a explicar el hecho de que los niveles de alfabetización no sólo no se vieran temporalmente deprimidos en estas zonas sino que incluso mejoraran a una velocidad superior a la media nacional. Entre los movimientos migratorios que afectaron primordialmente a la Meseta Norte habría que incluir también la emigración a ultramar, en la que gallegos, asturianos y santanderinos

---

[15] NICOLAU (1989), Tesis doctoral inédita, Capítulo 4, p. 254. En 1920, las provincias que conservan menos del 80 por 100 de la población nativa pertenecen todas a la mitad septentrional de la península, con excepción de Almería y las islas Canarias. Extremadura y el interior de Andalucía conservan más del 90 por 100 de su población nativa. Otro indicador de esta clara divisoria norte-sur es el hecho de que las provincias de la Meseta Sur respondieran en menor medida que las de la Meseta norte a la atracción de Madrid (pp. 262-266).

participaron activamente. En el sur, sin embargo, donde el paro agrícola, en especial en las áreas latifundistas de la Andalucía interior y de Extremadura, era una constante, la emigración no supuso una alternativa hasta muy avanzado el siglo XX. El elevado analfabetismo de esta zona contribuyó, sin duda, a limitar la movilidad de la mano de obra pese a que existían condiciones suficientes, como el bajo nivel de renta unido a su desigual distribución, para que se produjera una fuerte emigración.

La escasa movilidad geográfica de la población se refleja también en una baja movilidad ocupacional, al menos si nos atenemos a los cambios experimentados en la distribución de la población activa por sectores productivos. Hasta 1930 no se observan cambios significativos en la proporción de la mano de obra empleada en la agricultura, en torno a los dos tercios de la población activa. En el sector industrial el cambio se produjo antes de 1860 y después de 1920, aunque su magnitud antes de esta última fecha fue muy limitada: apenas un sexto de la población activa estaba ocupada en la industria. El cambio además, se encuentra muy localizado en algunas regiones españolas como Cataluña y el País Vasco, que son los dos núcleos industriales más importantes, siendo de destacar la progresiva desindustrialización relativa del sur [16]. La escasa movilidad geográfica, y por ende ocupacional, de la población en gran parte del país contribuyó, sin duda, a que la productividad del factor trabajo, al menos en las actividades tradicionales que como la agricultura cerealícola seguían siendo las más importantes cuantitativamente, apenas experimentara cambio alguno hasta bien entrado el siglo XX [17].

El nivel de intermediación financiera en España, escaso pese «al rápido crecimiento de los activos de las entidades de crédito entre mediados del siglo XIX y el primer tercio del siglo XX», tampoco es

---

[16] NADAL (1987) argumenta que entre 1856 y 1900 aumenta el peso relativo de Cataluña dentro de la industria española, seguida a cierta distancia de Valencia, mientras que disminuye el de Andalucía. Su estudio no incluye datos sobre el País Vasco.

[17] Según SIMPSON (1989b), hasta la década de 1910 no se puede hablar de un aumento en la productividad de la mano de obra agrícola, si bien habría que distinguir entre una agricultura de exportación, centrada en la periferia levantina, donde la mejora de la productividad se observa ya desde mediados de la década de 1880, y una agricultura cerealícola, la más importante cuantitativamente, en la que el cambio es posterior. PRADOS (1988) discrepa de esta interpretación y mantiene que hubo considerable mejora de la productividad en la agricultura a partir de mediados del siglo XIX (véase Cuadro 3.8, p. 129), si bien sus estimaciones están sujetas a debate (véase el prólogo de TORTELLA a su libro).

CUADRO 5.10. *Distribución de la población activa por sectores (en porcentajes).*

	EE.UU.	Reino Unido	Francia	Alemania	Italia	Portugal	España
1800							
I	74	36					65
II	1	30					13
III	25	34					22
1860							
I	53	19	52	55	61	73	64
II	20	43	27	25	21	—	17
III	27	38	21	20	18	—	19
1890							
I	43	10	45	43	53	68	65
II	27	44	28	34	30	19	17
III	30	46	27	23	17	13	18
1919							
I	32	8	41	36	54	61	66
II	30	47	30	37	28	22	16
III	38	45	29	27	18	17	18
1930							
I	22	6	37	27	50	55	47
II	26	45	33	41	28	19	31
III	52	49	30	32	22	26	22

Años aproximados.
Fuente: TORTELLA (1984), Cuadro 3, p. 23.

el que hubiera correspondido a un país desarrollado. Según Martín Aceña, hacia 1930 el sistema financiero español era todavía «el más atrasado de Europa occidental» [18]. Hasta aproximadamente 1914, la actividad bancaria muestra además un elevado grado de concentración regional en torno a Madrid, País Vasco, Cataluña y, más tardíamente, Valencia y Baleares, siguiendo una evolución distinta en cada una de ellas. En Andalucía, una de las regiones de menor grado

[18] MARTÍN ACEÑA (1985), pp. 138-139.

CUADRO 5.11. *Contribución sectorial a la renta nacional (en porcentajes).*

	Reino Unido	Francia	Alemania	Italia	España
1800					
I	33	51			
II	23	22			
III	44	27			
1830					
I	24	51			
II	35	25			
III	41	24			
1860					
I	18	45	45	57	
II	58	30	23	22	
III	44	25	32	21	
1890					
I	9	37	33	51	
II	41	32	37	20	
III	50	31	30	29	
1910					
I	6	35	25	42	45
II	38	36	43	25	20
III	56	29	32	33	35
1930					
I	4	22	18	31	35
II	33	36	52	30	31
III	63	42	30	39	34

Años aproximados.
Fuente: TORTELLA (1984), Cuadro 4, p. 24.

de intermediación financiera, los primeros bancos surgieron en torno a la minería, en especial la del plomo, y sólo más tarde se extendieron a las zonas agrícolas [19]. Tanto el atraso relativo español como las variaciones regionales que se observan parecen corresponderse con la hipótesis de Sandberg de que la escasez de capital humano es un obstáculo más a la consolidación de un sistema moderno de intermediación financiera.

Sobre la capacidad empresarial de los españoles a finales del siglo XIX es poco lo que se sabe y mucho lo que queda aún por estudiar. En términos generales se habla de la falta de espíritu empresarial como uno de los factores del atraso económico español a finales del siglo XIX. Sin embargo, no todo el país padecía esta falta de espíritu empresarial en la misma medida. La escasa información con que contamos sugiere que ésta era más aguda en Andalucía que, por ejemplo, en Cataluña o incluso en el País Vasco. Entre los empresarios andaluces más conocidos destacan los originarios de otras regiones españolas: los Heredia malagueños, por ejemplo, procedían de la Sierra de Cameros, y los Carbonell cordobeses de una familia industrial alicantina [20]. La reconversión y modernización de la minería, tanto la del plomo en Jaén y Murcia como la del cobre en Huelva, la llevaron a cabo empresarios y capital extranjero [21], y si bien es cierto que estos últimos también participaron en la explota-

---

[19] Véase sobre el tema, TORTELLA (1974), en especial Gráficos V.4 y V.6 en los que se observa la participación regional en el volumen total de cuentas corrientes y de ahorro entre 1874 y 1914; y TEDDE DE LORCA (1974), así como las conclusiones al volumen, p. 530 y ss.

[20] Véase GARCÍA MONTORO (1979) sobre los orígenes de los Heredia malagueños, y NADAL (1972) sobre su contribución a la temprana industrialización de la provincia. CASTEJÓN MONTIJANO (1979) sobre la procedencia de los Carbonell de Córdoba.

[21] En la minería linarense, por ejemplo, el empresario local se vio remplazado por el foráneo —en este caso extranjero— al no poder hacer frente al problema del desagüe de los yacimientos. Una alternativa a la entrada de empresarios y capital extranjero hubiera sido la aparición de un empresario local capaz de unir a los pequeños productores en un esfuerzo común. Es decir, la creación de una empresa que permitiera la inversión necesaria para acabar con el problema de las inundaciones, paso que, en definitiva, fue el que dieron empresarios extranjeros. En el caso de la explotación de las piritas de Huelva parece que la alternativa a la explotación inglesa era menor, pues hacía falta no sólo capital sino una tecnología muy avanzada y una demanda que tan sólo se encontraba en este último país. Intentos por parte de empresarios franceses de poner en marcha estas explotaciones, como algunos españoles anteriormente, también fracasaron. Véase CHECKLAND (1967), HARVEY (1981), y NÚÑEZ (1985) para un resumen.

ción del mineral de hierro vizcaíno, no lo es menos que los mismos vascos lo hicieron en igual o mayor medida [22]. Los grandes nombres de este período de procedencia andaluza hay que buscarlos, salvo contadas y significativas ocasiones, en el mundo de la política, no en el de la actividad empresarial [23]. En una reacción típica de regiones atrasadas, las clases más educadas buscaban asegurar su futuro al servicio de la burocracia estatal, carrera para la que por lo general se preparaban siguiendo estudios de Derecho [24].

A diferencia de los estudios de leyes, sin embargo, las primeras carreras «técnicas», escasamente desarrolladas en nuestro país en relación con otros estudios a nivel secundario y superior, tienden a concentrarse en las regiones más educadas y desarrolladas del país [25]. En ocasiones, la iniciativa privada tuvo que suplir la falta de atención que el Gobierno prestaba a este tipo de estudios [26]; en otras, tuvo que luchar contra una política centralista que pretendía establecer todos los estudios de carácter superior en Madrid, independientemente de que éste fuera el lugar más apropiado. Así, a mediados del siglo XIX, si bien distintas ciudades como Barcelona, Gijón, Sevilla, Valencia y Vergara fueron autorizadas a establecer una escuela in-

[22] Véase al respecto FRAILE (1991).

[23] La excepción que más fácilmente viene a la mente es la del marqués de Salamanca, oriundo de Málaga. Hay que recordar, no obstante, que su carrera como hombre de negocios, que comprendió tanto los empréstitos públicos como los ferrocarriles, la prensa, la bolsa, la banca o el negocio inmobiliario, no se desarrolló en el sur sino en la capital, donde también destacó como figura política. Sobre sus negocios en la bolsa puede verse TORRENTE FORTUÑO (1969).

[24] Sobre el desequilibrio que se produjo en la mitad meridional de la península entre el desarrollo alcanzado por los estudios generales —la instrucción primaria— y los superiores, en concreto la especialidad de derecho y, en menor grado, medicina, volveremos en el Capítulo 8.

[25] En 1886 se crean «escuelas industriales de distrito» en Alcoy, Almería, Béjar Gijón, Logroño, Santiago, y Villanueva y Geltrú. Pocos años después, en 1901, algunas son transformadas en «escuelas superiores de industria»: las de Madrid, Alcoy, Béjar, Cartagena, Gijón, Las Palmas, Tarrasa, Valencia, y Villanueva y Geltrú. Si bien la presencia andaluza ha disminuido entre una y otra fecha, la de Cataluña y Levante ha aumentado. Véase PÉREZ WHITE (1985), pp. 19-27.

[26] La primera escuela de carácter técnico se estableció en Vergara a finales del siglo XVIII, a iniciativa de la Sociedad Vasca de Amigos del País, y fue seguida, años más tarde, de una en Gijón. En esas fechas, el interés del Estado se centraba en el fomento de los estudios de caminos y minas, cuya expansión tuvo lugar entre 1830 y 1840. A diferencia de las surgidas gracias a la iniciativa popular, sin embargo, las escuelas oficiales perseguían la preparación de «funcionarios técnicamente expertos». GARRABOU (1982), pp. 17-24.

dustrial, tan sólo en la de Madrid podían cursarse estudios superiores de esta especialidad. En 1860, gracias en gran parte a la presión catalana, se autorizó a las escuelas de Barcelona, Valencia y Sevilla a impartir los cursos superiores. Antes de transcurrida la década, sin embargo, todas ellas, incluída la de Madrid, habían cerrado sus puertas debido a la falta de medios de financiación. Tan sólo sobrevivieron la crisis de los sesenta la escuela industrial superior de Barcelona y algunas escuelas secundarias como la de Alcoy. Barcelona conservaría el monopolio de los estudios industriales superiores hasta finales de siglo, no sin una constante oposición desde Madrid [27]. También era la provincia que acogía al mayor número de profesionales: el 34 por 100 de los ingenieros industriales en activo en 1885, frente a un 14 en Madrid, un 3 en Valencia o un 2 por 100 en Guipúzcoa [28]. No sin dificultades, la enseñanza técnica acabó por abrirse camino en aquellas provincias en las que la alfabetización se encontraba relativamente difundida y donde existía una demanda de este tipo de educación. En aquellas otras donde el analfabetismo era aún elevado y en las que predominaban las actividades tradicionales las escuelas técnicas industriales acabaron por fracasar, tanto por la falta de interés de la población en contribuir a su mantenimiento como por la falta de perspectivas profesionales que se atribuían a estos estudios. El bajo nivel de alfabetización existente en numerosas provincias españolas quizá impidió que se hiciera un uso más eficaz de los recursos humanos disponibles a través de la mejora en el proceso de selección y reclutamiento del talento [29].

El análisis de la relación entre alfabetización y desarrollo económico en España parece reforzar, con datos empíricos, las ideas e hipótesis que cada vez con más fuerza se escuchan entre los teóricos de la economía de la educación. Los efectos de la alfabetización parecen estar menos directamente relacionados con el comportamiento del obrero en su trabajo —habilidad en el desempeño de sus tareas, e incluso actitud hacia su trabajo— de lo que inicialmente se había pensado. Estos efectos, por el contrario, parecen encontrarse más bien en las actitudes de la población en general hacia un mundo

---

[27] Toda la información relativa al establecimiento y primeras vicisitudes de las escuelas industriales proviene de GARRABOU (1982), Capítulo 1.

[28] Barcelona y Madrid mantienen la misma proporción en 1913, proporción que aumenta ligeramente en las otras provincias. GARRABOU (1982), p. 92.

[29] Véase Landes (1965).

en permanente evolución a cuyos cambios ha de adaptarse —entre otros la aceptación de un sistema financiero moderno que permita la canalización del ahorro hacia los sectores en los que la demanda de inversión es mayor, la práctica de la emigración como vía de reasignación del factor trabajo, o incluso el interés por los estudios de carácter técnico necesarios para la adopción y adaptación de nuevas técnicas de producción. En el caso de España, podría pensarse que la alfabetización de la población masculina posiblemente facilitó la difusión de información, relativa a la aparición tanto de nuevas técnicas como de nuevas formas de organización de la producción, o posibilidades de establecer negocios o encontrar ocupación distinta a la que tradicionalmente se había ejercido en la familia. El elevado analfabetismo de las mujeres, sin embargo, pudo muy bien haber actuado de cortapisa a la capacidad de los hombres de poner en práctica las oportunidades que les brindaba su acceso a nuevas vías de información, en definitiva su capacidad de adaptarse a situaciones nuevas o tan siquiera de advertirlas [30]. El conflicto entre estos dos mundos, el tradicional, representado por una población mayoritariamente femenina, analfabeta y anclada en un pasado estático, por una parte, y el moderno al que la población alfabetizada, generalmente masculina, tenía más fácil acceso, por otra, posiblemente dificultó el proceso de desarrollo económico.

La falta de educación de la mujer española pudo haber tenido otros efectos negativos sobre el desarrollo económico del país. A medio y largo plazo, la alfabetización de las mujeres puede conducir a un descenso de la fertilidad, es decir, del número de hijos que una mujer llega a procrear, aunque a corto plazo, sin embargo, se ha observado en ocasiones un ligero aumento, de carácter temporal, en las tasas de fertilidad. Con el descenso en el tamaño medio de las familias se inicia un proceso de cambio en el que la calidad de la descendencia sustituye a la pérdida de cantidad. En este proceso de

---

[30] De los datos de NICOLAU sobre migraciones provinciales, sorprende el bajo valor del diferencial norte-sur. Entre la región que en 1920 tiene un mayor porcentaje de emigrantes, Cantabria, y la que lo tiene menor, Andalucía, el diferencial es de apenas 20 puntos porcentuales (Cuadro 32 bis, Anexo IV). Sería interesante determinar cuál hubiera sido la tasa de emigración de la mitad septentrional de la península de haber sido menor el diferencial sexual de la alfabetización. Existe la posibilidad, aún no explorada, de que el fuerte diferencial sexual, es decir, la baja alfabetización relativa de la población femenina hubiera alterado a la baja la tendencia a emigrar de la población masculina de estas provincias.

mejora de la calidad de los hijos, calidad que se mide tanto por su salud como por su educación, la alfabetización de la madre es un factor clave. La educación de las mujeres contribuye decisivamente a la reducción de la mortalidad infantil, gracias a la adopción de mejoras en las condiciones sanitarias y de higiene de la familia. El aumento de la esperanza de vida, así como de las condiciones de salud del individuo, debido a una mejor atención sanitaria dentro de la misma familia, contribuye a que aumente la rentabilidad de las inversiones en educación. Es más, la probabilidad de que un niño se escolarize e incluso de que asista con regularidad a la escuela y no la abandone antes de tiempo aumenta significativamente con el nivel educativo de la madre. Los hijos de madres analfabetas tienen menos probabilidades de recibir una eduación formal que los de madres alfabetizadas. Dada la importancia que en el aprendizaje parecen tener los primeros años de la vida de un niño, nada más lógico que, en ausencia de escuelas de párvulos, sea en la familia, por lo general en la madre, en quien recaiga la responsabilidad de transmitir no tanto los primeros conocimientos como una determinada actitud hacia el aprendizaje en sí. Actitud que tendrá como resultado una predisposición favorable en el niño hacia la escuela así como un mayor nivel de rendimiento una vez en ella.

La alfabetización de la mujer influye, pues, en algo tan importante para el desarrollo económico como es la calidad de la población. Al reducir el tamaño de la familia y aumentar el nivel de inversiones en la salud y muy especialmente en la educación de los hijos se está optando por un modelo familiar en el que prima la calidad sobre la cantidad de hijos. Aumenta, por tanto, la calidad de la población en su conjunto y con ello las tasas de rendimiento de las inversiones tanto en capital humano como físico. En la España decimonónica la sustitución del modelo familiar tradicional por el moderno pudo verse entorpecida por el bajo nivel de alfabetización que caracterizaba a la población femenina en todo el país, relación que aún no ha sido estudiada. Sería interesante determinar si era el atraso en términos absolutos o, por el contrario, la magnitud del atraso relativo —a la alfabetización masculina— el mayor obstáculo existente a la modernización de los comportamientos familiares en nuestro país.

Si una difusión equilibrada de la alfabetización a través de toda la población, independientemente de su posición en el mundo laboral, es importante para el crecimiento económico de un país, como parece que lo fue en la España de comienzos del siglo XX, su contribución difícilmente podrá ser explicada en términos de productividad laboral o incluso de comportamiento de los mercados de trabajo. Obviamente hay que buscar otro tipo de conexiones entre la difusión de la alfabetización y el desarrollo económico que, si bien más difíciles de medir por su mayor complejidad, quizá resulten más acertadas que las exploradas hasta ahora. En ellas habría que valorar la contribución de la alfabetización de la mujer, independientemente de su posición laboral, al desarrollo económico.

Capítulo 6

LOS DETERMINANTES DE LA TRANSICION DE LA ALFABETIZACION EN ESPAÑA

1. La hipótesis tradicional: insuficiencia y baja calidad de la oferta escolar

Como sugeríamos en capítulos anteriores, la transición de la alfabetización en el mundo occidental es un fenómeno relativamente reciente. En España apenas se remonta a mediados del siglo XIX y se llevó a cabo con una relativa celeridad, si bien hubo fuertes diferencias regionales. El predominio casi absoluto de la Iglesia católica, y el marcado aislacionismo cultural que siguió a l a Contrarreforma, puede contribuir a explicar el atraso de nuestro país en relación con los del norte, donde bien dominaron credos protestantes, bien éstos coexistieron con el católico, es decir, hubo un cierto pluralismo religioso. El atraso español sería compartido por países también mayoritariamente católicos como Italia o la misma Portugal. Ni el factor religioso ni la actitud social que le acompañaron durante largo tiempo explican, no obstante, la existencia de fuertes diferencias regionales en lo que se refiere a niveles educativos. Paradójicamente, incluso regiones de enraizado catolicismo tenían a mediados del siglo XIX niveles de alfabetización más elevados que otras de hábitos religiosos más relajados. Las explicaciones de carácter general, parcialmente válidas al comparar la situación de la península con la de su entorno, pierden su valor explicativo cuando descendemos a los pormenores regionales. Lo cual no quiere decir, sin embargo, que se haya de caer en el extremo opuesto de intentar explicar cada caso en función de una variable explicativa distinta. La existencia de ciertos patrones regionales de comportamiento sugiere que la difusión de la alfabetización respondió a circunstancias más o menos generalizables. Discriminar entre aquéllas que fueron cruciales y aquellas cuya contribución fue insignificante no es sin embargo fácil. En cualquier caso es una tarea que ha atraído a escasos estudiosos, entre otros Lorenzo Luzuriaga.

En su estudio sobre el analfabetismo en España, Luzuriaga hace una reflexión final sobre sus causas, que casi se reducen a una lista de posibles culpables: «la miseria del pueblo, el carácter de la raza, la falta de medios de comunicación en la península, el carácter agrícola y rural de nuestra vida económica y social, la mala preparación y remuneración del Magisterio, etc» [1]. Sin embargo, se pregunta Luzuriaga:

> Si la existencia del analfabetismo se debe a la miseria, ¿por qué regiones ricas, como Cataluña y Levante tienen más analfabetos que otras relativamente más pobres, como Castilla la Vieja y León? Si la razón de aquél hay que buscarla en el carácter de la raza, ¿por qué el español que emigra a América se instruye allí tanto y tan bien como los demás inmigrantes? Cuando se aduce como explicación el carácter agrícola y rural de nuestro pueblo, ¿por qué provincias como las de Alava y Palencia tienen menos analfabetismo que las de Vizcaya y Barcelona? Y si se arguye la falta de medios de comunicación, ¿a qué se debe que el analfabetismo esté más desarrollado en Málaga o Alicante que en León o Zamora? Finalmente, ¿puede atribuirse

[1] LUZURIAGA (1920), p. 59. En 1900 OLÓRIZ hacía mención de una lista similar de causas: «la raza, la religión, las instituciones, la organización de la enseñanza y el ambiente local». Sobre el factor de la raza, OLÓRIZ señala que «es dudoso si [la diferencia en la alfabetización entre países nórdicos y mediterráneos] se debe a causas étnicas persistentes o a circunstancias sociales transitorias», aunque, finalmente se inclina por atribuir «en parte nuestro atraso en materia de instrucción primaria, lo mismo que en otras muchas, a cierta tenacidad de caracteres étnicos, que conserva nuestras antiguas [illegible]des nacionales a la vez que dificulta la adquisición de otras nuevas». OLÓRIZ (1900), pp. 293-294. La posible influencia de la raza sería todavía analizada, en plena posguerra civil, por GIL CARRETERO y RODRÍGUEZ GARRIDO (1955), pp. 107 y ss., aunque hay que reconocer que terminan por otorgarle escaso peso.

como causa del fenómeno la mala preparación y remuneración de los maestros, cuando no obstante las mejoras introducidas en ellas en los últimos decenios, el fenómeno sigue la misma marcha que hace cincuenta años? [2].

Ante semejantes contradicciones, Luzuriaga se inclina por una explicación que le parece la más consistente con la distribución regional del analfabetismo en España: la falta de escuelas [3]. Su interpretación, como él mismo reconoce, no es precisamente original; por el contrario, recoge una tradición que se remonta a mediados del siglo XIX y que achaca el bajo nivel educativo de la población española a la falta de escuelas, debida a la incapacidad de los municipios de hacerse cargo de su financiación, así como a su mala calidad [4]. Las mejoras en la calidad de la enseñanza experimentadas a finales del siglo XIX y principios del XX llevan a Luzuriaga a prescindir de esta parte de la interpretación tradicional. En su opinión, pues, el problema es de oferta —falta de puestos escolares— y no se plantea la posibilidad de que exista, al mismo tiempo o en su lugar, un problema de demanda, es decir, un bajo nivel de escolarización relativo a la oferta de instrucción primaria existente.

Casi coetáneo suyo, el doctor Olóriz, sin embargo, sin menospreciar los problemas derivados de una escasa oferta de puestos escolares, consideraba que «la causa general más poderosa del analfabetismo en nuestra patria es el ambiente social de indiferencia y aún de hostilidad a la enseñanza, que la tradición, la miseria y las preocupaciones han creado desde hace varios siglos, sin que los esfuerzos del que termina ahora hayan logrado más que atenuarlo» [5]. Y sigue este autor:

> En las clases humildes y alejadas de centros de cultura suele venir la ignorancia de abolengo; los padres, resignados y acaso satisfechos con su suerte no estiman el saber de letras y no se interesan porque sus hijos las

---

[2] LUZURIAGA (1920), pp. 59-60.

[3] LUZURIAGA (1920), PP. 61-63.

[4] Esta interpretación se remonta, al menos, a la misma promulgación de la Ley Moyano en 1857, ley que habría de regir los destinos de la instrucción primaria en España hasta la llegada de la Segunda República, salvo contadas interrupciones. Las quejas relativas a la falta de escuelas se encuentran recogidas en los debates de Cortes sobre el tema, en especial hasta la creación del Ministerio de Instrucción Pública y Bellas Artes en 1901. Véase más sobre este tema en este mismo Capítulo.

[5] OLÓRIZ (1900), p. 295.

aprendan; los hijos, imbuidos en las mismas ideas, repugnan un trabajo cuya finalidad no comprenden, y del que no esperan provecho positivo; las nuevas generaciones miran con desdén la escuela, sin la que fueron felices sus antecesores; las autoridades municipales desatienden sus deberes con relación a la enseñanza, sin temor a protestas de sus administrados, y todos anteponen el más pequeño ahorro de gastos o la ganancia más insignificante del momento, al beneficio, remoto y para ellos problemático, que la instrucción pudiera reportarles.

Como diría cualquier economista de la educación hoy en día, la educación de una generación es función del nivel educativo de sus antecesores y, por lo tanto, la demanda de educación es escasa cuando el nivel educativo medio de la población es bajo. A comienzos del siglo XX, Olóriz es uno de los pocos autores que señala la importancia de la demanda de instrucción, junto a los problemas del lado de la oferta que más frecuentemente aparecen recogidos en la literatura sobre el tema.

Ya en los años cincuenta, agravado el problema del analfabetismo en el país a raíz de la guerra civil, se llevan a cabo los primeros estudios que, tras los de Olóriz y Luzuriaga, intentan esclarecer sus causas. En 1955, la Junta Nacional contra el Analfabetismo, dependiente del Ministerio de Educación Nacional, publica los trabajos ganadores de un certamen sobre el tema en un libro titulado *El analfabetismo en España*. El mejor, sin duda, es el de Cerrolaza, que intenta determinar cuáles, entre las distintas causas que tradicionalmente se consideraban responsables del analfabetismo en España, lo eran realmente. Su estudio le permite concluir que, si bien la escuela tiene un peso crucial en la difusión de la alfabetización, intervienen otros factores tales como el nivel de ruralidad de la población, la distribución de la propiedad de la tierra y el nivel y distribución de la renta. Corrobora, así, la impresión de Olóriz de que la mera falta de escuelas no explica el persistente analfabetismo de la población española incluso a mediados del siglo XX. Lo que para Olóriz era un «ambiente social de indiferencia» hacia la instrucción primaria, para Cerrolaza se concreta, fundamentalmente, en una mala distribución de la renta y, por ende, de la propiedad agraria. Lo que para un autor era falta de interés, para otro se transforma en incapacidad de financiar y, por tanto, de acceder a la instrucción primaria. En cualquier caso, no hay que olvidar que Cerrolaza centra su estudio en el analfabetismo inmediatamente anterior y posterior a la guerra civil y no constata, por tanto, la validez de sus hipótesis para el período anterior, en especial para las décadas durante las cuales tuvo lugar la transición de la alfabetización en nuestro país.

Estudios más recientes sobre el tema se muestran más proclives a aceptar la hipótesis de Luzuriaga, la más extendida a finales del siglo XIX y comienzos del XX. Es decir, se centran casi exclusivamente en el análisis de la relación entre oferta de instrucción primaria y alfabetización, sin adentrarse en el más complejo tema de dilucidar cuál fue el papel de la demanda de instrucción. En los capítulos que siguen se intentará contrastar ambas interpretaciones para el período comprendido entre 1860 y el inicio de la guerra civil. Dado que la solución al problema se encuentra ligada a la existencia de un sistema formal de instrucción, siendo el papel de la familia o de otras instituciones como la misma Iglesia menor al desempeñado en otros países, vamos a hacer un breve repaso del marco institucional en el que surge y se desarrolla la escuela primaria en la España del siglo XIX.

2. El marco institucional: la política de instrucción primaria en España hasta la Segunda República

Durante los dos últimos siglos la sociedad española, como la mayor parte de las europeas, ha mostrado una gran preocupación por el problema de la educación nacional. El debate se centró en tres aspectos fundamentales del tema: el significado del propio concepto «educación»; las posibles ventajas que se derivarían para el país al contar con una población más educada, y los medios más adecuados para que esa difusión de la educación tuviera lugar. En principio no había acuerdo sobre quién debía ser instruido o educado, en qué materias y por quién. ¿Debían aprender a leer y a escribir todos los ciudadanos? y, en caso de que así se acordara ¿era responsabilidad del individuo o de la sociedad en su conjunto proveer los medios necesarios para el aprendizaje de las primeras letras? ¿Cuáles eran, además, los beneficios que la sociedad en su conjunto podría esperar de una mayor difusión de la alfabetización? En el ambiente de la época se advertía, no obstante la existencia de fuertes discrepancias en torno a estos interrogantes, un vago consenso respecto a la bondad de una alfabetización universal de la que, se pensaba, se beneficiarían tanto el sistema político parlamentario como el progreso económico.

La percepción colectiva y pública del problema de la educación cambió con el paso del tiempo al empeorar, en relación con otros países europeos, la situación tanto económica como política del país [6]. Así, mientras los ilustrados de finales del siglo XVIII podían limitarse a exaltar las ventajas de la educación para el progreso y bienestar del país, un siglo más tarde la clase política y la opinión pública en general se mostraban más preocupadas por las consecuencias negativas que entrañaba nuestro bajo nivel educativo [7]. Y no es que no se hicieran progresos en la difusión de la educación en nuestro país durante el siglo XIX, es que la insuficiencia de esos avances comparados con los de otros países de nuestro entorno se hacía cada vez más patente. Comparada con otros países del Mediterráneo y del Este europeo, la educación en España, o más bien su nivel de alfabetización, se encontraba en una posición relativamente buena; en relación con los países del norte como Inglaterra, Escocia o Suecia, el atraso de la península ibérica ya era notable (véase gráfico 2.2).

Los liberales fueron el núcleo en torno al cual se organizó el debate sobre la educación en el siglo XIX. Moderados y progresistas, o conservadores y progresistas, según las distintas denominaciones bajo las que los liberales se agruparon en distintos momentos, siempre mostraron una preocupación similar por el tema de la educación, aunque sus posturas en relación con aspectos particulares de éste fueran en ocasiones muy variadas. Al consolidarse el régimen liberal tras la primera guerra carlista, los liberales (moderados y progresistas) tuvieron la posibilidad de poner en práctica su ideario educativo, heredero de dos grandes tradiciones de finales del siglo XVIII: la corriente ilustrada española y las ideas de los revolucionarios franceses de 1789. Hasta finales del siglo XIX serían los principales interlocutores en materia de política educativa. Nuevas corrientes de pensamiento, encabezadas por personalidades de la vida académica por una parte, y por el incipiente movimiento obrero por otra, no contribuirían activamente al debate educativo hasta los últimos años del siglo XIX. Las fuerzas políticas más conservadoras, en especial los absolutistas, nunca mostraron especial preocupación por el tema, y sus escasas intervenciones en el debate iban por lo general encaminadas a apoyar una mayor intervención de la Iglesia en materia

[6] Véase TORTELLA (1984) y PRADOS (1988) sobre el empeoramiento relativo de la economía española durante el siglo XIX.

[7] Véase TURIN (1967), p. 10.

educativa. Veamos, pues, cuál es la herencia que los liberales españoles recibieron del siglo XVIII, de qué forma esos ideales evolucionaron durante el siglo XIX y cómo contribuyeron a configurar el sistema educativo español de este período.

2.1. *Antecedentes*

Los ilustrados españoles consideraban que la educación, mejor aún, la «instrucción» como ellos decían, era la base de todo progreso material o moral de la sociedad y era, por tanto, responsabilidad del Gobierno organizarla y dispensarla [8]. Les preocupaba, muy especialmente, la necesidad de promover la «cultura utilitaria» como única vía de asegurar y cimentar el desarrollo económico del país [9]. Sin embargo, pese a algunas iniciativas como la redacción de unas *Bases para la Formación de un Plan General de Instrucción Pública* de Jovellanos o la *Carta segunda sobre los obstáculos de opinión y el medio de removerlos con la circulación de luces, y un sistema general de educación* de Cabarrús, su impronta en el sistema educativo de su época fue prácticamente inexistente, lo cual no es de extrañar dada la precariedad del régimen político existente y la debilidad de la Hacienda Real [10].

Ya en el siglo XIX los liberales harían suya esta pretensión ilustrada de encomendar al Estado la responsabilidad última en materia

---

[8] Según AYMES (1983), JOVELLANOS y CABARRÚS [nota 14, p. 257].

[9] Sobre el concepto de «cultura utilitaria», véase SARRAILH (1954), Capítulos I, II, III y IV de la segunda parte. Entre los numerosos escritos de JOVELLANOS sobre la educación y su relación con el progreso económico, el párrafo que se recoge a continuación destaca por su claridad y elocuencia. Afirma JOVELLANOS que «sin duda son varias las causas o fuentes de que se deriva esta prosperidad; pero todas tienen un origen y están subordinadas a él; todas lo están a la instrucción. ¿No lo está la agricultura, primera fuente de la riqueza pública y que abastece todas las demás? ¿No lo está la industria, que aumenta y avalora esta riqueza, y el comercio, que la recibe de entrambas, para expanderla y ponerla en circulación, y la navegación, que la difunde por todos los ángulos de la tierra? ¡Y qué!, ¿no es la instrucción la que ha criado estas preciosas artes, la que las ha mejorado y las hace florecer? ¿No es ella la que ha inventado sus instrumentos, la que ha multiplicado sus máquinas, la que ha descubierto e ilustrado sus métodos? (JOVELLANOS, *Memoria sobre Educación Pública*, reproducido en el Ministerio de Educación y Ciencia, 1985a, p. 225).

[10] Ambos textos se encuentran recogidos en el Ministerio de Educación y Ciencia (1985a), pp. 329-373.

de instrucción, lo que daría lugar a un duro y prolongado enfrentamiento con la Iglesia, antigua depositaria del control de la instrucción pública [11]. Este enfrentamiento tendría momentos de mayor o menor virulencia según la naturaleza de los acuerdos vigentes entre ambas partes. Como en otros países europeos, los liberales españoles del siglo pasado dieron una gran importancia a la educación como base sobre la que cimentar la construcción de un Estado constitucional y se mostraron reacios, por tanto, a perder el control sobre el sistema educativo del país, en especial en favor de una institución de tanto peso como la Iglesia católica. Las continuas tensiones que experimentó la construcción de un Estado moderno hicieron que se prestase mayor atención a la contribución de la educación a la vida política que a su relación con el progreso material o económico. Así, en un documento programático como era el *Dictamen sobre el Proyecto de Decreto de Arreglo General de la Enseñanza Pública*, elaborado por las Cortes en marzo de 1814, se llegaba a afirmar que la educación debía consistir en la enseñanza de «lo meramente preciso para entrar a ejercer los derechos de los ciudadanos» [12]. Desde comienzos del siglo XIX, pues, de las dos grandes razones que la Ilustración había legado al ideario educativo liberal del siglo XIX, la política (la educación como forjadora de ciudadanos) y la económica (la educación como palanca del desarrollo), fue la razón política la que adquirió una mayor preponderancia, quedando relegada la razón económica a segundo término hasta ser rescatada, en circunstancias adversas para el país, a finales del siglo. Es significativo, a este respecto, que en 1893 se reimprimiera uno de los últimos escritos que tenía muy en cuenta la relación existente entre instrucción y progreso económico, las cartas que en 1807 escribiera un exiliado español, Manuel Josef Narganes [13].

---

[11] Esta confrontación no la habían evitado los ilustrados quienes, en repetidas ocasiones, se habían manifestado contrarios al control eclesiástico de la instrucción. Así, Cabarrús reclamaba el fin de este control de forma tajante. «Sobre todo, [decía Cabarrús] exclúyase de esta importante función todo cuerpo y todo instituto religioso», pues no se entiende «¿por qué extraño trastorno de todos los principios han usurpado así sucesivamente las más preciosas funciones de la sociedad tantos institutos fundados en la separación y abnegación de ella?» (en la *Carta segunda...*, reproducida en el Ministerio de Educación y Ciencia (1985a), p. 339).

[12] Documento editado por el Ministerio de Educación y Ciencia (1985b), p. 358.

[13] *Tres cartas sobre los vicios de la instrucción pública en España y proyecto para su reforma*, reproducidas dos de ellas en el *BILE* (1983), núms. 391 y 398-399, pp. 150-156 y 257-261.

El legado de la Revolución francesa vino, igualmente, a reforzar la vertiente política del papel de la instrucción pública. El mayor control que el Estado pasó a ejercer sobre la instrucción pública en Francia, recogido en una serie de medidas legislativas que culminaron con la Ley Guizot de 1833, fue fielmente seguido e imitado por los liberales españoles. La gran semejanza que existe entre la Ley Moyano de 1857 y la mencionada Ley Guizot, no es sino un ejemplo más de un proceso que perduraría durante todo el siglo XIX [14].

2.2. *De la Constitución de 1812 a la Ley Moyano de 1857*

La Constitución de 1812 fue el primer texto legal en recoger las ideas centralizadoras y estatalizadoras preconizadas por los ilustrados en relación con la instrucción pública. Las circunstancias políticas en las que se promulgó, en plena guerra frente al invasor francés y polarizado el país entre liberales y absolutistas, condicionó desde el primer momento la viabilidad del proyecto. Su importancia no radica, pues, tanto en la puesta en práctica de esos principios como en su mero enunciado en un texto político de tal importancia como es la primera Constitución promulgada en España por un cuerpo legislativo independiente. El Título IX, *De la instrucción pública*, recoge de forma breve y concisa el ideario del liberalismo español en esta cuestión.

El Título IX incluye seis artículos relativos a la instrucción pública, tres de los cuales abordan directamente el papel del Estado en la educación. El artículo 368, establece que «el plan general de enseñanza será uniforme en todo el reino», para lo cual se crea una Dirección General de Estudios (art. 369), y se otorga a las Cortes la capacidad de organizar la enseñanza «por medio de planes y estatutos especiales» (art. 370). La intervención del Estado en materia educativa, nunca anteriormente expresada con tanta fuerza y claridad en un texto legal de la importancia de una Constitución, tenía un objetivo prioritario: asegurar la estabilidad del nuevo régimen político a través de la instrucción de la población. Así, en el artículo 366 del Título IX de la Constitución se declaraba que en la escuela

---

[14] Véase PROST (1968), sobre Francia. TURIN (1967), en su trabajo sobre la escuela en España durante la primera etapa de la Restauración insiste en la vinculación existente entre la legislación española y la francesa en materia educativa.

primaria se debía dar «una breve exposición de las obligaciones civiles», junto con los rudimentos de la lectura, escritura, aritmética e incluso ciertos principios de religión. La enseñanza de la Constitución era igualmente obligatoria «en todas las universidades y establecimientos literarios», según se establecía en el artículo 368. De la importancia que los liberales de 1812 otorgaban a la educación da fe, no ya sólo el hecho de que incluyeran este tema en su primera Constitución, sino el que de los seis artículos a él dedicados, tres regularan el papel del Estado como último árbitro y responsable en materia educativa y dos hicieran mención expresa de la instrucción que podríamos denominar cívica. Quizá en la mente de los legisladores estuviera la idea de intentar evitar el caos político al que la Revolución de 1789 había conducido a Francia y al que las invasiones napoleónicas y el vacío de poder que trajeron consigo había dado lugar en España. El Estado era pues el único garante posible de la implantación de la homogeneidad en materia educativa, principio «tan luminoso y fecundo en consecuencias útiles, que él solo casi basta a arreglar la educación pública» [15].

En lo que se refiere a la organización de la instrucción en distintos niveles educativos, la Constitución de 1812 respetó el sistema existente basado en la escuela primaria, por una parte, y las universidades y «otros establecimientos de instrucción», tales como las escuelas de latinidad, por otra (arts. 366 y 367) [16]. No se introduce, pues, ninguna innovación en materia de organización de la instrucción pública en España, aunque sí se reconoce la necesidad de que se lleve a cabo una reorganización del sistema, tarea que se encomienda a las futuras Cortes legislativas. De hecho, uno de los problemas que quedaba pendiente de resolución era la organización de esos establecimientos educativos que no entraban en ninguna de las dos categorías más claramente delimitadas: la instrucción primaria y la enseñanza universitaria. Lo que habría de debatirse en el futuro

---

[15] *Dictamen sobre el proyecto de decreto de arreglo general de la enseñanza pública, de 7 de marzo de 1814*, reeditado por el Ministerio de Educación y Ciencia (1985b), p. 355.

[16] El texto completo del Título IX de la Constitución de Cádiz se encuentra reproducido en el Ministerio de Educación y Ciencia (1985a), pp. 435-436. Además de los artículos ya mencionados, incluye uno más, el artículo 371, sobre la libertad de expresión de todos los españoles, o libertad de «escribir, imprimir y publicar sus ideas políticas».

sería, pues, el modelo de transición de una a otra etapa educativa bien fuera éste abierto bien fuera restrictivo.

Apenas dos años más tarde, en 1814, el llamado Informe Quintana vino a completar el Título IX de la Constitución de Cádiz [17]. Basándose en las ideas de Condorcet y Jovellanos, Quintana llegó a la conclusión de que la educación debía ser pública, universal y gratuita [18]. Las recomendaciones contenidas en este informe, sin embargo, eran casi totalmente impracticables en su momento y de hecho no llegaron a ser aplicadas. Difícilmente podía considerarse que el país, recién salido de una larga guerra de independencia y con un régimen político inestable, como la inmediata restauración absolutista de 1814 pondría de manifiesto, estuviera en condiciones de poner en práctica una instrucción primaria universal y gratuita a cargo del Estado. Tanto la Constitución de 1812 como el Informe Quintana fueron publicados en un período de fuerte inestabilidad política, y a ambos les faltó el suficiente apoyo estatal como para mantenerse con vida y, más aún, para ser llevados a la práctica. De hecho, como ha señalado Viñao Frago, la redacción de estos textos no fue acompañada de un intenso, animado o conflictivo debate [19]. Las discusiones en las Cortes al Título IX de la Constitución son irrelevantes por lo triviales, aunque, como señalaba el diputado Villanueva, no era la Constitución el lugar para fijar detalles, sino para establecer grandes principios, en este caso la necesidad de que se instruyera al país [20]. Hasta qué punto un debate más intenso sobre el futuro de

---

[17] El título completo es *Informe de la Junta creada por la regencia para proponer los medios de proceder al arreglo de los diversos ramos de instrucción pública.* Como otros textos mencionados anteriormente se encuentra reproducido en el Ministerio de Educación y Ciencia (1985a), pp. 377-417. Para un comentario sobre este texto, véase RUIZ BERRIO (1970), pp. 26-29.

[18] El poeta Quintana, autor de este informe, se queja del mal estado en que se encuentra la enseñanza en nuestro país, y llega a la conclusión de que para que ésta sea eficaz ha de ser «*universal*, esto es, extenderse a todos los ciudadanos, [...] y no sólo *uniforme*, sino también [...] *pública*, esto es, que no se dé a puertas cerradas ni se limite sólo a los alumnos que se alistan para instruirse y ganar curso», y finalmente, *gratuita.* Ministerio de Educación y Ciencia (1985a), pp. 381-382.

[19] VIÑAO FRAGO (1982), pp. 201-202.

[20] La discusión del Título IX de la Constitución, que tuvo lugar el 17 de enero de 1812, está reproducida en el Ministerio de Educación y Ciencia (1985a), pp. 374-376. La mayor parte del debate se centra sobre la conveniencia de establecer una Academia que vele por la lengua española. La intervención del diputado Villanueva no deja lugar a dudas sobre las ideas dominantes en relación con el tema de la instrucción pública.

la educación nacional podría haber contribuido a asentarlo sobre unas bases más firmes y consensuadas, es algo que no se puede determinar. Lo que sí parece cierto es que el país no se encontraba en condiciones de alumbrar ese debate entre 1812 y 1814.

La relevancia del Informe Quintana, como la de la Constitución de 1812, no reside, pues, en sus efectos inmediatos sobre la educación en la España del primer tercio del siglo XIX. Estos fueron prácticamente inexistentes, ya que las condiciones que atravesaba el país impidieron la puesta en práctica tanto de uno como de otro documento [21]. Su importancia fue más bien simbólica pues, siendo los primeros documentos oficiales de los liberales en materia educativa, recurrirían a ellos los futuros legisladores cuando, en condiciones más favorables, se enfrentaran de nuevo al problema de la educación nacional. En este sentido, el Informe Quintana, un documento centrado exclusivamente en la educación, sería de mayor utilidad que el Título IX de la Constitución. Simbólicamente, sin embargo, sería éste último el que tuviera mayor peso [22].

El fin de la guerra de la Independencia suponía la vuelta a la normalidad que, para muchos, implicaba la implantación por primera vez en España de un régimen monárquico constitucional. Fernando VII, prisionero hasta entonces de los franceses, fue invitado a volver al país como rey constitucional. Sin embargo, sus planes eran otros. En marzo de 1814 dio un golpe militar, disolvió las Cortes, abolió la Constitución y reimplantó una monarquía absolutista que habría de perdurar hasta mediados de los años treinta. La vuelta del absolutismo implicó, entre otras cosas, una pérdida del interés del Gobierno por la instrucción del país, con la única excepción del Trienio Liberal, entre 1820 y 1823.

Tras seis años de despotismo monárquico, el ejército, concentrado en Cádiz a la espera de una flota que lo trasladara a Hispanoamérica a combatir el movimiento independentista, se sublevó y restauró la Constitución de 1812. El nuevo interludio liberal apenas

En su opinión, «la Nación debe ser literata», objetivo que debe quedar plasmado en la Constitución, pero la organización de esa tarea educativa no corresponde a un texto constitucional, sino a leyes y regulaciones particulares al tema. (*Discusión*, p. 375.)

[21] De hecho, parece que entre 1797 y 1822 se produjo una caída de la escolarización en España a consecuencia, sin duda, de la guerra de la independencia. Véase SANZ DÍAZ (1980), p. 231.

[22] Véase al respecto PUELLES BENÍTEZ (1980), pp. 61 ss.

duró tres años. Las tensiones y continuas disputas entre moderados y exaltados dentro del Partido Liberal, los graves problemas hacendísticos y, finalmente, la intervención armada de la Santa Alianza, derrotaron el régimen liberal y restablecieron a Fernando VII como monarca absolutista. Durante este breve período, los liberales volvieron a poner de manifiesto su interés por los temas educativos. Una de las reformas introducidas fue la división de la enseñanza en tres etapas. La primera era la escuela primaria, en la que se había de enseñar a leer, escribir y contar; la tercera correspondía a los estudios universitarios o superiores. La novedad estribaba en la implantación de una etapa intermedia entre una y otra, la que más tarde sería la enseñanza secundaria, que en estos momentos aún no estaba claramente definida.

El mantenimiento de la escuela primaria se encomendó a los ayuntamientos, siguiendo un principio al que ya apuntaba el Artículo 366 de la Constitución de 1812, que los liberales habían restablecido, y que también recogía, de forma aun más explícita, el Informe Quintana. La responsabilidad municipal en lo referente a la financiación de la instrucción primaria se mantendría hasta comienzos del siglo XX, cuando el gobierno central se hizo cargo de ella. Una cuestión hasta ahora no aclarada es determinar hasta qué punto las diferencias en la oferta pública de instrucción primaria entre unas provincias y otras, que como veremos en el próximo capítulo fueron considerables, se debieron a la diferente capacidad de financiación de unos y otros municipios.

Otra innovación en materia de organización de la instrucción primaria, implantada durante el Trienio y que habría de perdurar hasta nuestros días, fue la clara delimitación entre la escuela pública y la privada. Esta división supuso el reconocimiento definitivo de la responsabilidad del Estado como proveedor de instrucción primaria, al mismo tiempo que reconocía una cierta libertad para que organizaciones privadas siguieran ejerciendo la enseñanza. En definitiva, con esta medida lo que se establecía era la independencia de un sector de la enseñanza primaria, el público, del control de la Iglesia, hasta entonces el principal depositario de la misión de educar al país [23]. El intento de reconciliar a la Iglesia católica con la nueva

---

[23] Según SANZ DÍAZ (1980), la enseñanza primaria dependía de iniciativas particulares, por una parte, y de escuelas «de fundación benéfica, generalmente dependientes del clero», por otra, p. 230.

política de intervención e independencia estatal, no fue acogido sin resistencia por parte de esta institución. De hecho, la Iglesia se convirtió en el centro aglutinador de la oposición a la política educativa del Estado liberal [24]. Entre los temas que dieron lugar a una disputa más enconada entre los liberales más o menos absolutistas, que contaban con el apoyo de la Iglesia, de un lado, y los liberales de un signo y de otro, destacaría el de la libertad de enseñanza.

La segunda etapa absolutista del reinado de Fernando VII, la llamada «década ominosa», que siguió a la invasión de las tropas francesas, los Cien mil hijos de San Luis, en 1823, supuso un nuevo freno al desarrollo de la política educativa. Durante este período, y en especial en los primeros años, Fernando VII y su camarilla llevaron a cabo una persecución sistemática de los liberales y de sus ideas. Sin embargo, esta persecución no supuso una completa vuelta atrás en las medidas educativas tomadas por los anteriores gobiernos liberales, en especial en lo que se refiere a la instrucción primaria, el menos conflictivo de los tres niveles educativos y por el que menos habrían de preocuparse los absolutistas [25]. Se iniciaba así una cierta despreocupación por el problema de la enseñanza *primera*, que habría de contrastar durante gran parte del siglo XIX con los encendidos debates en torno a la *segunda* y a la universitaria. Esta falta de atención y de debate en torno a la instrucción primaria contribuiría a que gran número de los problemas que la aquejaban no fueran debidamente afrontados hasta que la situación alcanzara proporciones alarmantes. La pérdida de las últimas colonias de ultramar en 1898 proporcionaría el choque necesario para que se despertara una nueva sensibilidad hacia los problemas de la instrucción primaria.

En contraste con el plan de instrucción primaria promulgado por los absolutistas en 1825 —de escaso interés— [26], el *Plan Literario de Estudios y Arreglo General de las Universidades del Reino*, promulgado siendo ministro Calomarde, un absolutista convencido, suponía un claro paso atrás en la política educativa del trienio liberal.

---

[24] Véase PUELLES BENÍTEZ (1985), p. 20.

[25] Según PUELLES BENÍTEZ (1985), p. 23, es posible detectar influencias del propio Informe Quintana en el *Plan y Reglamento de Estudios de Primeras Letras del Reino* de 1825.

[26] Según RUIZ BERRIO (1970) este plan fue el primero que llegó a estar vigente en España, aunque a la muerte de Fernando VII, casi 8 años más tarde, aún no se había podido poner en práctica, pp. 61 y ss. El plan «revaloriza el magisterio» y concede una enorme influencia a las Escuelas Pías.

Su objetivo central era someter las Universidades y demás instituciones de estudios superiores a un estricto control eclesiástico a fin de erradicar de ellas las ideas liberales. La educación superior, como más tarde en las últimas décadas del siglo XIX la secundaria, ya se había convertido en la arena de las mayores confrontaciones políticas en materia educativa del siglo XIX.

La muerte de Fernando VII permitió la vuelta al poder de los liberales en 1833. Durante el reinado de su hija y sucesora, Isabel II, la instrucción volvió a ser objeto de debate entre los distintos grupos políticos; se aprobaron dos planes generales de educación, el Plan Rivas en 1836 y el Plan Pidal en 1845, y la primera ley de educación aprobada por las Cortes españolas, la Ley de 1857.

El Plan Rivas, denominado así por haber sido promulgado por el gobierno del Duque de Rivas, un liberal moderado, introducía dos cambios significativos en el enfoque liberal de la educación del país. En primer lugar, con el plan del Duque de Rivas los liberales abandonaban definitivamente el ideal de una educación universal y gratuita para todos. A partir de este momento sólo sería gratuita y con carácter restrictivo la enseñanza primaria «la única que conviene generalizar, procurando, si es posible, que no haya un solo individuo en toda la sociedad que no participe de ella» [27]. La escuela pública sería gratuita únicamente para los niños cuyas familias entraran en la categoría de «pobres», que habían de hacer las comisiones de pueblo, de partido y provinciales [28].

En segundo lugar, el Plan Rivas reorganiza la instrucción primaria en dos niveles, elemental y superior, dependiendo del curriculum que habría de enseñarse en uno y otro. Tanto unas como otras escuelas podían ser de niños, de niñas o mixtas. La escuela elemental podía ser, además, completa o incompleta según la titulación del maestro que la regentara. Las escuelas completas debían tener un maestro titulado al frente, mientras que en las incompletas el maestro podía ser cualquier persona que supiera leer y escribir, fuera mayor de edad y «de buenas costumbres». Finalmente, también se

---

[27] *Escrito del duque de Rivas justificando el abandono de la gratuidad universal*, de 1836, reproducido en el Ministerio de Educación y Ciencia (1985b), p. 413.

[28] Véase respecto a este tema PUELLES BENÍTEZ (1980), p. 99. Aunque el Plan Rivas fue derogado apenas un mes después de ser promulgado (SANZ DÍAZ, 1980, p. 232), resulta interesante por los cambios que introducía y que fueron más tarde recogidos en la Ley de 1857.

establecía la posibilidad de que se abrieran escuelas estacionales, es decir que tan sólo funcionaran en aquellos períodos durante los cuales no se requiriera la ayuda de los niños en tareas laborales. Por su propia naturaleza, este tipo de escuela estaba más indicado en las comunidades agrícolas, donde el trabajo infantil era estacional y se concentraba en períodos tales como la cosecha o la recolección de la aceituna, que en los núcleos urbanos, donde el trabajo artesanal o incluso industrial no estaba marcado por el paso de las estaciones.

El que una escuela fuera elemental o graduada dependía del tamaño del núcleo de población donde se asentaba. Así, el Plan Rivas establecía que «en todos los pueblos que lleguen a cien vecinos se procurará establecer a lo menos una escuela primaria completa», (art. 10) y «las ciudades y villas cuyo número de vecinos llegue a mil doscientos procurarán establecer una escuela superior» (art. 12). El establecimiento de escuelas incompletas estaba permitido en los pueblos que no pudieran mantener una escuela completa así como en los distritos escolares cuya población se encontrara diseminada en el campo (art. 8) [29]. Como veremos más adelante, la clasificación y organización de la escuela primaria según el tamaño y las características de los asentamientos de población tendría un impacto definitivo sobre la distribución regional de la escuela pública [30].

Durante los primeros años del reinado de Isabel II, sin embargo, no prevaleció un ambiente de estabilidad política que permitiera sentar las bases del nuevo sistema educativo. Hasta 1839, año en que se firmó un acuerdo de paz, las guerras carlistas entre los partidarios del absolutismo y los liberales dominaron la escena política y fueron un poderoso obstáculo a la puesta en marcha de las medidas educativas dictadas por el Gobierno. La paz trajo consigo la aparición de nuevas diferencias en el seno de los liberales, diferencias que, en lo relativo a temas educativos, irían desapareciendo con el paso del tiempo. Un avance importante en ese proceso de acercamiento lo supondría el plan de educación de 1845.

El plan de 1845, comúnmente conocido como Plan Pidal, llevaba

---

[29] *Plan General de Instrucción Pública* del duque de Rivas, artículos 8 al 12, reeditado por el Ministerio de Educación y Ciencia (1985b), p. 125.

[30] Al Plan Rivas siguió la «Ley de 21 de julio de 1838, que reorganizaba la primera enseñanza en sus líneas generales, dejando un gran margen al Gobierno para concretarlas en disposiciones de rango inferior». SANZ DÍAZ (1980), p. 232. Este mismo autor recopila las dispociciones que se emitieron hasta la promulgación de la Ley de 1857.

la impronta de los moderados, entre los cuales destacó en su redacción Alejandro Pidal y Mon [31]. Como los anteriores, el Plan Pidal fue promulgado por Real Decreto, por lo que resultaba un plan vulnerable, sujeto a continuos cambios y modificaciones dependiendo del ambiente político del momento, y, por tanto, en buena medida inefectivo. De hecho, durante la década moderada fueron continuas las modificaciones que sufrió el Plan Pidal [32]. La puesta en práctica de una política educativa a largo plazo resultaba, pues, tarea casi imposible sin la previa aprobación en las Cortes de una ley general de educación que consiguiera el apoyo político suficiente para garantizar su efectividad. El Plan Pidal, sin embargo, y pese a la introducción de algunas medidas de carácter partidista, supuso un avance más en las relaciones entre los dos partidos liberales más significativos, moderados y progresistas; fue un paso más en la búsqueda de un terreno común sobre el que basar un cierto consenso político en materia educativa. La aproximación de las posturas de los liberales, por una parte, y la debilidad intrínseca de una política basada en decretos u órdenes reales, por otra, hicieron posible la promulgación de una Ley de Instrucción Pública a mediados de la pasada centuria. Consenso similar no volvería a alcanzarse hasta la década de 1930, cuando se promulgó una nueva ley de educación destinada a sustituir a la ya anticuada Ley de 1857.

2.3. *La Ley Moyano de 1857*

En Julio de 1857 las Cortes aprobaron una Ley de Bases por la cual se autorizaba al Gobierno a redactar y promulgar una ley general de educación [33]. Al tratarse de una Ley de Bases, de hecho un breve esquema de los principios que debían desarrollarse en la futura

---

[31] A diferencia del Plan Rivas de 1836, el Plan Pidal apenas introducía innovaciones. De éstas, quizá la más importante era el reconocimiento del derecho de inspección sobre todas las escuelas, públicas y primarias, de la Iglesia católica, lo cual es muestra clara de la influencia de los moderados católicos en su redacción.

[32] Véase PUELLES BENÍTEZ (1980), pp. 97 y ss. y (1985), pp. 36 y ss.

[33] El título completo de la Ley aprobada por las Cortes es el de *Ley de Bases de 17 de julio de 1857, autorizando al Gobierno para formar y promulgar una Ley de Instrucción Pública.* Las discusiones a las que este proyecto de Ley de Bases dio lugar en las Cortes se publicaron en la revista *Anales de Educación,* de donde procede la mayor parte de la información en la que se basan las siguientes páginas.

ley, el Gobierno obtuvo la aprobación de las Cortes con una gran celeridad. En apenas dos meses desde su aprobación, el ministro de Fomento, Claudio Moyano, quien dio nombre a la ley, promulgó la Ley de Instrucción Pública sin que tuviera que ser discutida y aprobada de nuevo por las Cortes.

La ley de 1857 no se elaboró, sin embargo, en tan breve espacio de tiempo. Ya en diciembre de 1855, el entonces ministro de Fomento, Manuel Alonso Martínez, había firmado un proyecto de ley elaborado por el Real Consejo de Instrucción Pública. Es más, el verdadero artífice del proyecto de ley de 1855 era Antonio Gil de Zárate, un funcionario consagrado desde hacía tiempo a los temas educativos, sobre los que había escrito en abundancia, y que incluso había participado en la redacción del Plan Pidal de 1845. La rapidez con que se aprobó y promulgó la Ley de 1857 no se explica, pues, sin tener en cuenta toda la labor previamente realizada desde el Gobierno, labor facilitada en parte por la aproximación entre moderados y progresistas que ya se dejó entrever en 1845 [34]. De hecho, esta aproximación se había materializado con la aparición de un nuevo partido político, expresivamente denominado Unión Liberal, que alternó en el poder con los progresistas y moderados, en ocasiones en coalición, entre 1854 y 1868.

Los principales objetivos que pretendía alcanzar la Ley Moyano eran «prodigar la instrucción primaria, facilitar la secundaria y acomodar la superior a las necesidades sociales» [35]. Sin embargo, la escuela primaria era objeto de especial atención, hasta el punto de que la ley puede considerarse una ley de instrucción primaria más que una ley general de educación [36].

Las medidas más importantes de la Ley de 1857 en relación con la instrucción primaria se pueden resumir como sigue. La escuela primaria podía ser pública o privada, como la secundaria, mientras que el Estado se reservaba el monopolio de la enseñanza universitaria [37]. Se consideraban escuelas públicas a aquellas «que se sostie-

---

[34] Para mayor información sobre la relación entre moderados y progresistas sobre el tema de la educación nacional, véase PUELLES BENÍTEZ (1980), pp. 134 y ss.

[35] *Anales de Educación*, p. 37.

[36] Véase el discurso de Moyano presentando el proyecto de Ley de Bases en las Cortes, *Anales de Educación*, p. 104.

[37] Los artículos 97 a 108 regulaban la organización de la escuela primaria. La ley se encuentra reeditada en el Ministerio de Educación y Ciencia (1985b), pp. 266 y ss. Sobre la postura del Ministro de Fomento relativa a la coexistencia de una enseñanza

nen en todo o en parte con fondos públicos, obras pías u otras fundaciones destinadas al efecto. Estas escuelas estarán *a cargo de los respectivos pueblos que incluirán en sus presupuestos municipales, como gasto obligatorio la cantidad necesaria para atender a ellas*» [38]. Eran escuelas privadas los establecimientos «costeados y dirigidos por personas particulares, sociedades o Corporaciones» [39].

Las escuelas primarias podían ser elementales y superiores, completas e incompletas, dependiendo de la cantidad de materias que se enseñaran en ellas. Así, en una escuela elemental completa se enseñaría a leer y a escribir, incluyendo algunos principios elementales de gramática; aritmética así como «el sistema legal de medidas, pesas y monedas»; el catecismo de la Iglesia católica y algunas nociones de Historia Sagrada; y, finalmente, «breves nociones de agricultura, industria y comercio» [40]. Toda escuela elemental que no cubriera estas materias sería considerada incompleta [41]. Las escuelas primarias superiores, por su parte, tendrían un curriculum algo más extenso que incluiría algo de geometría, geografía e historia de España, y ciencias naturales «acomodadas a las necesidades más comunes de la vida» [42]. El número y el tipo de escuela que habría de ser establecido en cada pueblo o ciudad estaría determinado por el tamaño de su población. Así, los núcleos de mayor población contarían con un mayor número y variedad de escuelas públicas [43].

---

pública y privada véase las discusiones al proyecto de Ley, *Anales de Educación,* en especial pp. 83 y 104.

[38] Artículo 97 de la Ley Moyano. El subrayado es mío. El Estado consignaría en sus presupuestos generales «la cantidad de un millón de reales, por lo menos, para auxiliar a los pueblos que no puedan costear por sí solos los gastos de primera enseñanza».

[39] Artículo 148.

[40] Artículo 2.

[41] Artículo 3.

[42] Artículo 4.

[43] Así, «en todo pueblo de 500 almas habrá necesariamente una escuela pública elemental de niños y otra, aunque sea incompleta, de niñas» (Art. 100). «En los pueblos que lleguen a 2.000 almas habrá dos escuelas completas de niños y otras dos de niñas», proporción que se iría ampliando progresivamente (Art. 101). Los pueblos de menos de 500 habitantes debían tener una escuela incompleta o, al menos, estacional, aunque también se recomendaba que se unieran para formar distrito y mantener una escuela elemental completa «siempre que la naturaleza del terreno permita a los niños concurrir a ella cómodamente» (Art. 102). En las capitales de provincia y poblaciones de más de 10.000 habitantes, al menos «una de las escuelas públicas

La Ley Moyano establecía la obligatoriedad de la instrucción primaria para «todos los españoles» de entre 6 y 9 años. Los padres o tutores eran los responsables de que se cumpliera este principio, pudiendo elegir la escuela, pública o privada, a la que habrían de mandar a sus hijos o pupilos [44]. La instrucción primaria sería totalmente gratuita únicamente para aquellos niños cuyas familias fueran consideradas carentes de medios para pagar los gastos escolares. El párroco local era el encargado de determinar qué familias entraban en esta categoría, para lo cual habría de extender un certificado que más tarde había de ser aprobado por escrito por el alcalde [45].

Finalmente, se establecía el derecho de la Iglesia católica a inspeccionar las escuelas tanto públicas como privadas, aunque este derecho quedaba restringido a los temas relacionados con la enseñanza de la doctrina católica y de los principios morales. Este tema fue el que despertó mayor controversia y un debate más enconado al discutirse el proyecto de ley en las Cortes. Y lo seguiría siendo en el futuro.

Como puede advertirse fácilmente ninguna de estas medidas era realmente nueva; más o menos elaboradas, todas ellas hacían referencia a ideas y principios presentes en distintos textos legales, desde la Constitución de 1812 hasta el Plan Pidal de 1845. La Ley Moyano no pretendía introducir grandes innovaciones en materia educativa sino tan sólo dar coherencia, organizar y fundir en un solo texto legal sancionado por el poder legislativo aquellos principios sobre los que se había alcanzado un cierto consenso entre los distintos partidos liberales y que aún se encontraban perdidos en una multitud de decretos y reales órdenes, en ocasiones contradictorias y por lo general difíciles de aplicar. En palabras de los que la redactaron, la Ley de 1857 pretendía «legalizar lo ya existente bueno e introducir

---

deberá ser superior» (Art. 104). En estos núcleos urbanos se recomendaba la apertura de escuelas de párvulos y de adultos (Arts. 105 y 106).

[44] Artículo 7. El artículo 8 establecía una multa de entre 2 y 20 reales para aquellos que no cumplieran con su obligación de mandar a los niños a la escuela. El problema del bajo nivel de escolarización que aquejaba al país a mediados del siglo XIX no quedaría resuelto, sin embargo, con la mera introducción de medidas penalizadoras del tipo de las mencionadas, de lo que serían conscientes los distintos grupos políticos preocupados por el tema. Véase al respecto la discusión que tuvo lugar con motivo de la aprobación de la Ley de Bases de 1857 en los *Anales de Educación*, p. 88.

[45] Artículo 9.

mejoras» [46]. El espíritu de Quintana cuando afirmaba que «en todas las cosas, pero principalmente en la instrucción pública, vale más mejorar que destruir, a menos de querer exponerse a perderlo miserablemente todo», seguía vivo entre los legisladores de 1857 [47].

La novedad de la Ley Moyano estribaba precisamente en su condición de ley, frente a los anteriores planes promulgados directamente por el Gobierno [48]. Al menos temporalmente, puso fin a la continua proliferación de ordenanzas y decretos que habían regulado la educación en España con anterioridad. Tan solo temporalmente, porque nuevos decretos y reales órdenes fueron pronto emitidos, aparentemente con la intención de clarificar aquellos aspectos de la ley que podían ser conflictivos, de hecho contribuyendo una vez más a oscurecer y complicar la propia ley y a dificultar, en definitiva, su aplicación. En otras palabras, la Ley Moyano se vió pronto afectada por el mismo problema que pretendía resolver, la proliferación de medidas legislativas innecesarias e incluso en ocasiones contradictorias.

Pese a la persistencia de este problema, la Ley de 1857 sería muy duradera, ya que de hecho no sería sustituida por un nuevo texto legal hasta la llegada de la Segunda República, en los años treinta de este siglo. Fracasó, no obstante, en su principal objetivo, establecer un marco legal efectivo que permitiera la escolarización de toda la población [49].

2.4. La Revolución de 1868 y la Restauración

El 2 de junio de 1868, una nueva ley de educación reemplazó durante un breve período a la Ley Moyano [50]. El artífice, más bien

---

[46] *Anales de Educación*, p. 29.

[47] De un *Discurso pronunciado por Manuel José Quintana en la Universidad Central el día de su instalación (7 de noviembre de 1822)*, reproducido por el Ministerio de Educación y Ciencia (1985b), p. 400.

[48] Según TURIN (1967), p. 82, este hecho convierte a la Ley Moyano en la contrapartida española a la Ley Guizot de 1833 en Francia.

[49] Véase al respecto la lección de apertura del curso académico 1912-1913 pronunciada por SANTIAGO ALBA, antiguo ministro de educación pública, en la Universidad de Valladolid. Alba llegó a afirmar que «el plan de nuestro insigne Moyano es todavía un programa político, al cabo de más de medio siglo de promulgarse aquélla». ALBA (1913), p. 39.

[50] Sería derogada por un Decreto de 21 de octubre del mismo año, tras la caída de Isabel II.

instigador, del nuevo código fue el marqués de Orovio, un conservador radical que protagonizaría diversos enfrentamientos con la universidad. En contraste con la Ley de 1857, aprobada con el consenso de liberales y conservadores, la Ley de 1868 era una ley partidista. Su objetivo primordial era imponer un mayor control del Estado sobre el profesorado, en especial el universitario, con el fin de impedir la difusión de las ideas liberales. En esa ahora acrecentada tarea de control se otorgó una posición privilegiada a la Iglesia católica, aliada de los conservadores[51]. La Revolución de 1868, apenas unos meses después de haber sido promulgada esta nueva ley educativa, suspendió su aplicación y reinstauró la Ley Moyano. Es más, durante los años que precedieron a la Restauración borbónica, se promulgaron una serie de decretos destinados a reforzar la libertad de ciencia así como la libertad de cátedra a todos los niveles educativos. El tema de la libertad de enseñanza daría lugar a una enconada batalla entre liberales y conservadores hasta bien entrado el siglo XX.

La Revolución de 1868 supuso el final del reinado de Isabel II y marcó el comienzo de una nueva era en la vida política del país. Como proyecto político, la revolución terminó en un rotundo fracaso. Tras seis años de inestabilidad y de gobiernos frágiles e impotentes, los borbones volvieron al poder en la figura del rey Alfonso XII. La Restauración se caracterizó por ser un período de relativa estabilidad política que duró algo más de medio siglo, hasta el pronunciamiento y posterior dictadura del General Primo de Rivera en 1923. La Restauración fue el primer intento de establecer un sistema de alternancia de los distintos partidos en el poder que pusiera fin a la sucesión de golpes militares que habían precedido a estos cambios bajo el Gobierno de Isabel II. Los dos grandes partidos de la Restauración, conservadores y liberales, herederos de los antiguos moderados, unionistas y progresistas, establecieron un sistema de alternancia en el poder. Las elecciones, pese a su falta de transparencia, y a estar plagadas de fraude y caciquismo, se celebraron con una cierta regularidad y, al menos temporalmente, acabaron con los pronunciamientos militares.

La política educativa de la primera Restauración, entre 1874 y 1903, aunque aparentemente dominada por el caos, tuvo de hecho una cierta unidad. Según Turin, hasta 1898 habría un «tenso y obstinado diálogo» entre liberales y conservadores. Ese mismo año, el

[51] PUELLES BENÍTEZ (1980), pp. 161-79.

desastre que supuso para el país, en especial para la opinión pública, la guerra de Independencia de Cuba, la intervención de Estados Unidos y finalmente la derrota española, acabó por forzar a ambos partidos a buscar un terreno común sobre el que edificar una nueva política educativa. Como en Francia tras la pérdida de la guerra de 1870, en las postrimerías del conflicto bélico surgió un renovado interés por la educación del país, a cuyo escaso nivel se achacó, en parte, el adverso resultado obtenido en la guerra de 1898 [52].

Las relaciones entre conservadores y liberales en lo referente a la educación nacional pasaron por varias etapas durante las décadas finales del siglo XIX. Entre 1874 y 1879 la política educativa de los conservadores, partido en el gobierno en esos años, sufrió un *impasse* sometida a constante presión tanto desde la derecha como desde la izquierda. Los liberales temían el desarrollo, bajo la égida conservadora, de un fuerte sector privado de carácter confesional, en especial en la enseñanza secundaria, mientras que los ultraconservadores intentaron por todos los medios eludir cualquier tipo de control. Como resultado de este enfrentamiento por el control ideológico de la enseñanza se prestó mayor atención a la educación superior, secundaria y universitaria, que a la instrucción primaria. De hecho, se sometió a las universidades a un control muy estricto por parte del gobierno central al mismo tiempo que se mantuvo un alto grado de independencia y autonomía entre los centros dedicados a la enseñanza primaria, secundaria y vocacional [53].

Entre 1879 y 1889 fueron los liberales los que llevaron la iniciativa en el diálogo con los conservadores. Al ministro Albareda se deben algunas de las iniciativas más significativas, entre otras la apertura de una colaboración abierta con la Institución Libre de Enseñanza, la institución educativa privada más prestigiosa en ese momento [54]. Entre las medidas encaminadas a mejorar la instrución primaria destaca el intento de los liberales de hacer efectiva la escolarización obligatoria de los niños de entre 6 y 9 años, para lo cual se pretendió que el Estado se hiciera cargo de su financiación directamente. El intento fue en vano. El Estado sólo aceptó incluir en sus presupuestos los gastos destinados al mantenimiento de las es-

---

[52] TURIN (1967), p. 291.

[53] TURIN (1967), pp. 259 ss.

[54] Sobre la ILE véase JIMÉNEZ LANDI (1973 y 1987), GÓMEZ MOLLEDA (1981) y MOLERO PINTADO (1985), así como TURIN (1967), Capítulos I y II de la Parte III.

cuelas normales de maestros (1886) y de los institutos de segunda enseñanza (1887). Habría que esperar hasta 1902 para ver a la escuela primaria incluida en los presupuestos nacionales, una vez que García Alix y Romanones, ministros conservador y liberal a cargo de la educación a comienzos de siglo, prepararan el camino a la reconciliación entre uno y otro partido en materia educativa, ayudados por las secuelas que el desastre de 1898 había dejado en la opinión pública [55].

El desastre del 98 contribuyó a que cundiera la desilusión y la falta de confianza en el sistema de la Restauración y dio lugar a la aparición de un deseo cada vez más generalizado de cambio. A los partidos políticos tradicionales se sumaron nuevos partidos, así como grupos de presión organizados y el movimiento obrero, en su doble vertiente anarquista y socialista [56], en la búsqueda de soluciones a los numerosos males que aquejaban al país. La educación se convir-

---

[55] Véase TURIN (1967), pp. 302-332. Algunos avances se dieron, sin embargo, en relación con la enseñanza primaria en las dos últimas décadas del siglo XIX. En 1882 tuvo lugar el Primer Congreso Pedagógico; se estableció un Museo Pedagógico, bajo la dirección de MANUEL B. COSSÍO, miembro destacado de la Institución Libre de Enseñanza; también se hizo un primer intento de reformar las escuelas normales. Para un análisis de los congresos pedagógicos véase BATANAZ PALOMARES (1982). Sobre el Museo Pedagógico véase GARCÍA DEL DUJO (1985); sobre las escuelas normales hay una recopilación de las disposiciones legislativas y libros de texto de AVILA FERNÁNDEZ (1986b), así como estudios particulares sobre la Normal de Sevilla (AVILA FERNÁNDEZ, 1986a), de Tarragona (NOGUERA ARROM, 1984), o de Navarra (GUIBERT NAVAZ, 1983), por poner sólo algunos ejemplos.

[56] Los anarquistas se adelantaron a otros movimientos obreros al admitir la importancia de la educación en el proceso de emancipación de la clase obrera, y se embarcaron en diversos experimentos pedagógicos que culminaron con la creación de la Escuela Moderna de Ferrer Guardia en Barcelona. Véase FERRER GUARDIA (1976), reimpresión de *La Escuela Moderna;* también TURIN (1967), Capítulo III Parte III, y SOLÁ (1976). Los socialistas, por su parte, se habían mostrado más interesados en la revolución que en la reforma del sistema, por lo que no desarrollaron una concepción propia de la educación. Entre 1907 y 1915, el PSOE adoptó las ideas procedentes «de medios burgueses librepensadores y republicanos y del movimiento ácrata», TIANA FERRER (1986), p. 121, y poco después, apoyó la idea de la Escuela Nueva, proyecto en el que también participaron destacados miembros de la Institución Libre de Enseñanza. En el Congreso del PSOE de 1918 se adoptó una ponencia sobre educación, «Bases para un programa de instrucción pública», en cuya elaboración participó activamente LORENZO LUZURIAGA, que se convirtió en la base de su política educativa. En él los socialistas se manifestaban a favor de la lucha contra el analfabetismo entre los obreros, el establecimiento de clases de adultos y de bibliotecas populares. Véase también MAYORDOMO PÉREZ (1981).

tió para muchos de ellos en la clave del progreso y de la regeneración. Al igual que había sucedido, sin embargo, durante las décadas que precedieron a la promulgación de la Ley Moyano, la falta de consenso entre las distintas fuerzas políticas y sociales, así como la inestabilidad política del sistema de la Restauración, impidieron que la ley de educación de 1857 fuera remplazada por otra ley más ajustada a las necesidades reales del país [57]. El cambio, en lo que a la legislación educativa se refiere, se plasmó en la Constitución de 1931, documento que cierra el ciclo legislativo abierto con la Constitución de 1812 [58].

Durante el siglo XIX, pues, se establecieron las bases legales sobre las que habría de asentarse el sistema educativo del país. La instrucción primaria, uno de los tres niveles en los que se articulaba el sistema educativo y el que mayor relevancia tiene para nuestro estudio de la relación entre alfabetización y desarrollo económico en la España contemporánea, era considerada obligatoria para todos los españoles de entre 6 y 9 años, quienes quedaban en libertad de elegir el centro, público o privado, donde seguir sus estudios. Queda por establecer la eficacia de la legislación promulgada a lo largo del siglo XIX y primeras décadas del XX a la hora de garantizar los objetivos propuestos, eficacia que se intenta contrastar en los dos próximos capítulos.

---

[57] En 1915, COSSÍO afirmaba que «en lo que va de siglo, se ha renovado casi totalmente la legislación escolar: pero sin llegar apenas a la realidad de la escuela. [...] No hay duda, sin embargo de que la atención pública se preocupa cada día más por los problemas de la educación nacional, como lo revelan la misma abundancia de disposiciones legislativas dictadas», p. 37.

[58] Si bien la Constitución de 1931 no dedica un capítulo especial a la educación, como hiciera en su día la de 1812, fue «el texto que más extensamente se ocupó de los problemas de la educación», según PUELLES BENÍTEZ (1980), p. 326. La política educativa de la Segunda República ha sido estudiada por PÉREZ GALÁN (1977) y SAMANIEGO BONEU (1977).

Capítulo 7

LA INSTRUCCION PRIMARIA EN ESPAÑA: ¿UN PROBLEMA DE OFERTA O DE DEMANDA?

Uno de los problemas fundamentales de los estudios sobre la escuela es establecer los determinantes de la escolarización. Por lo general, se tiende a dar mayor importancia a la oferta (pública) de puestos escolares que a la demanda (privada) de escolarización. Así, en la España de finales del siglo XIX y principios del XX solía explicarse el bajo nivel de escolarización de la población en función de la escasez tanto de escuelas como de maestros. Esta escasez venía agravada por la mala calidad de la enseñanza existente que afectaba tanto a la salubridad de los edificios escolares como a la preparación de los maestros para desempeñar sus tareas y a la falta de material de enseñanza. La solución al problema requería, pues, una mayor inversión (pública) en la escuela primaria destinada a cubrir las deficiencias antes señaladas, es decir una política de construcción de escuelas y mejora de los locales de las ya existentes y una reforma de las escuelas normales que contribuyera a elevar el nivel de formación de los maestros, así como su número. Mucha menos atención se prestaba, sin embargo, a la falta de interés que la escuela despertaba entre algunos sectores de la población. Si la escolarización obligatoria de todos los niños de entre 6 y 9 años no se cumplía, esto se debía a la falta de escuelas para acogerlos y no a la falta de interés de sus familias en escolarizarlos. La gravedad del problema escolar variaba entre unas regiones y otras debido, se pensaba, a la distinta capacidad de financiación de los municipios locales, por lo que la solución al problema requería necesariamente la incorporación de los gastos en instrucción primaria a los presupuestos generales del Estado, lo que se llevó a cabo tras la creación del Ministerio de Instrucción Pública y Bellas Artes en 1901.

Estudios más recientes sobre la escolarización en otros países ponen de manifiesto, sin embargo, que si bien «las variaciones en la provisión de recursos públicos destinados a la educación afectan las tasas de escolarización, [...] las variables del lado de la demanda (p.ej. de la economía familiar) tienen un mayor impacto sobre la participación escolar» [1]. Entre éstas cabe destacar el nivel educativo alcanzado por los padres, y muy especialmente por la madre, el tipo de ocupación de los progenitores y el medio rural o urbano en que habita la familia. De menor importancia resultan el nivel de ingresos de la familia o el número de hijos en edad escolar [2]. Sean o no extrapolables las conclusiones obtenidas a partir de estudios sobre países en vías de desarrollo en la actualidad para la España de finales del XIX, lo cierto es que el tema merece mayor atención de la que ha recibido hasta ahora [3].

Un problema adicional al de establecer los determinantes de la escolarización es el de estimar la contribución de la escuela a la difusión de la alfabetización. Dicho de otro modo, la implantación

---

[1] PSACHAROPOULOS y ARRIAGADA (1989), p. 690. La cita se refiere a los resultados obtenidos por PLANK (1986) en su estudio sobre los determinantes de la escolarización en Brasil en 1970, y son similares a los que obtienen PSACHAROPOULOS y ARRIAGADA en su estudio sobre 1980. Véase también JAMISON y LOCKHEED (1987).

[2] PSACHAROPOULOS y ARRIAGADA (1989), pp. 688 y ss.

[3] La mayor dificultad a la hora de aplicar este tipo de análisis para períodos anteriores radica en la parquedad de los datos existentes. Para algunos años del siglo XIX ha sido posible la reconstrucción de unidades familiares a través de datos censales originales en América del Norte, a partir de los cuales distintos autores han llegado a conclusiones similares a las mencionadas con anterioridad. Así, según VINOVSKIS (1983 y 1988), en Nueva Inglaterra la edad era el factor que más claramente determinaba la escolarización, siendo prácticamente universal a los 11 años. En la escolarización de niños mayores (15 a 19) se observan, sin embargo, diferencias en función de la etnicidad, la ocupación y la riqueza de los padres, siendo este último factor el más difícil de identificar. KATZ (1972), y KATZ y DAVEY (1978) llegan a conclusiones similares sobre Ontario (Canadá). Curiosamente, en el caso de Canadá, las diferencias en la escolarización atribuibles a la religión —protestantes *versus* católicos— sólo son significativas con anterioridad a la expansión de la escuela católica.

de un sistema escolar uniformado y jerarquizado, fenómeno que se inicia en el siglo XIX en gran parte de los países occidentales, tuvo un impacto muy distinto ya reemplazara a sistemas tradicionales de enseñanza ya cubriera un vacío educacional [4]. La progresiva sustitución de centros más o menos informales por una escuela pública, ya sea financiada por la localidad ya lo sea por el gobierno central, forma parte de este proceso.

En este capítulo se abordan algunas de estas cuestiones, dentro siempre de las limitaciones que nos imponen las fuentes disponibles. Así, si bien el panorama abarca todo el siglo XIX y las tres primeras décadas del XX, se pondrá un mayor énfasis en el análisis del período comprendido entre 1860 y 1880, período durante el cual tuvieron lugar cambios significativos en la organización de la instrucción primaria en España [5]. Entre estas dos fechas, además, se interrumpió la tendencia de expansión y consolidación del nuevo sistema de instrucción primaria iniciada en la década de 1830, con la consiguiente desaceleración que en algunas regiones experimentó la transición de la alfabetización.

---

[4] SOLTOW y STEVENS (1977) afirman que la expansión de la escuela pública en los Estados Unidos tuvo un impacto mínimo sobre las tasas de alfabetización. De hecho, la Public Common School se implantó sobre una base escolar previa (KATZ, 1976) y aquellos estados que aprobaron la obligatoriedad escolar en 1870 ya contaban con un alto grado de implantación escolar (LANDES y SOLMON, 1972); en última instancia, la expansión de la escuela pública se basó en las actitudes educativas de los primeros colonizadores (SOLTOW y STEVENS, 1977). En Inglaterra la primera Ley General de Educación, de 1870, dio lugar, según WEST (1975a y 1975b) a un desplazamiento de la oferta de instrucción privada por la pública, y poco pudo contribuir a la difusión de una alfabetización ya casi universal. En Suecia, la implantación de la escolarización obligatoria dio lugar a una rápida difusión de la capacidad de escribir entre una población que ya era capaz de leer (JOHANSON, 1981). Sin embargo, en países donde la implantación del sistema escolar no vino a sustituir a un sistema educativo alternativo, su contribución a la difusión de la alfabetización fue obviamente mayor. Entre éstos se encontraba España.

[5] La mayor parte de la información estadística sobre la escuela primera en estas dos fechas proviene de los apartados destinados a Cultura en el *Anuario Estadístico* de 1860 y la *Reseña Geográfica y Estadística* de 1888 (relativa al año 1880). La información relativa al estado de la instrucción primaria con anterioridad procede, en su mayoría, del estudio de SANZ DÍAZ (1980).

1. La instrucción primaria durante la transición de la alfabetización [6]

Durante el siglo XIX, tanto el número de escuelas de instrucción primaria como el de estudiantes matriculados aumentó constantemente en España (Cuadro 7.1). Hubo, no obstante, distintos momentos de expansión dentro de esta tendencia general. La guerra de la Independencia supuso un lógico retroceso de la instrucción primaria en nuestro país. El cierre de escuelas fue, sin embargo, limitado —entre 1797 y 1822 apenas se habían cerrado unas 1.000 escuelas— mientras que la población estudiantil se redujo a algo más de la mitad [7]. Los años veinte y treinta fueron años de recuperación del tiempo perdido a causa del conflicto bélico y de la anarquía reinante en el país. La década de 1830, en particular, y pese a la situación de guerra civil que se vivía en algunas regiones del país, fue de espectacular expansión durante la cual se superaron las 15.000 escuelas y, con creces, el medio millón de alumnos. Los primeros cuarenta, sin embargo, supusieron un nuevo frenazo a la expansión de la instrución primaria. Entre 1841 y 1846 se cerraron escuelas a un ritmo anual aproximado de un 1,4 por 100, mientras que la tasa de aumento del alumnado se redujo de un 3,2 para la década de 1830 a un 0,3 durante estos años. En torno a 1846 se inició un segundo período de expansión de la instrucción primaria que culminaría alrededor 1870, fecha en la que se alcanzaron las 28.000 escuelas y el millón y medio aproximado de estudiantes en el país. La mayor tasa

[6] Sobre las estadísticas escolares del siglo XIX en España, véase COSSÍO (1915), VIÑAO FRAGO (1983) para la segunda mitad del siglo XVIII y primeras décadas del XIX, y SANZ DÍAZ (1980), en especial p. 239. GUEREÑA (1988), se extiende hasta las estadísticas de los años ochenta del siglo pasado. En opinión de este último, «la estadística educativa [es] en el siglo XIX principalmente la estadística de la enseñanza primaria», p. 140. Una discusión sobre la validez de las estadísticas escolares, en este caso las francesas, en LUC (1986), desde una postura escéptica, y HARRIGAN (1986), en favor de su utilización.

[7] Esta diferencia tan marcada posiblemente indique que las escuelas existentes representaban un mínimo del que, incluso en circunstancias adversas, no se podía prescindir. Es posible, sin embargo, que en torno a 1822 ya se hubiera producido una cierta recuperación del retroceso escolar generado por la contienda. FURET y OZOUF (1982) afirman que algo similar sucedió en Francia donde «el paréntesis revolucionario se cerró sin que tuvieran lugar cambios sustanciales en la escuela primaria [que] fue rápidamente reestablecida» tras la Revolución, siguiendo las pautas ya establecidas en el siglo XVIII (p. 100, y Capítulos 2 y 3).

CUADRO 7.1. *La escuela primaria en España durante el siglo XIX.*

	(1)	(2)	(3)	(4)	(5)	(6)	(7)	(8)	(9)	(10)
1797	11.007[a]		393.126		36	79	77	23	10	373
1822	7.960[b]		217.164		22	93		15	9	186
1831	12.628	2.6	475.722[c]	9.1	38	76	75	25	10	387
1841	16.805	2.9	653.738	3.2	39	72	70			
1846	15.640	–1.4	663.611	0.3	42					
1850	17.434	2.8	781.727	4.2	45					
1855	20.753	3.5	1.004.974	5.2	48				13	650
1860	24.353	3.3	1.251.653	1.5	51		65	36	16	800
1870	28.117	1.4	1.381.972	1.0	49					
1880	29.828	0.6	1.769.456	2.5	59			47[d]	18	1.050
1885	30.105	0.2	1.843.183	0.8	61					
1900	31.529	0.9	1.961.513	0.4	62				17	1.055
1908	30.012	–0.6	2.052.158	0.6	68			56[e]	15[e]	1.041

(1) Número total de escuelas. (2) Tasa de crecimiento anual de (1). (3) Número total de alumnos matriculados. (4) Tasa de crecimiento anual de (3). (5) Alumnos por escuela. (6) Porcentaje de escuelas de varones. (7) Porcentaje de alumnos varones. (8) Tasa de escolarización (sólo alumnos en edad escolar). (9) Escuelas por cada 10.000 habitantes. (10) Alumnos matriculados por cada 10.000 habitantes.

[a] No incluye «colegios [ni] casas de educación», SANZ DÍAZ, p. 231.

[b] 10.000 incluyendo Galicia, Cataluña, Baleares y Canarias, según SANZ DÍAZ, p. 231.

[c] 487.351 si se incluyen alumnos de colegios escolapios y humanidades según GUEREÑA.

[d] 1878-1879.

[e] 1914-1915.

Fuentes: GUEREÑA (1988) Y SANZ DÍAZ (1980) para los datos anteriores a 1850. Según este último, hasta 1838 no queda claramente definido lo que se entiende por escuela, lo que da lugar a una gran subjetividad en las estimaciones disponibles (p. 240). Desde 1850, Anuarios Estadísticos (Estado núm. V, *Reseña Geográfica y Estadística* de 1914); se incluyen escuelas de adultos. PÉREZ MOREDA (1985), p. 26, para las estimaciones de población.

de crecimiento se alcanzó entre 1850 y 1855, con un ritmo de aumento del 3,5 por 100 anual en el número de escuelas, superado incluso por el 5,2 por 100 en el número de alumnos. Este período de rápida expansión del sistema escolar precedió y acompañó la promulgación de uno de los hitos legislativos en materia educativa del siglo XIX: la Ley Moyano de 1857. Se confirma, pues, la hipótesis tantas veces sugerida de que la legislación no genera el cambio sino que, más bien, lo sanciona [8]. Esta es, al menos, la conclusión que se desprende del análisis de los datos agregados para todo el país; su confirmación dependerá de la existencia o no de distintas pautas de comportamiento regional.

La desaceleración que se experimentó durante la década de 1870, que bien pudiera haberse debido a la inestabilidad política que precedió y siguió a la caída de Isabel II y la llegada de la Primera República en España, parece, no obstante, deberse a causas estructurales más que coyunturales; la restauración de los borbones a mediados de la década siguiente no contribuyó a que se recuperaran los niveles de expansión del sistema escolar característicos del período anterior [9]. Si acaso, el decaimiento se acentuó durante estos años de estabilidad política y social caracterizada por la alternancia pacífica de liberales y conservadores en el poder. Las tasas de expansión de la escuela primaria se mantendrían por debajo del 1 por 100 anual durante aproximadamente el medio siglo que siguió a la Restauración borbónica. Prueba de este estancamiento es el hecho de que en 1908 existieran sólo 30.000 escuelas, apenas 2.000 más que en 1870 y casi las mismas que en 1880; el número de estudiantes se mantuvo

---

[8] GREW y HARRIGAN (1984) señalan que el aumento de la escolarización en Francia precede a la ley Guizot de 1833, p. 117. Véase sobre este tema Nota 4.

[9] SANZ DÍAZ (1980) mantiene que el «estancamiento y crisis de 1866-1868» es el resultado de la política educativa de OROVIO y CATALINA durante los últimos tres años del reinado de ISABEL II, política «que culminó con la aprobación de la Ley de Instrucción Primaria de 1868, caracterizada por la marcada presencia eclesiástica... [y] el deseo de regular a los maestros para quietud y control de su actividad», p. 244. Si bien es posible que la política educativa del Gobierno pudiera haber tenido algún impacto sobre la disponibilidad de puestos escolares y, en definitiva, sobre la escolarización, creo que no resulta coherente atribuirle en este caso más poder explicativo que en otros. SANZ DÍAZ olvida su afirmación anterior (p. 241) de que la Ley Moyano se limitó a sancionar una situación de hecho. Olvida también este autor que la anulación de la Ley del 68 y su posterior sustitución por la vieja Ley Moyano no dio lugar a la reactivación de la expansión escolar. Es más, la atonía se acentuó en los años siguientes.

por debajo de los dos millones. Fueron, pues, las dos últimas décadas del siglo XIX y primera del XX las que experimentaron una menor expansión de la instrucción primaria. Entre 1900 y 1908 hubo incluso una pérdida neta de escuelas, de un 0,6 por 100 anual, sólo superada por la que el país había experimentado entre 1841 y 1846. La situación no cambiaría sustancialmente hasta los años veinte y treinta de este siglo, al iniciar el gobierno central una política de construcción de escuelas por todo el país, en especial allí donde su número era más escaso.

La escolarización primaria, relativa tan sólo a la población de edad escolar, también experimentó una mejora significativa aunque insuficiente durante el siglo XIX. De hecho, la tasa de escolarización casi se dobló entre 1797 y 1900. Los niveles alcanzados en 1797 se habían recuperado ya en 1831, fecha en la que se encontraban inscritos aproximadamente un 25 por 100 de los niños de entre 6 y 13 años [10]. En 1860, sin embargo, la tasa de escolarización aún no llegaba al 40 por 100 de la población en edad escolar, y en 1910 era todavía inferior al 50 por 100, y tan sólo algo más elevada a mediados de los años veinte [11].

Dada la naturaleza de la información disponible y la forma de estimación adoptada —cociente de alumnos de entre 6 y 9 años matriculados en *un año determinado* sobre la población de ese mismo grupo de edad— hay que admitir que la tasa de escolarización

---

[10] Las tasas de escolarización para 1797, 1822 y 1831 son estimaciones de GUEREÑA (1988), pp. 143-144, para niños de 6 a 13 años en la última fecha; no especifica edad en las dos primeras. La guerra de la Independencia tuvo, sin embargo, un impacto sobre la escolarización más limitado de lo que parece a primera vista. Si se acepta como representativo del alumnado el tipo de escuela podría firmarse que la crisis afectó a la escolarización femenina, reducida a menos de la mitad en 1822, en mayor medida que a la masculina (véase Cuadro 7.1). Esta hipótesis refuerza el argumento discutido con anterioridad relativo al muy limitado peso de la escuela, y de la escolarización, en nuestro país a comienzos del siglo XIX que ni siquiera circunstancias tales como las vividas durante este período consiguieron hacer disminuir significativamente. Siguiendo una estimación más conservadora, sin embargo —calculando que la proporción de varones y hembras escolarizados no cambió, esto es, se mantuvo en torno a un 75 por 100 de varones— sería la escolarización masculina la que mayor disminución experimentó, quedando reducida a la mitad aproximadamente.

[11] Hay que tener en cuenta, no obstante, que entre 1860 y 1909 la tasa de escolarización se ha calculado para niños de entre 6 y 9 años, la edad de escolarización obligatoria establecida por la Ley Moyano, que se amplió a los 12 a comienzos del siglo XX.

no mide *stricto sensu* el grado de escolarización efectiva de la población. Bien pudiera suceder, y de hecho sucedía, que algunos sectores de la población asistieran a la escuela a otra edad, por razones que más adelante examinaremos, o bien que asistieran durante un período más breve que el establecido por la ley [12]. Así, en 1860 la tasa de escolarización era de un 36 por 100 de los niños de entre 6 y 9 años, pero los estudiantes que pertenecían a este grupo de edad suponían algo menos de la mitad de los matriculados (Cuadro 7.2). El resto eran menores —un 20 por 100— o mayores —un 30 por 100—. Esto quiere decir que había más de 6 alumnos mayores de 9 años por cada 10 de entre 6 y 9 años matriculados, y alrededor de 4 menores. En 1880 la tendencia no sólo se mantiene sino que incluso parece acentuarse: los alumnos menores de 6 años son casi 5 por cada 10 de edad escolar, mientras que los mayores son más de 7. Entre 1860 y 1880 se produjo un leve descenso relativo de la escolarización obligatoria —entre los 6 y 9 años— y un aumento de la escolarización tardía que afectó por igual a ambos sexos.

Cabe preguntarse ante estos resultados si en España se producía una escolarización tardía —o temprana— que apenas guardaba relación con la edad establecida por la ley. La escolarización tardía estaría justificada en aquellos casos en que obstáculos de carácter físico o geográfico, como la distancia de la vivienda a la escuela, impidieran a los niños demasiado pequeños asistir regularmente a clase [13]. Esta opción, sin embargo, implicaba unos mayores costes para la familia, ya que con la edad también aumentaban las posibilidades de empleo de los jóvenes y, por tanto, su coste de oportunidad. El problema de la distancia a la escuela puede explicar la escolarización tardía, pero hace más difícil entender la escolarización de menores de 6

[12] La escolarización inferior a los tres años, sin embargo, apenas se consideraría funcional, es decir, su impacto sobre el nivel de formación y de conocimientos del individuo sería insignificante. Véase Capítulo 2. La tasa de escolarización, además, no indica la frecuencia con la que se asistía a la escuela. En España, el 30 de octubre de 1880 se calcula que asistió a clase aproximadamente un 70 por 100 de los alumnos matriculados, siendo las proporciones muy similares entre la escuela pública y la privada, así como entre los distintos tipos de escuelas. Un estudio acerca de la frecuencia de la escolarización en Francia en GAVOILLE (1986).

[13] Esta hipótesis ha sido explorada para la Rusia zarista de finales del siglo XIX por EKLOF (1986), pp. 297-299, 356-359, 360 y 164 (Cuadro). Pese a que la dureza de las condiciones climáticas y el tipo de población dominante en este país podían hacer prever una alta influencia negativa de la distancia a la escuela EKLOF concluye que éste no era realmente el caso.

CUADRO 7.2. *Distribución de los alumnos según la edad, en 1860.*

	Pública 1860		Privada 1860		Pública y Privada			
					1860		1880	
	Niños	Niñas	Niños	Niñas	Niños	Niñas	Niños	Niñas
< 6 años (A)	20	20	24	24	20	21	20 (1.1)	22 (3.2)
6 a 9 años (B)	49	49	44	45	49	49	46 (0.9)	46 (2.5)
> 9 años (C)	31	30	32	31	31	30	34 (1.8)	32 (3.0)
Total	706.296	371.970	74.971	69.467	781.267	441.437	999.083	770.373
A/B (%)	40	41	54	54	41	43	46	49
C/B (%)	62	61	71	71	62	63	73	70

La categoría de alumnos mayores de 9 años no incluye adultos.
Tasa de crecimiento entre 1860 y 1880 entre paréntesis.
Fuentes: Anuario Estadístico, 1860, pp. 228-231, *Reseña Geográfica y Estadística*, 1888, p. 345.

años. La elevada participación escolar de niños de esta edad, junto con el hecho de que la mayor parte de la escolarización temprana y tardía se diera en la escuela privada, parecen apuntar, sin embargo, la existencia de un fenómeno distinto. Con algunas notables excepciones regionales, como es el caso de Galicia y Asturias, donde predomina una escolarización relativamente tardía debido posiblemente a la peculiar dispersión geográfica de la población en estas regiones, la hipótesis más plausible es que en España había un elevado grado de permanencia de los niños escolarizados en la escuela. Los niños que accedían a la instrucción primaria eran una minoría, pero los escasos afortunados permanecían en la escuela durante algunos años, lo que probablemente repercutiría positivamente en su nivel de preparación. Esta hipótesis es también corroborada por la elevada proporción de estudiantes de secundaria que existe en relación con los de primaria —como se verá en el próximo capítulo—. Así, si bien las tasas generales de escolarización eran muy bajas, un elevado porcentaje de los que lograban ir a la escuela continuaba estudios superiores. España era, por tanto, un país de escolarización intensiva más que extensiva, síntoma inequívoco de atraso [14].

Durante el siglo XIX, además, la escolarización era mayoritariamente masculina. Hasta mediados de siglo, tres de cada cuatro alumnos eran varones. Sin embargo, el aumento de la escolarización que se observa entre 1860 y 1880, de un 1,3 por 100 anual, se debió en gran parte a la expansión de la escolarización femenina. Mientras que en 1860 sólo se encontraba escolarizada una de cada 5 niñas en edad escolar, en 1880 ya se habían matriculado 2 de cada 4, lo que supuso un incremento anual de un 2,3 por 100. La escolarización temprana y tardía, por su parte, tenía un peso similar en uno y otro sexo: dos de cada 10 estudiantes de uno y otro sexo eran menores de 6 años, y 3 eran mayores. El acceso de la población femenina a la educación

[14] Como PSACHAROPOULOS (1973, 1981 y 1989) ha demostrado convincentemente, las tasas de rendimiento a las inversiones en educación son mayores en la instrucción primaria que en las superiores tanto en países desarrollados como en países subdesarrollados, aunque la diferencia es mucho más marcada en estos últimos. Pese a ello, se observa una clara tendencia a sobreinvertir en la enseñanza superior, secundaria y universitaria más que en la técnica o profesional, en los países menos desarrollados. Esto se debe a que la tasa de rendimiento privada es mayor en la enseñanza superior, por lo que aquellos grupos sociales que tienen acceso a ella, así como capacidad de ejercer presión política, favorecen una política educativa de la que son beneficiarios directos. Más sobre este tema en el Capítulo 8.

fue, pues, un fenómeno característico de la segunda mitad del siglo XIX e influyó decisivamente en la reorganización de la escuela, tanto pública como privada, como se verá a continuación.

Pese a la indudable expansión de la instrucción primaria en España, a comienzos del siglo XX nuestro país se encontraba claramente rezagado en relación con sus vecinos del norte (Cuadro 7.3). El número de escuelas y el de alumnos era inferior al existente en Francia en términos tanto absolutos, lo cual era lógico dada la menor densidad de población de la península, como relativos. Es más, paradójicamente el atraso español aumentó en lugar de corregirse a lo largo del siglo XIX. El creciente atraso español queda de manifiesto al comparar la disponibilidad de escuelas así como la escolarización relativa entre ambos países. Así, a comienzos de la década de 1830, la disponibilidad relativa de escuelas en nuestro país era un 80 por 100 de la existente en Francia, mientras que la tasa de escolarización era apenas un 60 por 100 de la francesa. En torno a 1900, tanto uno como otro indicador habían empeorado: España tan sólo contaba con un 65 por 100 de las escuelas existentes en Francia—siempre en términos relativos a la población de cada país—y su tasa de escolarización no llegaba a la mitad de la francesa (45 por 100) [15]. España tan sólo se encontraba por delante de países tan atrasados como el mismo Portugal o el Imperio ruso. El pesimismo finisecular de nuestros gobernantes parecía, pues, justificado en lo que se refiere a la situación de la instrucción primaria en España [16].

¿Cómo explicar este atraso de la península en relación con sus vecinos? ¿Era la falta de escuelas o, por el contrario, la apatía de la población hacia la instrucción primaria el principal determinante de la baja escolarización de nuestro país? Como señalábamos en el ca-

---

[15] El único indicador en el que la posición relativa de nuestro país había mejorado era el de alumnos de todas las edades, que de ser un 65 por 100 del de Francia en 1830 aproximadamente, pasó a ser de un 76 por 100 en 1900. Estas cifras sugieren que el aumento de la escolarización en nuestro país se basó, fundamentalmente, en una expansión de la educación de adultos. No obstante, estos datos son los menos fiables, dado que no queda claro que GREW y HARRIGAN incluyan en sus cifras información sobre escolarización adulta, con lo que las cifras francesas estarían relativamente subestimadas. Véase GREW y HARRIGAN (1983), pp. 32-34; (1984), pp. 117-118.

[16] Panorama aún más grave que el de España presentaba la escolarización en Portugal (véase REIS, 1989), o Rusia —44 por 100 en 1911—, EKLOF (1986), p. 285. Véase pie del Cuadro 7.3.

CUADRO 7.3. *La escuela primaria en España y otros países europeos.*

	Escuelas			Alumnos 10.000 habitantes			Tasa escolarización niños en edad escolar (%)					
	España	Francia	Rusia	España	Francia	Rusia	España	Francia	G. Bretaña	Italia	Rusia	EE.UU.
1797	10			373			23					
1822	9	9		186			15					
1831	10	11		387	596		25	43				
1835	13	16			752			66				
1841					864			37				
1846					997			75				
1850		18			967					42		
1855	13			650				96				
1860	16	20	1	800	1.147	70	36			55		49
1870		21			1.303			109	74			60
1880		23	3		1.418	120	47	120				58
1885		24			1.446			120				64
1900	17	26	7	1.055	1.395	302		119	87	76		72
1908		25	7		1.389	404	56	124			44	74

Fuentes: España: Cuadro 7.1. Francia: GREW y HARRIGAN (1983), p. 118. Según estos autores la escolarización en Francia era superior al 100 por 100 a partir de 1880 porque había un sector del alumnado que permanecía escolarizado más tiempo del establecido por la ley. Inglaterra: ELLIS (1973), pp. 314 y ss. Los datos se refieren a escuelas sujetas a inspección y consideradas, por tanto, aceptables; las cifras son relativamente elevadas si tenemos en cuenta que la primera ley regulando la instrucción primaria se promulgó en 1870. Italia: ZAMAGNI (1978), pp. 164-165. Rusia: EKLOF (1986), Cuadro 13, p. 285. EE.UU.: TYACK (1976), Cuadros 1 y 2. Los datos de escolarización de Estados Unidos, calculados sobre la población de 5 a 19 años, esconden fuertes variaciones regionales (véase VINOVSKIS, 1988, p. 11) que ya señalara FISHLOW (1966).

pítulo anterior, a comienzos del siglo XX eran más numerosos los partidarios de la primera hipótesis, hipótesis que un primer análisis de los datos estadísticos parece apoyar: mientras que el número de alumnos matriculados en la instrucción primaria se multiplicó por 5 a lo largo del siglo XIX, el de escuelas apenas lo hizo por 3. La demanda de instrucción primaria creció, pues, más rápidamente que la oferta de puestos escolares ya desde comienzos del siglo XIX. El número de alumnos aumentó a una tasa mayor que el número de escuelas o maestros, a consecuencia de lo cual la relación entre alumnos y maestros o escuelas empeoró, al menos hasta la década de 1910, año en que la situación empezó a mejorar (véanse Cuadros 7.1 y 7.4) [17]. Como consecuencia de este crecimiento de la demanda por delante de la oferta, las condiciones de escolarización empeoraron ya desde 1797. Así, en 1860 había aproximadamente 50 alumnos por escuela, 25 más que en 1797, y dos décadas después llegarían a ser casi 60. En torno a 1910 ya eran casi 70 los alumnos matriculados en cada escuela. El aumento de la escolarización podría, pues, haberse visto limitado por falta de plazas escolares. No se trataba, por tanto, de un problema de apatía o falta de interés hacia la instrucción por parte de la población española, sino de incapacidad de las instituciones, públicas y privadas, de responder a esa inquietud de la sociedad. Esta es la interpretación que se desprende, al menos, de una primera aproximación a los datos estadísticos.

Tanto la escuela pública como la privada intentaron adaptar sus servicios a las crecientes necesidades de instrucción primaria que experimentaba el país [18]. A partir del último tercio del siglo XIX,

---

[17] Aparentemente esta relación también empeoró en la década de 1930. Hay que tener en cuenta, no obstante, que hasta bien entrado el siglo XX la escuela dominante era la *unitaria* —un maestro, una escuela—; en loso años 30 se expandió la escuela *graduada*, en la que podía haber varias clases, cada una regentada por un maestro propio. Esto explica el que, hasta la introducción de las escuelas graduadas, los cocientes de alumnos por maestro y escuela sean prácticamente idénticos, mientras que tras su generalización se observa la aparente contradicción de que mejora la relación de alumnos por maestro mientras que empeora la de alumnos por escuela.

[18] Según el artículo 97 de la Ley de Instrucción Pública, de 9 de septiembre de 1857, eran escuelas públicas aquellas financiadas «en todo o en parte» con fondos públicos. Este artículo establece, asimismo, la responsabilidad de los pueblos de financiar las escuelas públicas; el Estado tan sólo contribuiría directamente con la asignación de un millón de reales para asistir «a los pueblos que no puedan costear por sí solos los gastos de la primera enseñanza». Ministerio de Educación y Ciencia (1985), p. 266. Véase Capítulo 6.

CUADRO 7.4. *La calidad de la instrucción primaria.*

	1860	1880	1914	1916	1923	1925	1932	1933
Alumnos/escuelas	51	59	57					
P	55	66			52		61	62
R	36	68						
Alumnos/maestro	60	64	49	50				
P	63	66			49	55	46	45
R	48	56				35		

P: Pública. A partir de los años veinte la escuela pública sólo incluye escuelas nacionales (no municipales).
R: Privada.
Fuente: Anuarios Estadísticos.

aumentó el peso relativo de la escuela privada que, o bien supo aprovechar la lenta reacción de la escuela pública, o bien estaba en mejores condiciones de hacer frente a las características de la creciente demanda escolar. Así, en 1925 el número de alumnos matriculados en las escuelas privadas se había multiplicado por 4 desde 1860, mientras que el de aquéllos que asistían a la escuela pública tan sólo había aumentado en un 60 por 100 (véase Cuadro 7.5). En el mismo período, el número de maestros privados casi se multiplicó por 6 mientras que el de maestros públicos lo hizo por menos de 2. Sin embargo, la escuela pública, pese a representar un segmento cada vez más limitado, siguió siendo la base de la instrucción primaria [19]. La escuela privada pasó de ser algo más del 10 por 100 en 1860 a ser aproximadamente el 30 por 100 a mediados de la década de 1920. No hay que olvidar, sin embargo, que esta participación relativa de cada sector en la instrucción primaria queda muy matizada cuando se incorporan los datos sobre la composición del alumnado. Mientras que la escuela pública se orientaba fundamentalmente a los niños en edad escolar, la escuela privada tenía un elevado porcentaje de su audiencia entre los adultos, responsables por otra parte y en gran medida del aumento de la demanda de instrucción primaria [20].

Entre 1860 y 1880, período en el que se produce una significativa reorganización del sistema escolar en nuestro país, en la instrucción pública la demanda iba por delante de la oferta en todos los tipos de escuela, desde el jardín de infancia hasta las clases de adultos, con la única excepción de las escuelas de niños. En este caso hubo un descenso tanto en el número de alumnos (0,6 por 100 anual) como

[19] En 1860, el 88 por 100 de todos los alumnos estaban matriculados en escuelas públicas que suponían el 83 por 100 del total y empleaban al 85 por 100 de los maestros de instrucción primaria. En 1880 la proporción de alumnos matriculados en la escuela pública había descendido al 82 por 100 del total, el número de escuelas al 78 y el de maestros al 79 por 100. En 1925, sólo el 71 por 100 de los estudiantes y el 64 por 100 de los maestros pertenecían al sector público.

[20] La tasa de escolarización infantil ha sido estimada dividiendo el total de niños matriculados en edad escolar (de entre 6 y 9 entre 1860 y 1880, y de 6 a 12 a partir de 1908) sobre el total de niños de la misma edad. La escolarización de niños de menor o mayor edad no ha sido tenida en cuenta, pese a que en 1860 suponía casi el 50 por 100 de los niños de 6 a 9 matriculados. El cociente de escolarización total tiene en cuenta a *todos* los alumnos de instrucción primaria, independientemente de la edad. Como se comprueba con los datos relativos a 1880, una gran proporción del aumento de la demanda escolar a partir de 1860 estaba compuesta por adultos y no por niños.

CUADRO 7.5. *Indice de alumnos, maestros y escuelas de instrucción primaria (1860 año base).*

	1880	1908	1914	1916	1921	1923	1925	1930	1932	1933
Alumnos										
Matriculados	141	164	145	137			197			
P	131					129	160	163[a]	205	218
R	218						427			
Maestros	134		179				241			
P	125					164	181		279	301
R	188						581			
Escuelas	122		130							
P	109		123		136	134		178	184	192

P: Pública. A partir de los veinte sólo incluye escuelas nacionales (no municipales).
R: Privada.
[a] 1926.
Fuente: Anuarios Estadísticos.

en el de escuelas (1,9 por 100) (véanse Cuadros 7.6, 7.7 y 7.8). El descenso en el número de escuelas de niños, aparentemente sorprendente, esconde sin embargo un fenómeno distinto cual es la reorganización de la escuela pública en favor de un mayor número de centros coeducacionales con el fin de atender a la fuerte demanda de escolarización femenina [21]. En el caso de la escuela privada, la demanda fue por delante de la oferta en todos los tipos de escuelas, incluidas las de varones, aunque el mayor aumento correspondió a las escuelas de adultos. Desglosados por sectores educativos dentro de la instrucción primaria puede afirmarse que los desfases observados entre el crecimiento de la oferta y el de la demanda son menos graves de lo que se podía pensar al ver las cifras generales. Es más, tanto la escuela pública como la privada se reorganizan con vistas a satisfacer aquellos sectores más desatendidos previamente y que mayor presión sobre el sistema educativo ejercen en estas fechas: la población femenina, la adulta y los párvulos. La escuela privada se orienta primordialmente a estos dos últimos sectores, adultos (21 por 100 en 1880 frente al 5 por 100 en 1860) y párvulos (7 por 100), mientras que la escuela pública seguiría atendiendo preferentemente a los niños en edad escolar —de los que acoge a 9 de cada 10 matriculados—, ampliando su audiencia entre las niñas, anteriormente marginadas del sistema escolar [22]. El aumento de la participación relativa de la escuela privada y la reorganización de la pública lograron, al menos en parte, hacer frente a la expansión de la demanda de instrucción primaria.

Las diferencias en la audiencia a la que se orientaron uno y otro tipo de escuela afectaron, entre otras cosas, a la composición del profesorado. El grado de cualificación de los maestros aumentó en la escuela pública mientras que descendió en la privada (véase Cuadro 7.9). En parte, esta tendencia no es sino un reflejo más de la

---

[21] Contrariamente a lo que sugiere SANZ DÍAZ (1980), la escuela mixta no era «un residuo difícil de desarraigar, pero en vías de desaparición» en la década de 1860 (p. 253). Entre 1860 y 1880 hubo un claro aumento de este tipo de escuelas, localizado geográficamente en la Meseta Norte, en respuesta al aumento de la demanda de escolarización por parte de la población femenina. El resultado inmediato del aumento de la escolarización femenina en esta región fue el espectacular incremento de la alfabetización entre las mujeres que tuvo lugar durante las últimas décadas del siglo XIX, del que se habló en el Capítulo 4.

[22] En 1880 las escuelas de niños, niñas y mixtas constituían el 95 por 100 de las escuelas públicas.

CUADRO 7.6. *La escuela pública y privada en 1860 y 1880.*

	1860 Pública	1860 Privada	1880 Pública		1880 Privada	
Total	20.198	4.155	23.132		6.696	
Porcentaje	83	17	78	(0.7)	22	(2.4)
Niños	59	41	35	(–1.9)	24	(–0.3)
Niñas	27	42	29	(1.0)	36	(1.6)
Mixtas	11[a]	10[d]	31	(6.2)	12	(3.6)
Párvulos	.6[b]	2.3[e]	2	(5.2)	7	(8.3)
Adultos	3[c]	5[f]	3	(1.2)	21	(10.0)
Total	100	100	100		100	

[a] Había escuelas mixtas —de niños y niñas— en tan sólo 14 de las 48 provincias (no se incluye Canarias). El 89 por 100 se encontraba en 7 provincias (el 29 por 100 en Burgos), en su mayoría en Castilla la Vieja y en el País Vasco.
[b] Excepto Barcelona, que contaba con el 21 por 100 de todas las escuelas públicas de párvulos, Valencia y Madrid, el resto de las provincias contaban con una sola escuela de párvulos, posiblemente en la capital.
[c] 94 por 100 en tan sólo 8 provincias (44 por 100 en Teruel) en su mayoría de las regiones de Aragón y Levante.
[d] 89 por 100 en Lugo y 7 por 100 en Pontevedra.
[e] 48 por 100 en La Coruña.
[f] 86 por 100 en sólo 7 provincias, 35 por 100 sólo en Logroño.
Tasa de crecimiento anual entre uno y otro año entre paréntesis.
Fuente: Anuario Estadístico, 1860, pp. 326-327 y *Reseña Geográfica y Estadística,* 1888, pp. 324-325.

reestructuración de la instrucción primaria que tuvo lugar durante estos años. La expansión de las órdenes religiosas dedicadas a la instrucción primaria, en especial en los núcleos urbanos, así como el incremento de las escuelas dominicales y de adultos, a cargo normalmente del cura del lugar, explicarían el apreciable descenso que se observa en la titulación de los docentes privados. La escuela privada experimentó un proceso de progresiva institucionalización en el que la fuerza dominante fue la Iglesia católica, cuyos representantes no precisaban de titulación oficial alguna para atraer alumnos. La progresiva mejora en la titulación de los docentes públicos refleja, por otra parte, los avances realizados en la organización e institucionalización de la preparación de los maestros, basados en la crea-

CUADRO 7.7. *La escuela en 1860.*

	Pública		Privada	
	Niños	Niñas	Niños	Niñas
Alumnos matriculados	729.495	372.034	80.398	69.726
Porcentaje	90	84	10	16
Superior	3	.3	4	.4
Completa	62	80	62	75
Incompleta	22	12	9	18
Estacional	.8	.3	4[a]	0
Mixta	7[b]	7[c]	11[d]	4
Párvulos	2	.6	4	2
Adultos	3	.02	7	.4
Total	100	100	100	100
Escuelas	11.887	5.405	1.703	1.749
Porcentaje	87	76	13	24
Superior	2[d]	.3	3	.4
Completa	52	83	55	69
Incompleta	44	16	22	30
Estacional	2[a]	1[b]	20[c]	0
Total	100	100	100	100
Cociente de alumnos/escuela				
Superior	91	82	64	43
Completa	73	66	53	43
Incompleta	31	53	19	24
Mixta	36		30	
Párvulos	120		45	
Adultos	37		27	

Alumnos:
[a] El 94 por 100 del total de los alumnos matriculados en las escuelas privadas estacionales se encontraba en la provincia de Lugo. Palencia tenía el 6 por 100 restante.
[b] 98 por 100 en 10 provincias.
[c] 93 por 100 en 7 provincias.
[d] Repartidos en sólo 4 provincias. El 85 por 100 en Lugo.

Escuelas:
[a] El 78 por 100 en Palencia.
[b] Todas en Palencia.
[c] El 90 por 100 en Palencia; el resto en Lugo.
[d] El 46 por 100 en tan sólo 7 provincias.
Todas las escuelas completas, incompletas y estacionales eran elementales.
Fuente: Anuario Estadístico, 1860, pp. 326-331.

CUADRO 7.8. *La escuela en 1880.*

	Pública		Privada	
Alumnos matriculados	1.442.577		326.879	
Porcentaje	82	(1.4)	18	(4.0)
Niños	40	(–0.6)	27	(1.7)
Niñas	33	(1.7)	38	(3.3)
Mixtas	21	(7.0)	10	(5.2)
Párvulos	4	(6.3)	7	(8.5)
Adultos[a]	3	(2.5)	19	(12.6)
Total	100		100	
Cociente alumnos/escuela				
Niños	70		55	
Niñas	72		52	
Mixtas	42		40	
Párvulos	147		47	
Adultos	48		42	
Alumnos que asistieron a clase	1.029.693		265.561	
Porcentaje	71		73	
Niños	73		86	
Niñas	71		82	
Mixtas	68		73	
Párvulos	75		84	
Adultos	68		77	
Total	100		100	

Alumnos:
[a] Engloba clases de adultos y dominicales, siendo la última insignificante.
Tasas de crecimiento anual entre 1860 y 1880 entre paréntesis.
Fuente: Reseña Geográfica y Estadística, 1888, pp. 324-325 y 340-343.

ción y expansión de las escuelas normales [23]. Los titulados de las escuelas normales desplazarían, lenta pero progresivamente, a los maestros sin titulación y a los menos cualificados en la escuela pú-

[23] En 1860 había 3.482 estudiantes matriculados en las escuelas normales, un 20

blica. En cierto sentido, la certificación se impuso como método de selección del profesorado en el sistema público de instrucción primaria pero no en el privado. El título de maestro expedido por cualquiera de las escuelas normales existentes en España sustituyó, pues, al informe de las autoridades locales —cura párroco y alcalde— que con anterioridad habían determinado quién podía o no ejercer como maestro [24].

La preparación de los maestros a mediados del siglo XIX no era, sin embargo, excesivamente buena. En 1860, el título más común era el de maestro elemental, seguido del de maestro superior; los graduados de las escuelas normales no suponían aún un 1 por 100 del total y eran mayoritariamente varones. Tanto en una como en otra escuela, aunque con mayor frecuencia en la pública, se exigía una mejor preparación a las maestras que a los maestros. Esta discriminación entre maestros y maestras en función de la titulación indica la existencia de barreras al acceso de la mujer a un campo laboral, la instrucción primaria, que en pocas décadas llegaría a dominar casi por completo [25]. La posesión de un título académico, por elemental que éste fuera, parece haber contribuido a limitar la resistencia de la población a aceptar a la mujer como maestra. Su avance en esta profesión fue un proceso paralelo a la expansión de las escuelas normales en nuestro país. Es decir, la feminización de la instrucción primaria corrió paralela a la mejora en la preparación del maestro y a la institucionalización de la certificación académica como método de selección del profesorado. En este sentido, la profesionalización

---

por 100 de los cuales eran mujeres. Durante los cincuenta años siguientes la matrícula en estos estudios aumentó a una tasa anual de un 2,2 por 100, siendo la tasa de aumento femenina de un 4,7 anual. En 1910 las alumnas de las escuelas normales representaban casi 2/3 del total. Durante las décadas siguientes se aceleró la expansión de las escuelas normales, a una tasa anual de un 6,9 por 100 entre 1910 y 1930, siendo en este caso de un 7,2 entre las mujeres y de un 8,3 por 100 entre los varones. En 1930 el estudiantado se dividía por mitades entre ambos sexos.

[24] España sigue un proceso similar al experimentado en otros países como Inglaterra. Según MITCH, en 1858 los maestros que disponían de algún tipo de certificado trabajaban mayoritariamente en la escuela pública: 1/3 tenía certificado de competencia y el 40 por 100 procedía de una escuela normal, mientras que en la escuela privada, sólo el 0,5 por 100 tenía certificado de competencia. MITCH sugiere que la certificación estaba orientada a la selección del profesorado en el sistema público de instrucción primaria (1986, p. 377).

[25] En Estados Unidos la entrada de la mujer en el magisterio se produjo entre 1820 y 1850. Véase GREEN (1978).

CUADRO 7.9. *Clasificación de los maestros según su titulación.*

Escuela	1860 Pública V	1860 Pública H	1860 Privada V	1860 Privada H	1880 Pública V	1880 Pública H	1880 Privada V	1880 Privada H
Total	13.882	4.862	1.592	1.710	15.291 (0.5)	6.626 (1.6)	2.680 (2.6)	3.201 (3.2)
%	63	22	7	8	55	24	10	11
Sin calificación	46	13	34	23	5	3	37	38
Con *Certificado de Aptitud*					35	2	12	3
Titulados	54	87	66	77	60	95	51	59
Graduados de Escuelas Normales	0,8	0	1	0				
Maestros superiores	8	4	10	4				
Maestros elementales	45	83	55	73				
Total	100	100	100	100	100	100	100	100
Titulados de la *Escuela Normal*[a]					5			
Superior[a]					34		35	
Elemental[a]					61		65	
Total					100		100	

[a] Como porcentaje de todos los maestros (públicos y privados) titulados. V: maestros; H: maestras.
Tasa de crecimiento entre 1860 y 1880 entre paréntesis.
Fuentes: Anuario Estadístico, 1860, pp. 338-339 y *Reseña Geográfica y Estadística*, 1888, pp. 334-339.

de los maestros le abrió paso a la mujer. El acceso de la mujer a los estudios de magisterio fue, sin embargo, un fenómeno relativamente tardío, lo que sin duda se debió al bajo nivel de alfabetización que hasta finales de siglo caracterizó a la población femenina en España [26]. En términos de preparación del profesorado, pues, la mejor enseñanza a mediados del siglo pasado era la impartida por maestras en las escuelas públicas y por maestros en las escuelas privadas, posiblemente laicas.

Al igual que en otros países del continente, en especial aquellos que como Italia también seguían el modelo educativo francés, la escuela pública fue una pieza clave e irremplazable en la implantación de la instrucción primaria en España [27]. La expansión de la escuela pública no sustituyó ni desplazó a sistema alguno de enseñanza, como podría ser la propia familia o la escuela privada. En nuestro país no existía una tradición que favoreciera una transmisión informal de la cultura, por ejemplo, dentro del núcleo familiar en un sentido amplio. Por el contrario, tradicionalmente se había establecido el monopolio de ciertas instituciones «oficiales», es decir autorizadas, sobre la educación, lo que les había permitido ejercer un control eficaz sobre su difusión. Los límites impuestos a la proliferación de este tipo de instituciones en los primeros años de la Contrarreforma que siguió al cisma protestante no hicieron sino acentuar el abismo que se abría entre la mayor parte de la población y su posibilidad de acceder a la educación. No existía, pues, una fuerte tradición educativa que fuera remplazada por la escuela pública. De hecho, esta falta de tradición dificultó la misma expansión de la escuela pública y permitió que la iniciativa privada también participara en la solución a las crecientes necesidades educativas del país [28].

---

[26] A este respecto sería interesante estudiar el origen geográfico de las alumnas matriculadas en las escuelas normales con el fin de determinar qué relación existe entre este fenómeno y la alfabetización femenina. A largo plazo, el aumento en la proporción de mujeres siguiendo estos estudios sí parece estar relacionado con el aumento de la alfabetización femenina.

[27] A mediados del siglo XIX, el peso de la escuela pública era muy similar en España e Italia (superior a un 85 por 100). En las décadas siguientes, sin embargo, mientras que en Italia tiende a aumentar la presencia de la escuela pública hasta alcanzar casi el 95 por 100 en torno a 1900, en España disminuye. Véase ZAMAGNI (1978), Cuadro 5, p. 147. Sobre la contribución de la Iglesia católica a la difusión de la escolarización en Francia, véase GREW y HARRIGAN (1985).

[28] La idea de que la escuela pública desplazara a la iniciativa privada ya fue sugerida por CIPOLLA (1969), p. 26. El tema ha dado lugar a un copioso debate sobre

La escuela privada, sin embargo, no era un sustituto perfecto de la pública. A las diferencias en cuanto a su posible audiencia relativas a la edad y sexo de los estudiantes habría que añadir el problema de la financiación de los estudios. Mientras que la escuela pública proporcionaba instrucción gratuita a todos aquéllos que no pudieran pagarla —en la práctica a la mitad de los matriculados—, la escuela privada era, por lo general, escuela de pago y estaba, por tanto, fuera del alcance de gran parte de la población (véase Cuadro 7.10) [29]. De hecho, entre 1860 y 1880 aumentó la cobertura de la gratuidad a un ritmo anual de un 3,5 por 100, es decir, a más del doble de la tasa de aumento del total de alumnos durante el mismo período. Así, en 1880 la instrucción primaria era gratuita para 7 de cada 10 alumnos y era, en la práctica, totalmente gratuita para los adultos. En términos generales, la escuela privada respondía a las necesidades de un sector muy limitado de la población española: los adultos que acudían a las escuelas nocturnas o dominicales; los párvulos, a quienes se ofrecía protección y cuidado en ausencia de sus padres y, finalmente, una sección muy limitada de los niños y niñas en edad escolar, en concreto aquellos cuyas familias podían costearles una educación «de pago». La demanda de escolarización pública, es decir, subvencionada, era mayor que la de escolarización privada, o de pago, lo que dio lugar a una relación alumnos/maestro peor en la escuela pública (Cuadros 7.7 y 7.8). Pese a la notable expansión que la escuela privada experimentó en las décadas finales del siglo XIX y primeras del XX, su presencia dentro de la instrucción primaria siguió siendo minoritaria. De hecho, no hubo una verdadera competencia entre un sistema y otro sino más bien complementariedad

---

Inglaterra y Escocia en el que han participado, entre otros WEST (1970, 1975a, 1975b, 1978 y 1983), KIESLING (1983), HURT (1971), ANDERSON (1986) y MITCH (1984, 1986). Mientras que el primero mantiene que la escuela pública desplazó a la privada, los otros autores le critican, en general, su cómputo de las escuelas existentes con anterioridad a la implantación de la escuela pública. GREW y HARRIGAN (1983), para Francia a raíz de la Ley Ferry de 1882, y NEWLAND (1990), para Buenos Aires en la primera mitad del siglo XIX, concluyen que sí hubo desplazamiento de la escuela privada por la pública.

[29] La contribución familiar directa a la financiación de la escuela pública era, sin embargo, muy limitada a mediados del siglo XIX. El 88 por 100 del presupuesto de instrucción primaria provenía de fondos municipales y sólo el 9 por 100 lo sufragaban las familias; la diferencia la cubrían fondos procedentes de fundaciones pías. *Anuario Estadístico* de 1860, pp. 342-345.

CUADRO 7.10. *La gratuidad en la escuela primaria (en porcentaje de alumnos que no pagaban gastos).*

1860	Total	Niños	Niñas
Total	48	—	—
En la escuela pública	53	53	54
En la escuela privada	10	8	13
1880	**Alumnos matriculados**		**Reciben enseñanza gratuita**
Total	1.769.456		68 (3.5)
Niños	660.406		71
Niñas	604.388		68
Mixtas	332.508		60
Adultos	78.112		76
Dominicales	20.995		99

Tasa de crecimiento anual entre 1860 y 1880 entre paréntesis.
Fuentes: Anuario Estadístico de 1860, pp. 329 y 331, y *Reseña Geográfica y Estadística,* 1888, pp. 348-349.

entre ambos, complementariedad que impidió que la escuela pública desplazara a la privada como había sucedido en otros países.

Tanto en un sistema como en otro, eran las niñas las que asistían gratuitamente a la escuela con mayor frecuencia, lo que indica que cuando la escolarización comportaba gastos directos para las familias éstas estaban más dispuestas a financiar la educación de sus hijos varones [30]. A corto y medio plazo la decisión de dar instrucción a los varones y no a las hembras tenía sentido para la economía familiar: se invertía en aquel miembro de la familia que tenía mayores probabilidades de obtener beneficios de una más amplia educación, el varón, que era el que dirigía la explotación familiar, se relacionaba con el mercado o emigraba en busca de mejor trabajo. A la mujer

[30] OLÓRIZ, médico interesado en el estudio de las causas del analfabetismo en España, llevó a cabo una encuesta informal entre la población femenina con el fin de establecer las causas de su mayor grado de analfabetismo. Su estudio le llevó a concluir que «muchas familias dispuestas a hacer algún pequeño sacrificio para instruir a sus varones, jamás lo harán por dar siquiera las nociones más rudimentarias a las hembras, pues suele ser máxima corriente que éstas no las necesitan para servir a Dios, cuidar su casa y obedecer a su marido, misión única de casi todas las mujeres españolas», (1900, p. 295).

le era más difícil transformar su educación en beneficio inmediato y tangible. A medio y largo plazo, sin embargo, la decisión de no educar a las mujeres tenía importantes consecuencias para la economía familiar que ya se discutieron con anterioridad. En términos generales, el analfabetismo femenino contribuyó a perpetuar el atraso económico y el bajo nivel educativo de la familia.

Al discutir la transición de la alfabetización en España se advirtió la existencia de, al menos, dos grandes períodos expansivos que correspondían a distintas regiones, en términos muy generales norte y sur de la península. El primero se había iniciado con anterioridad a 1860 y perdió fuerza en las últimas décadas del siglo. El segundo es un fenómeno del siglo XX y su punto álgido se encuentra en las décadas de 1920 y 1930, antes de verse truncado por el estallido de la guerra civil. A grandes rasgos, se advierte una cierta correspondencia entre la desaceleración en la implantación de la escuela primaria en torno a 1870 y el inmediato frenazo que experimentó la transición de la alfabetización. Igualmente, la posterior recuperación de la escuela primaria a partir de 1910 bien podría explicar que las regiones más atrasadas experimentaran una aceleración en su transición de la alfabetización en las décadas siguientes. En caso de que esta hipótesis fuese correcta, la implantación del sistema escolar en España no habría sido uniforme sino que, por el contrario, hubiera tenido un marcado carácter regional. En términos generales, la mayor expansión de la instrucción primaria durante el siglo XIX habría tenido lugar en la mitad norte de la península, en torno a la Meseta. La expansión de la instrucción primaria en el siglo XX habría contribuido, finalmente, a corregir los desequilibrios regionales surgidos en la anterior centuria consiguiendo que aumentara la escolarización en las regiones del sur.

2. Contrastes regionales: ¿un problema de oferta o de demanda?

A mediados del siglo XIX España distaba de ser un país homogéneo en lo que se refiere a la disponibilidad de plazas escolares, por lo cual se pueden identificar algunos rasgos regionales. Tampoco lo era por el nivel de escolarización que presentaba, igualmente, pautas regionales fácilmente identificables. Concluir que la disponibilidad de escuelas determinaba la escolarización puede ser, sin embargo, una afirmación precipitada que merece la pena ser discutida.

La oferta escolar en 1860, estimada como el cociente del número de escuelas y maestros relativo al total de la población, así como por los gastos por habitante —en la escuela pública, no en la privada— era muy superior en la Meseta Norte que en cualquier otro punto de la península. La densidad escolar en Castilla la Vieja y León era de aproximadamente unas 40 escuelas por cada 10.000 habitantes. La oferta más limitada se daba en las zonas periféricas, especialmente en el sur y sureste, con una densidad escolar que en el mejor de los casos no superaba las 10 escuelas por cada 10.000 habitantes (véase Mapa 7.1). La situación mejoraba ligeramente a lo largo de la costa mediterránea, de Valencia a Cataluña, con cocientes de 11 a 15 escuelas, similares a los que se podían encontrar en algunas provincias gallegas y del País Vasco, así como Madrid y Toledo. A grandes rasgos, esta distribución regional se mantiene si se tiene en cuenta el número de maestros de instrucción primaria en ejercicio, dado que la mayor parte eran escuelas únicas, es decir, estaban regidas por un solo maestro (véase Mapa 7.2). Si se toma el gasto por habitante como indicador de la oferta escolar el panorama regional que se obtiene apenas varía de los esbozados con anterioridad (véase Mapa 7.3). Curiosamente, la mayor densidad escolar no se da en aquellas provincias donde mayor es la competencia entre el sector público y el privado, sino allí donde la exclusividad de la escuela pública es también mayor, en la Meseta Norte (véase Mapa 7.4). Es decir, la competencia entre la escuela pública y la privada no garantiza una mayor oferta de instrucción primaria.

Podría pensarse, sin embargo, que el grado de disponibilidad de la escuela primaria no depende del tamaño de la población total sino, más bien, del de la población infantil. Obviamente, las necesidades escolares de una población envejecida son inferiores a las de una población relativamente joven, por lo que indicadores escolares que hacen referencia a la población total pueden conducir a error [31]. Algunas características demográficas de la población española, en particular una esperanza de vida inferior a los 35 años a comienzos del siglo XX, sugieren, sin embargo, que este problema aún no existía

[31] El envejecimiento de la población francesa, perceptible ya en las últimas décadas del siglo XIX, explica el aparente estancamiento de la disponibilidad de plazas escolares en este período. Véase GREW y HARRIGAN (1983).

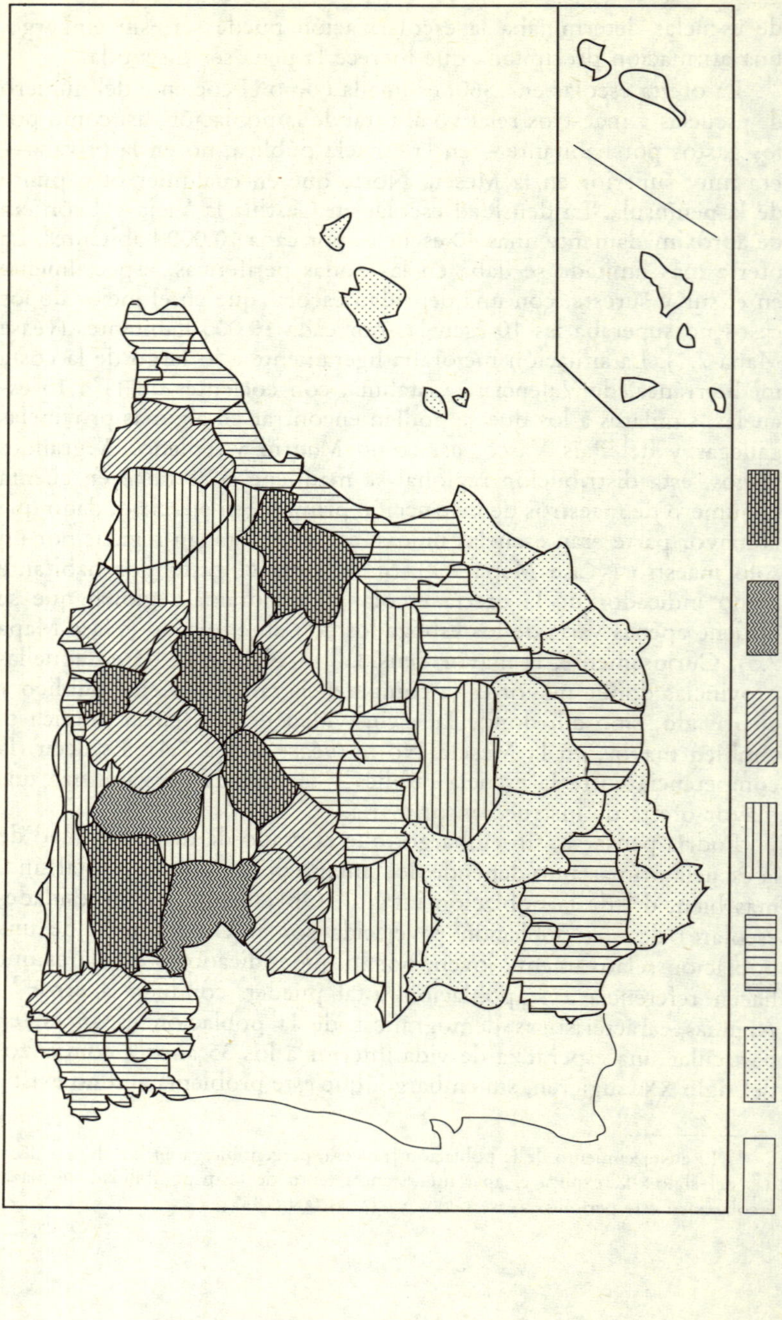

MAPA 7.1. *Escuelas por 10.000 habitantes en 1860.*

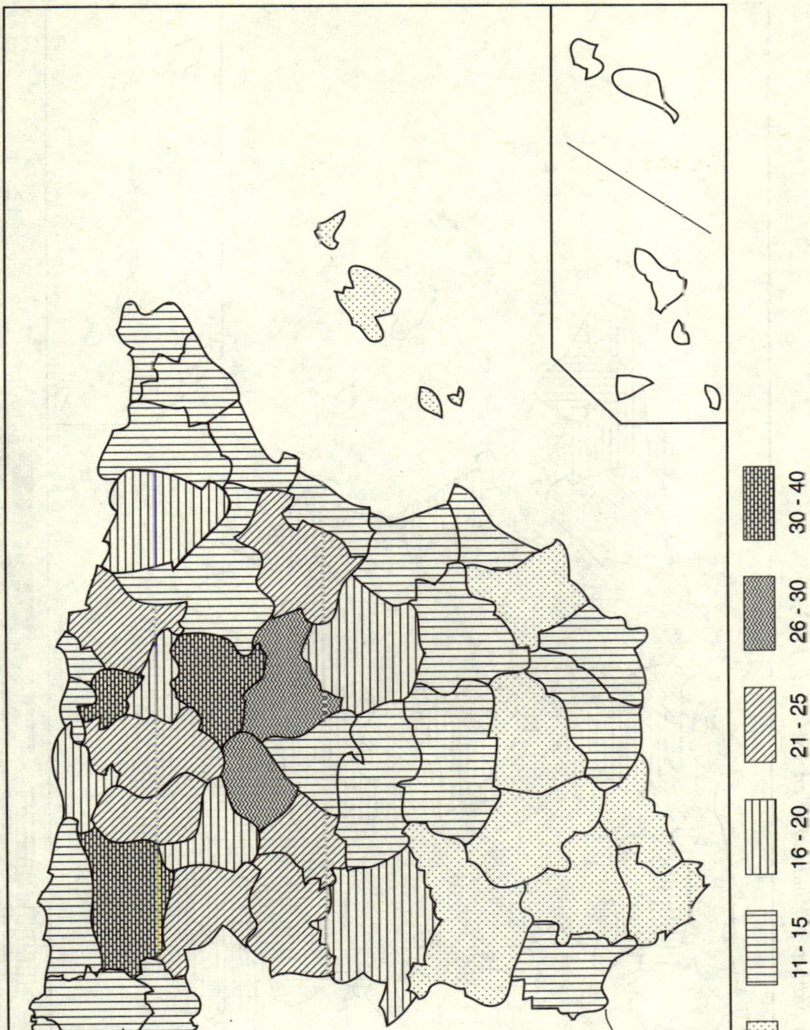

MAPA 7.2. *Maestros por 10.000 habitantes en 1860.*

MAPA 7.3. *Gasto público por habitante en 1860 (pts. 1913).*

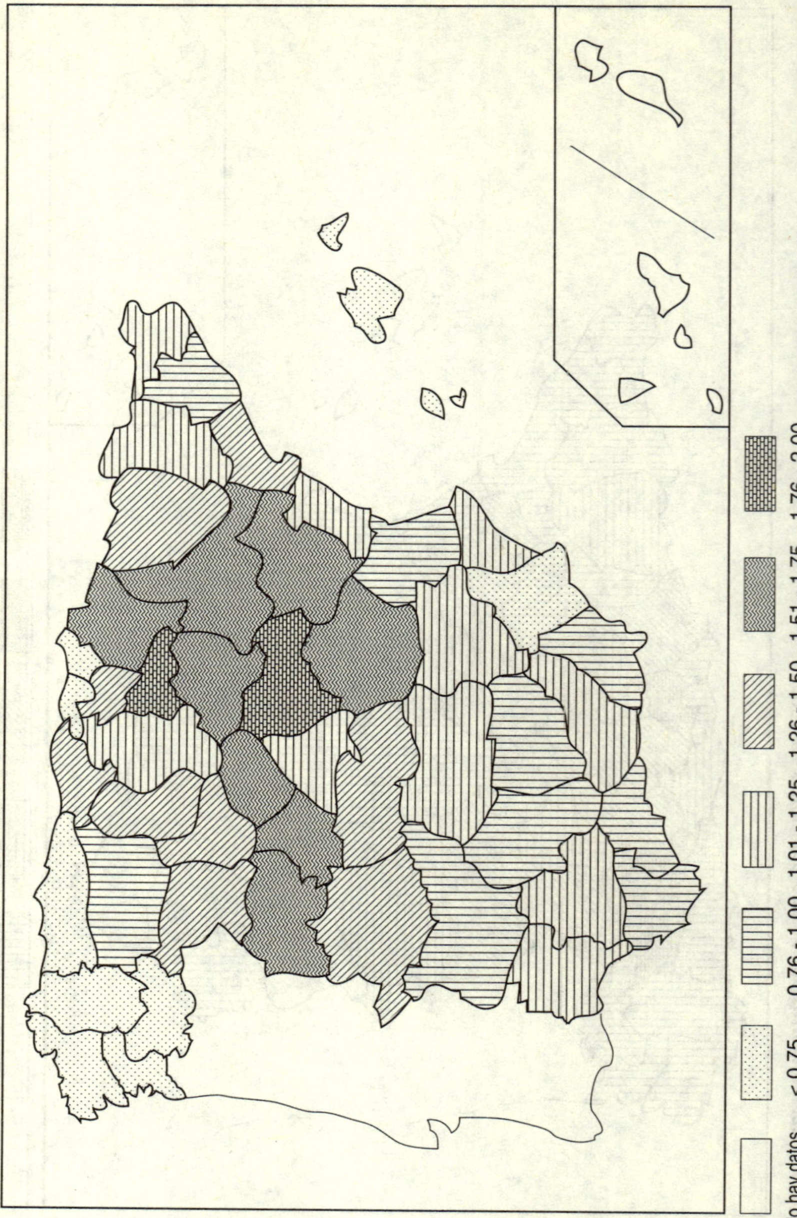

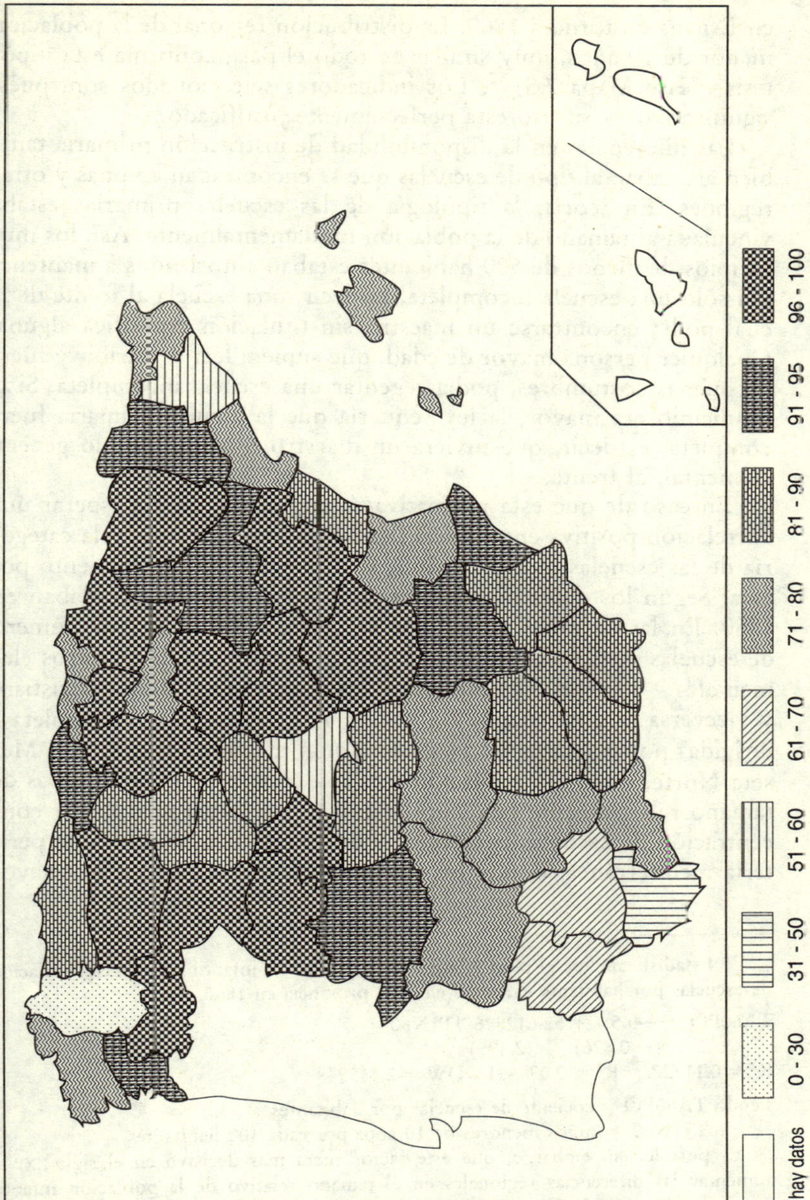

MAPA 7.4. *Participación de la escuela pública en 1860.*

en España en torno a 1860. La distribución regional de la población menor de 10 años, muy similar en todo el país, confirma esta hipótesis (véase Mapa 7.5) [32]. Los indicadores seleccionados son, pues, significativos y su uso está perfectamente justificado.

Las diferencias en la disponibilidad de instrucción primaria también afectaban al tipo de escuelas que se encontraban en unas y otras regiones. En teoría, la tipología de las escuelas primarias estaba vinculada al tamaño de la población fundamentalmente. Así, los municipios de menos de 500 habitantes estaban autorizados a mantener tan sólo una escuela incompleta, es decir, una escuela al frente de la cual podía encontrarse un maestro sin titulación específica alguna. Cualquier persona mayor de edad, que supiera leer y escribir y fuera de buenas costumbres, podía regentar una escuela incompleta. Si el municipio era mayor, la ley requería que la escuela primaria fuera completa, es decir, que tuviera un maestro titulado, por lo general elemental, al frente.

En caso de que esta normativa se cumpliera, cabría esperar una correlación positiva entre la calificación de los maestros y la categoría de las escuelas, por una parte, y el tamaño del asentamiento por otra. Según los datos disponibles, ambas vinculaciones se daban en 1860. En las regiones en las que se concentraba el mayor número de escuelas completas era donde mayor proporción de maestros elementales —los más comunes entre los maestros titulados— existían, y viceversa (véanse Mapas 7.8 y 7.9). Así, las escuelas incompletas, dirigidas por maestros sin titulación, eran más abundantes en la Meseta Norte, donde la población tendía a concentrarse en pueblos de tamaño relativamente pequeño, mientras que había una mayor concentración de escuelas completas y de maestros titulados en la periferia mediterránea, donde los núcleos urbanos tendían a ser mayo-

---

[32] Estadísticamente el peso relativo de la población infantil no explica la relación de escuelas por habitante existente en cada provincia en 1860. Así:

$$TA60PO = -465.7 + 52.612826\ TPIN60$$
$$(-0.876) \qquad (2.499)$$
$$R^2 = 0.117272 \quad \bar{R}^2 = 0.098491 \quad DW = 2.115948$$

siendo TA60PO = cociente de escuelas por habitantes

TPIN60 = niños menores de 10 años por cada 100 habitantes.

Es posible, sin embargo, que este factor fuera más decisivo en el siglo XX, al aumentar las diferencias regionales en el tamaño relativo de la población infantil (comparar Mapas 7.5, 7.6 y 7.7).

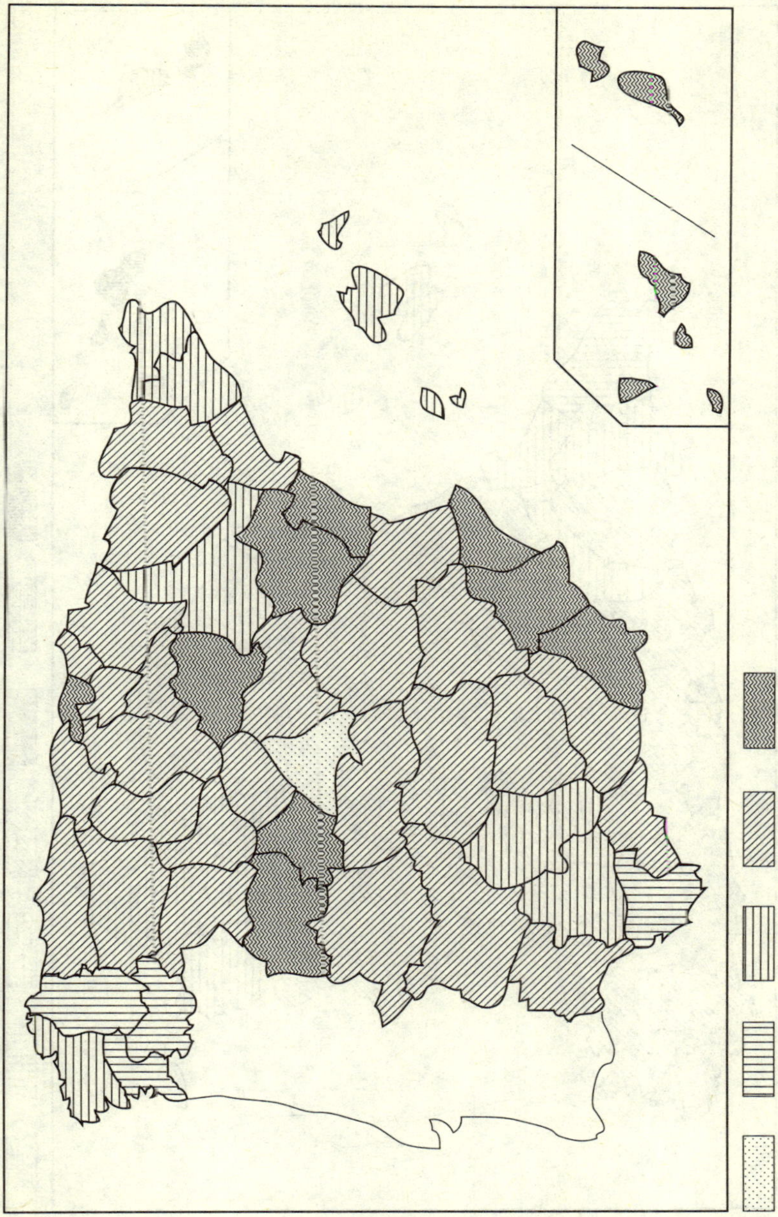

MAPA 7.5. *La población infantil (< de 10 años) en 1860 (en % sobre población total).*

MAPA 7.6. *La población infantil (< de 10 años) en 1900 (en % sobre población total).*

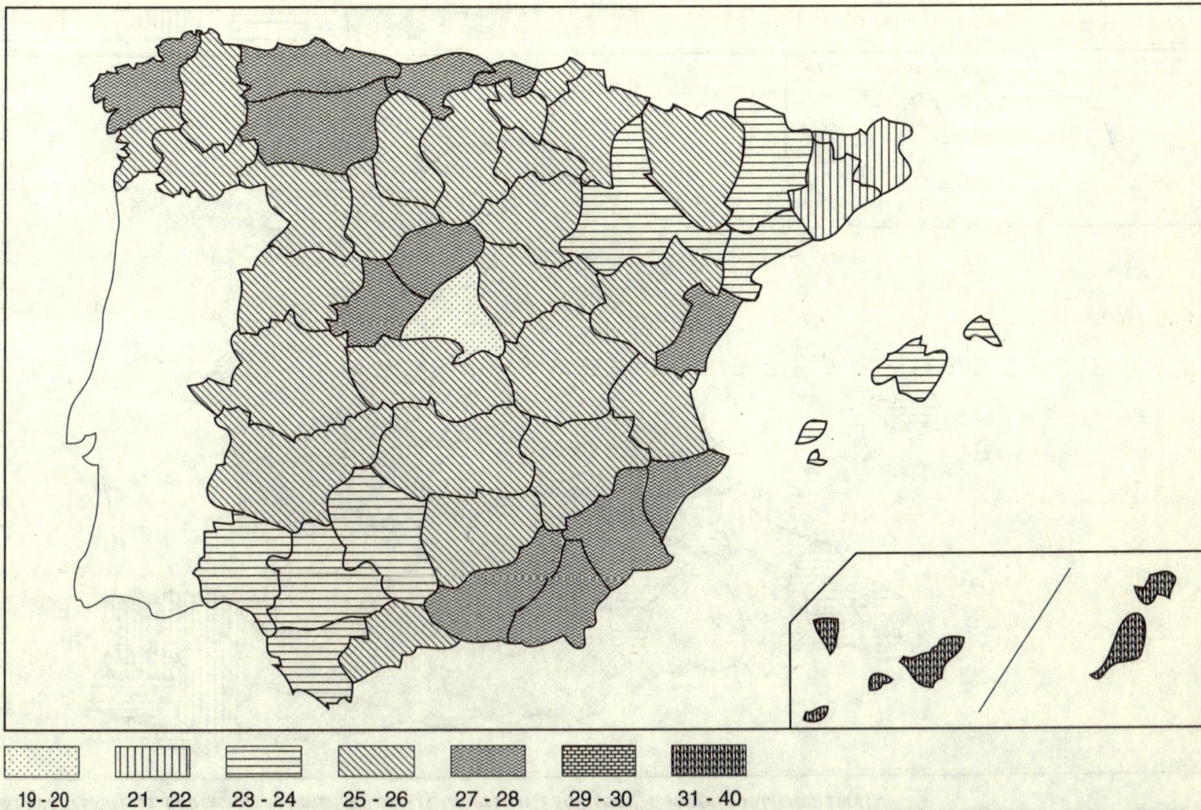

MAPA 7.7. *La población infantil (< de 10 años) en 1930 (en % sobre población total).*

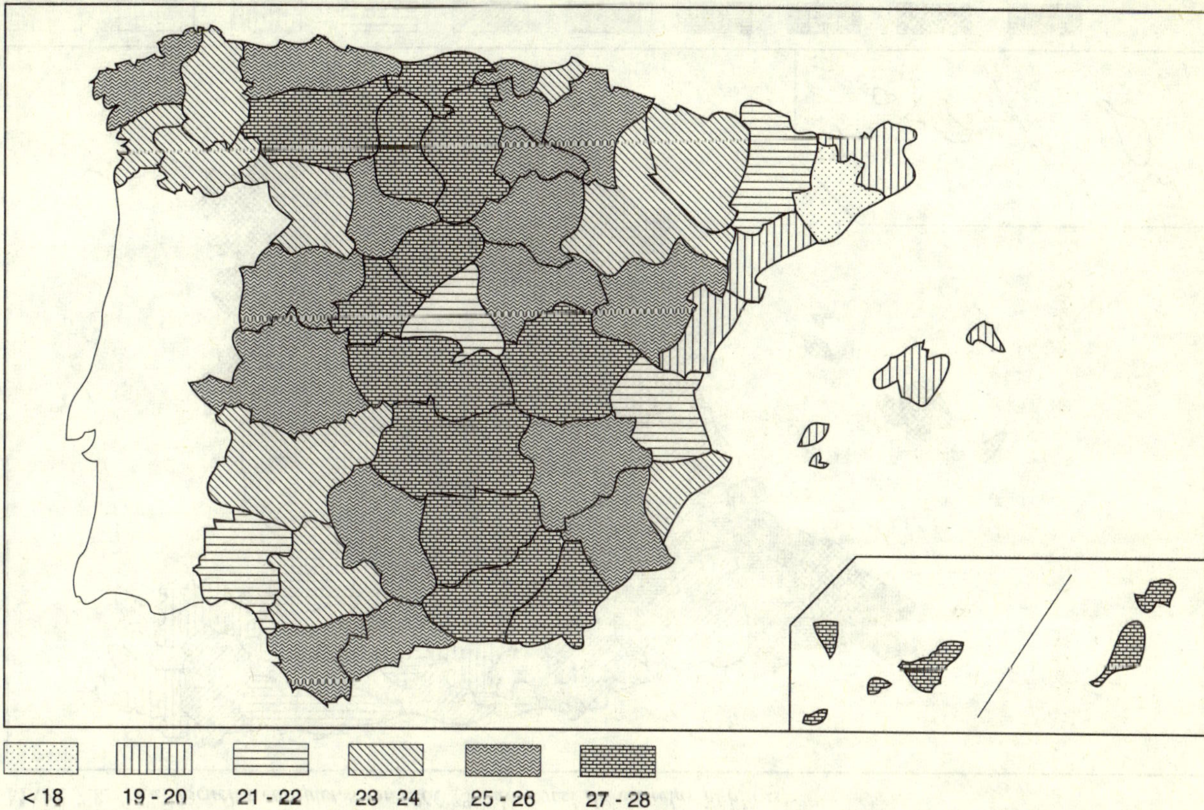

MAPA 7.8. *Las escuelas completas en 1860 (% del total de escuelas públicas).*

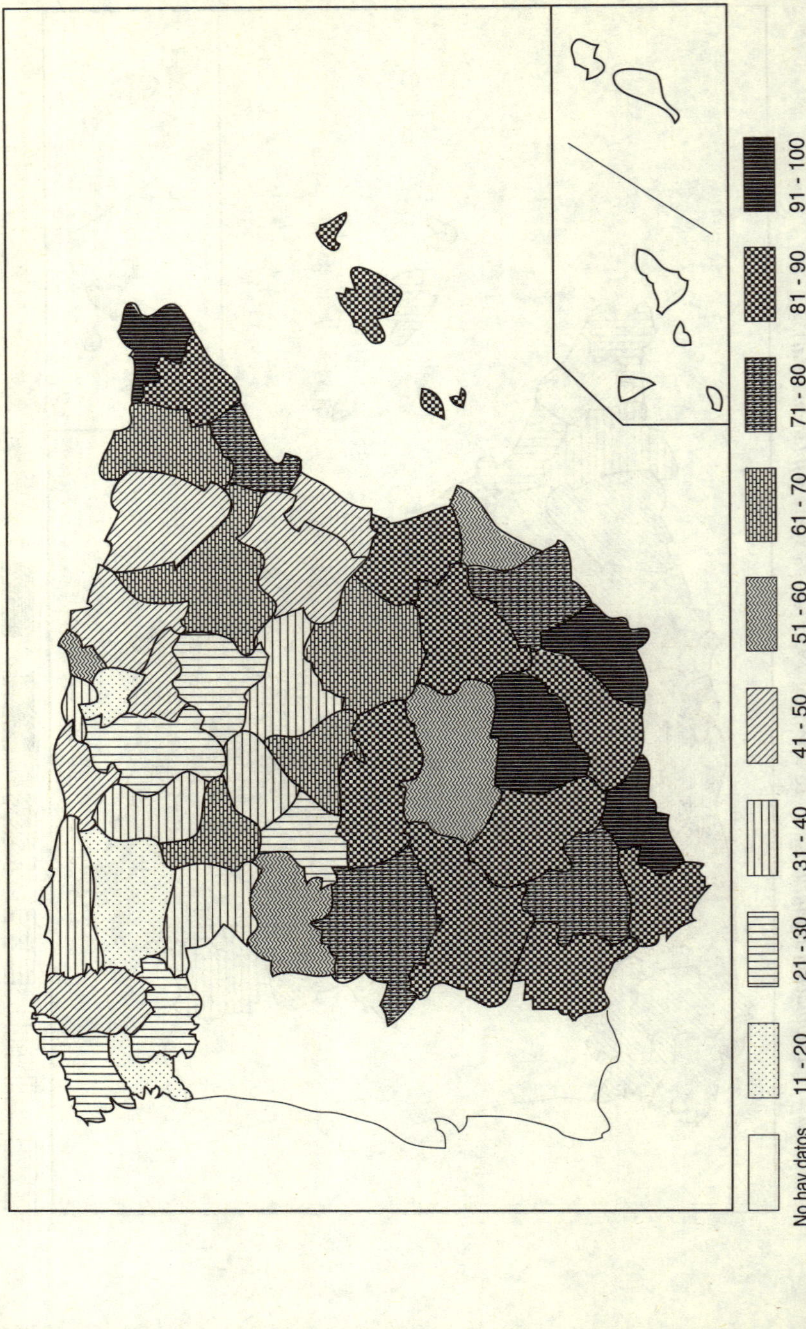

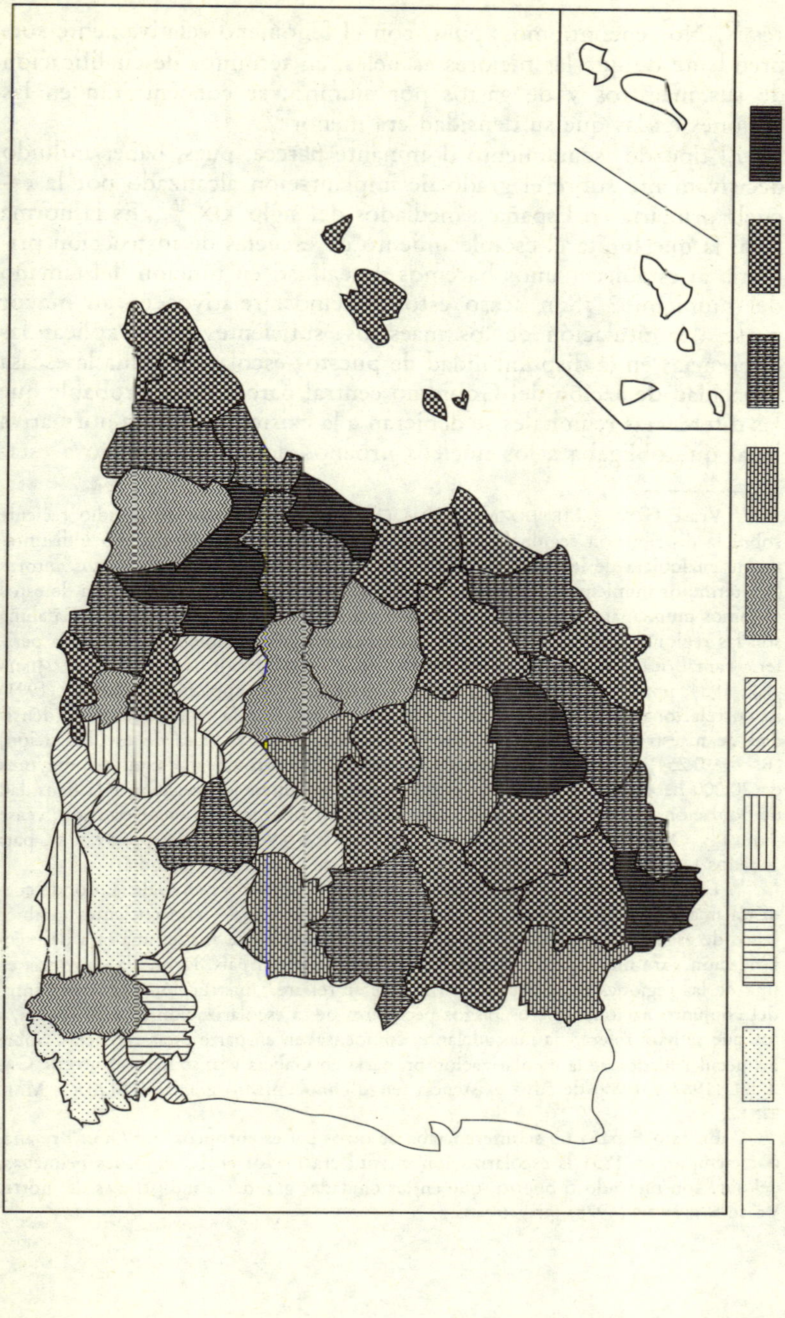

MAPA 7.9. *Los maestros titulados en 1860 (% del total de maestros públicos).*

res [33]. Nos encontramos, pues, con el fenómeno relativamente sorprendente de que las mejores escuelas, en términos de cualificación de sus maestros y de gastos por alumno, se concentraran en las regiones en las que su densidad era menor [34].

El tipo de asentamiento dominante parece, pues, haber influido decisivamente sobre el grado de implantación alcanzado por la escuela primaria en España a mediados del siglo XIX [35]. ¿Es la norma legal la que limita el establecimiento de escuelas de instrucción primaria al establecer unos baremos de calidad en función del tamaño del municipio? ¿Son acaso estos baremos, relativos en su mayor parte a la titulación de los maestros, suficientes para explicar las diferencias en la disponibilidad de puestos escolares? Dada la escasa capacidad de acción del Gobierno central parece poco probable que las diferencias regionales se debieran a la existencia de una normativa legal que obligaba a los núcleos urbanos de mayor tamaño a esta-

---

[33] Véase GÓMEZ MENDOZA y LUNA (1986), pp. 3-22, para un estudio reciente sobre la distribución regional de la urbanización en España. Utilizando indistintamente cualquiera de los dos coeficientes de urbanización que calculan estos autores (1.º términos municipales de más de 5.000 habitantes; 2.º sólo la población de estos términos municipales que vive en el «casco urbano»), Andalucía, Levante y Cataluña son las regiones con mayor índice de urbanización. Son también, junto con la periferia cantábrica, las regiones de mayor densidad de población (véase SÁNCHEZ JIMÉNEZ, 1984, pp. 178 y 234-235, así como TORTELLA, 1981, pp. 24-25). REHER (1991) ha correlacionado el tamaño medio de los municipios con la oferta educativa (densidad de maestros) $R^2 = 0.394$) y con la demanda educativa (tasa de escolarización) ($R^2 = -0.254$) para 1887, excluyendo las capitales de provincia y ciudades mayores de 20.000 habitantes. Entre otros estudios que han intentado relacionar la densidad de población y el grado de urbanización con la alfabetización o escolarización, véase FURET y OZOUF (1982) para Francia; SOLTOW y STEVENS (1981), pp. 39 y ss. para Estados Unidos, o SHAH (1981) para el Estado de Gujarat, en la India.

[34] La única excepción realmente significativa se encuentra en Galicia, donde coexistía una baja densidad escolar —pública que no privada— con cocientes también bajos de escuelas completas y maestros titulados. A esto se añadía una tasa de escolarización para niños de 6 a 9 años de las más bajas del país, lo que la convertía en una de las regiones peor situadas en lo que se refiere a instrucción primaria dentro del conjunto nacional. Otros rasgos peculiares de la escolarización en esta región, a los que se hará referencia más adelante, compensaban en parte estas carencias. Sobre las peculiaridades de la escolarización primaria en Galicia véanse los trabajos de GABRIEL (1987 y 1989) de cuya existencia tengo conocimiento gracias a BLANCA MARTÍNEZ.

[35] En esto España no se diferenciaba de otros países europeos. En Gran Bretaña, por ejemplo, en 1851 la escolarización infantil era mayor en las ciudades pequeñas, del sur, con mercado o puerto, que en las ciudades grandes e industriales del norte. Véase STEPHENS (1978), pp. 36 y ss.

blecer escuelas «completas», y por tanto más caras, en detrimento de un mayor volumen de plazas escolares de menor «calidad». Es más, si la ley vino a sancionar la realidad vigente, como señalábamos con anterioridad, habría que encontrar otras explicaciones a la aparición de estas marcadas diferencias regionales en la disponibilidad de puestos escolares. El hecho es que la gente de la Meseta Norte parecía más dispuesta que los habitantes de la mitad meridional de la península a establecer una escuela pública en el vecindario. ¿O acaso habría que hablar de capacidad de financiar estas escuelas y no de voluntad de escolarizar a sus hijos, como factor que diferenciaba a unas comunidades de otras? Sobre este tema volveremos en el Capítulo 8.

A primera vista, la escolarización la determinaba la disponibilidad de plazas escolares, independientemente de su calidad. Así parece sugerirlo, al menos, el hecho de que las tasas de escolarización más elevadas se encuentren en la Meseta Norte, y las más bajas en la periferia —Galicia y el sureste peninsular [36].

El paralelismo que se observa entre ambos indicadores no es base suficiente, sin embargo, para establecer si existen o no otros determinantes de la escolarización, como ya señalamos que estudios recientes tienden a destacar. Un primer indicador de que la demanda de instrucción primaria variaba de una región a otra y tenía un peso clave sobre la escolarización nos lo proporciona la tasa de escolarización relativa, medida por los cocientes de escuelas, maestros y gastos por alumno (comparar Mapas 7.3 y 7.12). La tasa de escolarización relativa nos permite estimar el grado de respuesta popular, o demanda, a la oferta de instrucción primaria existente [37]. En caso de que la demanda de instrucción primaria no interfiriera en la tasa

[36] El paralelismo que se aprecia entre ambas series ha llevado a SANZ DÍAZ (1980) a afirmar que «en la franja central y parte de las provincias andaluzas y valencianas hay pocas escuelas, porque el poblamiento es concentrado, pero la proporción de alumnos no es baja», p. 262, lo cual no quiere decir mucho. La tasa de escolarización relativa indica, sin embargo, que esta proporción de alumnos sí era baja.

[37] Información similar es la que utilizan BOSCH y DÍAZ (1988), Capítulo 4 para estimar la demanda educativa en España entre 1970 y 1984. GREW y HARRIGAN (1984) utilizan las tasas de inscripción como estimación de la demanda social de escolarización en el caso de que la obligatoriedad de la instrucción primaria no se cumpla, condición que obviamente también se cumplía en España. EKLOF (1986), más afortunado, contó para su estudio sobre la escuela en Rusia con información sobre los alumnos a los que se negaba admisión por falta de plaza, lo que le ha permitido hacer una mejor estimación de la demanda real de instrucción primaria.

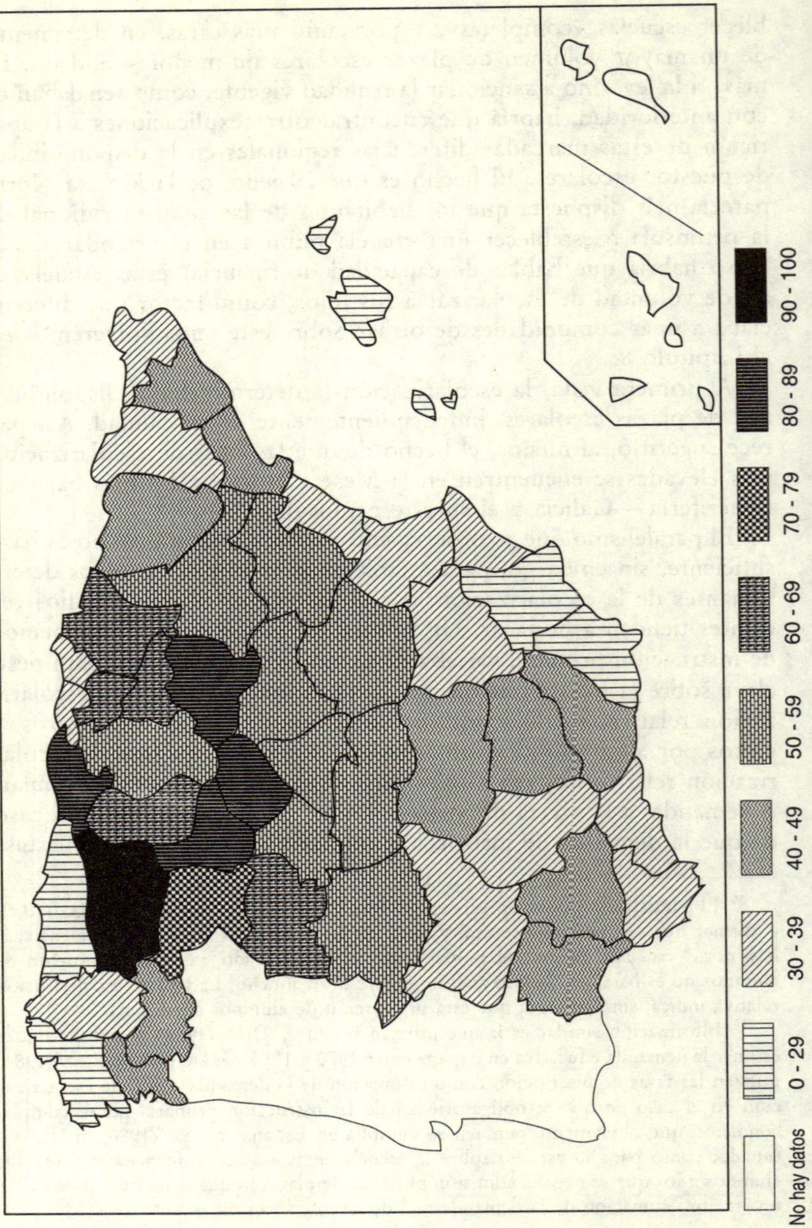

MAPA 7.10. *Tasa de escolarización masculina (6-9 años) en 1860.*

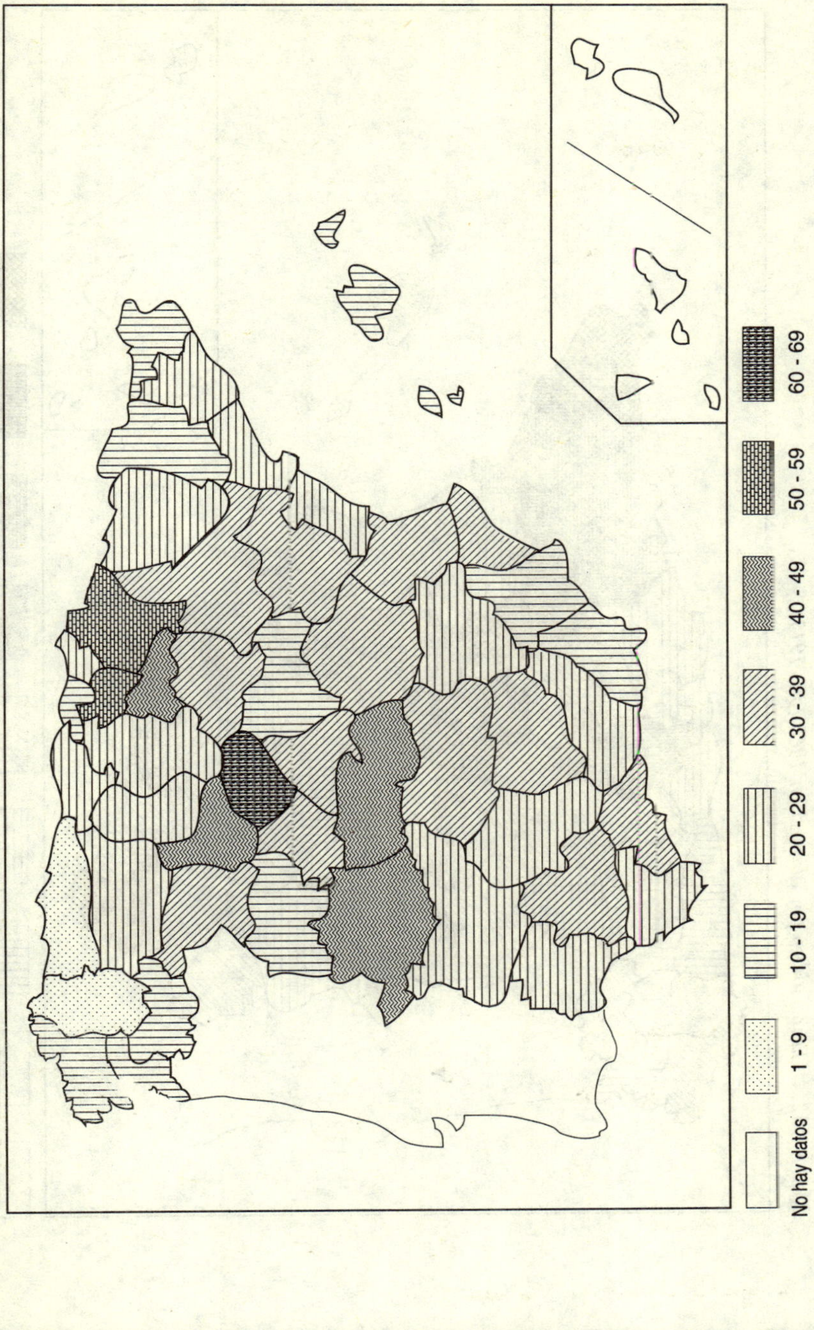

MAPA 7.11. *Tasa de escolarización femenina (6-9 años) en 1860.*

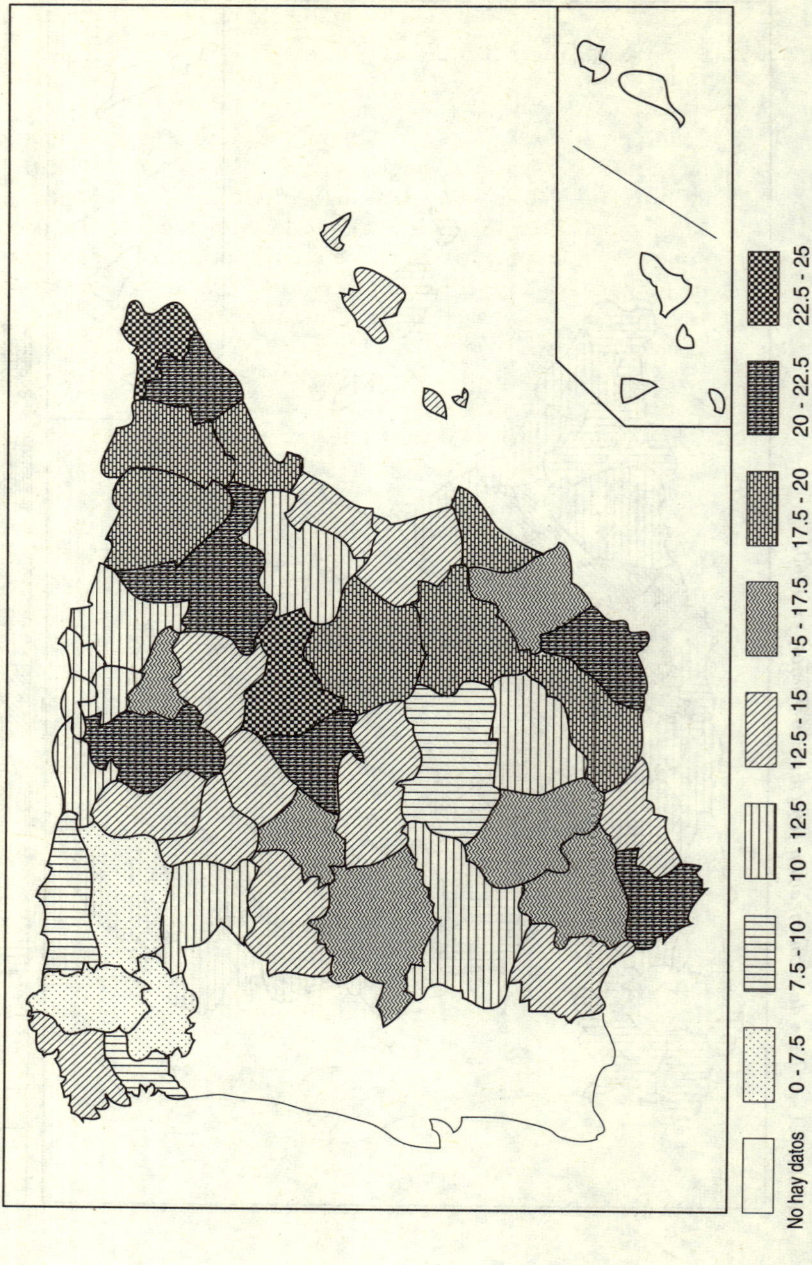

MAPA 7.12. *Gasto público por alumno en 1860 (pts. 1913).*

de escolarización cabría suponer un grado de ocupación escolar, o escolarización relativa, superior en aquellas regiones en las que la disponibilidad de plazas escolares fuera menor. Si no superior, al menos la tasa de ocupación no debía ser en ningún caso inferior.

Ninguno de estos cocientes por alumno es necesariamente mejor allí donde estos cocientes por habitante eran más elevados. Contrariamente a lo que cabría esperar de haber sido la oferta escolar el único o principal determinante de la tasa de escolarización, las provincias que tienen una mayor oferta de escuela primaria tienen también una mayor tasa de escolarización relativa. Las provincias de la periferia tenían una tasa de escolarización muy por debajo de lo que permitía su propia oferta de plazas escolares o, lo que es lo mismo, hacían un uso relativamente bajo de sus instalaciones escolares. Es decir, la oferta de instrucción primaria hubiera permitido una tasa de escolarización superior a la existente en las provincias del sur, sin que ello afectara negativamente las condiciones de escolarización —siempre en términos relativos a la situación en aquellas provincias donde el grado de ocupación era más elevado—. De hecho, las condiciones escolares eran mejores que las del resto del país como resultado de una baja tasa relativa de escolarización. Se podría pues pensar en la existencia de otros factores determinantes de los distintos niveles de escolarización entre unas provincias y otras, no ya del lado de la oferta sino del lado de la demanda.

3. La demanda de instrucción primaria en la segunda mitad del siglo XIX

Estudiar las variaciones regionales en la demanda de instrucción primaria resulta una tarea difícil con los datos de que disponemos. Un análisis definitivo de esta cuestión habría de basarse en la reconstrucción del comportamiento relativo a la escolarización infantil por unidades familiares [33]. Que yo sepa, los censos españoles de mediados del siglo XIX no nos permiten reconstruir, por provincias,

---

[38] En este tipo de reconstrucciones se basan los estudios de KATZ (1972), y KATZ y DAVEY (1978) para la ciudad de Hamilton, Ontario, a mediados del siglo XIX; KAESTLE y VINOVSKIS (1980) para Massachusetts; o los relativos a períodos más recientes como PSACHAROPOULOS y ARRIAGADA (1989) para Brasil, o JAMISON y LOCKHEED (1987) para algunos países asiáticos.

las características que distinguen a las familias que mandaban a sus hijos a la escuela de aquéllas que no lo hacían. Una posible alternativa consiste en averiguar en qué medida la actividad económica de la región condicionaba el nivel de alfabetización —el *output* escolar— utilizando como indicador de la primera la distribución de la población activa [39]. Utilizando los datos de los anuarios estadísticos sobre población activa para 1860 y 1887, se observa que sólo dos categorías profesionales, maestros y jornaleros, muestran una correlación significativa con la alfabetización. Para los primeros esta correlación (R^2= 0,49 y 0,50 en 1860 y 1887 respectivamente) es positiva y revela la importancia de la escuela, es decir, de la enseñanza formalizada en el proceso de difusión de la alfabetización. Para los jornaleros, sin embargo, la correlación es negativa (R^2= 0,45 y 0,45), indicando su falta de interés en la instrucción, en cualquier caso inferior al que se detecta entre otros grupos profesionales [40]. De ahí la concordancia que se observa entre éste y otros indicadores de la demanda de instrucción primaria, como la escolarización relativa. Tanto uno como otros son inferiores a la media nacional en aquellas regiones donde abundaba la mano de obra asalariada en el campo, es decir, la mitad meridional de la península. Cabría preguntarse, sin embargo, hasta qué punto es el bajo nivel de ingresos de este grupo profesional el que les impedía costear la escolarización de sus hijos y hasta qué punto es la ausencia de expectativas de mejora profesional a través de la alfabetización la que determinaba su falta de vinculación a la escuela. Con el fin de intentar dar respuesta a esta disyuntiva conviene antes hacer algunas consideraciones sobre el coste de oportunidad de la escolarización infantil.

Algunos autores han mencionado la posibilidad de que sea el coste de oportunidad de escolarizar a los niños, es decir, las ganan-

---

[39] PADUA (1979) sigue este planteamiento en su estudio sobre los determinantes de la alfabetización en América Latina en torno a 1960. SHAH (1981) concluye que la ocupación de los padres es la variable que tiene un mayor impacto sobre el nivel de alfabetización, independientemente del tamaño del pueblo o el grado de modernización de la sociedad, entre otras.

[40] CERROLAZA (1955 y 1969) hace un análisis similar de correlación, utilizando un indicador del grado de latifundismo, para explicar el analfabetismo en España en los años posteriores a la guerra civil. Su interpretación hace excesivo hincapié en la importancia de la distribución de la renta, y no se plantea la posibilidad de que la demanda de educación varíe no sólo en función de la renta sino también, e incluso en mayor medida, en función de la situación laboral de la familia.

cias que la familia deja de percibir mientras el niño asiste a la escuela en lugar de desempeñar una actividad productiva, el que determine la falta de escolarización [41]. Según esta hipótesis, cuanto menores son los ingresos familiares mayor sería el coste de oportunidad de la mano de obra infantil, pues su contribución a la economía familiar sería proporcionalmente mayor. En este supuesto, los hijos del jornalero agrícola, empleado en una de las categorías profesionales peor remuneradas, tendrían un coste de oportunidad muy elevado, lo que explicaría su bajo nivel de escolarización. Ante este razonamiento caben, al menos, dos objeciones. En primer lugar, el trabajo del jornalero agrícola se caracteriza por una marcada estacionalidad en la que alternan períodos de intensa actividad laboral con otros de casi absoluta inactividad —por no mencionar la persistencia de lo que se ha dado en llamar paro encubierto entre los asalariados agrícolas—. El coste de oportunidad de los niños no era, pues, constante a lo largo del año. Podía ser muy elevado durante aquellas etapas en las que el trabajo en el campo requería abundancia de mano de obra sin cualificar, como la recogida de la aceituna o la cosecha. Pero era muy bajo durante los largos períodos de inactividad en el campo. La escolarización, de haber existido demanda de instrucción primaria, podía haberse llevado a efecto con carácter estacional, aprovechando el bajo coste de oportunidad de la mano de obra infantil durante ciertas épocas del año. De hecho, esto sucedía sólo en dos provincias, Palencia y, en menor medida, Lugo. La primera contaba con el 78 por 100 de todas las escuelas públicas estacionales de varones abiertas en el país y el 90 por 100 de las privadas; todas las escuelas estacionales de niñas se encontraban también en esta provincia. El peso del jornalero agrícola en esta provincia era, también, relativamente elevado (véase Cuadro 7.11) [42].

[41] FISHLOW (1971) ha calculado que el coste de oportunidad de la escolarización en Estados Unidos para 1860, 1880 y 1900 fue el equivalente a todo el gasto público en educación —primaria, secundaria y superior— es decir, muy elevado (p. 268). Sin embargo, matiza esta conclusión señalando que el coste de la escolarización en las áreas rurales era muy inferior (p. 269). En su opinión, la legislación relativa tanto a la escolarización obligatoria como al trabajo infantil puede ser considerada como una intervención de la sociedad para impedir que los costes de oportunidad influyan sobre la decisión educativa (p. 269). Distintas interpretaciones acerca de la escolarización obligatoria en TYACK (1976).

[42] Sobre las posibilidades que la escolarización estacional ofrecía a la población rural, véase, por ejemplo, SOLTOW y STEVENS (1977), pp. 232 y ss., para Estados Unidos a mediados del siglo XIX, y GAVOILLE (1986), pp. 938 y ss., para Francia.

CUADRO 7.11. *Distribución regional de la población activa en 1860 (en porcentajes).*

		Agricultura			Industria			Servicios				
		(1)	(2)	(3)	(4)	(5)	(6)	(7)	(8)	(9)	(10)	(11)
Castilla la Vieja	M	24	12	26	7	2	5	1	.3	1	.1	1
	DT	4	5	5	2	2	2	.5	.2	.2	.1	.1
León	M	29	11	28	7	1	4	1	.2	.4	.1	1
	DT	1	2	6	1	2	1	.4	.0	.1	.0	.0
Asturias[a]	M	13	25	40	7	2	2	1	.2	.1	.0	.4
Galicia	M	30	7	41	6	.4	2	1	.2	.1	.1	.2
	DT	12	7	8	2	1	1	.3	.0	.0	.0	.0
País Vasco	M	12	19	29	14	2	4	1	.3	.4	.2	1
	DT	5	2	5	3	2	1	1	.0	.2	.1	.3
Navarra[a]	M	20	9	31	10	1	3	1	.3	1	.2	1
Aragón	M	31	3	34	8	1	3	1	.2	1	.1	1
	DT	8	1	5	1	.4	.3	.2	.1	.1	.1	.1
Cataluña	M	21	4	36	11	6	4	1	.3	1	.2	.4
	DT	8	4	10	7	7	1	1	.1	.1	.2	.1
Levante	M	23	7	37	10	3	5	1	.2	.3	.2	.3
	DT	9	4	5	2	3	2	.2	.1	.1	.1	.1
Andalucía Oriental	M	21	7	40	8	1	6	1	.3	.3	.1	.3
	DT	5	2	6	2	1	1	.2	.1	.1	.0	.1
Canarias[a]	M	21	8	39	7	2	3	1	.2	.1	.1	.2
Andalucía Occidental	M	14	3	40	13	3	7	2	.3	.4	.2	.3
	DT	6	1	6	5	1	1	1	.1	.1	.1	.1
Castilla la Nueva	M	24	5	33	7	1	6	1	.3	1	.1	1
	DT	6	2	6	1	1	1	.2	.1	.1	.0	.1
Madrid[a]	M	9	2	19	21	1	8	3	1	1	.2	1
España	M	22	8	35	10	2	5	1	.3	.4	1	.4
	DT	8	6	8	4	3	2	1	.1	.2	.1	.2

[a] Regiones de una sola provincia.
M: Media regional.
DT: Desviación típica de las provincias respecto a la media regional.
(1) Propietarios agrícolas (TPPA60); (2) arrendatarios agrícolas (TPRA60); (3) jornaleros agrícolas (TPJA60); (4) artesanos (TPAT60); (5) jornaleros industriales (TPJIT6); (6) industriales (TPINT6); (7) comerciantes (TPC60); (8) abogados, notarios y procuradores (TPD60); (9) médicos cirujanos, boticarios, veterinarios y albéitares (TPMV60); (10) técnicos de Bellas Artes y arquitectos; (11) maestros y catedráticos (TPMT60).
Fuente: Censo de población de 1860.

En segundo lugar, no hay que olvidar que el coste de oportunidad de la mano de obra infantil es elevado en todas aquellas zonas en las que la producción, tanto para el mercado como para la economía familiar, es intensiva en mano de obra [43]. Entre éstas habría que incluir tanto las pequeñas explotaciones agrícolas unifamiliares como las primeras explotaciones industriales, en especial la textil. Tanto en uno como en otro tipo de explotación la contribución del trabajo infantil a la economía familiar era considerable y, por tanto, el coste de oportunidad de los niños elevado. Es más, en ninguno de estos dos casos era tan fuerte la variación estacional en el trabajo como lo era entre los jornaleros agrícolas. Si bien existían variaciones en la intensidad del trabajo a realizar en la pequeña explotación agrícola familiar, las tareas de mantenimiento y mejora de la propiedad, así como distintas tareas domésticas —como la transformación de alimentos y la elaboración de prendas de vestir— podían mantener ocupada a la población infantil durante gran parte del año. La escolarización estacional, en caso de que la hubiera, no se beneficiaba de un descenso del coste de oportunidad de la mano de obra infantil mayor al experimentado por las familias de los jornaleros agrícolas. Sin embargo, a un coste de oportunidad posiblemente similar, con el agravante añadido de no presentar oscilaciones estacionales, la escolarización era mayor en las regiones en las que predominaba la pequeña propiedad que en aquéllas donde predominaba el latifundio poco mecanizado.

No existen, sin embargo, datos estadísticos por provincias que nos permitan estimar el impacto del trabajo infantil sobre la escolarización. Para 1887 se puede estimar la participación en el mundo laboral de los adolescentes (12 a 20 años). Si bien el trabajo infantil no tiene las mismas características que el juvenil, y por tanto un indicador no sustituye a otro, cabría esperar que el trabajo infantil fuera elevado allí donde también lo fuera entre los adolescentes. Dicho de otro modo, si entre los adolescentes la participación laboral no competía con la escolarización, es decir, había un elevado porcentaje de jóvenes inactivos, es lógico suponer que la competencia sería aún menor entre los más jóvenes, los niños de 6 a 9 años. Los trabajadores juveniles suponían el 19 por 100 de la población activa, siendo su participación dentro de la población total de un 16 por 100. Por término medio trabajaban 39 de cada 100 jóvenes, lo

---

[43] PSACHAROPOULOS y ARRIAGADA (1989), p. 700.

que obliga a considerar como inactivos a más de 60, si bien es cierto que los varones trabajaban en mayor proporción que las mujeres. Así, 3 de cada 4 trabajadores juveniles eran varones o, dicho de otro modo, el censo registraba como trabajadores a 6 de cada 10 varones y tan sólo a 2 de cada 10 mujeres. Entre los niños, sin duda, la tasa de ocupación era muy inferior a la observada entre los jóvenes por lo que la hipótesis de que el trabajo infantil interfería con la escolarización no parece plausible [44]. No se advierte, por otra parte, la existencia de pautas regionales en la tasa de ocupación juvenil, con una notable excepción: Galicia y la periferia cántabra, de Asturias al País Vasco, que registran la más elevada (véase Mapa 7.13). Curiosamente, son precisamente algunas provincias gallegas junto con Asturias las que igualmente registran una escolarización tardía más elevada [45]. Es decir, la escolarización tardía resulta ser un fenómeno típico de una región caracterizada por la elevada participación de los jóvenes en el mundo laboral, circunstancia que tiende a confirmar la hipótesis de que el trabajo no interfiere con la escolarización, ni siquiera entre los adolescentes [46]. Extrapolando el argumento, y con todas las precauciones necesarias ante este tipo de generalizaciones, podría afirmarse que el coste de oportunidad de la mano de obra

[44] MASON (1985) concluye que en Escocia el mercado laboral no interfería, de forma estadísticamente significativa, en la escolarización de los jóvenes de entre 5 y 15 años en 1851 y 1871. ANDERSON (1986) critica a MASON incluir tanto a los niños como a las niñas en su análisis, cuando estas últimas hacían trabajos domésticos no recogidos en los censos. Asimismo, ANDERSON afirma que muchos de los niños censados como trabajadores activos podían ir a la escuela ocasionalmente. Este último argumento no contradice el hecho de que una elevada proporción de los jóvenes *ni* trabajaba *ni* asistía a la escuela durante largos períodos de su vida, independientemente de que ambas actividades las practicase ocasionalmente.

[45] La escolarización tardía, tanto femenina como masculina, tiende a compensar la escasísima tasa de escolarización infantil entre los niños de edad escolar en la periferia cantábrica, mecanismo compensatorio que no se produce, sin embargo, en otras muchas provincias donde la escolarización infantil era incluso inferior a la observada en el norte, al mismo tiempo que la tasa de ocupación juvenil era similar a ésta. Hay provincias, no obstante, donde el trabajo juvenil sí pudo haber competido con la escolarización tardía como, por ejemplo, Murcia, donde la tasa de ocupación entre los varones era la más alta del país (80 por 100).

[46] En los Estados Unidos el coste de oportunidad de los jóvenes es una de las variables que en mayor medida contribuye a explicar la existencia de fuertes variaciones en el nivel de escolarización entre los adolescentes, variaciones poco significativas entre los estudiantes menores de 15 años. Véase SOLTOW y STEVENS (1977), pp. 239 y ss.

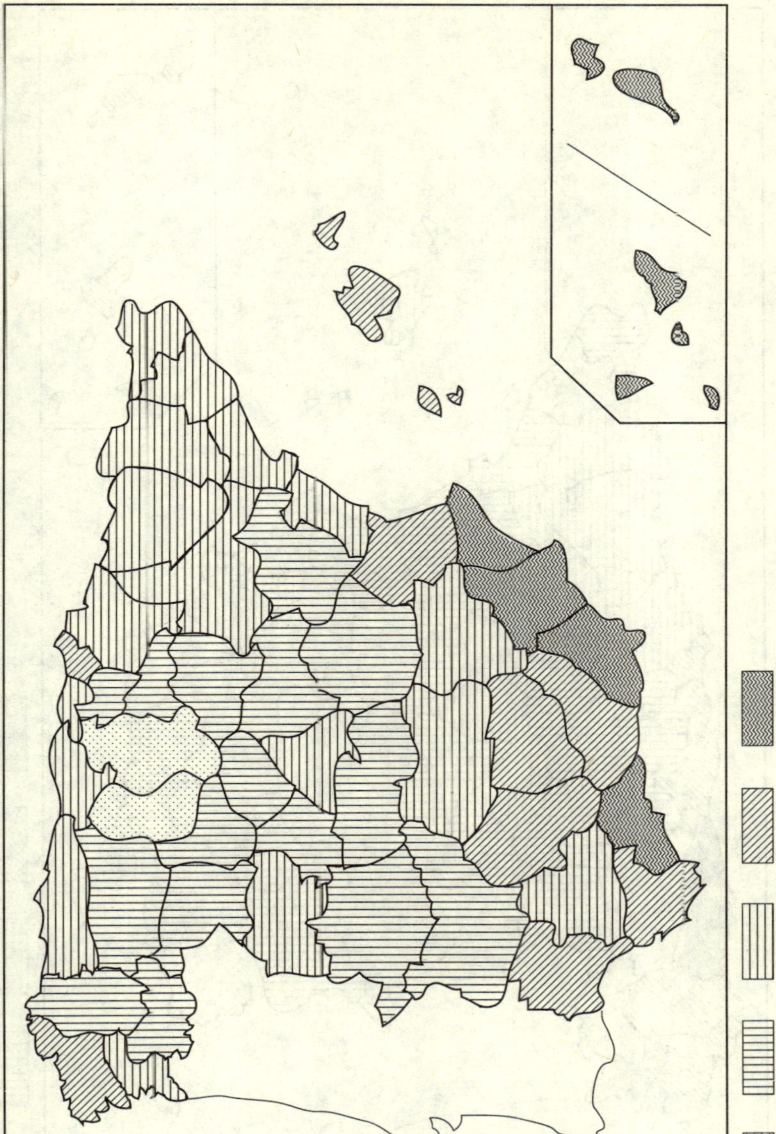

MAPA 7.15. *La adolescencia en España en 1887 (% de jóvenes de ambos sexos 12-20 años sobre población total).*

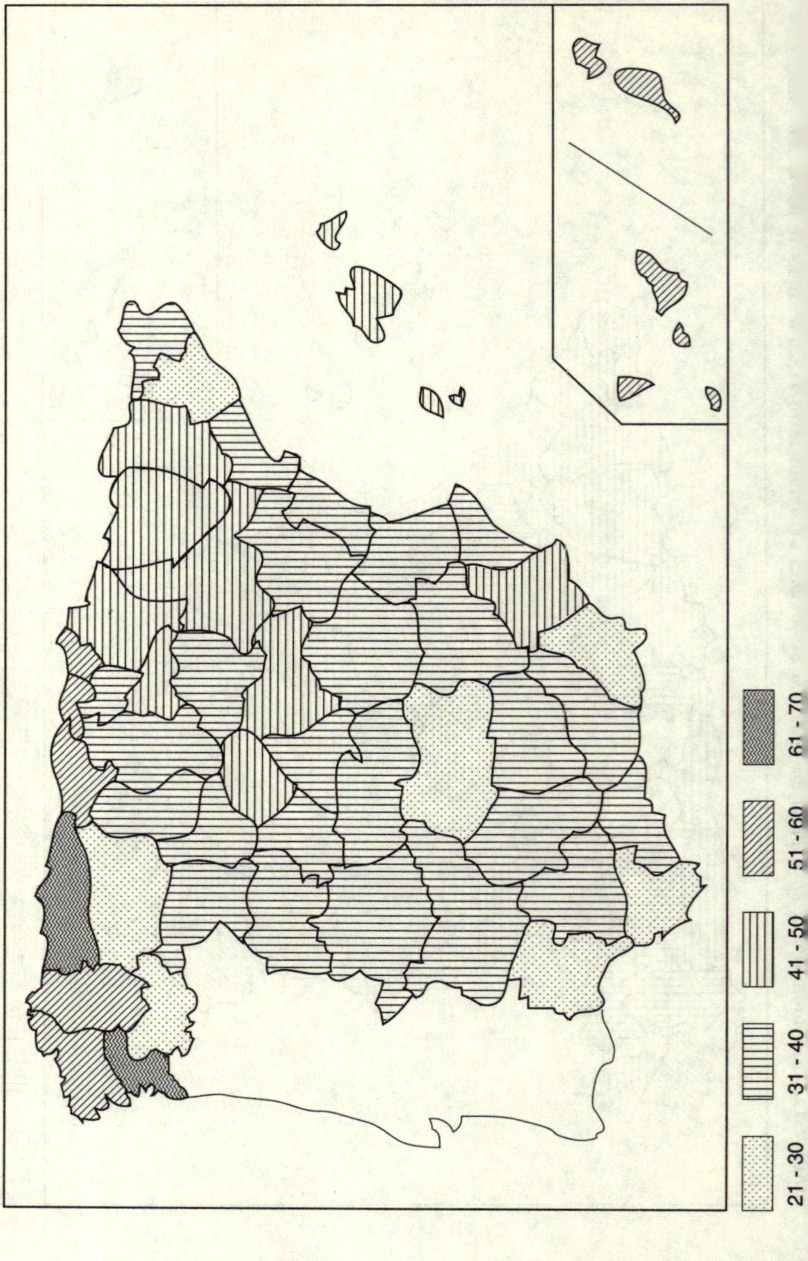

MAPA 7.14. *Los adolescentes en el mundo laboral en 1887 (como porcentaje de la población activa).*

infantil no fue un obstáculo serio a la escolarización en la España de finales del siglo XIX.

Obviamente, otros factores, además del coste de oportunidad, determinan el nivel de escolarización en la España del siglo XIX. Entre ellos habría que tener en cuenta las actitudes familiares hacia la educación basadas, fundamentalmente, en el distinto valor que ésta tenía para cada familia. La ocupación de los progenitores influía decisivamente sobre la demanda familiar de educación. Esta influencia era mayor, y tenía un carácter negativo, cuanto menor era la categoría profesional de la familia. Así se explicaría la paradoja de que algunas regiones, como Galicia y Asturias, en las que predominaba la pequeña explotación agrícola familiar, tuvieran una elevada escolarización tardía entre los varones, lo que implicaba un mayor coste de oportunidad —relativo al coste de la escolarización entre los 6 y los 9 años—, mientras que en el sur, donde dominaba la gran explotación agrícola trabajada por jornaleros, la escolarización fuera muy baja a todas las edades. Mientras que para los últimos el acceso a la instrucción no suponía una inversión rentable para la familia, para los primeros lo era hasta el punto de estar dispuestos a soportar un mayor coste de oportunidad. El fuerte diferencial sexual de las tasas de escolarización en Galicia, ausente en el sur, es un indicador más de la existencia de una elevada demanda de instrucción en esta región [47].

Al interrogante que dio lugar a estas consideraciones se podría pues responder que, si bien el nivel de ingresos familiar puede sin duda tener una clara influencia sobre las posibilidades de escolarización de los niños, a niveles similares y de bajos ingresos son las expectativas profesionales, así como el nivel educativo de los progenitores los factores que mayor peso tienen. Veamos, a continuación, algunos casos particulares de la demanda de escolarización.

A comienzos del siglo XX España era un país predominantemente agrícola, como se deduce de la distribución de la población activa (véase Cuadro 7.11) y de la proporción de la renta nacional atribuible a cada sector productivo (véase Cuadros 5.10 y 5.11). En el País Vasco y en Cataluña, regiones en vías de rápida industrialización, la transición de la alfabetización tuvo lugar a mayor velocidad que en otras regiones de menor dinamismo económico. En las décadas pos-

---

[47] Sobre el diferencial sexual en la demanda educativa véase, JAMISON Y LOCKHEED (1987).

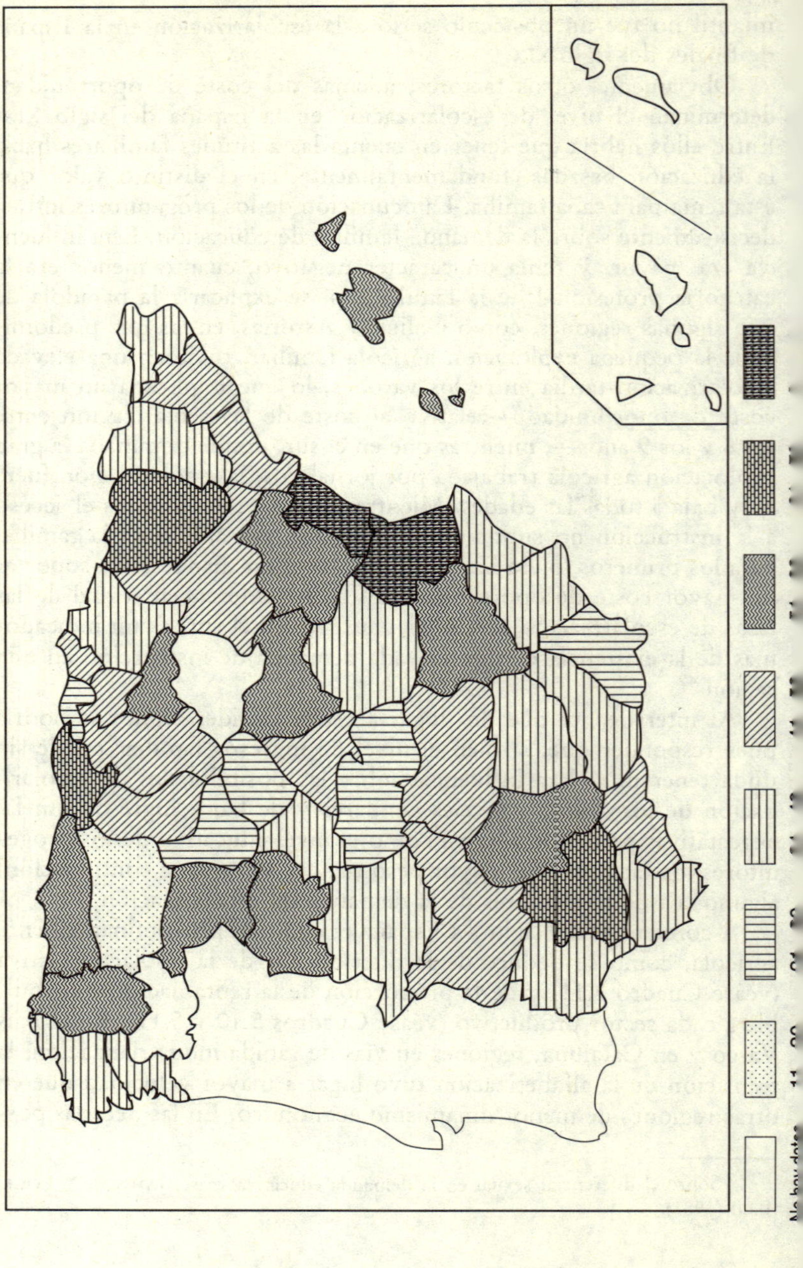

MAPA 7.15. *Escolarización temprana masculina (< 5/6-9 años) en 1860.*

MAPA 7.16. *Escolarización temprana femenina (< 5/6 años) en 1860.*

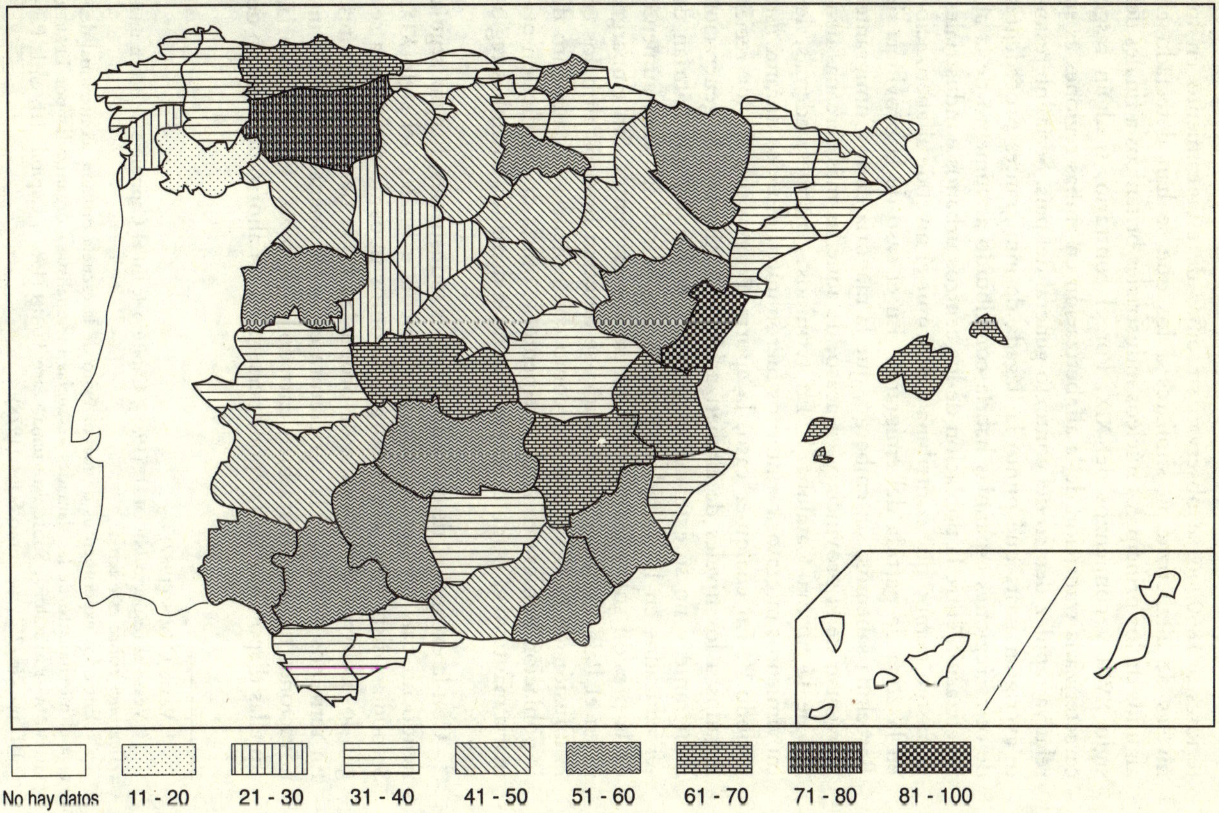

teriores a 1860 no se observan síntomas de estancamiento en los niveles de alfabetización similares a los que se han detectado en algunos de los principales núcleos industriales británicos a finales del siglo XVIII y comienzos del XIX. Por el contrario, si algún rasgo caracteriza la transición de la alfabetización en ambas regiones es su relativa rapidez dentro del contexto general del país. Sería interesante averiguar hasta qué punto la llegada de inmigrantes procedentes de otras regiones españolas habría contribuido al aumento de la alfabetización entre la población de los centros urbanos e industriales, al mismo tiempo que contribuía a deprimir el nivel de alfabetización en la zona de partida del emigrante. En el caso de la provincia de Barcelona sabemos, sin embargo, que la mayoría de los inmigrantes provenían de la provincia y, si acaso, de aquéllas más cercanas dentro de la misma Cataluña [48]. En términos generales, además, los movimientos migratorios internos fueron muy limitados durante este período [49]. En cualquier caso, la aportación positiva de los recién llegados a los niveles de alfabetización se limitaría a la generación inmigrante y no se extendería a sus descendientes, que habrían de ser educados en la ciudad de acogida con el consiguiente aumento de la presión sobre los centros educativos existentes. Sin embargo, ni en el País Vasco ni en Cataluña se detectan bruscos altibajos en la difusión de la alfabetización como consecuencia del aumento de la población inmigrada. Aparentemente, la oferta de instrucción primaria mantuvo el ritmo de expansión de la demanda en ambas regiones [50].

Con la excepción de estos dos centros industriales, España seguía siendo un país predominantemente agrícola a finales del siglo XIX. Se podían distinguir, sin embargo, distintos tipos de agricultura según los cultivos o el sistema de propiedad de la tierra dominantes. En términos generales, la agricultura española apenas introdujo innovaciones técnicas hasta bien entrado el siglo XX. En su mayoría, aquéllas disponibles en la época perseguían un ahorro de la mano de

[48] Véase CAMPS (1987).

[49] Véase al respecto NICOLAU (1989), Capítulo 4. En el Capítulo 5 se hacen unas reflexiones sobre este tema.

[50] Entre los experimentos de mayor éxito de la escuela privada aconfesional destaca el movimiento de las llamadas «escuelas racionalistas» organizadas por FERRER GUARDIA en Cataluña. Sobre este tema véase TURIN (1967), Capítulo III, en la Parte III, pp. 264-271, así como SOLÁ (1978).

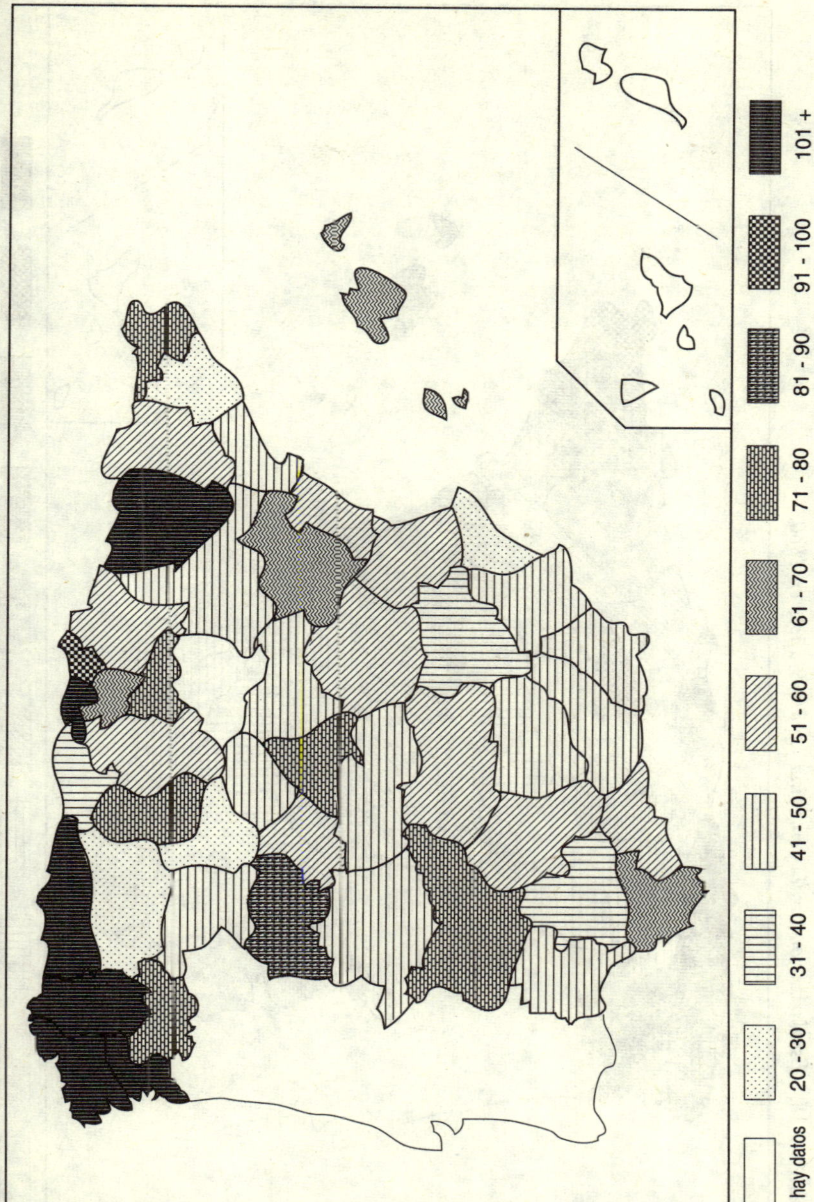
No hay datos
20 - 30
31 - 40
41 - 50
51 - 60
61 - 70
71 - 80
81 - 90
91 - 100
101 +

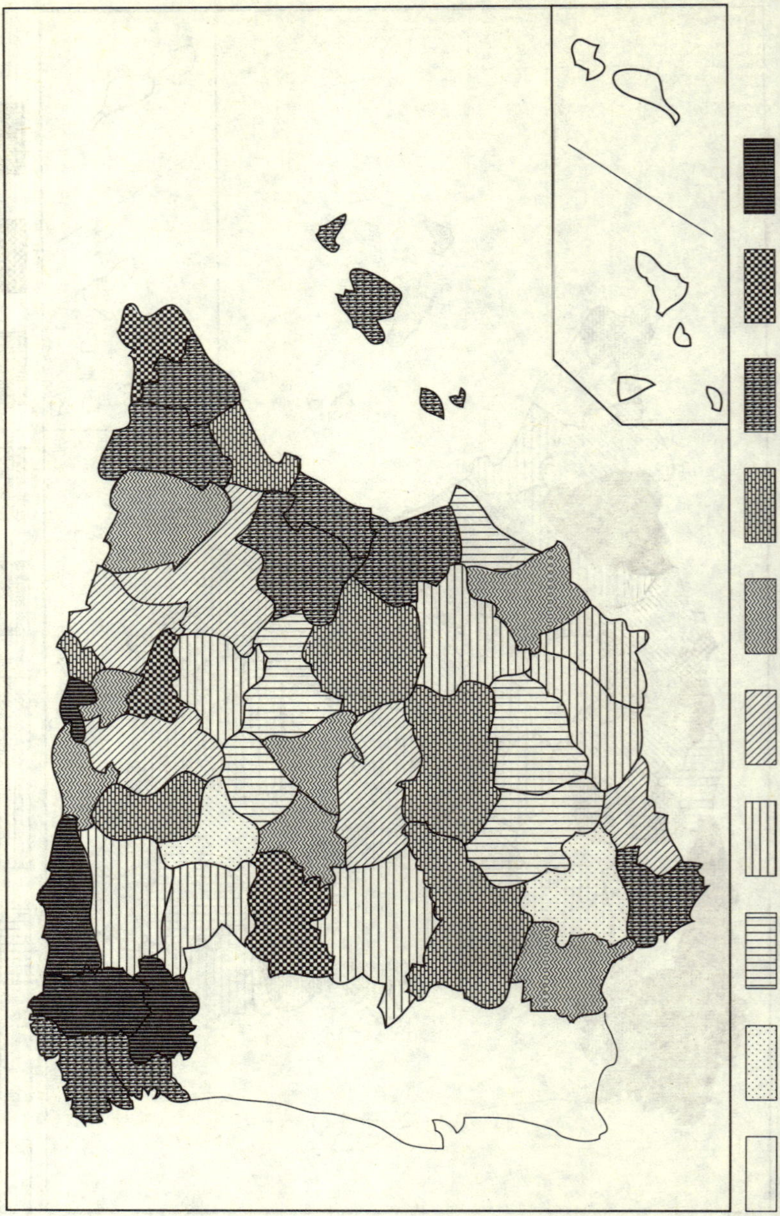

MAPA 7.18. *Escolarización tardía femenina (> 8/6-9 años) en 1860.*

obra empleada en las tareas agrícolas, por lo que no eran las más adecuadas para una economía en la que este factor de producción era abundante y barato. De ahí que apenas se observasen cambios significativos en el cociente mano de obra/área cultivada. Indirectamente, la falta de innovaciones técnicas aplicadas a la agricultura apenas supuso estímulo alguno a la mejora de la educación de los trabajadores. En otras palabras, la demanda de alfabetización entre los trabajadores agrícolas no experimentó un aumento notable durante este período [51].

Esta situación de estancamiento tecnológico basada en la abundancia de mano de obra se dio particularmente en la mitad sur de la península. El cultivo del olivo no permitía la introducción de grandes innovaciones técnicas (de hecho, aun hoy en día su recogida es manual), y el cultivo del cereal se beneficiaba de la abundancia de mano de obra, que hacía innecesaria la introducción de compleja maquinaria agrícola. La persistencia de métodos de cultivo tradicionales y poco especializados no contribuía a que aumentase la demanda de alfabetización, o de formación profesional, entre los jornaleros andaluces o extremeños: sus posibilidades de encontrar empleo no mejoraban con una mayor educación por lo que, de hecho, se invirtió poco en la difusión de la instrucción primaria.

No todo el sur se había especializado, sin embargo, en cultivos de tipo extensivo como el olivo y el cereal, predominantes en provincias como Jaén, Córdoba o Sevilla, por mencionar sólo algunas. En algunas provincias se desarrolló una agricultura especializada orientada al mercado, tanto exterior como interior. Así, Cádiz se especializó en la producción y exportación de vinos de calidad como el conocido Jerez; Málaga en la producción y el comercio de vinos comunes y pasas; Almería en la uva; Granada en el tabaco y en la remolacha azucarera, etc. De todos ellos, el caso de Cádiz es un claro ejemplo de la relación entre la demanda y los niveles de alfabetización realmente alcanzados.

El puerto de Cádiz era un centro comercial de gran importancia desde que remplazó al de Sevilla como centro de toda actividad comercial con las colonias de Hispanoamérica en 1717 [52]. A la acti-

---

51 Véase SIMPSON (1987) para un análisis de la racionalidad de los cambios técnicos introducidos en la agricultura española. El autor sostiene que cambios encaminados a conseguir un mayor ahorro de mano de obra tan sólo se introdujeron cuando este factor de producción escaseó.

52 VICENS VIVENS (1967), p. 525.

vidad comercial de la capital vino a sumarse el desarrollo de una próspera industria vinícola en torno a Jerez de la Frontera a finales del siglo XVIII y comienzos del XIX. Un ejemplo de la vitalidad de esta actividad económica es el hecho de que el primer ferrocarril cuya construcción se planeó en España, en los primeros años de la década de 1830, era el que más tarde habría de unir Jerez con la costa. Los vinos de calidad producidos en esta y adyacentes comarcas gaditanas, conocidos genéricamente como Jerez o «sherry», su denominación inglesa, ganaron gran aceptación en el mercado británico, donde se exportaba la mayor parte de la producción. La elaboración del Jerez precisaba de una mano de obra más especializada de lo que era común en el sur, tanto entre los trabajadores del campo como entre los artesanos. En medio de este panorama de intensa actividad económica, el elevado nivel de alfabetización alcanzado a mediados del siglo XIX en la provincia, tanto entre la población masculina como entre la femenina, no es sorprendente. Como tampoco resulta sorprendente el consiguiente estancamiento en las últimas décadas del siglo, íntimamente ligado a la crisis experimentada por el comercio del Jerez [53].

En la década de 1870 el comercio del Jerez entró en un período de crisis del que no se recuperaría hasta bien entrado el siglo XX. Una serie de acontecimientos contribuyeron a crear esta situación. En primer lugar, la plaga del *oidium* infectó los viñedos, dando lugar a una considerable reducción de la producción a mediados de los años cincuenta. Ante este descenso los productores reaccionaron importando caldos desde Córdoba con el fin de mezclarlos con los producidos localmente. El resultado inmediato fue una pérdida de calidad, seguida de un descenso de su reputación en Gran Bretaña y, a medio plazo, de una caída en el volumen de las exportaciones. Pese a los intentos de encontrar mercados alternativos al británico, ningún otro país pudo reemplazarle. La provincia de Cádiz, cuya actividad económica se hallaba estrechamente vinculada al comercio del Jerez, tras haberse reducido el comercio con las Américas a consecuencia de su independencia de la península, se vio seriamente afectada por la crisis. El estancamiento económico de la provincia a partir de 1860 probablemente contribuyó a reducir la demanda de

---

[53] Estos apuntes sobre la evolución del comercio de Jerez proceden de una anterior publicación mía, NÚÑEZ (1985), Capítulo 3. Véase también TEDDE (1987) y SIMPSON (1987).

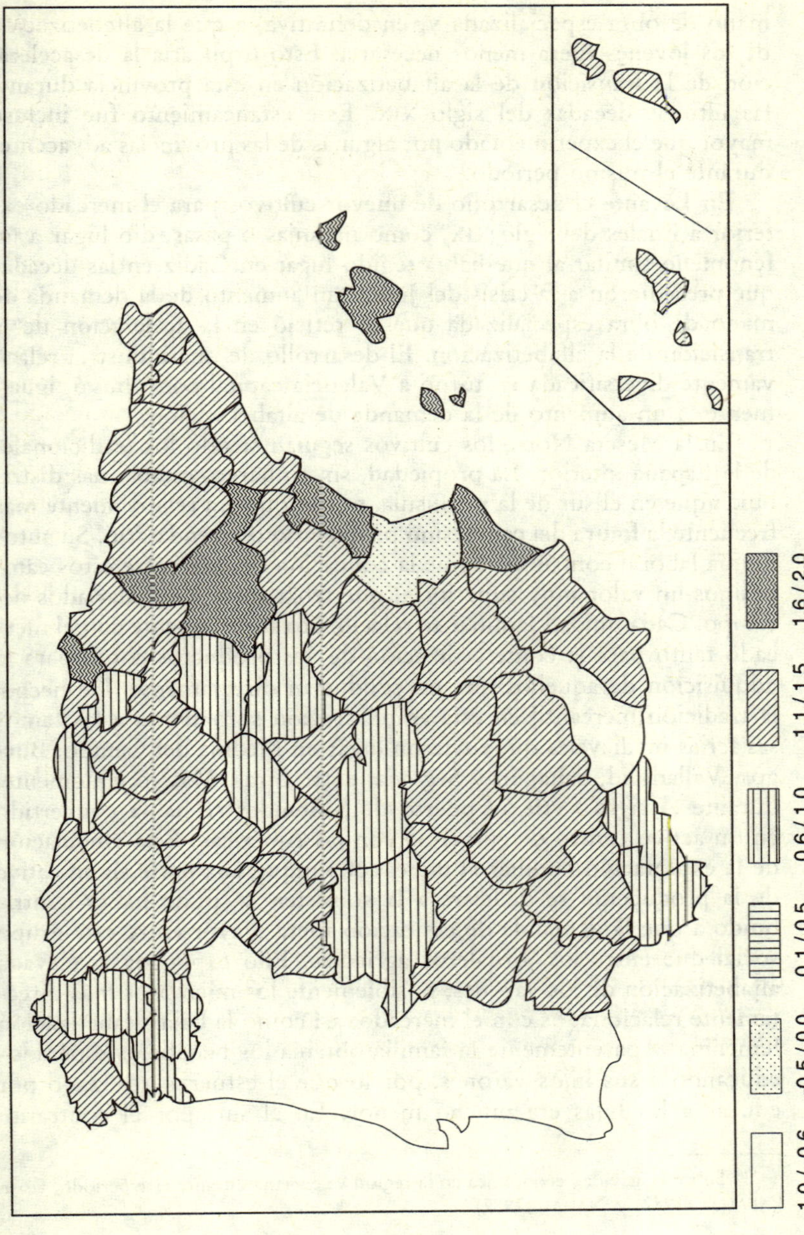

MAPA 7.19. *Tasa de difusión de la alfabetización masculina 1860-1877.*

mano de obra especializada y, en definitiva, a que la alfabetización de los jóvenes fuera menos necesaria. Esto explicaría la desaceleración de la transición de la alfabetización en esta provincia durante las últimas décadas del siglo XIX. Este estancamiento fue incluso mayor que el experimentado por algunas de las provincias adyacentes durante el mismo período.

En Levante el desarrollo de nuevos cultivos para el mercado exterior a finales del siglo XIX, como naranjas o pasas, dio lugar a un fenómeno similar al que había tenido lugar en Cádiz en las décadas que precedieron a la crisis del Jerez: un aumento de la demanda de mano de obra especializada que se reflejó en la aceleración de la transición de la alfabetización. El desarrollo de una industria relativamente diversificada en torno a Valencia capital contribuyó, igualmente, a un aumento de la demanda de alfabetización [54].

En la Meseta Norte los cultivos seguían siendo los tradicionales de la España interior. La propiedad, sin embargo, estaba más distribuida que en el sur de la península, por lo que era relativamente más frecuente la figura del campesino propietario o arrendatario. Su autonomía laboral contribuía a que la educación tuviera entre estos campesinos un valor muy superior al que tenía entre los asalariados del campo. Cada unidad familiar se relacionaba directamente con el mercado tanto para la comercialización de sus productos como para la adquisición de aquéllos que no producían directamente. De hecho, la tradición mercantil en esta amplia región se remonta a las famosas ferias medievales que tuvieron lugar en Medina del Campo, Burgos, Valladolid, Sahagún y Segovia, entre otras. Más recientemente, durante el siglo XVIII, el puerto de Santander se había convertido en un activo centro de comercio con las Américas. Esta vinculación de la explotación familiar al mercado, aunque una parte significativa de la producción se dedicara a la subsistencia, pudo haber contribuido a que la demanda de educación fuera mayor entre este grupo social que entre los jornaleros agrícolas. Ello explicaría la elevada alfabetización de los varones, posiblemente los miembros más directamente relacionados con el mercado, así como la baja alfabetización femenina. Aparentemente la familia obtenía los beneficios esperados educando a sus hijos varones, por lo que el esfuerzo realizado por educar a las hijas era mucho menor. En el sur, por el contrario,

---

[54] Sobre la acividad económica en la región valenciana durante este período, véase PALAFOX (1987) y NADAL (1987).

advertíamos que la educación de los hijos varones apenas se diferenciaba de la de las hijas, siendo en ambos casos bajísimo el nivel de alfabetización alcanzado. Se podría pensar que la composición ocupacional de la población en la Meseta Norte contribuyó a que la población advirtiera las ventajas derivadas de la alfabetización, mientras que el tamaño relativamente pequeño de los asentamientos permitió a las comunidades influir sobre las características de la escuela primaria local así como facilitar la asistencia de los niños a ella (sobre la influencia del tamaño de la población en la oferta de puestos escolares volveremos más adelante) [55].

En Galicia también predominaba un sistema de tenencia de la tierra basado en la pequeña explotación familiar, en este caso arrendada a los grandes propietarios, la nobleza y la Iglesia. Una vez más, parece ser la autonomía laboral más que el régimen de propiedad en sí mismo la que creaba unas determinadas actitudes hacia la educación. Así, en Galicia, al igual que en la Meseta Norte, se observa una mayor alfabetización entre los varones que entre las mujeres. Y esta alfabetización supone, como ya señalabamos antes, un mayor coste de oportunidad para las familias, dado que la dispersión de la población en caseríos dificultaba la escolarización de los niños entre los 6 y los 9 años, por lo que se producía una fuerte escolarización a edades más avanzadas.

Este breve recorrido por la geografía ocupacional de la península nos permite afirmar que las condiciones de la demanda de alfabetización, si admitimos que en parte están determinadas por las perspectivas de movilidad social y económica que abren así como por la utilidad inmediata que puede proporcionar a la unidad familiar, variaban de una región a otra. No era, por tanto, la oferta de instrucción primaria la única que cambiaba de una región a otra. De ahí que, al menos a mediados del siglo XIX, fuera necesario no sólo mejorar la oferta de instrucción primaria sino potenciar los incen-

---

[55] En los dos distritos universitarios de la Meseta Norte, Valladolid y Salamanca, las tasas de escolarización primaria y superior eran relativamente elevadas (véase, Capítulo 8). Una cuestión que merecería ser estudiada es hasta qué punto la educación se convirtió a finales del siglo XIX en una nueva vía de movilidad social para la población de una región que experimentó un limitado dinamismo económico durante este período. El estudio del origen geográfico de, por ejemplo, los maestros de primera enseñanza, podría contribuir a esclarecer el tema. En Francia, ZELDIN (1980) ha destacado la elevada proporción de maestros provenientes del Macizo Central, una zona económicamente deprimida, en el resto del país.

tivos necesarios para la escolarización allí donde la demanda privada de este bien era muy limitada. La necesidad de crear incentivos a la escolarización era, en todo el país, particularmente acuciante entre las niñas. Y si bien la percepción familiar justificaba que se diese prioridad a la educación de los varones, como vimos en capítulos anteriores, esta prioridad no estaba realmente justificada. En tanto en cuanto los varones estuvieran más alfabetizados que las mujeres era más rentable a largo plazo invertir en la educación de las mujeres que en la de los hombres [56].

4. Una reconsideración sobre las causas del analfabetismo en España

A lo largo del siglo XIX la instrucción primaria experimentó en España cambios notables que culminaron con la implantación de una escuela obligatoria, gratuita y laica a mediados del siglo XX. Este proceso fue posible gracias al establecimiento de un sistema de educación pública que convivió junto a la iniciativa privada sin que llegase a haber una verdadera competencia entre ellos dado que, en términos generales, no se dirigían al mismo público. Hasta bien entrado el siglo XX se observa, sin embargo, la pervivencia de ciertos rasgos típicos de países atrasados como son un bajo nivel de escolarización obligatoria —entre los 6 y 9, o los 6 y 12 años— y un período de escolarización relativamente largo entre aquellos que llegaban a matricularse. Un análisis detallado, aunque no exhaustivo, de los datos disponibles nos permite concluir que la oferta escolar no era la principal o única responsable de la baja escolarización existente en nuestro país. La demanda de educación por parte de la familia era también un factor clave en la escolarización.

Pese a la existencia de una política educativa común, cuyas pautas estableció la Ley Moyano de 1857 vigente salvo breves interludios hasta la década de 1930, la implantación de la instrucción primaria no fue un proceso uniforme en todo el país. La legislación pudo

[56] Aunque la evidencia existente no es definitiva, estudios recientes sobre países en vías de desarrollo sugieren que la educación de la mujer, si bien no repercute tanto como la de los hombres en el nivel de ingresos familiares, incide directamente en el nivel de mortalidad infantil y, por tanto, en el número total de hijos, así como en su futuro educativo, entre otros aspectos. Véase, por ejemplo, BECKER *et al.* (1990).

sancionar comportamientos de hecho pero no fue capaz de sustituir a la iniciativa local allí donde ésta era débil. Es más, al quedar delegada en el municipio la responsabilidad de establecer y financiar la escuela primaria, el cumplimiento de la norma quedó sujeto a la voluntad de la población —en función de la demanda local de instrucción primaria— y a la capacidad de financiación del propio municipio. La presión de la demanda consiguió que la escolarización aumentara y fuera posible, incluso en condiciones adversas como las que afectaban a una población dispersa como la gallega. Del lado de la oferta queda aún por analizar hasta qué punto la progresiva monetización de la economía y la pérdida de las rentas comunales elevó el coste «directo» de la escolarización y limitó su difusión en ciertas regiones y hasta qué punto el problema fue de asignación de los recursos disponibles y, por tanto, de voluntad política de escolarizar a la población [57].

[57] MAYNES (1979), en un artículo titulado «Las virtudes de lo arcaico» hace un estudio comparativo de la financiación de la escuela primaria en dos regiones europeas —Baden en Alemania y Vaucluse en Francia— que guardan ciertas similitudes en lo que se refiere a población, actividad económica, urbanización, etc. Concluye que, en Vaucluse, la ausencia de bienes comunales determinó que la escuela fuera financiada con rentas derivadas de impuestos locales, normalmente regresivos, lo que dificultó su expansión; en Baden, por el contrario, la pervivencia de formas de financiación tradicionales, basadas en el pago en especie —casa, terreno cultivable, etc.— permitió una mayor difusión de la escolarización.

Capítulo 8

EL GASTO PUBLICO EN EDUCACION ENTRE 1860 Y 1935

> As in the case of physical capital, not all forms of human capital turn out to be worthwile investments. The choice is for the individual to make. It matters whether or not the choice is made wisely [1].

Que España gastaba poco en la instrucción de sus gentes es algo que ya han señalado otros autores con anterioridad y que cabría esperar ante el lamentable estado que presentaba la oferta de instrucción (véase Capítulo 7) [2]. En toda política de inversión hay que tener en cuenta, no obstante, no sólo el monto de los recursos disponibles sino también el destino que se les da, es decir, cómo se gastan. En el caso del gasto público en educación, las posibilidades que se presentaban a la hora de elaborar los presupuestos eran múltiples. Había que decidir cuánto se gastaba en la financiación de cada nivel educativo, es decir, cuánto se dedicaba a la instrucción primaria, a la secundaria, a la universitaria, o a las distintas enseñanzas técnicas y profesionales. Dentro de cada uno de estos niveles educativos había también que establecer prioridades entre los gastos en material, construcción y conservación de edificios, y los gastos en personal. Finalmente, otra decisión importante era la distribución del gasto por provincias. Todas estas decisiones contribuirían decisivamente a de-

---

[1] SCHULTZ (1987), p. 12.

[2] Véase TEDDE (1981) y COMÍN (1988). Sus datos y sus conclusiones serán comentadas en breve.

terminar tanto la cantidad como la calidad de la oferta educativa de cada pequeña localidad, y eran tanto más decisivas cuanto menor era el presupuesto destinado a educación. De ahí que un análisis de la distribución del gasto educativo sea tan importante como su estudio en relación con otras partidas presupuestarias.

La hipótesis que se mantiene en estas páginas es que el problema de escasez de recursos destinados a la inversión en educación se vio acentuado por una mala política de distribución del gasto. Así, en términos relativos se gastaba en las enseñanzas superiores más de lo que era necesario, y menos de lo que hubiera sido deseable en la instrucción primaria. Este problema se originó, en parte, al limitarse el Gobierno central a financiar directamente la enseñanza universitaria y delegar en las administraciones locales, ayuntamientos y diputaciones la financiación de la escuela primaria y de los institutos de enseñanza secundaria respectivamente. La distinta capacidad de financiación de unas localidades respecto a otras podría explicar en parte la existencia de fuertes diferencias regionales en la oferta de instrucción primaria, aunque también influyeron, sin duda, las prioridades educativas de cada organismo gestor. Así, si bien el Gobierno había establecido una serie de directrices en materia de política educativa, su puesta en práctica fue encomendada a los gobernantes locales, lo que facilitó la aparición de distintas «políticas educativas», unas más apropiadas que otras, como veremos a continuación.

La centralización de los gastos en educación, y por tanto la puesta en práctica de una política educativa nacional sólo se inició en 1887 al hacerse cargo el Gobierno de los gastos de enseñanza secundaria (véase Gráfico 8.1). Se completó, al menos formalmente, en 1902 con la creación del Ministerio de Instrucción Pública y Bellas Artes, que se hizo cargo de los presupuestos de la instrucción primaria [3]. Sin embargo, algunos de los problemas de asignación de recursos entre los distintos niveles educativos, así como entre unas

[3] En la década de 1880 los liberales intentaron ya reformar la instrucción primaria a través de una mayor centralización. Destaca el proyecto de MONTERO RÍOS para que el Estado pagase a los maestros, el cual no llegó a aprobarse. Sobre este tema véase TURIN (1967), Capítulo 5, pp. 309-312. La Ley de Presupuestos de 31 de marzo y el Real Decreto de 18 de abril establecieron la creación del Ministerio de Instrucción Pública y Bellas Artes y, un año más tarde, se promulgó el «Real Decreto de 26 de octubre de 1901 dando nueva organización al pago de las atenciones de personal y material de las escuelas públicas de primera enseñanza», Ministerio de Educación y Ciencia (1982), pp. 157 y ss., y COSSÍO (1915), p. 37.

GRÁFICO 8.1. *El gasto público en educación (ptas. constantes).*

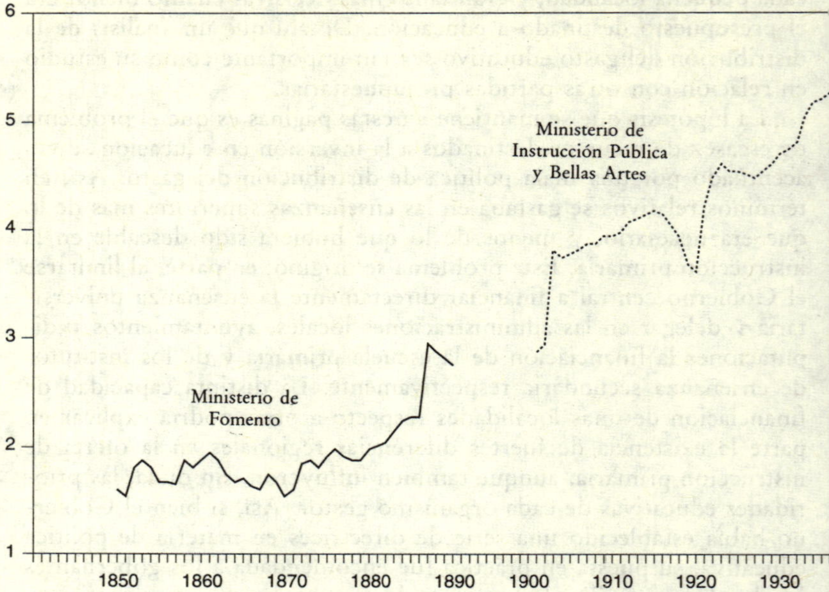

Fuente: Comín (1985) y Datos Básicos.

regiones y otras, a los que la descentralización administrativa había dado lugar, se mantendrían hasta bien entrado el siglo XX [4].

Con el fin de desarrollar esta hipótesis hay que determinar, en primer lugar, cuáles eran las necesidades educativas del país en este amplio período que abarca de mediados del siglo XIX a la guerra civil. De los capítulos anteriores se deduce que España era un país con un bajo nivel de formación de capital humano, al menos en lo que se refiere a niveles de alfabetización. Toda inversión destinada

[4] Según COSSÍO (1915), «al incorporarse al Estado las atenciones de primera enseñanza, en 1901, se dispuso que subsistieran las mismas escuelas existentes, en tanto que el Gobierno no determinara el número, clase y distribución de las escuelas correspondientes a cada localidad». Con este fin «se ordenó en 1902 la formación del Arreglo Escolar de España», aún sin publicar en 1915, pp. 75-76. Difícilmente podía el Gobierno corregir unos desequilibrios regionales cuyos rasgos más generales desconocía.

a mejorar la instrucción primaria habría de tener, pues, una elevada tasa de rendimientos, en cualquier caso mayor que la realizada en las enseñanzas superiores [5]. Es más, la ausencia de una clara actitud positiva de la sociedad española hacia la alfabetización hacía que la oferta de instrucción primaria en las últimas décadas del siglo XIX fuera casi exclusivamente pública [6]. De ahí la importancia del gasto público en la escuela elemental. Es necesario, por tanto, determinar el peso relativo de cada nivel educativo con el fin de comprobar hasta qué punto la distribución del gasto entre uno y otra había sido la más adecuada a las necesidades de formación de capital humano existentes en el país.

1. La enseñanza primaria en relación con los estudios superiores

En términos generales, la España de la segunda mitad del siglo XIX y primer tercio del XX tenía unos niveles de acumulación de capital humano relativamente bajos. En 1860 no llegaban a 1 de cada 3 los españoles que sabían leer y escribir; en 1930 eran tan sólo algo más de 2 de cada 3. El atraso español respecto a la Europa occidental y del norte era notable. En países como Inglaterra, Francia o Alemania más de uno de cada 2 habitantes sabía leer y escribir a mediados del siglo XIX, y prácticamente la totalidad de la población estaba alfabetizada en 1900. Los niveles de alfabetización españoles se parecían, sin embargo, a los de otros países de la periferia europea como Italia e incluso Polonia. Con niveles aún inferiores se encontraban países como Portugal, Rusia y los Balcanes. El atraso español en cuanto a la alfabetización de su población se refiere es, por tanto, relativo aunque no por ello deja de ser significativo. Es, por otra parte, un atraso que se corrige durante estos años al acelerarse, especialmente en las primeras décadas del siglo XX, el ritmo de difusión de la alfabetización en España. De los países mencionados con anterioridad, sólo Italia se alfabetiza a un ritmo ligeramente superior al español durante este período [7].

---

[5] Véase PSACHAROPOULOS (1973 y 1989).

[6] Véase Capítulo 7.

[7] Para un buen resumen de la evolución de la alfabetización en Europa véase GRAFF (1987a) y Gráfico 2.2.

CUADRO 8.1. *Estudiantes de enseñanza primaria [(1), (2) y (3)], secundaria [(4), (5) y (6)] y universitaria [(7), (8) y (9)] por 10.000 habitantes en Francia, Alemania e Italia.*

	(1) Francia	(2) Alemania	(3) Italia	(4) Francia	(5) Alemania	(6) Italia
1860	—	752	—	15	—	—
1865	1.186	—	627	17	—	—
1870	1.307	—	624	19	—	—
1875	1.281	—	708	20	—	—
1880	1.421	—	697	21	—	2
1885	1.446	1.038	742	22	51	3
1890	1.449	1.003	767	19	50	3
1895	1.435	1.011	822	18	52	4
1900	1.424	1.576	816	18	57	4
1905	1.422	1.577	928	22	—	4
1910	1.434	1.609	—	23	103	4
1915	1.031	—	—	23	—	4
1920	1.142	1.449	—	27	125	5
1925	924	1.074	—	30	132	6
1930	1.114	1.188	1.111	27	122	18
1935	1.254	1.186	1.142	39	101	31

	(7) Francia	(8) Alemania	(9) Italia	(10) Francia	(11) Alemania	(12) Italia
1860	—	3	—	—	—	—
1865	—	4	—	—	—	632
1870	—	3	—	—	—	630
1875	4	4	—	1.305	—	713
1880	—	5	4	—	—	704
1885	—	6	5	—	1.095	750
1890	4	6	6	1.473	1.059	776
1895	6	5	7	1.459	1.068	834
1900	8	6	7	1.449	1.639	827
1905	9	7	7	1.453	—	939
1910	10	8	7	1.467	1.720	—
1915	10	8	7	1.065	—	—
1920	12	14	—	1.180	1.589	—
1925	13	10	8	967	1.215	—
1930	18	15	7	1.158	1.326	1.136
1935	20	9	11	1.313	1.295	1.184

Notas: Col. (1), (2) y (3), las fechas son aproximadas (los datos sobre población se corresponden exactamente con los de enseñanza primaria); (4) incluye sólo escuelas públicas (desde 1921 las privadas suponen entre un 30 y un 40 por 100 del total); (5) todo tipo de escuelas; (6) sólo públicas (los datos sobre privadas muestran grandes variaciones anuales, poco fidedignas, no representativas); (7), (8) y (9) sólo universitarios, no escuelas técnicas superiores (sólo importantes en Alemania); (10), (11) y (12) total alumnos de los tres niveles educativos por 10.000 habitantes.

Fuente: FLORA (1983).

La relación entre el número total de estudiantes y el tamaño de la población, pese a las bajas tasas de alfabetización existentes en España, es moderada dentro del conjunto europeo (véanse Cuadros 8.1 y 8.2). Así, a mediados del siglo XIX hay 8 estudiantes por cada 100 habitantes en España, cuando en Italia son sólo 7 y en Francia apenas pasan de 10 (12 por 100). En 1880, ya son 10 en España y 14 en Francia los estudiantes que se cuentan por cada 100 habitantes. Con ligeros cambios, ésta será la relación estudiantes/población que se mantendrá hasta la tercera década del siglo XX, fecha para la que Italia ya ha adelantado a España. Una vez más, parece que la situación de la educación en España se aproxima a una media situada entre Francia e Italia. Choca, sin embargo, el que con una relación estudiantes/población tan similar entre Francia y España, las tasas de alfabetización sean tan bajas en la península. La clave a esta incógnita la proporciona el análisis pormenorizado de la población estudiantil por niveles educativos, lo que nos permite establecer una serie de diferencias claras entre unos y otros sistemas educativos.

En la mayoría de estos países, la alfabetización se corresponde estrechamente con la escolarización primaria ya que es la escuela el principal medio de aprendizaje de la lectura y la escritura [8]. Así, en 1860

CUADRO 8.2. *Población estudiantil relativa a población total en España.*

Años	(1)	(2)	(3)	(4)	(5)	(6)
1860/61	769	14	5	—	2	—
1878/79	944	19	10	—	—	—
1909/10	746	17	8	11	5	4
1914/15	882	24	10	22	9	10
1920/21	—	24	11	26	8	12
1925/26	1.096	33	13	—	—	11
1930/31	—	32	15	—	18	12

(1) Alumnos de enseñanza primaria (excluye preescolar y adultos); (2) secundaria; (3) universitaria y (4) profesional, por cada 10.000 habitantes. (5) alumnos de Escuelas Normales, y (6) industriales, por cada 10.000 habitantes (ambas categorías están incluidas también en la columna (4).
Fuente: Anuarios Estadísticos.

[8] Notable excepción son los países escandinavos, donde el aprendizaje de la lectura se dio tradicionalmente en la familia, aunque hubo que esperar a la llegada de la escolarización obligatoria para que la población aprendiera también a escribir. Véase JOHANSSON (1981).

Francia tiene una tasa de escolarización superior al 70 por 100 de los niños de edades comprendidas entre los 5 y los 14 años, mientras que en España es tan sólo de un 36 por 100, inferior incluso a la italiana (55 por 100 en 1871)[9]. La rápida difusión de la alfabetización en Italia a partir de esta fecha está, sin duda, relacionada con un mayor aumento de la escolarización en este país. Así en 1910, aproximadamente el 80 por 100 de los niños italianos se encuentran escolarizados, mientras que en España esa proporción es aún inferior al 50 por 100. La relación relativamente elevada de estudiantes por habitante en España no se debe, pues, a una buena escolarización primaria. Por el contrario, la instrucción primaria se encuentra en nuestro país en pésimo estado, como atestigua el bajísimo nivel de matrícula.

CUADRO 8.3. *Escolarización primaria y su relación con la superior en España.*

Años	Escuela primaria (1)	(2)	Enseñanza superior (3)	(4)
1860/61	36	18	7	—
1878/79	47	20	11	—
1909/10	49	23	11	15
1914/15	56	27	11	25
1925/26	53	30	12	—

(1) Tasas de escolarización según la edad de escolarización establecida por la ley (de 6 a 9 antes de 1909, y de 6 a 12 a partir de esa fecha).
(2) Alumnos de enseñanza secundaria, (3) universitaria y (4) profesional por cada 1.000 alumnos de instrucción primaria.
Fuente: Anuarios Estadísticos.

[9] Las tasas de escolarización para el grupo de edad 5-14 proceden de FLORA (1983). Este límite de edad tiene la virtud de ser similar para todos los países sobre los que recogen información estos autores, aunque desvirtúa la realidad escolar de cada uno de ellos, ya que el período de escolarización obligatoria era muy inferior en estas fechas y variaba de un país a otro. Siguiendo unos límites de edad más próximos a los realmente existentes, GREW y HARRIGAN (1984) han concluido que Francia ya había obtenido una escolarización universal entre 1863 (96 por 100 de los niños de 6 a 13) y 1867 (101 por 100), Cuadro 2, p. 118: ZAMAGNI (1978) estima la tasa de escolarización para Italia en un 55 por 100 en 1871 y un 76 por 100 en 1911, Cuadros 15 y 16, pp. 166-167; la tasa de escolarización española aparece recogida en el Cuadro 8.3. Sobre el desarrollo y la transformación de los estudios superiores en diversos países europeos, véase JARAUSCH (1983) y MÜLLER *et al.* (1987).

La baja tasa de escolarización elemental contrasta, por otra parte, con un excesivo desarrollo de las enseñanzas superiores en nuestro país (véase Cuadro 8.3). Hasta bien entrado el siglo XX, el número de estudiantes de enseñanza secundaria por cada 1000 alumnos de primaria se sitúa en torno a los 20 en España, mientras que permanece en torno a los 15 en Francia y no sobrepasa los 5 en Italia. La relación entre estudiantes universitarios y de primaria es igualmente negativa por lo elevada. Prácticamente la mitad de los niños que se matriculan en la enseñanza secundaria seguiría estudios universitarios en España; otros muchos se matricularían en las escuelas técnicas o profesionales, también consideradas enseñanzas superiores. Curiosamente, en ambos casos la proporción más elevada se da en España, que es el país con una menor tasa de escolarización primaria. Teniendo ésta en cuenta, podría afirmarse que el sistema escolar español era un sistema sobredimensionado en los niveles superiores e infradotado en los inferiores. Es decir, España tenía una pirámide educacional de base relativamente estrecha y cúspide ancha. Esta distorsión del sistema educativo en favor de las enseñanzas superiores era especialmente grave en un país con niveles de alfabetización tan bajos como eran los españoles en estas fechas [10]. Esta situación perduró durante la mayor parte del período estudiado, al aumentar el número de alumnos de enseñanzas superiores en igual o superior medida a los matriculados en la instrucción primaria.

En el capítulo anterior señalabamos que tanto la falta de demanda como las limitaciones de la oferta de instrucción primaria contribuían a explicar la baja tasa de escolarización elemental existente en el país. No entrabamos, sin embargo, en una discusión a fondo de las causas que pudieran explicar las variaciones en la oferta de instrucción primaria que se observaban entre unas regiones y otras. La interpretación tradicional insiste en que el problema radicaba en la falta de recursos de los ayuntamientos para financiar el número de

---

[10] O'BOYLE (19) ha estudiado el problema de la «educación excesiva» en Gran Bretaña, Alemania y Francia durante la primera mitad del siglo XIX. En su opinión, el exceso era menos grave en Inglaterra donde, por otra parte, la administración de las colonias actuaba como válvula de escape a los titulados en búsqueda de empleo acorde a su preparación. En Francia y Alemania, sin embargo, la competencia por los puestos de la administración nacional fue mayor y pudo incluso haber influido en la inestabilidad política y social de 1830 y 1848. En la España de finales del siglo XIX, la figura del «eterno aspirante» a un empleo público es de sobra conocida y ha dado lugar a numerosas figuras literarias.

escuelas estipulado según la Ley Moyano de 1857. La existencia de fuertes diferencias provinciales en el gasto parece, en principio, apoyar esta interpretación. Obviamente, el que unos ayuntamientos gastaran más o menos que otros en instrucción primaria podría estar en relación con los recursos financieros disponibles. La distribución regional del gasto sugiere, en caso de que esta hipótesis fuera correcta, que los municipios de la Meseta Norte y regiones adyacentes tenían un mayor mayor nivel de ingresos que, por ejemplo, los del sureste peninsular. Determinar si el nivel de gastos en instrucción primaria estaba en función del nivel de ingresos exigiría, pues, un estudio pormenorizado de aquéllos, lo que no es posible dados los límites de este trabajo. Existe, sin embargo, la posibilidad de explorar esta hipótesis de forma indirecta. Como ya se indicó con anterioridad, la enseñanza primaria no era la única etapa educativa cuya financiación dependía directamente de las haciendas locales a mediados del siglo XIX. De hecho, hasta 1887/1888, año en que por primera vez se incorporan a los presupuestos generales del Estado los gastos de financiación de la enseñanza secundaria, éstos recaían sobre las diputaciones provinciales, mientras que los relativos a la enseñanza primaria lo hacían sobre los ayuntamientos. Al menos en las capitales de provincia, esto suponía la competencia entre ambos niveles educativos por unos recursos financieros que, aparentemente, no andaban muy sobrados [11]. De ahí que la comparación entre el grado de desarrollo alcanzado por uno y otro nivel educativo pueda ser interesante.

Un primer examen de los datos sugiere que el nivel de desarrollo de la instrucción primaria guarda escasa o nula relación con el de la enseñanza secundaria e incluso universitaria. Algunas de las regiones que tenían niveles de escolarización primaria más bajos del país se contaban entre las que tenían mayores tasas de escolarización secundaria. Esta falta de equilibrio entre una y otra etapa educativa sugiere que el problema, en el lado de la oferta de educación, no era exclusivamente una cuestión de falta de medios o recursos, sino más bien un problema de inadecuada distribución de éstos.

---

[11] Según la Ley de Instrucción Pública de 1857 era obligatorio que cada provincia sostuviera un instituto de enseñanza media con fondos de las provincias y de los municipios donde se hallaban establecidos —excepto los del Cardenal Cisneros y San Isidro, ambos en Madrid, que dependían directamente del Estado—. Algunas provincias, sin embargo, establecieron un mayor número de institutos, siendo 61 los establecidos en 1879. *Reseña Geográfica y Estadística de 1888*, p. 313.

Los Cuadros 8.4 y 8.5 muestran las tasas de escolarización primaria y postprimaria por distritos universitarios. Como era de esperar, los distritos de Madrid y Barcelona acogían el mayor número, en términos tanto absolutos como relativos, de estudiantes superiores —de secundaria y universitarios—. En el caso de Madrid, al mayor cociente de estudiantes superiores de todo el país se unía una tasa relativamente baja de escolarización primaria. Obviamente, muchos de estos estudiantes superiores provenían de otras regiones, quizá en proporción mayor a lo que era común en el resto de los distritos universitarios, debido a que esta ciudad era sede de la capital política así como de la universidad central. Sevilla y Granada, los dos distritos universitarios del sur, así como Santiago, en Galicia, tenían los niveles de escolarización primaria más bajos de todo el país. Sin embargo, en el sur, y en especial en el distrito de Sevilla, las bajas tasas de escolarización primaria coincidían con tasas de escolarización secundaria e incluso universitaria relativamente elevadas. Lo contrario sucedía, por ejemplo, en el distrito de Salamanca. De ahí que la relación entre estudiantes de enseñanzas superiores por una parte, y alumnos de instrucción primaria, por otra, fuera excepcionalmente alta en Madrid y Barcelona, debido a su condición de focos de atracción de estudiantes superiores, y en Granada y Sevilla, en este caso debido a unos niveles de escolarización primaria notablemente bajos.

Entre 1860 y 1880 hubo una expansión en el número de estudiantes, en términos tanto absolutos como relativos (véase Cuadro 8.2) [12]. Las décadas siguientes, hasta 1908, fueron de estancamiento, e incluso hubo un ligero descenso en las tasas de escolarización. La recuperación de la tendencia expansiva ya era visible a mediados de

---

[12] La información en esos cuadros se refiere al número de estudiantes según su nivel de estudios: primaria y posprimaria o superior. Esta última categoría acoge a los estudiantes de enseñanza media o secundaria, vocacional, profesional y universitaria. En el Cuadro 8.2 se relaciona cada uno de estos niveles educativos con la población total, mientras que en el Cuadro 8.3 se relacionan los estudiantes de enseñanzas superiores con los alumnos de instrucción primaria. Los estudiantes de las *escuelas especiales* —de ingeniería y estudios técnicos superiores— no han sido incluidos por ser la información sobre ellos en los Anuarios muy irregular y escasa. Por la misma razón se han excluido también a los estudiantes de las *escuelas superiores* o vocacionales. Entre los que asistían a las escuelas profesionales se han incluido a los de las escuelas normales, industriales y de veterinaria que eran, con gran diferencia, los más numerosos.

CUADRO 8.4. *Tasa de matrícula de alumnos de enseñanza primaria, secundaria, y universitaria por distritos universitarios (por 10.000 habitantes).*

Años	Barcelona			Zaragoza			Valencia			Granada			Sevilla		
	P	S	U	P	S	U	P	S	U	P	S	U	P	S	U
1860/61	669	18	8	1.037	13	2	673	11	3	678	13	3	709	16	4
1878/79	1.096	21	12	1.267	14	5	988	21	10	757	14	7	898	24	7
1909/10	—	19	11	—	15	5	—	16	4	—	14	7	—	19	4
1914/15	1.097	24	14	1.227	19	6	722	18	6	717	18	7	576	23	4
1920/21	—	25	12	—	21	8	—	19	5	—	20	9	—	23	5
1925/26	1.148	—	15	1.574	—	13	923	—	7	794	—	12	810	—	6
1930/31	—	—	18	—	—	13	—	—	7	—	—	10	—	—	7

Años	Madrid			Salamanca			Valladolid			Oviedo			Santiago		
	P	S	U	P	S	U	P	S	U	P	S	U	P	S	U
1860/61	924	27	22	1.085	9	2	997	—	4	1.092	6	1	593	4	3
1878/79	1.150	31	37	1.326	13	4	1.542	23	6	1.235	13	2	793	10	4
1909/10	—	29	24	—	12	7	—	21	6	—	13	3	—	10	5
1914/15	615	45	31	1.267	15	8	1.218	42	9	1.485	18	6	643	13	5
1920/21	—	49	35	—	20	7	—	28	9	—	21	6	—	18	5
1925/26	974	—	39	1.335	—	14	1.512	—	11	1.426	—	5	1.192	—	7
1930/31	—	—	37	—	—	14	—	—	12	—	—	6	—	—	9

P: Alumnos de instrucción primaria, excluyendo preescolar y escuelas de adultos.
S: Alumnos de enseñanza secundaria.
U: Estudiantes universitarios.
Fuente: Anuarios Estadísticos.

CUADRO 8.5. *Alumnos de enseñanza secundaria (S) y universitaria (U) por cada 1.000 de primaria, por distrito universitario.*

Años	Madrid		Salamanca		Valladolid		Oviedo		Santiago	
	S	U	S	U	S	U	S	U	S	U
1860/61	29	24	9	2	—	4	6	1	7	6
1878/79	27	32	10	3	15	4	10	2	12	5
1914/15	73	50	12	7	35	7	12	4	20	8
1925/26	—	40	—	10	—	7	—	3	—	6
	Barcelona		Zaragoza		Valencia		Granada		Sevilla	
	S	U	S	U	S	U	S	U	S	U
1860/61	27	11	12	2	17	4	19	4	23	6
1878/79	19	11	11	4	21	10	19	9	26	8
1914/15	22	13	16	5	25	8	25	10	39	7
1925/26	—	13	—	8	—	7	—	15	—	8

Dado que la Universidad de Murcia tan sólo se creó en 1915, los alumnos pertenecientes a este centro se incluyen con los de la Universidad de Valencia, a la que pertenecía con anterioridad.
Fuente: Anuarios Estadísticos.

la década de 1910 y se aceleró notablemente en las dos siguientes. Esta tendencia es aplicable a los tres niveles educativos, aunque el estancamiento experimentado en las décadas de finales del siglo XIX fue más notable en la escuela primaria que en las enseñanzas superiores. Esto explica que la relación entre los estudiantes de enseñanza media y primaria mejorara para los primeros, mientras que se mantenía estacionaria entre los estudiantes universitarios y los de primaria [13].

Como las mismas diferencias regionales muestran, a mediados del siglo XIX existían, al menos, dos posibles opciones a la hora de establecer el presupuesto educativo cuya financiación correspondía a las haciendas locales. Por una parte, los recursos existentes habían de ser repartidos entre la instrucción primaria y la enseñanza secun-

[13] En la *Reseña Geográfica y Estadística de 1888* ya se observa preocupación por la elevada proporción de estudiantes de secundaria que se inclinan por seguir estudios universitarios en lugar de estudios técnicos, o lo que hoy llamaríamos carreras intermedias, «las de aplicación para el mayor progreso de la agricultura, de la industria nacional, del comercio y de las artes, que constituyen la verdadera riqueza de los pueblos» (p. 314).

daria, situación que perduraría hasta mediados los años 80. En segundo lugar, el presupuesto destinado a la escuela primaria podía emplearse de muy distinta forma, bien primando la calidad de la enseñanza a costa de disminuir la oferta de puestos escolares, bien favoreciendo un mayor desarrollo de la oferta a costa de una teórica disminución de la calidad.

La opción de favorecer uno u otro tramo educativo, uno u otro modelo de escuela primaria recaía, lógicamente, en aquéllos que tomaban las decisiones, es decir, en aquéllos que detentaban el poder político. No es sorprendente constatar que en las regiones donde el caciquismo estaba más fuertemente arraigado y era favorecido por una distribución desigual de la riqueza y la concentración de la población en grandes núcleos urbanos de carácter predominantemente rural, se optara por primar la calidad de la escuela primaria, como vimos en el capítulo anterior, y el desarrollo de la secundaria. De ahí que en Andalucía, más concretamente en la región occidental, la enseñanza secundaria adquiriera un desarrollo más notable a expensas, en mayor medida que en ninguna otra región, de la instrucción primaria, y donde esta última contó, al menos en el papel, con una mejor calidad. Obviamente, en el sur los políticos locales contribuyeron a configurar un sistema educativo que atendiera las necesidades de las clases medias y altas aún a costa de la educación de la mayor parte de la población [14]. No hay que olvidar que en una sociedad fuertemente descapitalizada como lo era la española entonces, las tasas privadas de rendimiento eran muy superiores para la inversión en la educación superior [15]. No sucede lo mismo, no obs-

[14] Hay una seria objeción a esta interpretación: el hecho de que, en general, las oligarquías locales fueran clientes asiduos de los centros de enseñanza privados. Caben, sin embargo, dos respuestas a esta objeción. En primer lugar, la asistencia a centros de enseñanza privados dependía de que éstos estuvieran disponibles, lo cual, dado el escaso peso relativo de la enseñanza privada, sólo se daba en una minoría de ciudades españolas, por lo general las grandes ciudades y capitales de provincia, lo que dejaba a numerosos centros urbanos dependientes exclusivamente de la escuela pública. En segundo lugar, el mantenimiento de la incultura de las gentes, basado en la dificultad de acceso a la instrucción primaria y, por ende, a la alfabetización, contribuía al mantenimiento del *statu quo* limitando la movilidad de la mano de obra. Un análisis de las causas del bajo nivel de inversión en instrucción primaria en los estados norteamericanos del sur en GERBER (1991).

[15] Según HICKS (1987), el hecho de que la tasa de rendimiento privada a la inversión en la enseñanza superior sea mayor que la social puede dar lugar a una expansión desmedida —«superior al punto en el que aún tiene un beneficio social neto o un

tante, con las tasas sociales que, según numerosos estudios, son mucho más elevadas para las inversiones en instrucción primaria. Las consecuencias económicas de esta política, si bien a corto plazo pudieron ser insignificantes, a largo plazo fueron claramente negativas [16].

2. El gasto público en educación

En algunos de sus estudios sobre el gasto público en España, tanto Tedde como Comín se han ocupado del apartado destinado a los gastos en educación. Para Comín «de los gastos en Cultura sólo puede decirse que son insignificantes entre 1814 y 1860» [17], y denotan una falta de atención a la instrucción pública que persistiría durante las décadas finales de siglo, en las que los gastos en educación aún no pasaban del 1 por 100 del gasto público total [18]. Con la creación del nuevo Ministerio de Instrucción Pública los gastos en educación pasaron a representar el 4 por 100 del presupuesto del Estado, lo que, en su opinión «bien que las cifras sigan siendo nimias [...] indica una mayor preocupación de los políticos de la Restauración por la formación de capital humano» [19]. Esta mayor preocupación de los políticos por la educación se limitó, no obstante y casi exclusivamente, a aceptar la transferencia a los presupuestos generales del Estado de los gastos en instrucción primaria cuya financiación aún se encontraba a cargo de los municipios [20]. De hecho, durante

impacto real sobre el crecimiento»— de este nivel educativo (p. 103). La falta de capacidad de presión de la mayor parte de la población, característica de países en desarrollo con una desigual distribución de la riqueza, permite la desviación del presupuesto público hacia la financiación de la enseñanza superior con lo que, de hecho, tiene lugar un proceso de transferencia de renta hacia las clases que se benefician de este tipo de educación a expensas de aquéllos, más numerosos, que se beneficiarían de una expansión de la escuela primaria. Este caso se produce en numerosos países de América Latina hoy en día. Véase, por ejemplo, JALLADE (1988).

16 Véase el Capítulo 5 sobre la relación existente entre alfabetización y crecimiento económico en España.

17 COMÍN (1988), pp. 169 y ss.: «Los gastos del Estado en Enseñanza no llegaron al 1 por 100 de los totales hasta 1842, y [entre 1814-1860] no superaron el 1,5 por 100».

18 Véase un resumen sobre la evolución del gasto entre 1850 y 1874 en COMÍN (1988), pp. 419 y ss.

19 COMÍN (1988), pp. 631-634.

20 COMÍN señala los distintos apartados de gastos que la función educación recoge

GRÁFICO 8.2. *El gasto en educación como porcentaje del gasto público total 1900-1935.*

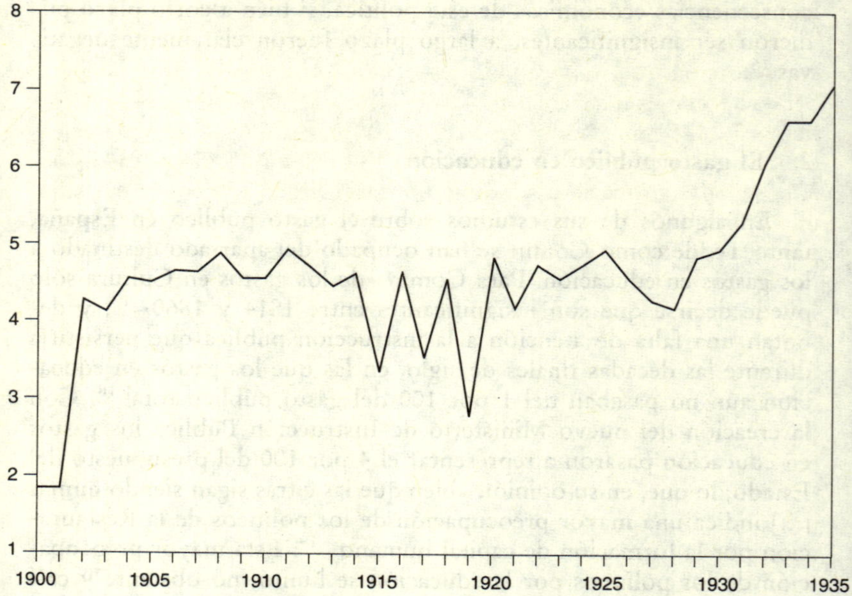

Fuente: Comín (1985).

los primeros años del siglo se mantuvo la tendencia al estancamiento del gasto en educación que ya venía observándose desde comienzos de la Restauración y que, según Tedde, afectaba al gasto público en

con anterioridad al presupuesto del año 1886-1887 y con posterioridad al de 1902 (1988), pp. 637-638 y Cuadro 18. Que la descentralización administrativa, por la cual los ayuntamientos eran los responsables directos de la financiación de la escuela primaria llevaba aparejados problemas, entre los que no era el menor la propia incapacidad municipal de hacer frente a estos gastos, era algo sabido y comentado ampliamente en su época. Para paliar esta incapacidad financiera se habían tomado medidas, «protectoras» según SILVELA, que intentaban hacer responsable subsidiario a la administración provincial e incluso al Gobierno central, sin llegar a proponer la centralización del presupuesto de instrucción primaria. (Véase el Real Decreto de 21 de julio de 1900, firmado por D. FRANCISCO SILVELA como presidente del Consejo de Ministros, en Ministerio de Educación y Ciencia, 1982, pp. 106-110, para una discusión pormenorizada de estas medidas.)

general [21]. En comparación con el crecimiento experimentado por la renta nacional durante este período, el aumento de los gastos de instrucción no es, sin embargo, nada despreciable [22].

Hubo, sin embargo un moderado crecimiento del gasto público en educación que, durante la primera década y media de este siglo, benefició casi exclusivamente a las enseñanzas superiores (véase Grafico 8.3). De representar un 71 por 100 del presupuesto del recién establecido Ministerio de Instrucción Pública en 1902, los gastos en la enseñanza primaria disminuyeron hasta llegar a suponer tan sólo un 62 por 100 del presupuesto educativo en 1915, permaneciendo prácticamente estancados, en términos absolutos, durante esos años. De hecho, entre 1902 y 1916 se gastaba una media de entre 1,4 y 1,6 pesetas por habitante en instrucción primaria, mientras que en 1880 la media era de 1,3 pesetas. La recuperación de la participación de la enseñanza primaria en el gasto público no alcanzaría el nivel de partida hasta 1924, y tan sólo lo superaría en la década de 1930, durante la República. Durante las dos décadas anteriores a la guerra civil, no sólo aumentó la participación de la enseñanza primaria dentro del presupuesto educativo, sino que éste aumentó alcanzando una tasa muy superior a la experimentada durante los años precedentes. A partir de 1915 se incrementaron, pues, los recursos disponibles para educación y mejoró además su asignación entre los distintos niveles educativos en favor de la instrucción primaria. El gasto medio por habitante, sin embargo, no mejoró hasta la década de 1920. Un resultado inmediato de estos cambios puede ser la aceleración que se aprecia en la difusión de la alfabetización entre 1920 y 1930 y que afectó, fundamentalmente, a las regiones más atrasadas de la mitad meridional peninsular. Más adelante analizaremos los cambios experimentados durante este período en la distribución regional del gasto en instrucción primaria.

La evolución del gasto público en instrucción primaria, ya fuera éste financiado por las haciendas locales, ya lo fuera por el Gobierno central, muestra la existencia de tres grandes etapas entre 1860 y 1935 (véase Cuadro 8.7) [23]. La primera se prolongaría hasta 1880 y

---

[21] «El gasto *per capita,* entre 1871 y 1906 permaneció estancado en España e Italia, a un nivel menor de la mitad que el de los países ya industrializados». TEDDE (1981), p. 261.

[22] Véase PRADOS (1988).

[23] Para el siglo XIX contamos con información sobre el gasto en personal y ma-

CUADRO 8.6. *El gasto público en educación superior (1), universitaria (2), secundaria (3) y primaria (4) (en porcentajes).*

	(1)	(2)	(3)	(4)
1852	98.3	67.5	13.1	1.7
1853	98.6	67.7	11.9	1.4
1854	98.7	68.1	11.1	1.3
1855	99.2	65.3	11.4	0.8
1856	97.1	62.8	10.8	2.9
1857	94.6	58.9	10.6	5.4
1858	94.1	65.6	8.2	5.9
1859	94.2	69.7	9.0	5.8
1860	93.8	68.1	8.5	6.2
1861	93.8	64.3	13.5	6.2
1862	94.2	63.1	13.4	5.8
1863	94.5	57.9	13.6	5.5
1864	94.5	58.9	13.7	5.5
1865	97.1	65.9	13.6	2.9
1866	99.8	68.3	13.8	0.2
1867	96.5	77.2	5.9	3.5
1868	99.9	69.5	7.5	0.1
1869	99.7	80.2	5.9	0.3
1870	99.3	80.6	5.7	0.7
1871	98.8	80.5	5.4	1.2
1872	98.4	85.5	5.0	1.6
1873	98.4	83.6	5.4	1.6
1874	98.8	82.2	5.5	1.2
1875	98.6	81.6	5.6	1.4
1876	98.3	76.9	10.7	1.7
1877	98.5	73.3	11.8	1.5
1878	96.1	73.1	8.9	3.9
1879	97.7	75.1	9.9	2.3
1880	96.4	71.8	10.1	3.6
1881	96.5	73.3	8.3	3.5
1882	96.3	71.0	9.2	3.7
1883	85.7	61.5	8.4	14.3
1884	85.9	62.0	8.3	14.1
1885	86.5	65.5	8.8	13.5
1886	86.4	64.6	7.8	13.6
1887	92.5	34.3	44.2	7.5
1888	93.0	36.7	44.1	7.0
1889	93.0	36.7	44.1	7.0
1890	94.4	39.4	42.2	5.6
1891	95.0	36.8	45.1	5.0
1892	93.6	33.9	45.9	6.4
1893	95.8	35.7	46.4	4.2
1894	95.9	36.1	44.4	4.1

CUADRO 8.6 *(continuación)*.

	(1)	(2)	(3)	(4)
1895	96.1	35.6	44.7	3.9
1896	97.0	36.1	45.4	3.0
1897	97.1	35.3	47.1	2.9
1898	96.4	35.0	44.7	3.6
1899	97.5	35.2	47.3	2.5
1900	94.4	34.1	44.9	5.6
1901	94.0	34.9	44.3	6.0
1902	28.8	10.5	13.7	71.2
1903	30.7	11.4	14.0	69.3
1904	32.1	13.0	13.2	67.9
1905	31.3	12.1	13.2	68.7
1906	33.3	12.4	13.4	66.7
1907	36.2	14.6	13.7	63.8
1908	34.6	13.5	13.6	65.4
1909	35.1	14.0	13.7	64.9
1910	35.4	13.9	13.9	64.6
1911	36.0	14.7	13.5	64.0
1912	35.4	14.4	13.3	64.6
1913	35.8	12.5	15.4	64.2
1914	36.3	12.1	16.6	63.7
1915	38.5	12.6	18.4	61.5
1916	37.0	12.6	17.4	63.0
1917	34.9	11.4	16.4	65.1
1918	35.9	13.0	15.6	64.1
1919	33.8	10.7	15.4	66.2
1920	32.8	12.0	12.3	67.2
1921	30.2	11.6	11.6	69.8
1922	31.0	12.0	12.4	69.0
1923	29.6	10.5	12.5	70.4
1924	27.5	8.8	12.8	72.5
1925	27.9	10.1	12.1	72.1
1926	27.6	9.1	12.0	72.4
1927	26.6	8.0	12.0	73.4
1928	30.9	15.3	10.3	69.1
1929	29.4	14.7	9.3	70.6
1930	31.0	16.3	9.5	69.0
1931	27.6	9.2	12.1	72.4
1932	22.9	7.5	9.6	77.1
1933	22.4	11.0	6.6	77.6
1934	21.7	9.6	7.6	78.3
1935	20.0	6.9	7.4	80.0

(1) Educación superior comprende toda la que no es primaria.
Fuente: Datos Básicos.

GRÁFICO 8.3. *El gasto en instrucción primaria en relación con las enseñanzas superiores.*

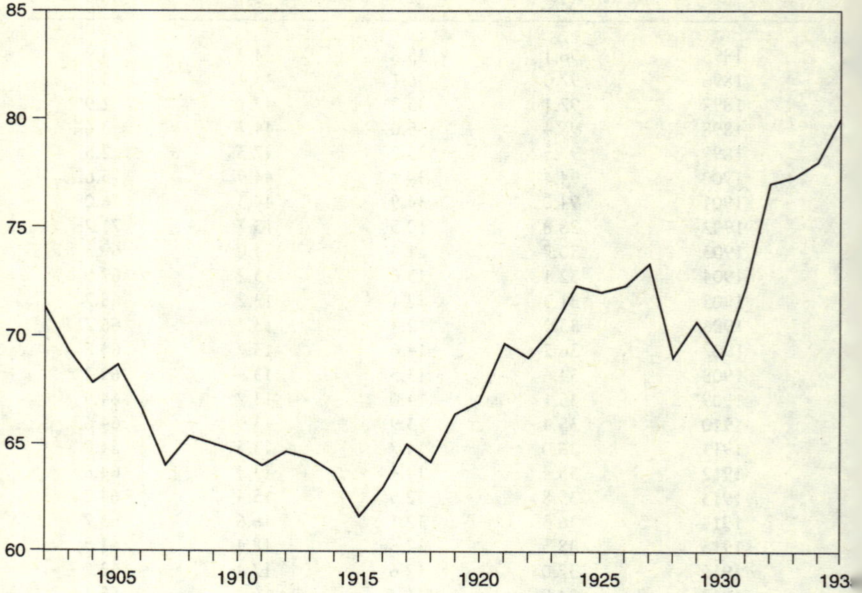

Fuente: Elaborado a partir del Cuadro 8.6.

terial de primera instrucción para algunos años aislados como 1860, 1870 y 1880. A partir de 1902 y hasta finales de la década de 1910 esta información la recoge anualmente el Presupuesto del Ministerio de Instrucción Pública. A comienzos de la década de 1920, sin embargo, desaparecen estas partidas del presupuesto educativo, que se limita a señalar la cantidad global destinada a la instrucción primaria en todo el país. A partir de entonces la información disponible es más fragmentaria. Para los años 1922-1923 y 1923-1924 se dispone, en los respectivos Anuarios Estadísticos, de datos sobre la contribución del Estado y la de los municipios al gasto en la escuela primaria desagregado por provincias. A partir de 1927, sin embargo, tan sólo se encuentra información en relación al gasto de los municipios —en la sección destinada a los presupuestos municipales—. Los valores medios para todo el país entre esta última fecha y 1934 son el resultado de restar entre un 6 y un 10 por 100 al total del presupuesto de instrucción primaria, porcentaje que no correspondería a los gastos de personal y material si aplicamos el coeficiente que se obtiene en los años 1922-1923 y 1925-1926.

se caracteriza por unas tasas de crecimiento relativamente elevadas, de un 1,8 por 100 anual en pesetas constantes. Este crecimiento, mayor en la década de 1860 que en la de 1870, apenas se vería erosionado por el crecimiento de la población, por lo que podemos afirmar que la oferta pública de instrucción primaria mejoró en términos tanto absolutos como relativos durante estos años. Así, el gasto medio por habitante se multiplicó por 1,26 entre 1860 y 1880, pasando de 1,04 pesetas a 1,31.

Durante las tres décadas siguientes, la tasa de crecimiento se redujo a un 0,66 por 100 en términos absolutos y a un mero 0,09 por 100 por habitante. Es decir, la tasa de crecimiento anual se había reducido, en pesetas constantes, a un tercio de su valor entre 1860 y 1880, y a deprimirla aún más se unía una aceleración de las tasas de crecimiento de la población en las décadas finales del siglo XIX. El gasto por habitante era de 1,4 pesetas en 1902 y prácticamente igual en 1916. La quiebra de las haciendas locales que, partiendo de la desamortización de los bienes comunales y de propios a mediados del siglo XIX, se agudizaría y se pondría de manifiesto a finales de siglo [24], podría estar en el origen de los problemas de financiación a los que hubo de enfrentarse la expansión de la escuela primaria durante las dos últimas décadas de siglo.

La intervención del Gobierno central al hacerse cargo directamente de los gastos de la instrucción primaria, sin embargo, no acabó con el problema de la escasez de medios, ya que la escuela elemental siguió compitiendo, y perdiendo, con las enseñanzas superiores por unos recursos limitados. Curiosamente, en el relanzamiento del gasto en instrucción primaria que tuvo lugar a partir de 1920, los municipios volvieron a desempeñar un papel crucial. Su contribución a la financiación del gasto público en instrucción pública llegó a suponer algo más de la tercera parte en los primeros años de 1930 (véase Cuadro 8.8). Tanto a comienzos como a finales del período estudiado parece que la capacidad de financiación directa por parte del municipio fue decisiva a la hora de configurar los gastos en instrucción primaria. Se hace, pues, necesario un estudio desagregado del gasto público en la escuela, para lo cual vamos a recurrir una vez más a los datos provinciales. El objetivo final es tratar de establecer hasta qué punto la intervención del Gobierno en la finan-

[24] Véase J. DEL MORAL (1986) sobre las haciendas locales y la crisis de los años 1880.

CUADRO 8.7. *Gasto público en instrucción primaria (personal y material) por habitante (en pesetas constantes).*

	(1)	(2)	(3)	(4)	(5)	(6)
1860	1.04					
1880	1.31					
1902	1.41					
1906	1.38					
1911	1.42					
1914	1.59					
1916	1.36					
1923	2.51	2.40	0.69	27	1.82	1.71
1924	2.63	2.55				
1925	2.54	2.46				
1926	2.62	2.54	0.85	32	1.77	1.69
1927	2.73	2.64	0.94	34	1.79	1.70
1928	2.69	2.60	0.95	35	1.74	1.65
1929	3.13	3.02	0.99	32	2.14	2.03
1930	3.06	2.97	1.05	34	2.01	1.92
1931	3.26	3.16	1.07	33	2.19	2.09
1932	4.20	4.07	1.38	33	2.82	2.69
1933	4.74	4.59	1.30	27	3.44	3.29
1934	4.60	4.45	1.30	28	3.30	3.15
1935	5.41	5.23	1.30	24	4.11	3.93

(1) 1927-1935 cifras totales de *Datos Básicos,* menos un 7 por 100 estimado de gastos de administración; (2) Igual a la anterior menos un 10 por 100; (3) Gasto por habitante financiado directamente por los municipios; (4) Contribución porcentual de los municipios al presupuesto de instrucción primaria, y (5) y (6), columnas (1) y (2) menos (3).

ciación de la escuela primaria fue capaz de corregir los desequilibrios regionales que existían desde mediados del siglo XIX originados, al menos en parte, por la desigual capacidad de financiación de cada municipio.

Además de los cambios ya señalados, entre 1860 y 1935 se produce una redistribución del presupuesto de instrucción primaria tendente a aumentar la participación de los gastos de personal sobre los gastos de material. Estos pasaron de ser aproximadamente un cuarto entre 1860 y 1880 a ser un 13 por 100 durante las dos primeras décadas del siglo XX. Entre 1923 y 1935 su participación se redujo a la mitad. Estos cambios pueden significar dos cosas: bien un aumento de la plantilla de maestros, bien un aumento en sus retribu-

CUADRO 8.8. *Gasto público en instrucción primaria.*

	Personal	Material	Total	% Material
1860	12.21	3.28	15.50	21
1880	15.28	5.76	21.04	27
1902	21.02	4.20	25.23	17
1911	23.68	3.44	27.12	13
1919	48.14	5.10	53.25	10
1925/26	89.88	6.77	96.65	7

Tasas de crecimiento anual del gasto público en instrucción primaria
Pesetas (%)

	Corrientes	Constantes	Constantes/habitante
1860/1926	2.80	1.90	1.4
1860/80	1.50	1.80	1.4
1880/1902	0.80	0.60	0.09
1902/11	0.80	0.80	0.09
1911/19	8.80	–2.20	–2.9
1919/26	8.90	13.50	12.4

Fuentes: Anuarios Estadísticos y Presupuestos Generales del Estado. Sólo incluye los gastos consignados en las provincias para personal y material.

ciones. Posiblemente tuvieron lugar ambos fenómenos, lo cual, si tenemos en cuenta que la clave para el buen funcionamiento de la escuela primaria se encuentra en su dotación de personal más que en la calidad del material existente, no pudo dejar de tener efectos positivos sobre el desarrollo de la instrucción primaria en España.

3. Pautas regionales del gasto público en instrucción primaria

Reconstruir el gasto público en instrucción primaria, desagregado por provincias, no es una tarea exenta de problemas [25]. La fragmentación de la información incide negativamente sobre el estudio regional de los cambios a largo plazo del gasto en instrucción primaria, por lo que en algunos aspectos éste habrá de ser necesariamente poco concluyente.

[25] Véase nota [23].

En 1860 tienen un gasto por habitante inferior a la media Galicia y Asturias, el País Vasco, Barcelona y algunas provincias del Levante, así como varias provincias andaluzas (véase Mapa 8.1) [26]. El gasto más elevado se observa en las provincias del interior peninsular, en especial algunas de las más despobladas como Teruel, Cuenca o Guadalajara. En 1926 las diferencias interprovinciales han aumentado, y prácticamente todo el sur peninsular, junto con la periferia levantina y las provincias de Barcelona y Madrid, tienen un gasto por habitante inferior a la media (véase Mapa 8.2). La tasa de crecimiento del gasto por habitante entre 1860 y 1926 es inferior a la media en aquellas provincias que albergan grandes ciudades, como Madrid, Barcelona o Zaragoza, y toda Andalucía. Es superior a la media en Galicia y Asturias, y, en menor medida, en el País Vasco. Por períodos, parece que es precisamente entre 1880 y 1902 cuando aparecen problemas de financiación en las grandes ciudades y en Andalucía, problemas que pese a tener quizá su origen en la quiebra de las haciendas locales de finales del siglo XIX, seguían sin resolver casi cinco décadas más tarde, tras dos decenios de administración centralizada de los presupuestos de instrucción primaria. Quizá no esté de más llamar la atención sobre el hecho de que la administración central logra corregir las deficiencias escolares allí donde su implantación no se ha visto limitada por un precoz y excesivo desarrollo de la enseñanza secundaria, como sucede en Galicia, a diferencia de Andalucía por un lado, y Madrid y Barcelona por otro. En definitiva, lo que parece deducirse de estos datos es que las enseñanzas superiores —media y universitaria— no sólo compitieron con la instrucción primaria durante las dos primeras décadas del siglo XX, período de relativo estancamiento del gasto público en educación, sino que lo hicieron siguiendo unas pautas regionales que tienen su origen en la pasada centuria.

Que el problema no era de capacidad de financiación de los municipios sino de voluntad política de financiar uno u otro nivel educativo parece corroborarlo el estudio del gasto municipal entre 1922-1923 y 1933. Tomando como punto de partida los años

---

[26] Calculado el gasto provincial por habitante y por niños de edad escolar (de 6 a 12 años), en pesetas constantes, se observa un gran parecido entre ambas series, lo que implica que las variaciones en el tamaño de la población infantil no son significativas y no determinan, por tanto, la capacidad de financiación de las necesidades escolares de cada provincia.

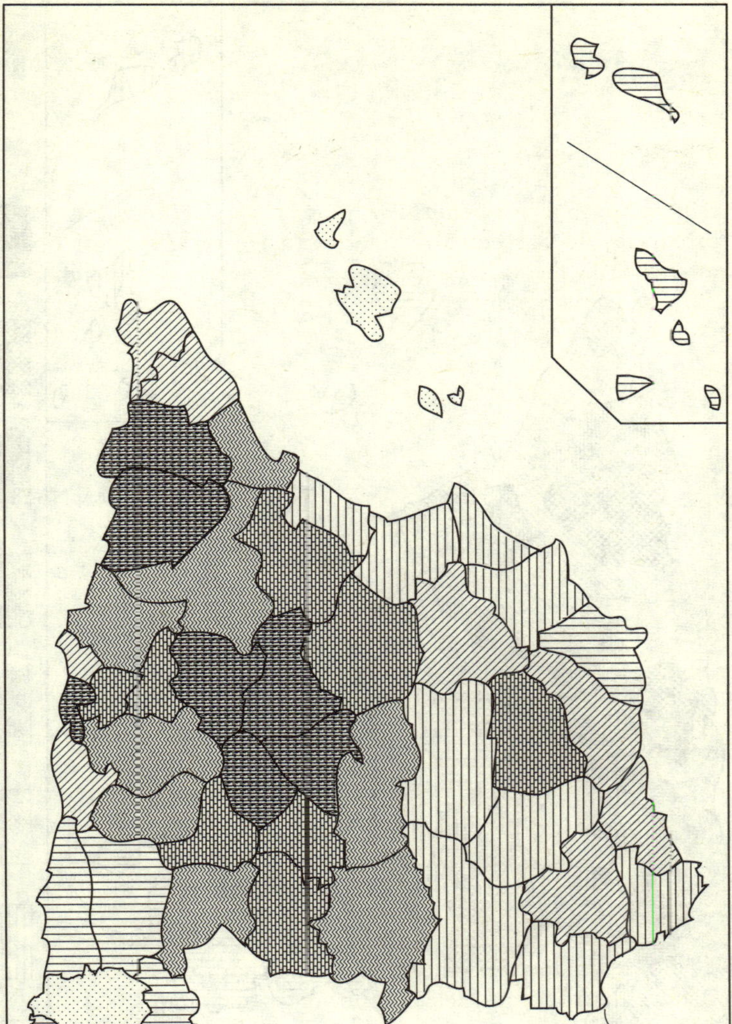

MAPA 8.1. *Gasto en instrucción por habitante en 1880 (pts. 1913).*

MAPA 8.2. *Gasto en instrucción primaria por habitante en 1926 (pts. 1913).*

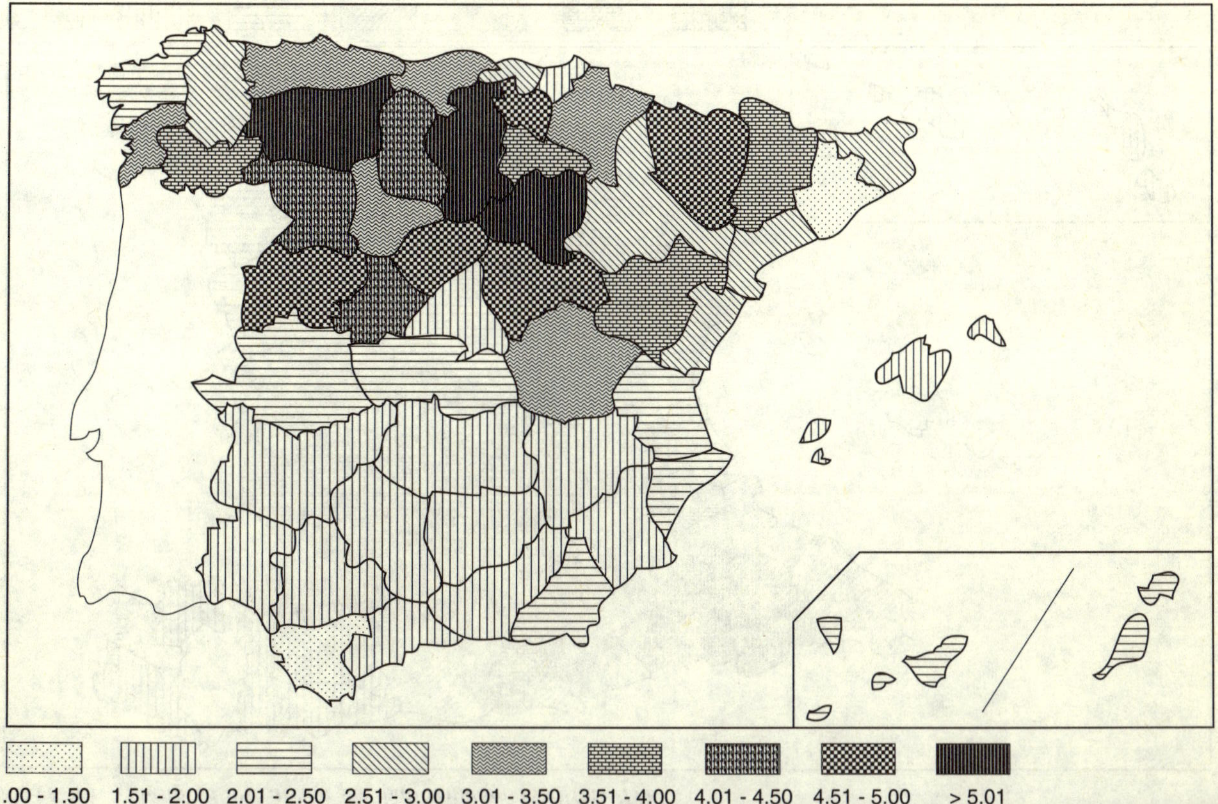

1922-1923 y 1923-1924 se observa que, por término medio, los municipios contribuyen con un 27 y un 32 por 100 a los gastos en instrucción primaria. En los años siguientes su participación oscilaría con valores ligeramente superiores al 32 por 100, antes de descender una vez más al 27 por 100 en 1933. La media nacional esconde, sin embargo, fuertes diferencias regionales. En Andalucía y, en general, en toda la Meseta Sur, de Extremadura a Albacete pasando por Toledo y Ciudad Real, los municipios contribuyen al gasto en instrucción primaria en una proporción muy superior a la media nacional (véase Mapa 8.3). En algunos casos, como en las provincias de Córdoba, Jaén y Toledo, la participación es incluso igual o superior al 40 por 100. Es también superior a la media, aunque en menor medida, en las provincias de Madrid, Barcelona, Valencia y Valladolid, por citar tan sólo algunas. Por el contrario, es inferior en Galicia y la mayor parte de la Meseta Norte, Castilla la Vieja y León.

Como era de esperar, el aumento del gasto municipal en instrucción primaria a partir de estas fechas sería muy superior en aquellas provincias en las que los centros urbanos eran más importantes, como Barcelona, Madrid y Valencia, y en menor medida Cádiz, Málaga, Murcia o Valladolid, o en aquéllas en las que la participación del municipio era más baja en 1922-1923, como Galicia. El menor crecimiento se dio en las provincias que partían de niveles de gasto municipal más elevado, como Albacete y Almería, o Cáceres y Badajoz. En el resto del país, el aumento fue similar. De hecho, la desviación típica tiende a disminuir entre 1922 y 1935, con un ligero aumento que coincide con el cambio de década.

Financiar aproximadamente un tercio del gasto público en la instrucción primaria no suponía, sin embargo, una carga excesivamente pesada para los municipios. Entre 1927 y 1931 ésta supuso un 5 por 100 de los presupuestos municipales y experimentó un alza tanto en 1932 como en 1933, pasando a ser de un 5,9 y de un 6,5 respectivamente. El aumento pudo estar relacionado con la política de construcción de escuelas de los primeros años de la República, política que requería que los municipios contribuyeran con una cantidad a su financiación [27].

---

[27] Sobre la política de construcción de escuelas de la Segunda República, cuya puesta en práctica está aún pendiente de un estudio riguroso que tenga en cuenta la aportación real de municipios y Estado central, véase PÉREZ GALÁN (1977), pp. 101-115. El libro de SAMANIEGO BONEU (1977), aunque prolijo en datos estadís-

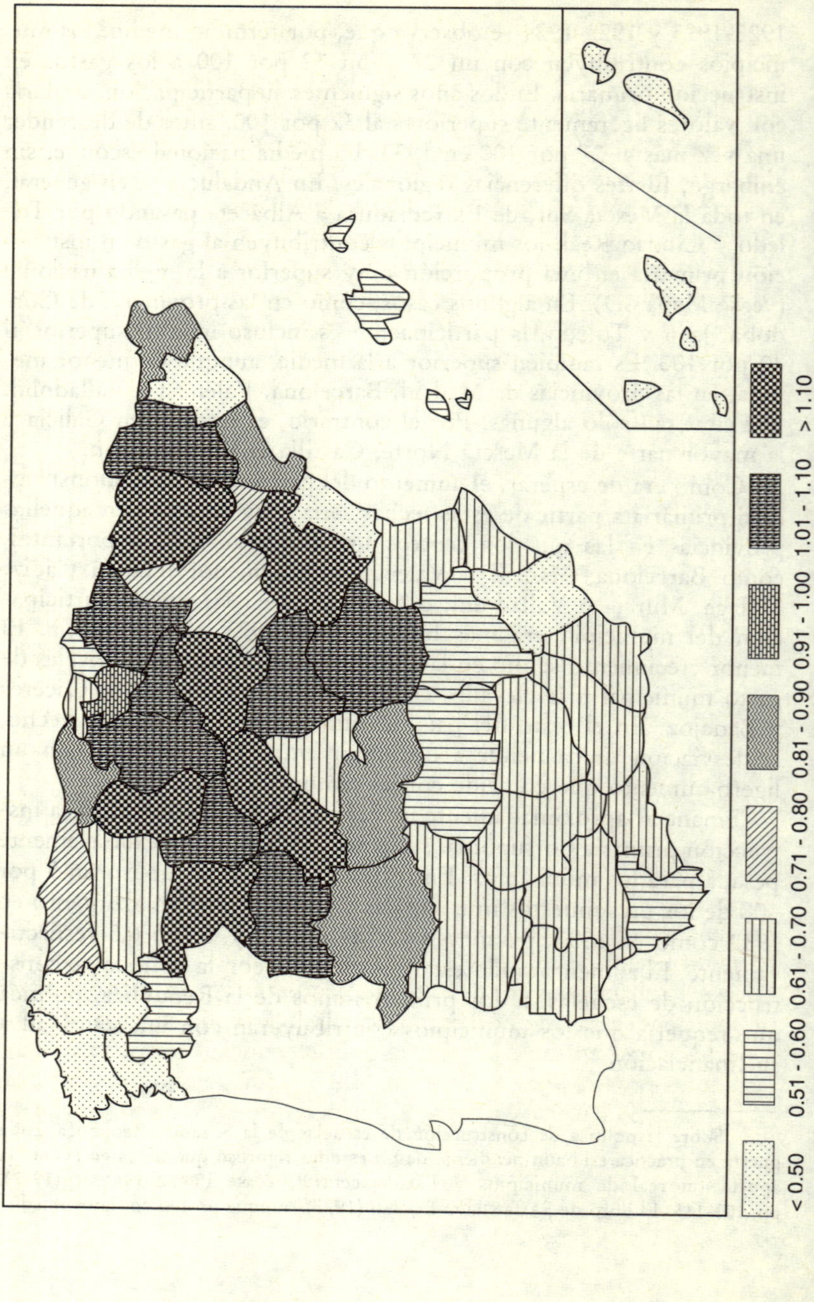

MAPA 8.3. *Gasto municipal por habitante en instrucción primaria en 1923 (pts. 1913).*

Sin embargo, también en este sentido se detectan diferencias regionales. Curiosamente, las provincias del interior, tanto de las dos mesetas como de Aragón, gastaban proporcionalmente en instrucción primaria menos que otras regiones, como Galicia y la cornisa cántabra, e incluso el Levante meridional. Andalucía se encontraba dividida entre aquellas provincias para las que el gasto en instrucción primaria suponía más del 5 por 100 de los presupuestos municipales, como Jaén, Córdoba y Málaga, y aquéllas para las que el porcentaje era inferior, que eran mayoría. En los años 1932 y 1933, en los que el gasto en instrucción primaria aumenta en todo el país, se advierte que son precisamente aquellas regiones en las que la oferta escolar era menor las que se sitúan con un porcentaje de gasto municipal en instrucción primaria por encima de la media. Andalucía pasa a ocupar ese puesto, junto con Galicia, que ya lo ostentaba con anterioridad. Si aceptamos el hecho de que, al menos en parte, el aumento del gasto del Estado en instrucción primaria dependía de un aumento del gasto municipal, podríamos afirmar que, de hecho, se produjo durante estos años una redistribución del gasto en instrucción primaria que contribuyó a corregir las desigualdades regionales hasta entonces existentes. La falta de información desagregada por provincias en el presupuesto del Ministerio de Instrucción Pública para este período nos impide contrastar definitivamente esta hipótesis.

4. Conclusiones

La educación en España se desarrolló, pues, siguiendo unas claras líneas regionales durante la segunda mitad del siglo XIX, pese a la existencia de una política educacional estatal. Esto se debió, en gran parte, al hecho de que el Gobierno dejó la financiación de esta política a las haciendas locales, lo que les permitió un cierto margen de independencia a la hora de aplicar la legislación vigente. En este aspecto, como en tantos otros, la política educativa española siguió las pautas previamente establecidas por Francia, cuyo gobierno central no aceptó hacerse cargo de la financiación de la escuela primaria

ticos (pp. 233-323), es decepcionante en cuanto al análisis y a las conclusiones que de ellos extrae.

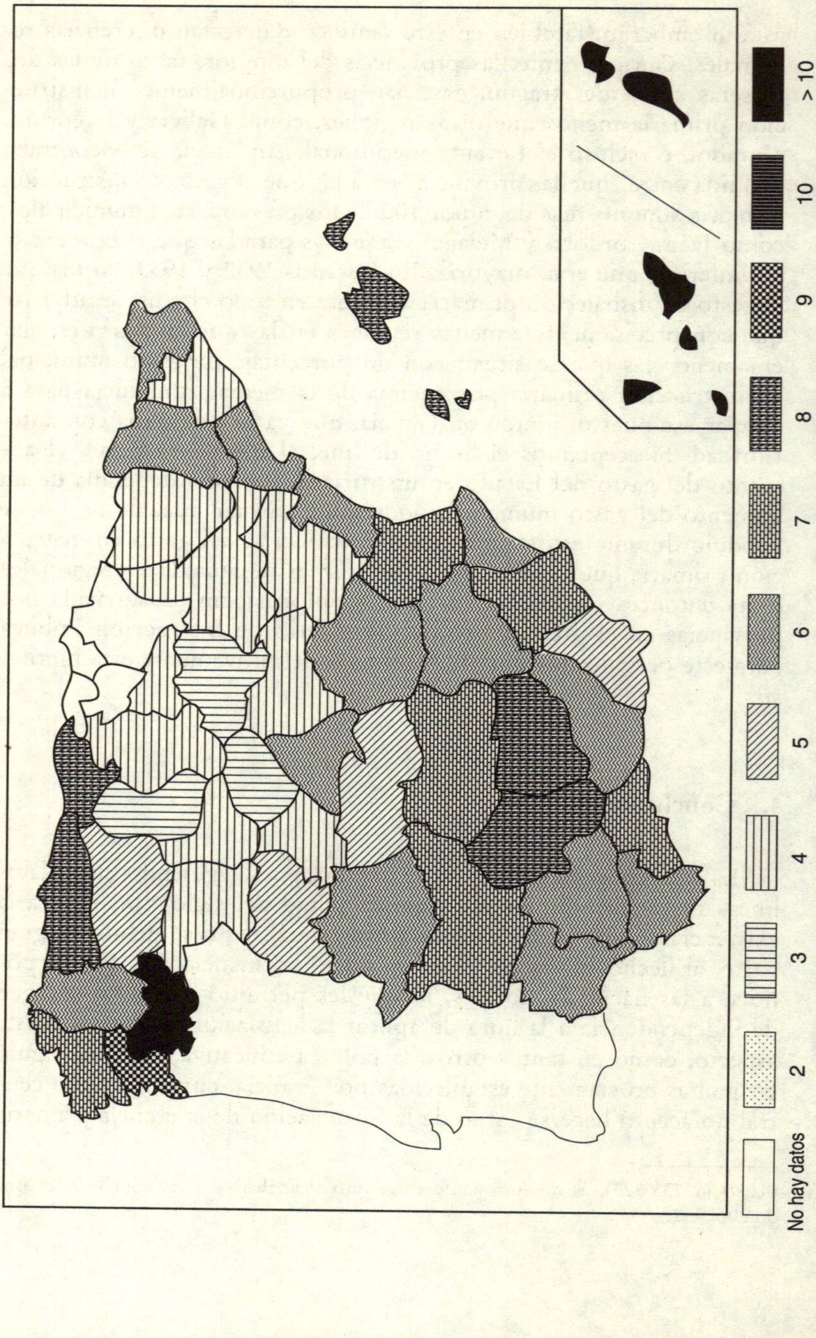

MAPA 8.4. *El gasto en instrucción primaria como porcentaje del gasto total municipal en 1932.*

hasta 1889 [28]. Si acaso, cabe destacar la relativa prontitud con que el ejemplo francés fue seguido en España [29]. Sin embargo, dado el mayor atraso en la implantación de la escuela primaria en la península ibérica, la intervención directa del Estado era más necesaria —y su ausencia tuvo consecuencias más negativas— en España que en el país vecino [30].

El resultado más inmediato de esta política de descentralización del gasto fue, como ya se ha señalado, la aparición de fuertes diferencias regionales en cuanto al grado de desarrollo alcanzado por la instrucción primaria y secundaria. Las regiones de mayor densidad de población, situadas en la periferia peninsular, y en especial aquéllas a las que se unía un alto grado de urbanización, el sur fundamentalmente y en especial Andalucía Occidental, tendieron a favorecer el desarrollo de una red de escuelas primarias en las que primaba la calidad sobre la cantidad, lo cual no favorecía la escolarización [31]. Más aún, el desarrollo de la escuela primaria en estas

---

[28] La Ley de 19 de julio de 1889 estableció la responsabilidad del Estado relativa al pago de los sueldos a los maestros y mantuvo la de los pueblos respecto al mantenimiento de los locales (véase, PROST, 1968, p. 273). Ello dio lugar a que entre 1882 y 1890, «la participación del Estado crec[iera] en torno a un 50 por 100», quedando limitados los gastos comunales al 13 por 100, (véase CONUS, 1987, p. 5). Para una reconstrucción de los gastos del Estado y de los departamentos véase FONTVIEILLE (1976).

[29] La Ley Moyano (1857) entró en vigor casi 25 años más tarde que la Ley Guizot (1833) de la que era fiel reflejo, mientras que el Estado se hizo cargo de la financiación directa de la escuela primaria apenas 12 años después de que lo hiciera su homónimo francés.

[30] El bajo nivel de escolarización, y de alfabetización, persistente en el sur de Italia varias décadas después de haberse producido la unificación, y el consiguiente establecimiento de una política escolar común para todo el país, han sido también achacados a la delegación de su financiación a las comunidades locales. Véase ZAMAGNI (1978), p. 173. La autora no analiza, sin embargo, la posible competencia entre estudios superiores e instrucción primaria por unos recursos escasos, hipótesis que parece apoyar la relación existente entre estudiantes superiores y de primaria, muy favorable a los primeros. En una situación muy distinta, cual era la de Inglaterra en la segunda mitad del siglo XIX, MITCH (1975) opina que el establecimiento de subsidios encaminados a ampliar el ámbito de la escuela pública y gratuita tuvo un impacto decisivo en el aumento de las tasas de matrícula escolar. Para un caso más cercano, Portugal, véase REIS (1989).

[31] Muy probablemente en los grandes núcleos agrourbanos del sur la escuela primaria se ubicaba preferentemente en los barrios de renta más elevada, creándose así barreras sociales a la escolarización de los niños pertenecientes a otros ámbitos sociales. Contrastar esta hipótesis sólo sería posible a través de estudios locales, de

regiones también se vio entorpecido por un énfasis excesivo y desmesurado en el desarrollo de la enseñanza secundaria.

Esta situación perduró durante las dos primeras décadas del siglo XX, ya que en 1902 el Estado se limitó a responsabilizarse de hacer efectiva la financiación de la escuela primaria. No se embarcó, sin embargo, en una política de reajuste del gasto en educación primaria que corrigiera los desequilibrios existentes tanto entre unos y otros niveles educativos como entre unas regiones y otras. Pese a que se observan algunas mejoras, como una mayor expansión de la oferta escolar hacia 1910 tras varias décadas de casi total estancamiento, habría que esperar hasta bien entrada la década de 1920 para que, una vez advertida la verdadera naturaleza del problema por la administración, se introdujeran medidas más eficaces para corregir tanto unas como otras desigualdades.

No hay que olvidar, sin embargo, que la política de creación de escuelas puesta en práctica durante estos años, en especial con la Segunda República, se basó en dos fuentes de financiación: los presupuestos del Estado, por una parte, y la contribución directa de las haciendas locales, por otra. Su éxito denota, pues, un cambio en la actitud de las oligarquías locales hacia la difusión de la instrucción primaria, al mismo tiempo que pone de manifiesto la incapacidad del Estado para hacer frente, por sí solo, a un problema de tal magnitud cual era el atraso de la instrucción primaria en España.

---

los que es buen ejemplo el llevado a cabo por BERNAD ROYO (1984) para Zaragoza, y en cuyas conclusiones he basado esta generalización.

Capítulo 9
LA INSTRUCCION FUENTE DE LA RIQUEZA

El atraso, tanto político como económico, de nuestro país es un tema que atrae a investigadores de los más diversos campos de las ciencias sociales. Este atraso bien pudiera ser el responsable, al menos en parte, de una guerra civil particularmente cruenta y de una larga dictadura de carácter fascista, ambas en pleno siglo XX. De ahí el interés que tiene un correcto entendimiento de sus causas. Historiadores, economistas, sociólogos y politólogos han encontrado numerosas explicaciones al atraso español, explicaciones que van desde la ausencia de una «revolución burguesa» hasta el fracaso de la «revolución industrial». En la actualidad se tiende a culpar al estancamiento económico del reiterado fracaso en la implantación de políticas de corte liberal y democrático. Sobre las causas del atraso económico, sin embargo, se manejan distintas hipótesis pero no se ha llegado a un acuerdo entre los estudiosos de la materia (véase Introducción). Estudios recientes —de los que es claro exponente la reciente historiografía económica de la España contemporánea— tienden a poner un mayor énfasis en los factores endógenos del crecimiento entre los que sin embargo había quedado soslayado el papel del capital humano. El estudio de la alfabetización como indicador de un nivel educativo mínimo en las primeras etapas del desarrollo económico nos permite concluir que el capital humano es un factor clave en el proceso de desarrollo económico de finales del siglo XIX y comienzos del XX.

El estudio de la transición de la alfabetización en España confirma la creencia generalizada, mantenida por la mayor parte de los economistas de la educación, de que la falta de educación, y más concretamente el analfabetismo, es un poderoso obstáculo al desarrollo económico. No es, obviamente, el único obstáculo al desarrollo aunque sin duda sí es uno de los más serios, entre otras razones porque la mejora del stock de capital humano es un proceso lento que depende directamente de los niveles educativos alcanzados con anterioridad. No existen, además, sustitutos fáciles a la falta de educación. La experiencia española a finales del siglo XIX y comienzos del XX confirma la hipótesis, ya demostrada para otros países, de que la difusión de la alfabetización a la totalidad de la población es indispensable para que un país se desarrolle económicamente. En estas páginas se ha puesto de manifiesto, además, la importancia de una distribución equitativa de la educación, al menos en su nivel más elemental, entre ambos sexos. Un elevado analfabetismo relativo de la población femenina respecto a la masculina puede ser, como lo fue en España durante el período estudiado, un poderoso obstáculo al desarrollo económico. Por tanto, mientras el nivel de alfabetización de la mujer sea inferior al del hombre es más rentable enseñar a leer y a escribir a una mujer que mejorar la educación de un hombre. En otras palabras, la inversión destinada a corregir el diferencial entre ambos sexos es más rentable que aquélla encaminada a mejorar la educación entre los varones. Este descubrimiento no hace sino reforzar la hipótesis de que la extensión de la base educativa elemental de un país ha de preceder a su intensificación, es decir, a la ampliación de los estudios superiores. Podría, pues, establecerse un paralelismo entre la necesidad de alfabetizar tanto a hombres como a mujeres, y la conveniencia de alfabetizar a la población antes de proceder a la expansión de las enseñanzas medias y superiores.

El descubrimiento de la importancia del diferencial sexual supone una interesante aportación al debate sobre la relación existente entre educación y modernización económica. Obviamente, la contribución de la educación al desarrollo económico no se limita a la posible mejora de la productividad de una población laboral mejor educada. El estudio del caso español nos ha permitido explorar nuevas hipótesis sobre la naturaleza de la contribución de la alfabetización al desarrollo económico. La influencia negativa del diferencial sexual sugiere que ésta es compleja y se ejerce a través de algo tan difícil de estimar como son las actitudes sociales hacia un mundo en permanente evolución. La difusión equilibrada de la alfabetización entre la población en su conjunto, hombres y mujeres de todas las edades y ocupaciones, hace disminuir la resistencia al cambio y a la adopción de innovaciones en sociedades en vías de desarrollo. Si bien la alfabetización puede contribuir al aumento de la productividad de los trabajadores, más importante es aún su contribución a la difusión de la modernidad, entendida ésta como actitud receptiva ante los cambios e innovaciones típicos de toda sociedad en evolución. Los cambios asociados a todo proceso de modernización que facilita la alfabetización de la población abarcan áreas tan diversas como la adopción de modelos familiares considerados modernos, caracterizados por un aumento de la calidad —salud y educación— y una disminución del tamaño de las familias, la aceptación de un sistema de intermediación financiera, el aumento de la movilidad, tanto geográfica como ocupacional, de la población, o la introducción de nuevas técnicas y formas de organización de la producción. En muchos de estos terrenos, como han destacado los especialistas que de ellos se han ocupado, la modernización española no se inició hasta bien entrado el siglo XX, lastrada quizá por la falta de capital humano de que adolecía el país en estas fechas. Es más, la distribución geográfica del analfabetismo en España contribuye a explicar, al menos en parte, diferencias regionales en cuanto al grado de aceptación y de adopción de algunos de estos cambios. La cuestión no queda, sin embargo, cerrada, y harán falta estudios de carácter sectorial que nos permitan profundizar más en cada uno de estos campos.

Ha quedado claro, sin embargo, que la fuerza explicativa del diferencial sexual no nos permite seguir manteniendo hipótesis tradicionales según las cuales la educación es importante, fundamentalmente, en el mundo del trabajo. Dada la escasa participación de la mujer en el mundo laboral convencional en la España de finales del siglo XIX y comienzos del XX esta hipótesis no se sostiene. La educación es importante como vía de adaptación al cambio, elemento cosustancial a todo proceso de modernización económica. Una vez más se pone de manifiesto la necesidad de encontrar una definición de capital que incluya bienes humanos tanto como físicos y que permita, por tanto, estimar la influencia de los primeros sobre los segundos. Durante los últimos años de la década de los ochenta, los renovados esfuerzos por entender las claves del desarrollo vuelven a hacer hincapié en el capital humano, factor que aparece incluido con relativa frecuencia en los nuevos modelos económicos que intentan explicar el crecimiento económico. No hay duda de que entre las distintas fuentes de la riqueza de las naciones la instrucción ocupa un lugar preeminente.

Al afirmar que el bajo nivel de alfabetización de la población española fue un serio obstáculo a la modernización económica del país, estamos planteando la existencia de un contrafactual. Implícitamente estamos afirmando que de haber sido mayor el nivel de alfabetización y menor el diferencial sexual, España podría haberse desarrollado antes o a una mayor velocidad. Sin embargo, las probabilidades de que esto hubiera sucedido eran escasas. La «transición de la alfabetización» en la península no fue un fenómeno atípico en su entorno sino que compartió rasgos comunes con otros países europeos de la cuenca mediterránea, católicos y predominantemente agrícolas como Italia o la misma Portugal. En ausencia de un ambiente social favorable, la difusión de la alfabetización en los países del sur, y por tanto en España, tuvo lugar con un siglo de retraso aproximadamente en relación con sus vecinos del norte. Fue también una difusión más rápida y más directamente vinculada al establecimiento de un sistema de instrucción primaria público.

Sobre la naturaleza de los determinantes inmediatos de la transición de la alfabetización en España persistían algunos interrogantes, sin embargo, a los que era necesario encontrar respuesta. En definitiva había que determinar si fue la falta de medios dedicados a la instrucción o más bien la apatía de la población la que determinó el modelo de transición seguido por la península, es decir, si se trataba de un problema de oferta o de demanda. Las diferencias regionales en los niveles de alfabetización llegaban a convertirse en un rompecabezas difícil de resolver para aquellos que se interesaron lo suficiente por el problema. Parecía imposible conciliar la existencia de niveles relativamente altos de alfabetización en regiones económicamente deprimidas y, viceversa, prosperidad económica y atraso educativo. De ahí que, por lo general, se hiciera un mayor hincapié en las limitaciones de la oferta de instrucción primaria como responsables del bajo nivel de alfabetización. Así, se consideró que la oferta de instrucción primaria había sido insuficiente e irregular a lo largo del siglo XIX debido, en parte, a que la responsabilidad de establecer las escuelas necesarias había sido confiada a las autoridades locales. La pérdida de los bienes comunales y de propios tras la desamortización de 1855 supuso, sin embargo, una fuerte disminución de las rentas municipales; las que subsistieron fueron insuficientes para hacer frente a todas las necesidades de las comunidades, entre ellas el establecimiento de escuelas primarias. La caída de las rentas municipales fue más grave en unas áreas que en otras, y de ahí las diferencias regionales en la provisión de plazas escolares que se observa a finales del siglo XIX. Esta interpretación llevó a los liberales a apoyar la inclusión de todos los gastos derivados de la instrucción primaria en los presupuestos generales del Estado, inclusión que se llevó a efecto por primera vez en 1902. Esta hipótesis acerca de las causas del analfabetismo en España se ajusta con bastante nitidez a la interpretación que los liberales hicieron en su momento de este problema y que quedó recogida en las discusiones parlamentarias de las últimas décadas del siglo XIX.

La realidad, sin embargo, no parece ajustarse completamente a este esquema interpretativo. En algunas regiones, por ejemplo, coexistían niveles de escolarización primaria relativamente bajos con tasas de escolarización superior —secundaria y universitaria— relativamente elevadas. Dado que tanto la escuela primaria como la enseñanza secundaria eran financiadas localmente —hasta 1887— este hecho parece contradecir una explicación basada únicamente en la falta de medios de financiación. O bien la comunidad carecía de los recursos necesarios para financiar tanto la escuela primaria como la secundaria, o bien financió esta última a expensas de la instrucción elemental. El desequilibrio en favor de la enseñanza superior era más marcado en el sur, en especial en la Andalucía occidental, una región de elevado grado de urbanización. Independientemente de que existieran diferencias significativas en la capacidad de financiación entre unas regiones y otras, que indudablemente existieron, hay que admitir que los políticos locales gozaron de una relativa independencia a la hora de establecer prioridades dentro del presupuesto educativo. Uno de los obstáculos más serios al desarrollo de un sistema educativo equilibrado fue, por tanto, la sobreinversión en los estudios superiores, típica de países subdesarrollados. Esta política se llevó a extremos más graves en unas regiones que en otras, por lo general en aquéllas en las que la demanda de instrucción primaria era menor y en las que la capacidad de decisión sobre los presupuestos municipales se encontraba concentrada en manos de una minoría. Independientemente, pues, de los recursos disponibles en unas regiones y en otras, parece que la decisión de invertir en instrucción primaria o en enseñanza superior afectó a la provisión de plazas escolares y, por ende, a la difusión de la alfabetización. Se trataba, por tanto, de una decisión de carácter político en la que parece haber influido de forma decisiva el grado de urbanización así como el tamaño del municipio. En municipios pequeños la toma de decisiones recaía sobre individuos más representativos de la media de los habitantes locales que en municipios grandes, por lo que mientras que los primeros eran capaces de tomar decisiones que atendieran las necesidades de la mayoría, las decisiones tomadas por los segundos tendían a favorecer los intereses de una minoría.

La existencia de fuertes variaciones regionales en la disponibilidad de puestos escolares refuerza, aparentemente, la interpretación tradicional acerca de la persistencia del analfabetismo en España. De hecho, la escolarización era superior allí donde había mayor oferta escolar y viceversa. Podría, por tanto, concluirse que las variaciones en la oferta de instrucción primaria explican las diferencias en el grado de alfabetización alcanzado por unas regiones en relación con otras.

Las variaciones en la oferta no aciertan a explicar, sin embargo, fenómenos tales como la existencia de pautas regionales en la escolarización de uno y otro sexo o en la escolarización relativa, es decir en la tasa de ocupación escolar. Las primeras hallan un claro reflejo en el diferencial sexual de la alfabetización que tan decisiva influencia tuvo sobre la modernización económica de nuestro país. Si la escolarización hubiera sido únicamente función de la oferta de instrucción primaria, el diferencial sexual habría sido insignificante. De no haber tenido la familia capacidad de elección alguna las niñas hubieran asistido a la escuela con la misma frecuencia que los niños, lo que de hecho no sucedió. Ante la decisión de escolarizar a su descendencia, la mayor parte de las familias españolas optó por enviar a sus hijos antes que a sus hijas. Esta decisión, en parte reflejo de la actitud de la sociedad ante la educación de las mujeres, era al mismo tiempo resultado de la situación de la mujer en el mundo laboral. Desde el punto de vista de la economía familiar, educar a los hijos antes que a las hijas era una elección lógica, dado que la participación de la mujer en el mundo laboral convencional era aún muy limitada y se concentraba en empleos poco especializados, es decir, en trabajos en los que la educación era de escasa utilidad inmediata. Dicho de otro modo, la alfabetización no repercutía directamente en un aumento de la movilidad ocupacional femenina y, por ende, tampoco lo hacía sobre los ingresos que la mujer aportaba a la economía familiar. A medio y largo plazo, sin embargo, esta decisión podía tener efectos negativos tanto sobre la economía familiar —privada de todos los beneficios directos que se derivan de la alfabetización de la mujer, como un aumento de las condiciones sanitarias de la familia, un descenso de la mortalidad infantil, e incluso la mejora en el nivel educativo de los hijos— como sobre la economía del país —al ser el analfabetismo femenino un freno a la realización de los beneficios derivados de la alfabetización masculina—. De hecho, el diferencial sexual fue menor en aquellas provincias en las que la implantación de la escuela primaria precedió al aumento de la demanda de alfabetización, en términos generales la mitad sur peninsular.

A grandes rasgos se perfila la existencia de dos Españas en lo que se refiere a la formación de capital humano. Una España septentrional, donde el principal problema fue el desarrollo de un fuerte diferencial sexual en lo que se refiere a la transición de la alfabetización, y una España meridional, en la que uno de los mayores obstáculos fue el desarrollo de la enseñanza superior a costa de la instrucción primaria, tanto femenina como masculina. De ellos, el segundo resultó ser más difícil de erradicar, por lo que la transición de la alfabetización se demoró hasta bien entrado el siglo XX. El cierre del diferencial sexual en la España septentrional, sin embargo, fue relativamente rápido y se completó casi totalmente durante las últimas décadas del siglo XIX.

La demanda de alfabetización se perfila, pues, como un factor tan importante como, si no más que, la propia oferta de instrucción primaria a la hora de explicar la existencia de fuertes variaciones regionales en el nivel de escolarización de la población infantil. Establecer cuáles son los determinantes de la escolarización con datos agregados es, sin embargo, tarea casi imposible. Entre los que frecuentemente se mencionan en estudios relativos al tema para otros países se ha podido avanzar en el estudio de dos de ellos: la influencia de la ocupación de los progenitores y el nivel de renta de la familia. De las distintas categorías ocupacionales que pueden identificarse en los censos de 1860 y 1887, tan sólo una, la de jornalero agrícola parece haber influido decisiva y negativamente sobre la demanda de alfabetización. La excesiva presencia de jornaleros entre los trabajadores del campo parece haber contribuido a que la escolarización primaria fuera baja en algunas regiones como Andalucía Occidental y Extremadura. Probablemente, las posibilidades del jornalero de mejorar profesionalmente gracias a su alfabetización eran muy limitadas en regiones en las que la mano de obra era abundante y barata y donde a consecuencia de ello se introdujeron pocas innovaciones tecnológicas en el campo, el principal sector productivo. El nivel de renta de la familia no parece, sin embargo, haber influido decisivamente sobre la escolarización. De haberlo hecho, el coste de oportunidad de escolarizar a los hijos entre las familias de menor renta hubiera sido un serio obstáculo a su escolarización. Es decir, la familia no hubiera podido prescindir de la aportación que el trabajo infantil suponía para la economía familiar. La tasa de ocupación entre la población juvenil en 1887 sugiere, sin embargo, que incluso en el caso poco probable de que el trabajo infantil fuese superior al juvenil, la proporción de aquellos que ni trabajaban ni asistían a la escuela era elevada. De hecho, en algunas provincias donde la tasa de ocupación juvenil era más elevada, como Asturias, también lo era la de escolarización tardía, es decir, de niños mayores de 9 años. No parece ser pues el nivel de renta sino el propio nivel educativo de la familia, así como las posibilidades de mejora laboral a través de la educación, las variables que, del lado de la demanda, determinaron las variaciones regionales de la escolarización.

La actitud de la población ante la educación, basada en una percepción racional de los beneficios que individual o familiarmente se podrían derivar de ella, contribuyó decisivamente a configurar la transición de la alfabetización en España. De ahí que la intervención del Estado, a través de la legislación primero y de la incorporación a los presupuestos generales de los gastos destinados a la financiación de la escuela primaria más tarde, no fuera suficiente para terminar con la persistencia del analfabetismo en ciertas regiones hasta bien avanzado el siglo XX. En términos económicos, el origen del problema está en la existencia de fuertes diferencias entre los rendimientos individuales y los rendimientos sociales que toda inversión en educación lleva consigo. En el caso concreto de la alfabetización hemos visto como, a medio y largo plazo, los rendimientos sociales llegan incluso a ser superiores a los privados. Sin embargo, el individuo difícilmente puede percibirlos, por lo que tan sólo excepcionalmente influyen sobre su actitud hacia la educación. Un ejemplo típico de la diferencia existente entre los beneficios privados y los sociales es la relativa a la educación de la mujer. En la España de finales del siglo XIX y comienzos del XX las posibilidades que tenía la mujer de mejorar sus ingresos en función de su alfabetización eran muy bajas, en cualquier caso inferiores a las del hombre; de ahí, en parte, la tendencia a escolarizar a los hijos varones antes que a las mujeres. Sin embargo, para la sociedad en su conjunto, el analfabetismo, tanto en términos absolutos como relativos, de la población femenina tuvo unos costes muy elevados que, de haber sido percibidos correctamente a nivel individual, hubieran sido fáciles de evitar. Quizá la experiencia española contribuya a que países en vías de modernización hoy sean capaces de percibir la importancia que una difusión amplia y equilibrada de la alfabetización entre ambos sexos tiene para el desarrollo económico.

BIBLIOGRAFIA

ADAMS, Don, ed. (1973): *Papel de la educación en el desarrollo nacional*, Buenos Aires: Paidós.

ADAMS, James D. (1990): «Fundamental Stocks of Knowledge and Productivity Growth», *JPE*, 98.

ALBA, Santiago (1913): «Política pedagógica en España», *BILE*, 635, 636 y 638.

ALTAMIRA, Rafael (1912): , «Problemas urgentes de la instrucción primaria en España», *BILE*, 624, 625, 626, y 627.

ALVAREZ LLANO, Roberto (1986): «Evolución de la estructura económica regional de España en la historia: Una aproximación», *Situación*.

ANDERSON, C. Arnold (1966a): «Patterns and Variability in the Distribution and Diffusion of Schooling», en Anderson y Bowman (eds.).

— (1966b): «Literacy and Schooling on the Development Threshold: Some Historical Cases», en Bowman y Anderson (eds.).

ANDERSON, C. A., y BOWMAN, M. J. (1978): «Education and Economic Modernization in Historical Perspective», en Stone (ed.).

— (eds.) (1966): *Education and Economic Development*, Chicago.

ANDERSON, Robert (1971): «Secondary Education in Mid-Nineteenth-Century France: Some Social Aspects», *PP*, 53.

— (1982): «New Light on French Secondary Education in the Nineteenth Century», *SH*, 7.

— (1985): «Secondary Schools and Scottish Society in the Nineteenth Century», *PP*.

— (1986): «School Attendance in Nineteenth Century Scotland: A Reply», *EHR*, 38.

ANES, G., ROJO, L. A. y TEDDE, P. (1983): *Historia económica y pensamiento social. Estudios en homenaje a Diego Mateo del Peral*, Madrid: Alianza/Banco de España.

ARANGO, Joaquín (1987): «La modernización demográfica de la sociedad española», en Nadal, Carreras y Sudrià (eds.).

ARNOVE, Robert F., y GRAFF, Harvey J. (1987): *National Literacy Campaigns: Historical and Comparative Aspects*, Nueva York: Plenum Press.

AVILA FERNÁNDEZ, Alejandro (1986a): *Las escuelas normales españolas durante el siglo XIX. Disposiciones legislativas y libros de texto*, Sevilla: Publicaciones de la Universidad de Sevilla.

— (1986b): *Historia de la Escuela Normal de maestros de Sevilla en la segunda mitad del siglo XIX, 2 vols.*, Sevilla: Alfar.

AYMES, Jean-René (1983): «Les "ilustrados" espagnols de la deuxième moitié du XVIIIe siècle et l'enseignement élémentaire. Étude comparative», en Universidad de Tours.

BANCO MUNDIAL (1980): *Education and Income. A Banckground Study for World Development Repport.* Statt Working Paper núm. 402. Whashington: The World Bank.

BARREIRO, Herminio (1984): *Lorenzo Luzuriaga y la escuela pública en España (1889-1936)*, Ciudad Real: Ed. Diputación de Ciudad Real.

BATANAZ PALOMARES, Luis (1982): *La educación española en la crisis de fin de siglo (Los congresos pedagógicos del siglo XIX)*, Córdoba: Diputación Provincial.

BAUMOL, William J. (1986): «Productivity Growth, Convergence, and Welfare: What the Long-Run Data Show», *AER*, 76.

BAUMOL, William J., BLACKMAN, S. A. B., y WOLFF, E. N. (1989): *Productivity and American Leadership. The Long View*, Cambridge, Mass.: MIT Press, Capítulo 9 «Education and the "Convergence Club": Lessons for Less Developed Countries».

BECKER, Gary S. (1974): «A Theory of Marriage», en Schultz (ed.).

BECKER, G., MURPHY, K. M. y TAMURA, R. (1990): «Human Capital, Fertility, and Economic Growth», *JPE*, 98.

BEHRMAN, Jere R. (1987): «Schooling and Other Human Capital Investments: Can the Effects Be Identified?», *EER*, 6.

BENNASSAR, Bartolomé (1985): «Las resistencias mentales», en Bennassar *et al.* (eds.).

BENNASSAR, Bartolomé *et al.* (eds.) (1985): *Orígenes del atraso económico español*, Barcelona: Ariel.

BERNAD ROYO, Enrique (1984): *La instrucción primaria a principios del siglo XX. Zaragoza 1898-1914*, Zaragoza: Institución Fernando el Católico.

BLAUG, Mark (1966): «Literacy and Economic Development», *SR*.

— (1968): «The Rate of Return on Investment in Education», en Blaug (ed.).

— (1970): *An Introduction to the Economics of Education*, Middlesex, Inglaterra: Penguin Books.

— (1970a): «The Contribution of Education to Economic Growth», en Blaug (ed.).

— (1970b): *Economics of Education. A Selected Annotated Bibliography*, Oxford: Pergamon.

— (1972): «The Correlation Between Education and Earnings: What Does It Signify?», *HE*. Reproducido en Blaug (1987).

— (1976): «The Empirical Status of Human Capital Theory: A Slightly Jaundiced Survey», *JEL*.

— (1985): «Where Are We Now in the Economics of Education?» *EER*, 4. Reproducido en Blaug (1987),

— (1986a): «The Economics of Education in English Classical Political Economy: A Re-Examination», en Blaug (ed.).

— (1986b): *Economic History and the History of Economics*, Brighton, Sussex: Wheatsheaf Books Ltd.

— (1987a): *The Economics of Education and the Education of an Economist*, Nueva York: New York University Press.

— (1987b): «A View on Human Capital Theory», en Blaug (1987a).

— ed. (1968): *Economics of Education*, Middlesex, Inglaterra: Penguin Books.

BONETTA, Gaetano (1982): «L'avocazione della scuola elementare allo Stato», en Vigo *et al.*

BOSCH, Francisco y DÍAZ, Javier (1988): *La educación en España. Una perspectiva económica*, Barcelona: Ariel.

BOTREL, Jean Francois (1987): «L'aptitude à communiquer: alphabetisation et scolarisation en Espagne de 1860 à 1920», en *De l'alfabetisation aux circuits du livre en Espagne.*

BOWEN, James (1972): *A History of Western Education. Vol. I The Ancient World: Orient and Mediterranean 2000 B.C.- A.D. 1054*, Londres: Methuen.

BOWMAN, Mary Jean (1962): «Social Returns to Education», *ISSJ*, 14.

— (1966): «The Human Investment Revolution in Economic Thought», *SE*, 39.

— (1971): «Converging Concerns of Economists and Educators», en Wykstra (ed.).

— (1979): «Out-of-School Formation of Human Resources», en Windham (ed.).

— (1985): «Education, Population Trends and Technological Change», *EER*, 4.

BOWMAN, Mary Jean, y ANDERSON, C. Arnold (1963): «Concerning the Role of Education in Development», en Geertz (ed.).

— (1968): «Human Capital and Economic Modernization in Historical Perspective», en Lane (ed.).

BRIGGS, Asa (1989): «Review of H. Graff's *The Legacies of Literacy*», *EHR*, 42.

BROOKS, Jeffrey (1985): *When Russia Learned to Read. Literacy and Popular Literature, 1861-1917*, Princeton: Princeton University Press.

BUSTELO, Francisco, y TORTELLA, Gabriel (1976): «Monetary Inflation in Spain, 1800-1970», *JEEH*, 5.

CAMERON, Rondo (ed.) (1972): *Banking and Economic Development. Some Lessons of History*, Nueva York: Oxford University Press.

CAMERON, Rondo (1985): «A New View of European Industrialization», *EHR*, 38.

CAMPOMANES, Pedro Rodríguez, conde de (1975): *Discurso sobre el fomento de la industria popular (1774). Discurso sobre la educación popular de los artesanos y su fomento (1775)*, Madrid: Instituto de Estudios Fiscales.

CARMONA BADIA, Xan (1984): «Clases sociales, estructuras agrarias e industria rural doméstica en la Galicia del siglo XVIII», *RHE*, 2.

CARR, Raymond (1984): *Spain 1808-1975*, Oxford: Clarendon Press.

CARRERAS ODRIOZOLA, Albert (1985): «Gasto nacional bruto y formación de capital en España, 1849-1958: primer ensayo de estimación», en Martín Aceña y Prados (eds.).

— (1984): «La producción industrial española, 1842-1981: construcción de un índice anual», *RHE*, 2.

— (1990): «Fuentes y datos para el análisis regional de la industrialización española», en Nadal y Carreras (eds.).

CASTEJÓN MONTIJANO, Rafael (1979): «La casa Carbonell de Córdoba (1866-1918)», en *Actas del I Congreso de Historia de Andalucía*.

CASTELL, S. de, LUKE, A. y MACLENNAN, D. (1986): «On Defining Literacy», en Castell, Luke y Egan (eds.).

CASTELL, S. de, LUKE, A. y EGAN, K., eds. (1986): *Literacy, Society, and Schooling. A Reader*, Cambridge: Cambridge University Press.

CERROLAZA, Alberto (1955): «Analfabetismo y renta», en Guzmán Reina *et al.*

— (1969): «Analfabetismo y renta», en Velarde Fuertes (ed.).

CHECKLAND, S. G. (1967): *The Mines of Tharsis. Roman, French and British Enterprise in Spain*, Londres: George Allen & Unwin.

CIPOLLA, Carlo M. (1969): *Literacy and Economic Development in the West*, Baltimore, Maryland: Penguin Books.

— (1976a): *Before the Industrial Revolution. European Society and Economy, 1000-1700*, Londres: Methuen.

— (1976b): *Historia Económica de la Europa preindustrial*, Madrid: Revista de Occidente.

CLANCHY, M. (1979): *From Memory to Written Record 1066-1307*, en E. Arnold (ed.).

CLARK, Gregory (1987a): «Why Isn't the Whole World Developed? Lessons form the Cotton Mills», *JEH*.
— (1987b): «Productivity Growth without Technical Change in European Agriculture before 1850», *JEH*.
COHN, Elchanan (1979): *The Economics of Education*, Cambridge, Ma.: Ballinger Publishing Cia.
COLCLOUGH, Christopher (1980): *Primary Schooling and Economic Development: A Review of the Evidence.* World Bank Staff Working Papers, N. 399 , Washington: The World Bank.
COLEMAN, James S., ed. (1965): *Education and Political Development*, Princeton: Princeton University Press.
COMÍN COMÍN, Francisco (1988): *Hacienda y economía en la España contemporánea (1800-1936). 2 vols*, Madrid: Instituto de Estudios Fiscales.
COMÍN, Francisco y MARTÍN ACEÑA, Pablo (1984): «La política monetaria y fiscal durante la Dictadura y la Segunda República», *PEE*, 20.
CONTEL BAREA, M. C. e IBÁÑEZ ORTEGA, M. B. (1981): *Catálogo de obras antiguas sobre educación, 1759-1940*, Madrid: Ministerio de Educación y Ciencia.
CONUS, Marie-France (1987): «Pour une approche des fluctuations longues dans la qualification de la force du travail: le developpement du système educatif français», Colloque International *Cycles de Vie et Cycles Longs.*
COOK, T. G., ed. (1974): *The History of Education in Europe*, Londres: Methuen.
CORBIN, Alain (1975): «Pour une étude sociologique de la croissance de l'alphabétisation (au XIX siècle): l'instruction des conscrits du Cher et de l'Eure-et-Loire», *RHES*, 53.
COSSÍO, Manuel Bartolomé (1915): *La enseñanza primaria en España*, Segunda edición renovada por Lorenzo Luzuriaga.
CRAFTS, N. F. R. (1984): «Patterns of Development in Nineteenth Century Europe», *OEP*, 36.
— (1985): *British Economic Growth During the Industrial Revolution*, Oxford: Clarendon Press.
CRESSY, David (1974): «Literacy in Pre-Industrial England», *S*, 4.
— (1977): «Literacy in Seventeenth-Century England: More Evidence», *JIH*, 8.
CRISP, Olga (1978): «Labour and Industrialization in Russia: The Role of Education», en Mathias y Postan (eds.).
D'ANGELO, Frank J. (1982): «Luria on Literacy: The Cognitive Consequences of Reading and Writing», en Raymond (ed.).
DEANE, Phyllis (1973): «The Role of Capital in the Industrial Revolution», *EEH*, 10.
DEDIEU, Jean Pierre (1985): «¿Es responsable la Inquisición en el atraso económico de España? Elementos para la respuesta», en Bennassar *et al.* (eds.).

DENISON, Edward F. (1962): *The Sources of Economic Growth in the United States and the Alternatives Before Us*, Supplementary Paper, núm. 13, Nueva York, Committee cfr Economic Development.
— (1966): «Measuring the Contribution of Education (and the Residual) to Economic Growth», en Robinson y Vaizey (eds.).
— (1971): «Education, Economic Growth and Gaps in Information», en Wykstra (ed.).
DHAKAL, D., GRABOWSKI, R., y BELBASE, K. (1987): «The Effect of Education in Nepal's Traditional Agriculture», *EER*, 6.
DOMERGUE, Lucienne (1984): *Le livre en Espagne au temps de la Révolution Française*, Lyon: Presses Universitaires de Lyon.
EASTERLIN, Richard A. (1981): «Why Isn't the Whole World Developed?» *JEH*, 41.
— (ed.). (1980): *Population and Economic Change in Developing Countries*, Chicago: The University of Chicago Press, Midway Reprint.
EDDING, F. (1966): «Expenditure on Education: Statistics and Comments», en Robinson y Vaizey (eds.).
EGAN, Kieran (1986): «Individual Development in Literacy», en Castell *et al.* (eds.).
EHRLICH, Isaac (1990): «The Problem of Development: Introduction», *JPE*, 98.
EISENSTADT, S. N., y ROKKER, S. (eds.) (1973): *Building States and Nations.*
EISENSTEIN, E. (1979): *The Printing Press as an Agent of Change*, Cambridge: Cambridge University Press.
— (1985): «On the Printing Press as an Agent of Change», en Olson, Torrance y Hildyard (eds.).
EKLOF, Ben (1986): *Russian Peasant Schools. Officialdom, Village Culture, and Popular Pedagogy, 1861-1914*, Berkeley, L.A.: University of California Press.
ENGERMAN, Stanley L. (1971): «Human Capital, Education and Economic Growth», en Fogel y Engerman (eds.).
ESCOLANO BENITO (1985): «Restauración y posilustración. Las enseñanzas técnicas y científicas en el primer tercio del siglo XIX», en Ruiz Berrio (ed.).
ESTAPE, Fabián (1963): *Las inversiones en enseñanza y el desarrollo económico*, Discurso inaugural del año académico 1963-64 de la Universidad de Barcelona.
FERRER GUARDIA, Francisco (1976): *La Escuela Moderna*, Madrid: Ed. Júcar.
FIELD, Alexander (1976): «Educational Expansion in Mid-Nineteenth Century Massachusetts: Human Capital Formation or Structural Reinforcement?», *HER*.
(1979a): «Economic and Demographic Determinants of Educational Commitment: Massachusetts 1855», *JEH*, 39.

— (1979b): «Occupational Structure, Dissent and Educational Commitment: Lancashire 1841», en Uselding (ed.).

FIELDS, Gary S. y SCHULTZ, T. Paul (1980): «Regional Inequality and Other Sources of Income Variation in Colombia», *EDCC*, 28.

FISHLOW, Albert (1966): «The Common School Revival: Fact or Fancy?» en Rosovsky (ed.).

— (1971): «Levels of Nineteenth Century American Investment in Education», en Fogel y Engerman (eds.).

FLORA, Peter (1973): «Historical Processes of Social Mobilization: Urbanization and Literacy 1850-1965», en Eisenstadt y Rokker (eds.).

— (1983): *State, Economy, and Society in Western Europe 1815-1975. A Data Handbook in two Volumes. Vol 1 The Growth of Mass Democracies and Welfare States*, Londres: Macmillan Press.

FLOUD, Roderick, y MCCLOSKEY, Donald (eds.) (1981): *The Economic History of Britain since 1700. Vol. 1: 1700-1860*, Cambridge: Cambridge University Press.

FOGEL, Robert W. y ENGERMAN, Stanley (eds.) (1971): *The Reinterpretation of American Economic History*, Nueva York: Harper & Row.

FOHLEN, Claude (1973): «Instruction et développement économique en France au XIXe siècle», en Lane (ed.).

FONTVIEILLE, L. (1976): «Evolution de la croissance de l'Etat français, 1815-1969», *CdISMEA*.

FRAILE, Pedro (1985a): «El fracaso de la revolución industrial en España: un modelo cerrado de industrialización», *ICE*.

— (1985b): «El País Vasco y el mercado mundial, 1900-1930», en Sánchez-Albornoz (ed.).

— (1991): *Industrialización y grupos de presión. La economía política de la protección en España, 1900-1950*, Madrid: Alianza.

FURET, François, y OZOUF, Jacques (1976): «Literacy and Industrialization: The Case of the Department du Nord in France», *JEEH*, 5.

— (1977): «Trois siècles du métissage culturel», *AESC*, 32.

— (eds.) (1977): *Lire et écrire. L'alphabétisation des français de Calvin à Jules Ferry*,, 20 vol., París: Editions Minuit.

— (1982): *Reading and Writing. Literacy in France form Calvin to Jules Ferry*, Cambridge: Cambridge University Press.

FURET, François, y SACHS, Wladimir (1974): «La croissance de l'alphabétisation en France, XVIII-XIXe siècles», *AESC*.

GABRIEL, Narciso de (1987): *Escolarización y sociedad en Galicia (1875-1900)*, Santiago de Compostela: Tesis doctoral inédita.

— (1989): «Los resultados de la enseñanza en la escuela pública gallega durante el último cuarto del siglo XIX», *RE*.

GARCÍA MONTORO, Cristóbal (1979): «La fortuna de Manuel Agustín Heredia», en *Actas del I Congreso de Historia de Andalucía*.

GARCÍA REGIDOR, Teódulo (1985): *La polémica sobre la secularización de la enseñanza en España (1902-1914)*, Madrid: Fundación Santamaría, Ediciones SM.

GARCÍA SANZ, A., y GARRABOU, R. (eds.) (1985): *Historia agraria de la España contemporánea. I. Cambio social y nuevas formas de propiedad (1800-1850)*, Barcelona: Crítica.

GARRABOU, Ramón (1982): *Enginyers industrials, modernització econòmica y burguesia a Catalunya (1850-inicis del segle XX)*, Barcelona: L'Avenc.

GARRABOU, R., BARCIELA, C., y JIMÉNEZ BLANCO, J. I. (eds.) (1986): *Historia agraria de la agricultura contemporánea. III. El fin de la agricultura tradicional (1900-1960)*, Barcelona: Crítica.

GARRABOU, R., y SANZ FERNÁNDEZ, J. (eds.) (1985): *Historia agraria de la España contemporánea. II. Expansión y crisis (1850-1900)*, Barcelona: Crítica.

GAVOILLE, Jacques (1986): «Les types de scolarité: Plaidoyer pour la synthèse en histoire de l'éducation», *AESC*.

GAWTHROP, Richard (1984): «Protestantism and Literacy in Early Modern Germany», *PP*.

GEERTZ, Clifford (ed.) (1963): *Old Societies and New States*, Glencoe, Ill.: The Free Press.

GEHRMAN, Jere R., y TAUBMAN, Paul (1989): «Is Schooling "Mostly in the Genes"? Nature-Nurture Decomposition Using Data on Relatives», *JPE*, 97.

GERBER, Jim (1991): «Public School Expenditures in the Plantation States, 1910», *EEH*.

GERSCHENKRON, Alexander (1965): *Economic Backwardness in Historial Perspective. A Book of Essays*, Nueva York: Praeger.

— (1968): *Continuity in History and Other Essays*, Cambridge, Mass.: The Beknap Press of Harvard University Press.

GIL CARRETERO, S., y RODRÍGUEZ GARRIDO, F. (1955): «Causas y remedios del analfabetismo», en Guzmán Reina *et al.*

GINER DE LOS RÍOS, Francisco (1880): «Discurso pronunciado por el Sr. D... Rector de la Institución Libre de Enseñanza en la Inauguración del Presente Año Académico», *BILE*, 87.

— (1916): *La Universidad Española, Obras Completas,* Vol.II, Madrid.

— (1933): «El problema de la educación nacional y las clases 'productoras'», en *Obras Completas*, Vol. XII, *Educación y enseñanza*, y *BILE* 1900.

GLASS, D. V., y EVERSLEY, D. E. C. (eds.) (1965): *Population in History Essays in Historical Demography,*, Londres: Arnold.

GLASS, D. V. y REVELLE, Roger (eds.) (1972): *Population and Social Change*, Londres: Arnold.

— (1978): *Población y cambio social. Estudios de demografía histórica*, Madrid: Tecnos.

GÓMEZ MENDOZA, Antonio (1982): *Ferrocarriles y cambio económico en*

España (1855-1913). Un enfoque de nueva historia económica, Madrid: Alianza.

GÓMEZ MENDOZA, Antonio y LUNA, Gloria (1986): «El desarrollo urbano en España, 1860-1930», *BADH*.

GÓMEZ MOLLEDA, Dolores (1977): *Unamuno «agitador de espíritus» y Giner. Correspondencia inédita*, Madrid: Narcea.

— (1981): *Los reformadores de la España contemporánea*, Madrid: CSIC.

GOODY, Jack (1968): «Introduction», en Goody (ed.).

— (1968a): *Literacy in Traditional Societies*, Cambridge: Cambridge University Press.

— (1986): *The Logic of Writing and the Organization of Society*, Cambridge: Cambridge University Press.

GOODY, Jack, y WATT, Ian (1968): «The Consequences of Literacy», en Goody (ed.).

GRAFF, Harvey (1979): *The Literacy Myth. Literacy and Social Structure in the Nineteenth-Century City*, Nueva York: Academic Press.

— (1981a): «Literacy, Jobs and Industrialization: the Nineteenth Century», en Graff (ed.).

— (1981b): *Literacy in History. An Interdisciplinary Research Bibliography*, Nueva York: Garland.

— (1981): *Literacy and Social Development in the West: A Reader*, Nueva York: Cambridge University Press (ed.).

— (1987a): *The Legacies of Literacy. Continuities and Contradictions in Western Culture and Society.*, Bloomington, Ind.: Indiana University Press.

— (1987b): *The Labyrinths of Literacy. Reflections on Literacy Past and Present*, Londres: The Falmer Press.

GREW, R., y HARRIGAN, P. J. (1985): «The Catholic Contribution to Universal Schooling in France, 1850-1906», *JMH*, 57.

— (1986): «L'offuscation pédantesque. Observations sur les préoccupations de J. N. Luc», *AESC*.

GREW, R., y HARRIGAN, P. J. con WHITNEY, J. (1983): «The Availability of Schooling in Nineteenth-Century France», *JIH*, 14.

— (1984): «La scolarisation en France, 1829-1906», *AESC*.

GRUBB, Farley (1988): «Reseña de Harvey J. Graff, *The Labyrinths of Literacy. Reflections on Literacy Past and Present*», *JEH*, 48.

GRUPO DE ESTUDIOS DE HISTORIA RURAL (1983): «Notas sobre la producción agraria española, 1891-1931», *RHE*, 01.

GUEREÑA, Jean-Louis (1983): «L'Etat et l'école au XXème siècle», en Université de Tours.

— (1988): «La estadística escolar en el siglo XIX»,

— (1989):« Analfabetismo y alfabetización en España (1835-1860)», *RE*.

— (1990): «Escolarización y demanda popular de educación en el último tercio del siglo XIX», *HC*.

GUIBERT NAVAZ, María Esther (1983): *Historia de la Escuela Normal de Navarra (1831-1931)*, Navarra: Institución Príncipe de Viana.

GUZMÁN REINA, Antonio (1955): «Valoración del analfabetismo en España», en Guzmán Reina *et al.*

GUZMÁN REINA, Antonio *et al.* (1955): *Causas y remedios del analfabetismo en España*, Madrid: Ministerio de Educación Nacional.

HABAKKUK, H. J. (1967): *American and British Technology in the Nineteenth Century. The Search for Labour-Saving Inventions*, Cambridge: Cambridge University Press.

HAGE, J., y GARNIER, M. A. (1990): «Education and Economic Growth in Germany», *Mimeo*.

HAGE, J., GARNIER M. A., y FULLER, B. (1988): «The Active State, Investment in Human Capital, and Economic Growth: France 1825-1975», *ASR*, 53.

HANSEN, W. Lee (1962): «Rates of Return to Investment in Schooling in the United States», en Blaug (ed.).

— (1971): «Total and Private Rates of Return to Investment in Schooling», en Wykstra (ed.).

HANSON, John R. II (1989): «Education, Economic Development, and Technology Transfer: A Colonial Test», *JEH*, 49.

HANUSHEK, Eric A. (1986): «The Economics of Schooling: Production and Efficiency in Public Schools», *JEL*, 24.

HARBISON, F. H. (1971): «The Strategy of Human Resource Development in Modernizing Economies», en Wykstra (ed.).

HARLEY, C. Knick (1982): «British Industrialization Before 1841: Evidence of Slower Growth During the Industrial Revolution», *JEH*, 42.

HARRIGAN, Patrick J. (1978): «The Social Origins, Ambitions, and Occupations of Secondary Students in France during the Second Empire», en Stone (ed.).

HARTWELL, R. M. (1971): *The Industrial Revolution and Economic Growth*, Londres: Methuen.

HARVEY, Charles E. (1981): *The Rio Tinto Company. An Economic History of a Leading International Mining Concern, 1873-1954*, Penzance, Cornwall: Alison Hodge.

HAVELOCK, Eric A. (1976): *Origins of Western Literacy*, Toronto: Ontario Institute for Studies in Education.

— (1980): «The Coming of Literate Communication to Western Culture», *JC*, 30.

HEATH, Shirley Brice (1986a): «The Functions and Uses of Literacy», en Castell, Luke y Egan (eds.).

— (1986b): «Critical Factors in Literacy Development», en Castell, Luke y Egan (eds.).

HERNÁNDEZ DÍAZ, José María (1983): *Educación y sociedad en Béjar durante el siglo XIX*, Salamanca: Ediciones de la Universidad.

HERR, Richard (1958): *The Eighteenth-Century Revolution in Spain*, Princeton, N. J.: Princeton University Press.
HICKS, N. L. (1987): «Education and Economic Growth», en Psacharopoulos (ed.).
Historia de (1975): *Historia de la educación en España (1857-1972)*, núm. extraordinario de la *Revista de Educación*.
HOUSTON, Rab (1982): «The Literacy Myth?: Illiteracy in Scotland 1630-1760», *PP*.
— (1983): «Literacy and Society in the West, 1500-1850», *SH*, 8.
HUGHES, Jonathan (1973): *The Vital Few. American Economic Progress and Its Protagonists*, Nueva York: Oxford University Press.
Human Development Report 1990 (1990), United Nations Development Program. Editado por Oxford University Press para el año 1991.
HURT, J. S. (1971): «Professor West on Early Nineteenth Century Education», *EHR*, 24.
INKELES, Alex (1973): «The School as a Context for Modernization», *IJCS*, 14.
ITO, Ryoji (1972): «Education as a Basic Factor in Japan's Economic Growth», en Uphoff e Ilchman (eds.).
JALLADE, Jean Pierre (1988): *Financiamiento de la educación y distribución del ingreso en América Latina*, México: Fondo de Cultura Económica.
JAMISON, Dean T., y LOCKHEED, Marlaine E. (1987): «Participation in Schooling: Determinants and Learning Outcomes in Nepal», *EDCC*, 35.
JANSEN, Marius, y STONE, L. (1967): «Education and Modernization in Japan and England», *CSSH*, 9.
JARAUSCH, Konrad H. (1983): *The Transformation of Higher Learning, 1860-1930*, Chicago: The University of Chicago Press.
JIMÉNEZ LANDI, Antonio (1973): *La Institución Libre de Enseñanza y su ambiente. Los orígenes*, Madrid: Taurus.
— (1987): *La Institución Libre de Enseñanza y su ambiente. Período Parauniversitario*, Madrid: Taurus.
JIMÉNEZ, Alberto (1971): *Historia de la Universidad Española*, Madrid: Alianza.
JOHANSSON, Egil (1977): «The History of Literacy in Sweden, in Comparison With Some Other Countries», *Educational Reports*, Umea, núm. 12.
— (1981): , «The History of Literacy in Sweden», en Graff (ed.).
JOHNSON, Richard (1970): «Educational Policy and Social Control in Early Victorian England», *PP*, 49.
— (1979): «'Really Useful Knowledge': Radical Education and Working Class Culture 1790-1848», en Clarke (ed.).
JOSHI, P. C., y RAO, M. R. (1964): «Social and Economic Factors in Literacy and Education in Rural India», *EW*.
JOVER, José María (ed.) (1984): *Los comienzos del siglo XX. La población,*

la economía, la sociedad (1898-1931), Vol. XXXVII de la Historia de España (Ramón Menéndez Pidal), Madrid: Espasa Calpe.

KAESTLE, Carl F. (1978): «Social Change, Discipline, and the Common School in Nineteenth-Century America», *JIH*, 9.

KAESTLE, Carl, y VINOVSKIS, Maris, A. (1978): «Quantification, Urbanization and the History of Education», *HMN*, 8.

KAGAN, Richard L. (1970): «Universities in Castile 1500-1700», *PP*, 49.

— (1974): *Students and Society in Early Modern Spain*, Baltimore: The Johns Hopkins University Press.

— (1975): «Law Students and Legal Careers in Eighteenth-Century France», *PP*, 68.

KAHAN, Arcadius (1966a): «Determinants of the Incidence of Literacy in Rural Nineteenth-Century Russia», en Anderson y Bowman (eds.).

— (1966b): «Social Structure, Public Policy, and the Development of Education and the Economy in Czarist Russia», en Anderson y Bowman (eds.).

KALMAR, Iván (1985): «Are There Really no Primitive Languages?» en Olson, Torrance y Hildyard (eds.).

KASER, M. C. (1966): «Education and economic Progress: Experience in Industrialized Market Economies», en Robinson y Vazey (eds.).

KATZ, Michael B. (ed.) (1973): *Education in American History. Readings on the Social Issues*, Nueva York: Praeger.

KIESLING, H. J. (1982): «Nineteenth Century Education According to West: A Comment», *EHR*, 36.

KIMURA, Mitsuhiko (1990): «Diffusion of Primary Education in Korea, 1911-1955», en Tortella (ed.).

KINDLEBERGER, Charles P. (1982): «Sweden in 1850 as an 'Impoverished Sophisticate': A Comment», *JEH*, 42.

LA BELLE, Thomas J. (ed.) (1972): *Education and Development: Latin America and the Caribbean*, Los Angeles: UCP.

LAMPE, John (1972): «Serbia, 1878-1912», en Cameron (ed.).

LANDES, D. (1965): «Technological Change and Development in Western Europe 1750-1914», *The Cambridge Economic History of Europe*, Vol. 6, Cambridge: Cambridge University Press.

LANDES, William, y SOLMON, Lewis (1972): «Compulsory Schooling Legislation: An Economic Analysis of Law and Social Change in the Nineteenth Century», *JEH*, 32.

LANE, F. C., ed. (1973): *Fourth International Conference of Economic History. Blomington 1968*, París: Mouton.

LAQUEUR, Thomas W. (1974): «Literacy and Social Mobility in the Industrial Revolution in England», *PP*, 64. «A Rejoinder», por M. Sanderson.

— (1976): «The Cultural Origins of Popular Literacy in England, 1500-1850», *ORE*, 2.

— (1978): «Working-Class Demand and the Growth of English Elementary Education, 1750-1850», en Stone (ed.).

LERENA ALESON, Carlos (1986): *Escuela, ideología y clases sociales en España*, Barcelona: Ariel.

LOCKERIDGE, Kenneth A. (1974): *Literacy in Colonial New England. An Enquiry into the Social Context of Literacy in the Early Modern West*, Nueva York: Norton.

— (1977): «L'alphabétisation en Amérique, 1650-1800», *AESC*, 32.

LOCKHEED, M. E. (1987): «Farmers' Education and Economic Performance», en Psacharopoulos (ed.).

LOCKHEED, M. E., JAMISON, D. T., y LAU, L. J. (1980): «Farmer Education and Farm Efficiency: a Survey», *EDCC*, 29.

LOCKHEED, M. E., y JAMISON, D. T. (1987): «Farmer Education and Farm Efficiency: Reply», *EDCC*, 35.

LUC, Jean-Noël (1986): «L'illusion statistique», *AESC*.

LURIA, A. R. (1976): *Cognitive Development. Its Cultural and Social Foundations. Edited by M. Cole*, Cambridge, Mass.: Cambridge University Press.

LUZURIAGA, Lorenzo (1920): El analfabetismo en España, *BILE*.

MARSHALL, Alfred (1925): *Principles of Economics. An introductory volume*, Londres: MacMillan.

MARTÍN ACEÑA, P., y PRADOS, L., (eds.) (1985): *La nueva historia económica en España*, Madrid: Tecnos.

MARTÍN ACEÑA, Pablo (1985): «Desarrollo y modernización del sistema financiero, 1844-1930», en Sánchez-Albornoz (ed.).

MARTÍNEZ BONAFÉ, Angels (1985): *Ensenyament, burguesia i liberalisme. L'ensenyament secundari en els origens del País Valencià Contemporani*, Valencia: Diputación Provincial.

MASON, D. M. (1985): «School Attendance in Nineteenth Century Scotland», *EHR*, 38.

MATHIAS, Peter, y POSTAN, M. M., (eds.) (1978b): *The Cambridge Ec. Hist. of Europe. VII. The Industrial Economies: Capital, Labour, and Enterprise. 2. The U.S., Japan, and Russia*, Cambridge: Cambridge University Press.

MAYNES, Mary Jo (1979): «The Virtues of Arcaism: The Political Economy of Schooling in Europe, 1750-1850», *CSSH*, 21.

— (1983): «Schooling and Hegemony», *JIH*, 13.

— (1985): *Schooling in Western Europe. A Social History*, Albany: State University of New York Press.

MAYORDOMO PÉREZ, Alejandro (1981): *Educación y 'cuestión obrera' en la España contemporánea*, Valencia: Nau.

MAYORDOMO PÉREZ, A., y LÁZARO LORENTE, L. M. (1988): *Escritos pedagógicos de la Ilustración*, 2 Vols., Madrid: Ministerio de Educación y Ciencia.

McClelland, David C. (1966): «Does Education Accelerate Economic Growth», *EDCC*, 14.

Millán, Fernando (1983): *La revolución laica. De la Institución Libre de Enseñanza a la Escuela de la República*, Valencia: F. Torres

Ministerio de Economía y Hacienda, (1986): *Desamortización y Hacienda Pública*, 2 Vols., Madrid: Min. Economía y Hacienda, IEF.

Ministerio de Educación y Ciencia (1985a): *Historia de la Educación en España. Vol. 1 Del despotismo ilustrado a las Cortes de Cádiz*, Madrid: MEC.

— (1985b): *Historia de la Educación en España. Tomo II. De las Cortes de Cádiz a la Revolución de 1868*, Madrid: MEC.

Mironov, Boris N. (1987): «Literacy in Russia, 1797-1917», *SSH*

— (1990): «The Effect of Education on Economic Growth: The Russian Variant, Nineteenth-Twentieth Centuries», en Tortella (ed.).

Mitch, David (1983): «The Spread of Literacy in Nineteenth-Century England», *JEH*, 43.

— (1984): «Underinvestment in Literacy? The Potential Contribution of Government Involvement in Elementary Education to Economic Growth in Nineteenth-Century England», *JEH*, 44.

— (1986): «The Impact of Subsidies to Elementary Schooling on Enrolment Rates in Nineteenth-Century England», *EHR*, 39.

— (1988a): «The Rise of Popular Literacy in Europe», *Mimeo*.

— (1988b): «The Economic Uses of Literacy», *Mimeo*.

— (1990): «Education and Economic Growth: Another Axiom of Indispensability? From Human Capital to Human Capabilities», en Tortella (ed.).

Molero Pintado, Antonio (1985): *La Institución Libre de Enseñanza: un proyecto español de renovación pedagógica*, Madrid: Anaya.

Moock, Peter R. (1985): «Education and Farm Efficiency: A Reply», *EDCC*, 34.

Moral Ruiz, Joaquín del (1986): «Desamortización y haciendas locales, 1860-1900», en Ministerio de Economía y Hacienda.

Müller, D., Ringer, F., y Simon, B., (eds.) (1987): *The Rise of the Modern Educational System: Structural Change and Social Reproduction 1870-1920*, Cambridge: Cambridge University Press.

Myllyntaus, Timo (1990): «Education in the Making of Modern Finland», en Tortella (ed.).

Myrdal, Gunnar (1968): *Asian Drama. An Inquiry Into the Poverty of Nations*, Nueva York: The Twentieth Century Fund.

Nadal, Jordi (1975): *El fracaso de la Revolución industrial en España, 1814-1913*, Barcelona: Ariel.

— (1984): *La población española (siglos XVI a XX)*. Ed. corregida y aumentada, Barcelona: Ariel.

— (1985): «Un siglo de industrialización en España, 1833-1930», en Sánchez-Albornoz (ed.).

— (1987): «La industria fabril española en 1900. Una aproximación», en Nadal, Carreras y Sudrià (eds.).

NADAL, Jordi, y CARRERAS, Albert (1990): *Pautas regionales de la industrialización española (siglos XIX y XX)*, Barcelona: Ariel.

NADAL, Jordi, CARRERAS, A., y SUDRIÀ, C., (eds.) (1987): *La economía española en el siglo XX. Una perspectiva histórica*, Barcelona: Ariel.

NARGANES, Manuel Josef (1893): «Una carta sobre los vicios de la instrucción pública en España», *BILE*.

NEW CATHOLIC ENCYCLOPEDIA (1967): Nueva York: McGrauw Hill.

NEWLAND, Carlos (1990): «An Approach to the Relationship Between the Economy and Education: The Case of Buenos Aires in the Nineteenth Century (1800-1860)», en Tortella (ed.).

NICHOLAS, Stephen (1990): «Literacy and the Industrial Revolution», en Tortella (ed.).

NICOLAU, Roser (1989): «La población española», Tesis doctoral inédita.

NILSSON, Anders, y PETTERSON, Lars (1990): «Some Hypotheses Regarding Education and Economic Growth in Sweden During the First Half of the Nineteenth Century», en Tortella (ed.).

NOGUERA ARROM, Juana (1984): *La Escuela Normal de Tarragona (1843-1931). Cien años de la vida de una Escuela Normal*, Barcelona: Publicaciones de la Universidad.

NORTH, Douglass C. (1971): «Capital Formation in the United States During the Early Period of Industrialization: A Reexamination of the Issues», en Fogel y Engerman (eds.).

NÚÑEZ, Clara Eugenia (1985a): *El comercio exterior y los problemas de desarrollo económico en Andalucía: 1850-1880*, Granada: Instituto de Desarrollo Regional, Universidad de Granada.

— (1985b): «Comercio exterior y desarrollo económico: Reflexiones sobre el caso andaluz en la segunda mitad del siglo XIX», *RHE*, 3.

— (1989): «Reseña de Harvey J. Graff, *The Labyrinths of Literacy. Reflections on Literacy Past and Present*», *RHE*, 7.

— (1990):, «Literacy and Economic Growth in Spain, 1860-1977», en Tortella (ed.).

O'BOYLE, Lenore (19): «The Problem of an Excess of Educated Men in Western Europe, 1800-1850», *PP*, 42.

O'DAY, Rosemary (1982): *Education and Society 1500-1800: The Social Foundation of Education in Early Modern Britain*, Londres: Longman.

OLÓRIZ, Federico (1900): «El analfabetismo en España», *BILE*, 486 y 487.

OLSON, David R. (1977): «From Utterance to Text: The Bias of Language in Speech and Writing», *HER*, 47.

— (1985): «Introduction», en Olson, Torrance y Hildyard (eds.).

— (1986): «Learning to Mean What You Say: Towards a Psychology of Literacy», en Castell et al. (eds.).

OLSON, D. R., TORRANCE, N. y HILDYARD, A. (eds.) (1985): *Literacy, Language and Learning. The Nature and Consequences of Reading and Writing*, Cambridge: Cambridge University Press.

PADUA, Jorge (1979): *El analfabetismo en América Latina*, México: El Colegio de México.

PALAFOX GAMIR, Jordi (1987): «Exportaciones, demanda interna y crecimiento económico en el País Valenciano», en Sánchez-Albornoz (ed.).

PATERSON, Fiona M. S. (1988): «Measures of Schooling: Registers, Standards and the Construction of the Subject», *JHS*, 1.

PEASLEE, Alexander L. (1972): «Education's Role in Development», en Uphoff e Ilchman (eds.).

PÉREZ GALÁN, Mariano (1977): *La enseñanza en la Segunda República española*, Madrid: Cuadernos para el Diálogo.

PÉREZ MOREDA, Vicente (1980): *Las crisis de mortalidad en la España interior (siglos XVI-XIX)*, Madrid: Siglo XXI.

— (1985): «La modernización demográfica, 1800-1930», en Sánchez-Albornoz (ed.).

PÉREZ WHITE, Tomás (1985): *La Escuela Universitaria de Béjar y los estudios de Ingeniería Técnica Industrial*, Salamanca: Ediciones de la Universidad de Salamanca.

PHILLIPS, Joseph M., y MARBLE, Robert P. (1986): «Farmer Education and Efficiency: A Frontier Production Function Approach», *EER*, 5.

POLLARD, Sidney (1963): «Factory Discipline in the Industrial Revolution», *EHR*, 16.

— (1982): *Peaceful Conquest: The Industrialization of Europe 1760-1970*, Oxford: Oxford University Press.

POSADA, Adolfo (1889): «La educación del obrero como base de su influencia política», *BILE*, 305 y 306.

PRADOS DE LA ESCOSURA, Leandro (1988): *De imperio a nación. Crecimiento y atraso económico en España (1780-1930)*, Madrid: Alianza.

PROST, Antoine (1968): *Histoire de l'enseignement en France, 1800-1967*, París: Armand Colin.

PSACHAROPOULOS, G. (1973): *Returns to Education: An International Comparison*, San Francisco: Jossey-Bass.

— (1981): «Returns to Education: An Updated International Comparison», *CE*, 17.

— (1989): «Time Trends of the Returns to Education: Cross-National Evidence», *EER*, 8.

— ed. (1987): *Economics of Education. Research and Studies*, Oxford: Pergamon Press.

PSACHAROPOULOS, G., y ARRIAGADA, A. M. (1989): «The Determinants of Early Age Human Capital Formation: Evidence from Brazil», *EDCC*, 37.

PUELLES BENÍTEZ, Manuel (1980): *Educación e ideología en la España contemporánea,* Barcelona: Labor.

— (1985): «Introducción» a la Historia de la Educación en España, MEC.

RAGAZZINI, Dario (1982): , «Il governo della scuola», en Vigo *et al.*

RAMOS RUIZ, María Isabel (1986): *Historia de la educación en Zamora,* Vol.2, *Escolarización y sociedad en la provincia de Zamora en la segunda mitad del siglo XIX*, Zamora: Diputación.

RAYMOND, James C. (1982): *Literacy as a Human Problem*, Alabama: University of Alabama Press.

REEDER, David, (ed.) (1978): *Urban Education in the Nineteenth Century*, Nueva York: St. Martin Press.

REHER, David-Sven (1986): «Desarrollo urbano y evolución de la población: España, 1787-1930», *RHE*, 4.

— (1990): «Una perspectiva comarcal y regional de España en 1887», en Reher *et al.*

REHER, David, POMBO, N., y NOGUERAS, B. (1990): *España a la luz del censo de 1887,* Madrid: INE.

REIS, Jaime (1989): «O analfabetismo em Portugal no século XIX: uma interpretaçao», *NEP*.

RESNICK, Daniel P., y RESNICK, L. B. (1977): «The Nature of Literacy: An Historical Explanation», y H. GRAFF «A Reply», *HER* 47 y 48.

RICUPERATI, Giuseppe (1982): «La storia dell'istruzione nella storiografia contemporanea», en Vigo *et al.*

RINGROSE, David R. (1970): *Transportation and Economic Stagnation in Spain, 1750-1850*, Durham, N.C.: Duke University Press.

ROBINSON, E. A. G., y VAIZEY, J. (eds.) (1966): *The Economics of Education*, Nueva York.

RODERICK, Gordon W., y STEPHENS, M. D. (1978): *Education and Industry in the Nineteenth Century*, Londres: Longman.

ROGERS, E. M., y HERZOG, W. (1966): «Functional Literacy Among Colombian Peasants», *EDCC*, 14.

ROSEN, Sherwin (1975): «Human Capital: Relations Between Education and Earnings», *Econometric Society,* III Congreso mundial.

ROSENZWEIG, Mark R. (1990): «Population Growth and Human Capital Investments: Theory and Evidence», *JPE*, 98.

ROSOVSKY, Henry (ed.) (1966): *Industrialization in Two Systems: Essays in Honor of Alexander Gerschenkron,* Nueva York: John Wiley and Sons.

RVI RAMOS (1988): «Culturas da alfabetizaçao e culturas do analfabetismo em Portugal: uma introdução ā Historia da Alfabetização no Portugal contemporâneo», *AS.*

RUBIO, D. R. (1884): «La última estadística de primera enseñanza», *BILE.*

RUIZ BERRIO, Julio (1970): *Política escolar en España en el siglo XIX, 1808-1833*, Madrid: CSIC.
— (ed.) (1985): *La educación en la España contemporánea. Cuestiones históricas*, Madrid: Sociedad Española de Pedagogía
RUPÉREZ, Paloma (1975): *La cuestión universitaria y la Noche de San Daniel*, Madrid: Edicusa.
RUTTAN, Vernon W. (1988): «Cultural Endowments and Economic Development: What Can We Learn from Anthropology?», *EDCC*, 36.
SÁENZ-RICO URBINA , Alfredo (1973): *La educación general en Cataluña durante el Trienio Constitucional (1820-1823)*, Barcelona: Publicaciones de la Universidad.
SAMA, Joaquín (1885): «Sobre las casusas del malestar de las clases obreras», *BILE*.
— (1886a): «Nuestra educación primaria y la situación de las clases obreras», *BILE*.
— (1886b): «La reforma de nuestra educación primaria y la situación de las clases obreras», *BILE*.
SAMA, José de (1885): «Reorganización de la enseñanza primaria en Madrid», *BILE*.
SAMANIEGO BONEU, Mercedes (1977): *La política educativa de la II República durante el bienio azañista*, Madrid: CSIC.
SÁNCHEZ-ALBORNOZ, Nicolás (1975): *Jalones en la modernización de España*, Barcelona: Ariel.
— (1977): *España hace un siglo: una economía dual*. Nuevo texto, revisado y ampliado, Madrid: Alianza.
— (1985): «Castilla. El neoarcaísmo agrario», en Sánchez-Albornoz (ed.).
— ed. (1985): *La modernización económica de España*, Madrid: Alianza.
SÁNCHEZ JIMÉNEZ, José (1984): «La población, el campo y las ciudades», en *Historia de España*, de Ramón Menéndez Pidal, Vol. XXXVII.
SANDBERG, Lars G. (1979): «The Case of the Impoverished Sophisticated: Human Capital and Swedish Economic Growth Before WWI», *JEH*, 39.
— (1982a): «Ignorance, Poverty and Economic Backwardness in the Early Stages of European Industrialization: Variations on Alexander Gerschenkron's Grand Theme», *JEEH*, 11.
— (1982b): «Sweden as an 'Impoverished Sophisticate': A Reply», *JEH*, 42.
SANDERSON, A. R. (1974): «Child Labor Legislation and the Labor Force Participation of Children», *JEH*, 34.
SANDERSON, Michael (1967): «Education and the Factory in Industrial Lancashire. 1780-1840», *EHR*, 20.
— (1972): «Literacy and Social Mobility in the Industrial Revolution in England», *PP*, 56.
— (1983): *Education, Economic Change and Society in England, 1780-1870*, Londres: Macmillan.
SANZ DÍAZ, Federico (1978): *El alumnado de la Universidad de Valladolid*

en el siglo XIX (1837-1886), Valladolid: Publicaciones de la Universidad.

— (1980): «El proceso de institucionalización e implantación de la primera enseñanza en España (1838-1870)», *CIH*, 4.

SANZ, Jesús (1987): «La agricultura española durante el primer tercio del siglo XX: un sector en transformación», en Nadal, Carreras y Sudrià (eds.).

SARC, O. C. (1966): «Educacion in Countries in Process of Development: Experience in Turkey», en Robinson y Vaizey (eds.).

SARDÁ, Juan (1948): *La política monetaria y las fluctuaciones de la economía española en el siglo XIX*, Madrid: CSIC.

SARRAILH, Jean (1957): *La España ilustrada de la segunda mitad del siglo XVIII*, México: Fondo de Cultura Económica.

SCHOFIELD, R. S. (1968): «The Measurement of Literacy in Pre-Industrial England», en Goody (ed.).

— (1973): «Dimensions of Illiteracy, 1750-1850», *EEH*, 10.

SCHULTZ, Theodore W. (1971a): *Investment in Human Capital. The Role of Education and of Research*, Nueva York.

— (1971b): «Investment in Human Capital», en Wykstra (ed.).

— (1975): «The Value of the Ability to Deal with Disequilibrium», *JEL, 13.*

— (1981): *Investing in People. The Economics of Population Quality, UCP.*

— (1987): «Education and Population Quality», en Psacharopoulos (ed.).

— (1989): «Investing in People: Schooling in Low Income Countries», *EER*, 8.

— ed. (1974): *Economics of the Family, Marriage, Children, and Human Capital*, Chicago: The University of Chicago Press.

SCHUMPETER, Joseph A. (1961): *The Theory of Economic Development. An Enquiry into Profits, Capital, Credit, Interest, and the Business Cycle*, Nueva York: Oxford University Press.

SCRIBNER, Sylvia y COLE, Michael (1981): *The Psychology of Literacy*, Cambridge, Mass.: Harvard University Press.

SELOWSKI, M. (1967): «Education and Economic Growth: Some International Comparisons», *HUEDR*.

SHAH, Anup (1985): «Does Education Act as a Screening Device for Certain British Occupations?», *OEP*, 37.

SHAH, Maya (1981): *Economic Factors Explaining Variations in Literacy Rates in Rural Areas: A Case Study of Gujarat*, Baroda: University of Baroda Press.

SILVER, Harold (1983): *Education as History. Intepreting Nineteeth and Twentieth Century Education. Foreword by D.B. Tyack*, Londres: Methuen.

SIMÓN PALMER, María del Carmen (1972): *La enseñanza privada seglar en Madrid, 1820-1868*, Madrid: Instituto de Estudios Madrileños.

SIMPSON, James (1985): «La producción de vinos en Jerez de la Frontera, 1850-1900», en Martín Aceña y Prados (eds.).

— (1987): «La elección de técnica en el cultivo triguero y el atraso de la agricultura española a finales del siglo XIX», *RHE*, 5.

— (1989a): «La producción agraria y el consumo español en el siglo XIX», *RHE*, 07.

— (1989b): «New Estimates for Agricultural Production 1890-1936», *Mimeo.*

— (s.f.): «Technical Change, Labour Absorption, and Living Standards in Andalusia 1886-1936», *Mimeo.*

SMITH, Adam (1776): *An Inquiry Into the Nature and Causes of the Wealth of Nations*, Nueva York: The Modern Library.

SOLA, Pere (1978): *Las escuelas racionalistas en Cataluña (1909-1939)*, Barcelona: Tusquets.

SOLMON, Lewis C. (1985): «Quality of Education and Economic Growth», *EER*, 4.

SOLTOW, Lee, STEVENS, Edward (1977): «Economic Aspects of School Participation in Mid-Nineteenth-Century United States», *JIH*, 8.

— (1981): *The Rise of Literacy and the Common School in the United States*, Chicago: University of Chicago Press.

SPALDING, Hobart A. Jr. (1973): «Education in Argentina, 1890-1914: The Limits of Oligarchical Reform», *JIH*, 3.

SPUFFORD, Margaret (1970): «The Schooling of the Peasantry in Cambridgeshire, 1575-1700», *AHR*, 18.

STEPHENS, W. B. (1978): «Illiteracy and Schooling in the Provincial Towns, 1640-1870: A Comparative Approach», en Reeder (ed.).

STONE, Lawrence (1964): «The Educational Revolution in England, 1560-1640», *PP*, 28.

— (1969): «Literacy and Education in England, 1640-1900», *PP*, 42.

— ed. (1976): *Schooling and Society. Studies in the History of Education*, Baltimore: The Johns Hopkins University Press.

STREET, Brian V. (1984): *Literacy in Theory and Practice*, Cambridge: Cambridge University Press.

STREET, Donald R. (1988): «Jovellanos, an Antecedent to Modern Human Capital Theory», *HPE*, 20.

STROMQUIST, Nelly P. (1990): «Women and Illiteracy: The Interplay of Gender Subordination and Poverty», *CER*, 34.

SVENNILSON, Ingvar (1971): «Education, Research and other Unidentified Factors in Growth», en Wykstra (ed.).

TAIRA, Koji (1971): «Education and Literacy in Meiji Japan: An Interpretation», *EEH*, 8.

TALAMO, Giuseppe (1982): «Centralismo e autonomia nell'organizzazione scolastica dalla legge Casati alla prima guerra mondiale», en Vigo *et al.*

TEDDE DE LORCA, Pedro (1981): «El gasto público en España, 1875-1906: un análisis comparativo con las economías europeas», en Prados y Martín Aceña (eds.).

— (1985): «Sobre los orígenes históricos del subdesarrollo andaluz: algunas hipótesis», en Sánchez-Albornoz (ed.).

THOMAS, Hendrik (1974): «Literacy Without Formal Education: A Case Study in Pakistan», *EDCC*, 22.

THOMPSON, E. P. (1967): «Time, Work, Discipline and Industrial Capitalism», *PP*, 38.

TODARO, Michael P. (ed.) (1983): *The Struggle for Economic Development. Readings in Problems and Policies*, Nueva York: Longman.

TONIOLO, Gianni (ed.) (1978): *L'economia italiana 1861-1940*, Roma-Bari: Laterza.

TORRENTE FORTUÑO, José Antonio (1969): *Salamanca, bolsista romántico*, Madrid: Taurus.

TORTELLA CASARES, Gabriel (1973): *Los orígenes del capitalismo en España*, Madrid: Tecnos.

— (1981): «La economía española, 1830-1900», en Tuñón (ed.).

— (1984): *La historia económica comparada de los países del sur de Europa: los casos de España, Italia y Portugal (folleto)*, Lección Inaugural, Curso 1984-1985, Universidad de Alcalá.

— (1985): «Producción y productividad agraria, 1830-1930», en Sánchez-Albornoz (ed.).

— Dir. (1974a): *La Banca española en la Restauración. I, Política y finanzas*, Madrid: Banco de España.

— Dir. (1974b): *La Banca española en la Restauración. II, Datos para una historia económica*, Madrid: Banco de España.

— ed. (1990): *Education and Economic Development Since the Industrial Revolution*, Valencia: Generalitat Valenciana.

TORTELLA, Gabriel y SANDBERG, Lars (1990): «Education and Economic Development Since the Industrial Revolution: A Summary Report», en Tortella (ed.).

TRANTER, N. L. (1981): «The Labour Supply 1780-1860», en Floud y McCloskey (eds.).

TUÑÓN DE LARA, Manuel (1981): *Historia de España*, Barcelona: Labor.

TURIN, Yvonne (1967): *La educación y la escuela en España de 1874 a 1902*, Madrid: Aguilar.

TYACK, David (1976): «Ways of Seeing: An Essay on the History of Compulsory Schooling», *HER*, 46.

UNIVERSITÉ DE TOURS (1983): *Ecole et société en Espagne et en Amérique Latine (XVIIIe-XXe siècles)*, Tours: Publications de l'Université.

USELDING, Paul (1972): «Conjectural Estimates of Gross Human Capital Inflows to the American Economy: 1790-1860», *EEH*, 9.

— (ed.) (1979): *Research in Economic History*, Greenwich, Conn.: JAI Press.

VANN, Richard T. (1975): «Literacy in Seventeenth-Century England: some Hearth-Tax Evidence», *JIH*, 5.

VEGA GIL, Leoncio (1986): *Historia de la educación en Zamora*, Vol 1, *El nacimiento del sistema escolar, 1800-1857*, Zamora: Instituto de Estudios Zamoranos Florián de Ocampo.

VELARDE FUERTES, Juan (ed.) (1969): *Lecturas de economía española*, Madrid: Gredos.

VICENS VIVES, Jaime (1959): *Manual de Historia Económica de España*, Barcelona: Teide.

VIGO, Giovanni (1982): «Scuola ed economia», en Vigo *et al.*

— *et al.* (1982): *Storia della scuola e storia d'Italia dall'Unitá ad oggi*, Bari: De Donato.

VIÑAO FRAGO, Antonio (1982): *Política y educación en los orígenes de la España contemporánea. Examen especial de sus relaciones en la enseñanza secundaria*, Madrid: Siglo XXI.

— (1988): «Alfabetización e Ilustración: Difusión y usos de la cultura escrita», *RE*

— (1990a): «Historia de un largo proceso», *CP*.

— (1990b): «The History of Literacy in Spain: Evolution, Traits, and Questions», *HEO*, 30.

VINCENT, David (1989): *Literacy and Popular Culture. England 1750-1914*, Cambridge: Cambridge University Press.

VINOVSKIS, Maris A. (1983): «Quantification and the Analysis of American Antebellum Education», *JIH*, 13.

— (1988): «Schooling in Nineteenth-Century America: Some Economic Considerations», borrador preliminar de la Conferencia sobre Educación para una Nueva Epoca.

WAGNER, Daniel A. (1989): «Literacy Campaigns: Past, Present, and Future», *CER*, 33.

— (1990): «Literacy Assessment in the Third World: An Overview and Proposed Schema for Survey Use», *CER*, 34.

WEISBROD, Burton A. (1971): «Investing in Human Capital», en Wykstra (ed.).

WEST, E. G. (1970): «Resource Allocation and Growth in Early Nineteenth Century British Education», *EHR*, 23.

— (1971): «The Interpretation of Early Nineteenth-Century Educational Statistics», *EHR*, 24.

— (1975a): *Education and the Industrial Revolution*, Londres: Batsford.

— (1975b): «Educational Slowdown and Public Intervention in Nineteenth-Century England: A Study in the Economics of Bureaucracy», *EEH*, 12.

— (1978): «Literacy and the Industrial Revolution», *EHR*, 31.

— (1983): «Nineteenth Century Educational History: The Kiesling Critique», *EHR*, 36.

WHARTON, Clifton R. Jr. (1966): «Education and Agricultural Growth: The Role of Education in Early-Stage Agriculture», en Anderson y Bowman (eds.).

WILSON, John (1986): «The Properties, Purposes, and Promotion of Literacy», en Castell, Luke y Egan (eds.).
WILLIAMSON, Jeffrey G. (1984): «Why Was British Growth so Slow During the Industrial Revolution?» *JEH*, 44.
WINCHESTER, Ian (1990): «The Standard Picture of Literacy and Its Critics», *CER*, 34.
WINDHAM, Douglas M. (ed.) (1979): *Economic Dimensions of Education. Report of a Committee of the National Academy of Education.*, USA: National Academy of Education.
WYKSTRA, Ronald A. (ed.) (1971): *Education and the Economics of Human Capital*, Nueva York: The Free Press.
ZAMAGNI, Vera (1978): «Istruzione e sviluppo economico. Il caso italiano. 1861-1913», en Toniolo (ed.).
— (1990): «Un'Applicazione regionali dei modelli di catching Up: Il Caso del mezzogiorno 1911-1987», *Mimeo.*
ZELDIN, Theodore (1980): *France 1848-1945, Intellect and Pride,* Oxford: Oxford University Press.

LISTA DE PUBLICACIONES CITADAS

AER: American Economic Review.
AESC: Annales ESC.
AHR: Agricultural History Review.
AS: Análise Social.
ASR: American Sociological Review.
BADH: Boletín de la Asociación de Demografía Histórica.
BILE: Boletín de la Institución Libre de Enseñanza.
CdISMEA: Cahiers de l'ISMEA.
CE: Comparative Education.
CER: Comparative Education Review.
CIH: Cuadernos de Investigación Histórica.
CP: Cuadernos de Pedagogía.
CSSH: Comparative Studies in Society and History.
EDCC: Economic Development and Cultural Change.
EEH: Explorations in Economic History.
EER: Economics of Education Review.
EHR: Economic History Review, 2nd ser.
EW: Economic Weekly.
HC: Historia Contemporánea.
HE: Higher Education.
HEQ: History of Education Quaterly.
HER: Harvard Educational Review.

HMN: Historical Methods Newsletter.
HUEDR: Harvard University Economic Development Report.
ICE: Información Comercial Española.
IJCS: International Journal of Comparative Sociology.
ISSJ: International Social Sciences Journal.
JC: Journal of Communication.
JEEH: Journal of European Economic History.
JEH: Journal of Economic History.
JEL: Journal of Economic Literature.
JHR: Journal of Human Resources.
JHS: Journal of Historical Sociology.
JIH: Journal of Interdisciplinary History.
JMH: Journal of Modern History.
JPE: Journal of Political Economy.
NEP: Nova Economia em Portugal.
OEP: Oxford Economic Papers.
ORE: Oxford Review of Education.
PEE: Papeles de Economía Española.
PP: Past and Present.
RE: Revista de Educación.
RHE: Revista de Historia Económica.
RHES: Revue d'Histoire Economique et Sociale.
S: Societas.
SH: Social History.
SR: The School Review.
SSH: Soviet Studies in History.

ESTADISTICAS Y OTRAS FUENTES

Anales de Educación (1856-1857): Periódico de Instrucción Primaria, publicación sin día fijo, Madrid, Imprenta de D. Felipe Saavedra. Contiene todas las discusiones relativas a la ley de 1857, así como los textos del proyecto y de la Ley definitiva.

Anuario estadístico de España, 1866-1867.

Anuario de la Instrucción Pública para el año académico 1867-1868, Madrid, Imp. Colegio Nacional de Sordomudos y Ciegos, 1868, 468 pp.

Anuario de Primera Enseñanza correspondiente a 1886, Vol. I, editado en 1886 bajo la dirección de M. Bartolomé Cossío y Santos María Robledo, publicado por la Dirección General de Instrucción Pública, Madrid, Imp. Colegio Nacional de Sordomudos y Ciegos, 1887.

Anuario estadístico de Instrucción Pública correspondiente a 1889, publicado por la Inspección General de Enseñanza, Madrid, Ricardo Fe, 1890.

Anuario estadístico de Instrucción Pública, correspondiente a 1890, publicado por la Inspección General de Enseñanza, Madrid, Ricardo Fe, 1891.

Anuario estadístico de Instrucción Pública, correspondiente a 1891, publicado por la Inspección General de Enseñanza, Madrid, Imp. y fundición de Manuel Telo, 1892.

Anuario de Instrucción Pública, Madrid, 1892.

Anuario de la Instrucción Pública correspondiente al curso 1899-1900, Madrid, Joaquín Baquedano, 1901.

Anuario estadístico de Instrucción Pública, correspondiente al curso de 1900-1901, con avances de 1902 y 1903, publicado por la Sección de Estadística del Ministerio, Madrid, 1904.

Anuario estadístico de Instrucción Pública, correspondiente al curso 1906-1907 y matrícula oficial de 1907-1908, publicado por la Secretaría del Ministerio, Madrid, Imprenta de la Dirección General del Instituto Geográfico y Estadístico, 1908.

Anuario estadístico de Instrucción Pública, correspondiente al curso 1909-1910 y matrícula oficial de 1910-1911, publicado por la Subsecretaría del Ministerio, Madrid, Imprenta de la Dirección General del Instituto Geográfico y Estadístico, 1912.

Anuario estadístico de España, 19 vols. De 1912 a 1934. Publicado por el Ministerio de Instrucción Pública hasta 1922; por el Ministerio de Trabajo hasta 1929; y por la Presidencia del Consejo de Ministros hasta 1934.

Anuario de la enseñanza elemental, técnica y superior, Año 1, Madrid, Calpe (fortanet), 1920.

Banco de Bilbao, *La Renta Nacional de España,* varios volúmenes.

Boletín de Instrucción Pública, por Juan Miguel de los Ríos, Madrid, Imp. de D.I. Boix, 1838, 100 pp.

Boletín Oficial de Comercio, Instrucción y Obras Públicas, 1848.

Boletín Oficial de Instrucción Pública, Tomos I-VI, Madrid, 1841-1842, 6 vols.

Boletín Oficial del Ministerio de Fomento, 1856.

Censo escolar de España. Llevado a efecto el 7 de marzo de 1903, publicado por la Dirección General del Instituto Geográfico y Estadístico, Madrid, 1904.

Censos (Las figuras del censo han sido publicadas para los años 1857, 1860, 1877, 1887, 1897, y cada 10 años empezando en 1900).

Comín, Francisco (1985), *Fuentes cuantitativas para el estudio del sector público en España,* 1801-1980, Madrid: Instituto de Estudios Fiscales.

Cuentas del Estado Español, Instituto de Estudios Fiscales, vols. 1 a 4.

Datos Básicos para la Historia Financiera de España 1850-1975 (1976), Instituto de Estudios Fiscales.

Diario de las Sesiones de Cortes.

Estadística de Primera Enseñanza (1850-1855), Madrid, 1858.

Estadística general de Primera Enseñanza (1865-1870), Madrid, Imp. Colegio Nacional de Sordomudos y Ciegos, 1872.

Estadística general de Primera Enseñanza correspondiente al decenio que terminó el 31 de diciembre de 1880, Publicada por la Dirección General de Instrucción Pública, Madrid, Imp. y fundición de M. Tello, 1883. (O bien: *Estadística general de Primera Enseñanza [1870-1880],* Madrid, Imp. Colegio Nacional de Sordomudos y Ciegos, 1882).

Estadística general de Primera Enseñanza correspondiente al quinquenio que terminó el 31 de diciembre de 1885, Publicada por la Junta de Inspección y Estadística de Instrucción Pública, Madrid, Imp. y fundición de M. Tello, 1888. (O bien: *Estadística general de Primera Enseñanza [1880-1885]*, Madrid, Imp. Colegio Nacional de sordomudos y Ciegos, 1887).

Estadística escolar de España, en 1908, Publicada por la Subsecretaría del Ministerio, 2 tomos, Madrid, Imp. de la Dirección General del Instituto Geográfico y Estadístico, 1909.

Estadística de maestros nacionales. Gastos de personal y material en las Escuelas Nacionales, 1922. Madrid, Imp. Samarán y Comp., 1923.

Estadística de edificios-escuelas. Escuelas nacionales: condiciones de los edificios, condiciones de las clases, Madrid, Sección de Publicaciones del Ministerio, 1926.

Estadísticas Básicas.

Exposición sobre el estado de la enseñanza pública hecha a las Cortes por la Dirección General de estudios, Madrid, Imprenta de Albán y Cía., 1822.

Guía del Ministerio de la Gobernación del Reino para 1836, Madrid, Imp. Real, 1836.

La primera enseñanza en Madrid, 1924. Madrid, Talleres del Instituto Geográfico, 1925.

La primera enseñanza en España. Datos estadísticos: los maestros, los alumnos, los gastos, Madrid, Imp. Nacional de Sordomudos y Ciegos, 1927.

Miranzo, F. A. (1885): *Diccionario legislativo y estadístico de primera enseñanza,* Madrid, Vda. de Hernando, 1885.

Alianza Universidad

Volúmenes publicados

519 El Inca Garcilaso: **La Florida**
520 Genoveva García Queipo de Llano: **Los intelectuales y la dictadura de Primo de Rivera**
521 Carlos Castrodeza: **Ortodoxia darwiniana y progreso biológico**
522 Clive Orton: **Matemáticas para arqueólogos**
523 Isaiah Berlín: **Cuatro ensayos sobre la libertad**
524 Alastair Rae: **Física cuántica, ¿ilusión o realidad?**
525 Niels Bohr: **La teoría atómica y la descripción de la naturaleza**
526 Rafael Rubio de Urquía y otros: **La herencia de Keynes**
527 Carl G. Hempel: **Fundamentos de la formación de conceptos en ciencia empírica**
528 Javier Herrero: **Los orígenes del pensamiento reaccionario español**
529 Robert E. Lucas, Jr.: **Modelos de ciclos económicos**
530 Leandro Prados de la Escosura: **De imperio a nación**
Crecimiento y atraso económico en España (1780-1930)
531 Helena Béjar: **El ámbito íntimo**
532 Ernest Gellner: **Naciones y nacionalismo**
533 José Ferrater Mora: **El ser y la muerte**
534 Javier Varela: **Jovellanos**
535 Juan López Morillas: **Racionalismo pragmático**
536 Hanna Arendt: **Sobre la revolución**
537 Earl J. Hamilton: **Guerra y precios en España, 1651-1800**
538 Charles S. Peirce: **Escritos lógicos**
539 Helmut Frisch: **Teorías de la inflación**
540 Diana T. Meyers: **Los derechos inalienables**
541 Carlos A. Floria y César A. García Belsunce: **Historia política de la Argentina contemporánea, 1880-1983**
542 Benjamin Franklin: **Experimentos y observaciones sobre electricidad**
543 Mercedes Allendesalazar Olaso: **Spinoza: Filosofía, pasiones y política**
544 Francisco de Solano y otros: **Proceso histórico al conquistador**
545 Carlos Castilla del Pino (compilación): **El discurso de la mentira**
546 W. V. Quine: **Las raíces de la referencia**
547 Patrick Suppes: **Estudios de filosofía y métodología de la ciencia**
548 John Shore: **El algoritmo sachertorte y otros antídotos contra la ansiedad que provoca el ordenador**
549 Ferdinand Tönnies: **Hobbes Vida y doctrina**
550 Ronald Grimsley: **La filosofía de Rousseau**
551 Isaiah Berlin: **Karl Marx**
552 Francis Galton: **Herencia y eugenesia**
553, 554 E. M. Radl: **Historia de las teorías biológicas,** 1 y 2
555 Manuel Selles, José Luis Peset y Antonio Lafuente (Compilación): **Carlos III y la ciencia de la ilustración**
556 Josefina Gómez Mendoza, Nicolás Ortega Cantero y otros: **Viajeros y paisajes**
557 Victoria Camps: **Etica, retórica y política**
558 William L. Langer: **Enciclopedia de Historia Universal. 1. Prehistoria e Historia Antigua**
559 Konrad Lorenz: **La acción de la naturaleza y el destino del hombre**
560 Fray Bernardino de Sahagún: **Historia general de las cosas de Nueva España, 1**
561 Fray Bernardino de Sahagún: **Historia general de las cosas de Nueva España, 2**
562 Paul Hazard: **La crisis de la conciencia europea**
563 Wilhelm Dilthey: **Teoría de las concepciones del mundo**
564 James W. Friedman: **Teoría del oligopolio**
565 Francis Bacon: **El avance del saber**
566, 567 Giovanni Sartori: **Teoría de la democracia**
1. El debate contemporáneo
568 Richard P. Feynman: **Electrodinámica cuántica**

569 John Sullivan: **El nacionalismo vasco radical (1959-1986)**

570 Quentin Skinner (compilación): **El retorno de la gran teoría en las ciencias humanas**

571 Adam Przeworski: **Capitalismo y socialdemocracia**

572 John L. Austin: **Ensayos filosóficos**

573 Georges Duby y Guy Lardreau: **Diálogo sobre la historia**

574 Helmut G. Koenigsberger: **La práctica del imperio**

575 G. W. F. Hegel: **La diferencia entre el sistema de filosofía de Fichte y el de Schelling**

576 Martin Heidegger: **Conceptos fundamentales**

577 Juan Gil: **Mitos y utopías del descubrimiento, 1**

578 Lloyd G. Reynolds: **El crecimiento económico en el tercer mundo**

579 Julián A. Pitt-Rivers: **Un pueblo de la sierra: Grazalema**

580 Bernal Díaz del Castillo: **Historia verdadera de la conquista de Nueva España**

581 Giordano Bruno: **Expulsión de la bestia triunfante**

582 Thomas Hobbes: **Leviatán**

583 William L. Langer: **Enciclopedia de Historia Universal 2. La Edad Media**

584 S. Bowles, D. M. Gordon y T. E. Weisskopf: **La economía del despilfarro**

585 Juan Gil: **Mitos y utopías del descubrimiento, 2**

586 Alberto Elena: **A hombros de gigantes**

587 Rodrigo Jiménez de Rada: **Historia de los hechos de España**

588 Louis Dumont: **La civilización india y nosotros**

589 Emilio Lamo de Espinosa: **Delitos sin víctima**

590 Carlos Rodríguez Braun: **La cuestión colonial y la economía clásica**

591 Irving S. Shapiro: **La tercera revolución americana**

592 Roger Collins: **Los vascos**

593 Rafael Muñoz de Bustillo (compilación): **Crisis y futuro del estado de bienestar**

594 Julián Marías: **Generaciones y constelaciones**

595 Manuel Moreno Alonso: **La generación española de 1808**

596 Juan Gil: **Mitos y utopías del descubrimiento 3. El Dorado**

597 Francisco Tomás y Valiente: **Códigos y constituciones (1808-1978)**

598 Samuel Bowles, David M. Gordon, Tomas E. Weisskopf: **La economía del despilfarro**

599 Daniel R. Headrick: **Los instrumentos del imperio**

600 Joaquín Romero-Maura: **La rosa de fuego**

601 D. P. O'Brien. **Los economistas clásicos**

602 William Langer: **Enciclopedia de Historia Universal 3. Edad Moderna**

603 Fernando García de Cortázar y José María Lorenzo Espinosa: **Historia del mundo actual (1945-1989)**

604 Miguel Artola: **Los afrancesados**

605 Bronislaw Geremek: **La piedad y la horca**

606 Paolo Rossi: **Francis Bacon: de la magia a la ciencia**

607 Amartya Sen: **Sobre ética y economía**

608 Robert N. Bellah, y otros: **Hábitos del corazón**

609 I. Bernard Cohen: **El nacimiento de una nueva física**

610 Noam Chomsky: **El conocimiento del lenguaje. Su naturaleza, origen y uso**

611 Jean Dieudonne: **En honor del espíritu humano. Las matemáticas, hoy**

612 Mario Bunge: **Mente y sociedad**

613 John Losee: **Filosofía de la ciencia e investigación histórica**

614 Arnaldo Momigliano y otros: **El conflicto entre el paganismo y el cristianismo en el siglo IV**

615 Enrique Ballestero: **Economía social y empresas cooperativas**

616 Max Delbrück: **Mente y materia**

617 Juan C. García-Bermejo: **Aproximación, probabilidad y relaciones de confianza**

618 Frances Lannon: **Privilegio, persecución y profecía**

619 Carlos Castilla del Pino: **Teoría del personaje**

620 Shlomo Ben-Ami: **Los orígenes de la Segunda República: anatomía de una transición**

621 Antonio Regalado García: **El laberinto de la razón: Ortega y Heidegger**

622 William L. Langer: **Enciclopedia de Historia Universal**
4. Siglo XIX

623 Barrington Moore, Jr.: **Autoridad y desigualdad bajo el capitalismo y el socialismo: EE.UU., URSS y China**

624 Pierre Vidal-Naquet: **Ensayos de historiografía**

625 Donald N. McCloskey: **La retórica de la economía**

626 Heinz Heimsoeth: **Los seis grandes temas de la metafísica occidental**

627 Angelo Panebianco: **Modelos de partido**

628 José Alcina Franch (compilación): **Indianismo e indigenismo**

629 Ricardo Gullón: **Direcciones del Modernismo**

630 Saim Sambursky: **El mundo físico de los griegos**

631 Lewis Pyenson: **El joven Einstein**

632 Jack Goody: **La lógica de la escritura y la organización de la sociedad**

633 Brian Vickers (compilación): **Mentalidades ocultas y científicas en el Renacimiento**

634 Andrés Barrera González: **Casa, herencia y familia en la Cataluña rural**

635 Anthony Giddens, Jonathan Turner y otros: **La teoría social, hoy**

636 David Goodman: **Poder y penuria**

637 Roberth Hertz: **La muerte y la mano derecha**

638 Carolyn Boyd: **La política pretoriana en el reinado de Alfonso XIII**

639 Manuel Santaella López: **Opinión pública e imagen política en Maquiavelo**

640 Pietro Redondi: **Galileo herético**

641 Stéphane Deligeorges, Ed.: **El mundo cuántico**

642 M. J. Piore y C. F. Sabel: **La segunda ruptura industrial**

643 I. Prigogine e I. Stengers: **Entre el tiempo y la eternidad**

644 William L. Langer: **Enciclopedia de Historia Universal**
5. De la 1.ª a la 2.ª Guerra Mundial

645 Enrique Ballestero: **Estudios de mercado. Una introducción a la mercadotecnia**

646 Saim Sambursky: **El mundo físico a finales de la Antigüedad**

647 Klaus Offe: **Las contradicciones del Estado de Bienestar**

648 David Morgan: **Los mongoles**

649 Victor F. Weisskopf: **La física en el siglo XX**

650 Luis Vega Reñón: **La trama de la demostración**

651 John King Fairbank: **Historia de China. Siglos XIX y XX**

652 Emilio García Gómez: **Las jarchas romances de la serie árabe en su marco**

653 P. M. Harman: **Energía, fuerza y materia**

654 Manuel Rodríguez: **El descubrimiento del Marañón**

655 Anthony Sandford: **La mente del hombre**

656 Giordano Bruno: **Cábala del caballo Pegaso**

657 E. L. Jones: **El milagro europeo**

658 José Hierro S. Pescador: **Significado y verdad**

659 Georges Duby: **El amor en la Edad Media y otros ensayos**

661 J. S. Bell: **Lo decible y lo indecible en mecánica cuántica**

662 F. Tomás y Valiente y otros: **El sexo barroco y otras transgresiones premodernas**

663 R. Descartes: **El tratado del hombre**

664 Peter Burke: **La cultura popular en la Edad Moderna**

665 Pedro Trinidad Fernández: **La defensa de la sociedad**

666 Michael Mann: **Las fuentes del poder social**

667 Brian McGuinness: **Wittgenstein**

668 Jean-Pierre Luminet: **Agujeros negros**

669 W. Graham Richards: **Los problemas de la química**

670 Ludwig Wittgenstein: **Diarios secretos**

671 Charles Tilly: **Grandes estructuras, procesos amplios, comparaciones enormes**

672 P. Adriano de las Cortes (S.I.): **Viaje de la China.** Edición de Beatriz Moncó

673 Paul Martin y Patrick Bateson: **Medición del comportamiento**

674 Otto Brunner: **Estructura interna de Occidente**

675 Juan Gil: **Hidalgos y samurais**

676 Richard Gillespie: **Historia del Partido Socialista Obrero Español**

677 James W. Friedman: **Teoría de juegos con aplicaciones a la economía**

678 Fernand Braudel: **Escritos sobre la Historia**

679 Thomas F. Glick: **Cristianos y musulmanes**

680 René Descartes: **El Mundo o el Tratado de la Luz**

681 Pedro Fraile: **Industrialización y grupos de presión**

682 Jean Levi: **Los funcionarios diarios**

683 Leandro Prados y Verra Zamagni (eds.): **El desarrollo económico en la Europa del Sur**

684 Michael Friedman: **Fundamentos de las teorías del espacio-tiempo**

685 Gerolamo Cardano: **Mi vida**

686 Francisco Sánchez-Blanco: **Europa y el pensamiento español del siglo XVIII**

687 Jagdish Bhagwati: **El proteccionismo**

688 Carl Schmitt: **El concepto de lo político**

689 Salomon Bochner: **El papel de la matemática en el desarrollo de la ciencia**

690 Hao Wang: **Reflexiones sobre Kurt Gödel**

691 David Held: **Modelos de democracia**

692 Enrique Ballestero: **Métodos evaluatorios de auditoría**

693 Martin Kitchen: **El período de entreguerras en Europa**

694 Marwin Harris y Eric B. Ross: **Muerte, sexo y fecundidad**

695 Dietrich Gerhard: **La vieja Europa**

696 Violeta Demonte: **Detrás de la palabra**

697 Gabriele Lolli: **La máquina y las demostraciones**

698 C. Ulises Moulines: **Pluralidad y recursión. Estudios epistemológicos**

699 Rüdiger Safranski: **Schopenhauer y los años salvajes de la filosofía**

700 Johannes Kepler: **El secreto del universo**

701 Miquel Siguan: **España plurilingüe**

702 El silencio: **Compilación de Carlos Castilla del Pino**

703 Pierre Thuillier: **Las pasiones del conocimiento**

704 Ricardo García Cárcel: **La leyenda negra**